DANGDAI ZHONGGUO JINGJI ZHENGCE YU SHIJIAN

当代中国经济政策与实践

主　编　刘书瀚

副主编　王玉婧

中国财政经济出版社

图书在版编目（CIP）数据

当代中国经济政策与实践/刘书瀚主编.—北京：中国财政经济出版社，2014.7

ISBN 978 - 7 - 5095 - 5497 - 5

Ⅰ.①当…　Ⅱ.①刘…　Ⅲ.①中国经济 - 经济政策 - 研究　Ⅳ.①F120

中国版本图书馆 CIP 数据核字（2014）第 140233 号

责任编辑：周桂元　　责任校对：徐艳丽
封面设计：楠竹文化　　版式设计：兰　波

中国财政经济出版社 出版

URL：http：//www.cfeph.cn

E - mail：cfeph @ cfeph.cn

社址：北京市海淀区阜成路甲 28 号　邮政编码：100142

营销中心电话：88190406　北京财经书店电话：64033436　84041336

北京财经印刷厂印刷　各地新华书店经销

710×1000 毫米　16 开　23.75 印张　389 000 字

2014 年10月第 1 版　2014 年10月北京第 1 次印刷

定价：40.00 元

ISBN 978 - 7 - 5095 - 5497 - 5/F · 4445

（图书出现印装问题，本社负责调换）

质量投诉电话：010 - 88190744

打击盗版举报热线：010 - 88190492，QQ：634579818

序言

这是一本写给外国人，尤其是给外国高校的学子们和来华留学生们看的书。目的是使外国人更容易了解当代中国经济发展的脉络，更容易了解中国的经济发展过程，更容易看清中国经济的整体面貌。

1978 年年末，中国开始对计划经济体制进行改革，进入了改革开放和社会主义现代化建设的新时期。从此，“改革开放”始见于各类文件、新闻媒体；从此，中国向世界打开了大门，使中国经济逐步融入世界。

1992 年，中国明确提出建立社会主义市场经济体制的改革目标，经过了二十多年，中国从“复关”到入世，终于成为世界贸易组织的一员；之后，中国的经济总量逐年攀升，2010 年国内生产总值居世界第二位；中国的对外贸易总额从 20 世纪 80 年代的第 30 位的排名到 2012 年的世界第一位，达 3.87 万亿美元；各国的旅游者来到中国，看到与纽约、悉尼等发达国家城市相差无二的现代化的上海、广州和深圳等城市；当他们回到本国，发现生活中充满了“中国制造”，以至于美国波士顿的一名女记者萨拉·邦乔尼写出《没有“中国制造”的一年》，却不得不承认“在结束了一年没有中国产品的日子后，在未来的 10 年中我都可能没有勇气再尝试这种没有中国制造的日子”。

然而事实上，许多外国人，外国的大学生甚至高校的教师，并不十分了解中国。他们从各种媒体中知道中国近几年的经济增长速度一直遥遥领先，甚至在美国金融危机引发美国、欧盟等主要经济体陷入债务危机、经济低迷的时候，中国的经济依然能以 8% 左右的速度增长。他们或许直接或间接地感受到中国大都市的繁华与时尚；他们看到在自己国家黄皮肤黑眼睛的中国人购买力越来越强；他们发现越来越多的中国产品漂洋过海，于是，有人感叹中国真强大，有人担忧中国经济的发展和强大会对他国乃至世界产生威胁。无论是惊叹与忧虑，他们看到的都只是一个侧面。

本书旨在通过严谨的数据、详实的资料，客观讲述和真实再现中国从计划经济向市场经济转型时期的经济政策与实践。众所周知，1949 年新中国成立后，中国开始社会主义建设，推行的是计划经济体制。国家在生产、资源分配以及消费等各方面，都有政府事先计划。在计划经济下，生产什么、如何生产和为谁生产都是由政府来决定的，国家大部分资源由政府所有，通过政府指令的形式来分配资源。在计划经济下，经济一般不受经济周期影响，可以通过指令，对某些产业倾斜，优先发展。由于中国是一个传统的农业国，加之鸦片战争后战火不断，新中国成立后，国家领导人为快速实现自立自强的目标，将优先发展重工业作为发展战略，实现由落后的农业国向先进的工业国的转变。但是，计划经济也有其不可忽视的弊端，如资源配置效率低下、供求不平衡、生产效率得不到激励、计划的制定、下达、执行和反馈的成本过高等等。

20 世纪 70 年代末，中国的经济命运开始了变化。之后，经过了 30 多年的发展，中国经济的市场化进程已经取得了举世瞩目的成就，根据《中国市场经济发展报告》，中国已初步建立起市场经济体制，已成为一个发展中的市场经济国家。具体表现为：第一，政府职能从服务于计划经济转向服务于市场经济，市场在资源配置中发挥了基础性作用。政府对经济活动的审批项目大幅减少，投资体制进一步规范。生产什么、生产多少已由生产者根据市场需求自行决策，市场主体在经营活动中获得自主权，这些都表明政府管理的规范化和经济主体的自由化。第二，形成多种所有制经济共同发展的格局，非国有经济的市场准入更为开放。根据加入 WTO 的承诺，国家进一步对外资放开了金融、保险、证券、电信、旅游及中介等领域，私营企业逐步涉足原来较少进入的重工业、金融服务业、城市基础设施和教育文化等产业。据国家统计局测算，中国国民经济总量中来自非国有经济的贡献份额呈逐步上升趋势，1992 年至 2011 年，非国有经济创造的 GDP 占全部 GDP 的比重由 53.6% 提高到 77.1% 。同时，世界 500 强公司大都进入了中国市场，进一步推动了竞争的升级。第三，市场体系逐步完善，不仅产品市场日臻完善，要素市场（资金、劳动力、土地）亦不断成熟，企业的生产运营已经按照市场化运作，进一步拓宽了企业投资项目的融资渠道。在劳动力要素市场，劳动力流动和工资决定的市场化程度稳步提高。第四，贸易环境更加公平，形成贸易主体多元化格局。对外贸易市场化取得很大进展，外贸经营权已全面放开。同时，金融市场化稳步提升，人民币利率市场化改革逐年取得新进展，银行业间竞争日趋激烈，货币化和金融化程度加深，市场的管理与监督也在不断改善与加强。

关于当代中国经济现象、经济改革与发展的理论，国内国外均不乏研究探索之学者和学术成果。本书的不同之处在于强调的是当代中国经济发展的实际，采用平实的语言和客观的描述，在各章后均辅安排三个实证案例，以形象地展示中国经济发展的全貌，从区域发展、产业结构、城市化建设、资源与可持续发展、汇率改革进程、金融和证券市场一直到开放的贸易与投资。本书首先从高度集中的计划经济入手，介绍了从公有制为主导的统购统销的计划经济到经济体制改革的过渡，第二章和第三章从产业和区域的角度论述了中国产业经济发展和区域经济战略的布局，第四章对中国的城市化进程与问题、城市与可持续发展和备受关注的中国房地产市场进行了阐述。第五章和第六章关注的是中国的利率与汇率改革以及货币政策与金融市场，从僵化的利率与汇率到当今的中国金融市场的深化，使读者能看到中国货币政策与现代金融体系的演变与确立。第七章到第八章是开放的中国，涵盖了中国对外贸易的发展、利用对外直接投资的实践与“走出去”的历程。最后一章，记述了要了解当今中国经济无论如何都不能回避的一个议题：中国加入世界贸易组织的过程及其对中国的影响。

中国经济发展到今天，有很多成功的经验，不仅实践上需要总结，理论上也值得探讨。毋庸置疑，中国经济的发展也存在一些问题，产业结构需要调整、区域差别、二元经济问题等等，需要学界与业界的认真总结。中国经济的发展依赖于经济全球化，依赖于国际社会。中国经济学的研究也不能封闭地进行。编写此书，也是为了能使中国经济、中国经济学走向世界，同时也希望，以此为契机吸引更多的国际社会人士认识中国、研究中国经济发展，国内外的同行一同探讨中国经济发展的成绩与问题、挑战与机遇以及中国经济发展与世界经济和国际社会的联系。

当代中国经济从计划经济转型为社会主义市场经济的过程纷繁复杂，这其中从计划经济到社会主义商品经济到市场经济的提出，从封闭到改革开放，从复关到入世，从城市化到区域发展的三大经济圈，从简单追求经济增长到科学发展转变经济发展方式……林林总总，难以在一册书中言尽。我们希望用我们的笔墨，尽量真实和客观地描述中国当代经济的政策变迁与发展历程。我们期待通过努力，加深外国人对中国国情的了解。虽然我们竭尽全力，仍难免挂一漏万。因此，得到国内外读者的建议和意见是我们最大的期盼。

刘日海

2014 年 9 月

目录

新中国已经成立60余年。这60多年的经济发展可以明显地分为两个阶段：一是前三十年的计划经济阶段，二是后三十年的市场经济阶段。中国经济的快速发展有目共睹，特别是改革开放后取得的发展成就被誉为“中国奇迹”，引起了全世界人民的关注。

第一章
由计划经济向市场经济转型的国家经济

经过几年的世界大战和国内战争，中国共产党在1949年夺取了全国政权，建立了新的国家制度，走上了社会主义道路。虽然在经济发展的过程中几经波折，但终于抓住了中国经济发展的客观规律，找到了适合中国的资源配置方式，逐渐由计划经济体制转变为市场经济体制，实现了中国经济的跨越式发展。

第一节
高度集中的计划经济

鉴于新中国成立初期的客观状况，在马克思主义理论的指导下和苏联榜样力量的影响下，中国选择了社会主义计划经济的道路（苏联通过计划经济模式在20世纪30年代取得了突飞猛进的增长，其经济增长速率之高让西方工业化国家刮目相看）。

据麦迪森（Angus Maddison）估计，1820—1952年，中国国内生产总值和人均国内生产总值年增长率分别为0.22%和-0.08%，欧洲则分别为1.71%和1.03%。1952年，中国在全球GDP中所占的比例从1820年的1/3降到了1/20，中国的实际人均收入已经降低到世界平均水平的1/4。1949年新中国刚刚成立时，全国工农业的总产值只有466亿元，人均国民收入只有66.1元。在工农业总产值中，农业总产值的比重占到84.5%，工业总产值比重为15.5%，而重工业产值占工农业总产值的比重仅为4.5%，社会经济急需恢复和振兴。在新政治协商会议筹备会上，当时的最高领导人毛泽东主席曾强调："中国人民愿意同世界各国人民实行友好合作，恢复和发展国际间的通商事业，以利发展生产和繁荣经济。"然而，由于后来的朝鲜战争及其引致的台湾问题，中美之间的对立更加严重，新生的人民政权在成立之初就面临一个极为恶劣的国际环境，只能更多地向内寻求经济社会的自我发展。旧中国留给新中国的是一个烂摊子，经过连年战争，中国农业生产力非常落后，基本停留在小农经济阶段。工业化基础非常薄弱，主要工业品的产量非常低，其中轻工业的情况好于重工业，重工业几乎是一片空白。因此，从1949年到1952年，新中国的主要任务是国家经济管理机构的建立和战后经济的恢复，执政党的工作重点由乡村转移到城市。从1953年到1957年，中国经济由恢复经济的重心转移为向社会主义计划经济的过渡，建立起高度集中的计划经济体制。1957年到1978年，则是计划经济体制下国民经济的曲折发展阶段。

一、生产资料社会主义公有制的初步建立

（一）战后经济的迅速恢复

新中国的经济恢复工作首先从土地改革开始，有步骤地将封建半封建的土地所有制变为农民土地所有制。其次，通过没收官僚资本、征管外国资本等方式建立国有经济；通过民主改革和生产改革建立健全国有经济的经营管理制度。再次，抑制了持续十多年的通货膨胀，稳定了物价，统一了财经工作。最后，调整公私关系、劳资关系、产销关系，完成了对民族资本主义工

商业的社会主义改造（新中国成立初期，中央政府根据各地解放时间不一、政治经济形势差异较大的情况，将全国划分为六个大行政管理区，即东北、华北、华东、中南、西南、西北。每个大区统辖数省，大区的最高行政机关是军政委员会，在军政委员会内设立财经委员会，大区财经委员会受政务院财经委员会和大区军政委员会双重领导，大区财经委员会下亦设立财经各部及人民银行区行机构，负责全区的经济管理工作。在生产资料公有制的基础之上实行计划经济）。到1952年年底，新中国的经济状况得到了有效恢复。

农业方面，三年间整修了绝大部分的堤防，修建现代化灌溉工程385处。直接参与水利工程建设的群众和工程技术人员有2000万人左右，完成土方17亿立方米以上，相当于巴拿马运河的10倍，苏伊士运河的23倍。农业生产总值达到483.9亿元，比1949年增加48.5%，粮食达到3278亿斤，比1949年增加44.8%。农村经济基本恢复到历史最高水平，粮食、棉花、糖料、黄红麻、烤烟等农产品产量超过历史最高水平，其中1952年粮食产量超过历史最高水平9.3%，棉花超过53.6%。而油料、蚕茧、茶叶、水果等的产量还较低。工业方面，国家重点改造重工业企业，新建企业3300个，大中型企业占4%。到1952年，工业总产值达到343.3亿元，平均每年增长4.8%。在工农业总产值中，工业总产值所占比重由30.1%上升到41.5%。仅仅三年，中国就由一个不能自制一根钢轨、一吨优质钢材的国家成为可自制多种钢材，能轧制钢轨和制造成套纺织机械、多种工作母机、矿山设备，能自制3000千瓦发电机组的国家。同时，国内商业和对外贸易也得到了恢复和发展，1952年的进出口额与1949年相比均增长了1倍，与西方国家的贸易额也逐渐回升。

（二）国民经济的社会主义改造

20世纪四五十年代，世界范围内的经济国有化风行一时。不仅苏联、东欧等社会主义国家通过国有化来发展经济，西方发达国家也为克服自由市场的弊端调整制度结构、降低私有制比重，加大国有化力度。早在1940年1月，中国共产党的领导者毛泽东就发表了《新民主主义论》，其中提到中国无产阶级领导下的新民主主义共和国的国营经济是社会主义性质的经济，是整个国民经济的领导力量。1949年9月颁布的《中国人民政治协商会议共同纲领》指出：在所有制结构方面，实行国营经济领导下的多种经济成分并存发展，鼓励合作经济和公私合营经济。恢复期后，中共中央更是提出了社会主义过渡阶段的总路线和总任务，实现生产资料的社会主义所有制（即公有制）成为国家和社会的唯一经济基础；实现对农业、手工业和资本主义工商业的社会主义改造；明确社会主义工业化道路，重点发展重工业，优先发展国营经济并保证其在国民经济中的比重不断增长。

1. 农业的社会主义改造

当时的中国领导人大多认为农业的社会主义改造就是要改造农业向着合作化形式、集体化道路的公有制形式迈进。可分为三个阶段：（1）新中国成立到1952年年底的互助组阶段。合作社的数量很少，1950年只有19个农业生产合作社，其中初级社18个，高级社1个。1951年年底发展到130个，其中初级社129个，高级社1个。互助组实行以工换工、等价交换、集体劳动，土地和其他生产资料仍归互助组成员私有，分散经营。（2）1953年到1955年上半年的初级社阶段。以土地入股，统一经营为特征，但仍保持生产资料私有制。建立供销合作社、信用合作社，与农业生产合作社共同形成了生产、销售、信用三位一体的合作经济体系。到1953年12月16日中共中央发布《关于农业生产合作社决议》的时候，农业生产合作社已经发展到1.5万多个，其中初级社1.5万个，高级社15个。1954年，农业社发展到11.4万多个，其中初级社11.4万个、高级社200个。（3）1955年7月以后，大办高级社的阶段。农业生产合作社迅速发展，大量的初级社转为高级社，许多互助组和个体农民直接并入高级社，土地和其他生产资料大部转为集体所有。到1956年年底，农业生产合作社发展到76万个，其中初级社22万个、高级社54万个，入社农户占全国总农户的87.8%，标志着中国农村在生产资料所有制方面的社会主义改造基本完成。

2. 手工业的社会主义改造

手工业的社会主义改造也是以兴办合作社的形式来完成的。首先是组建供销合作社、消费合作社，然后过渡到生产合作社。1949—1952年，手工业生产合作社的产值占同期手工业总产值的3.4%。根据典型调查，手工业生产合作社的劳动生产率比个体手工业高40%以上，社员收入比入社前最少增加36%，最高达200%。1954年年底参加手工业合作组织的人数就达121万余人，比1952年年底增长了4.3倍。1955年年底，中央领导层要求加快手工业改造步伐，极大推动了手工业合作化的进程。到1956年6月，全国除少数边远地区外，基本实现了手工业的社会主义改造，参与合作化的手工业者总数约占90%，全国手工业合作组织发展到104430个，年产值达到 108.76 亿元，占总产值比重由 1955 年的 19.9% 上升到 92.9%。

3. 工商业的社会主义改造

在新中国成立后的经济基本恢复期，私人工商企业渐渐被收归国有。从 1953 年到 1954 年上半年，私营工业的产品绝大部分都已经实行了加工订货、统购包销等形式，另外一些也通过批购、经销和代销等形式向公有制转换。1954 年下半年，全国工商业的社会主义改造则开始向更高一级的公私合营企业阶段发展。9 月 6 日，政务院颁布的《公私合营工业企业暂行条例》规定了公私合营的方针、原则，公私合营企业的性质、公私关系、劳资关系、经营管理、盈余分配等。到 1955 年，国家在全国范围内实行了工商业的体系分类、生产安排和市场安排，生产资料大部分归国家所有，由国家统一调配和使用。到 1956 年年底，全国 99% 的私营工业、82% 的私营商业实现了所有制改造，其他轮船、汽车、饮食等行业的私营改造活动也都基本完成。

1956 年与 1952 年相比，在国民收入中，全民所有制经济、集体所有制经济、公私合营经济三种社会主义公有制已经达到 92.9%（见表 1.1），标志着以生产资料公有制为基础的社会主义制度基本建立起来。这是中国历史上一次较大的变革，在一定程度上促进了生产力的发展。但在这么短的时间内完成生产资料所有制的转化，不可避免地会有很多疏漏，也是后期经济下滑的隐患之一。

表 1.1　　“三大改造”前后经济结构的变化

年份	全民所有制	集体所有制	公私合营	前三项合计	私营经济	个体经济
1952	19.1	1.5	0.7	21.3	6.9	71.8
1956	32.2	53.4	7.3	92.9	0.1	7

资料来源：萧国亮、隋福民：《中华人民共和国经济史（1949—2010）》，北京大学出版社 2011 年版，第 91 页。

二、产业经济的计划发展

在公有制改造过程中，中国的计划经济体制的改革就开始了。民以食为天，而新中国诞生伊始，粮食供求矛盾就十分尖锐。为了改善这种困境，也为工业建设提供原材料，政府首先在粮食等主要农产品方面实施统购统销的计划政策，进而统一规划和安排全行业的生产资料和产品的供求。

（一）粮食供求矛盾引发的统购统销计划行为

虽然1952年全国的粮食总产量恢复到战前甚至超过战前水平，但由于城镇人口增多，粮食消费量增加，1953年大规模经济建设带来工用农业原料数量的急剧扩张，粮食供不应求的形势日益严峻。私营粮商活动频繁的地区，粮食市价一般高出指导价20%—30%，人们对物价波动非常敏感，只靠自由市场的调节，已经保证不了物价的平稳与经济建设需要。1953年10月，中财委经研究确定了新的计划性粮食政策，即“统购统销”。

其主要内容是：第一，实行计划收购政策。生产粮食的农民必须按国家规定的收购种类、收购价格、计划收购的分配数额将粮食售给国家。第二，实行计划供应政策。在城市，一般市民发给购粮证，凭证购买粮食。在集镇、经济作物区及一般农村，由上级政府颁布供应控制数字。对于熟食业、食品加工业等所需粮食，旅店、火车、轮船等旅客膳食用粮及其他工业用粮，定额给予供应，不许私自采购。第三，实行封闭式的市场管理政策。一切有关粮食经营和粮食加工的国营、地方国营、公私合营、合作社经营的粮店及工厂，统一归由当地粮食部门领导。所有私营粮商一律不许私自经营粮食。第四，实行统一国家管理政策。所有方针政策的确定，所有收购量和供应量，所有收购标准和供应，所有收购价格和供应价格，都必须由中央统一规定，或经中央批准由地方制定。市场渐渐退出了资源配置的舞台。

1953年10月16日和11月19日，中共中央和国务院分别公布了《关于粮食统购统销的决议》、《关于实行粮食的计划收购和计划供应的命令》，1955年8月，国务院公布了《关于农村粮食统购统销暂行办法》，对农村粮食实行“定产、定购、定销”。不仅如此，食用油、副食品等也相继实行了统购统销的政策，出现了之后几代人所熟悉的粮票、油票等购销凭证。直到1984年，国家规定除小麦、稻谷、玉米及主产区大豆外，其他粮食都退出统购统销，1985年粮棉改行合同订购制度，持续时间长达31年之久的统购统销制度被彻底废除。可以说农业的“统购统销”制度是中国计划经济体制的“先锋队”。

（二）重工业为中心的工业化计划

1949年《中国人民政治协商会议共同纲领》就曾指出，鉴于中国的经济落后和工业基础薄弱，应实行优先发展重工业的方针。经过几年的理论探讨和实践检验，到 1953 年年底，以中国共产党过渡时期总路线《宣传提纲》为标志，明确提出中国必须走以优先发展重工业为内容的社会主义工业化道路。中国的重工业发展战略是由当时的国内外环境决定的。国际环境方面，二战后许多新独立的国家选择了“进口替代战略”实施重工业优先发展；1950 年朝鲜战争爆发也推动中国首先要发展国防工业并向苏联靠拢。国内经济方面，新中国还是贫穷落后的农业国，与 1929 年的苏联非常相似，更倾向于模仿苏联模式发展经济，通过十多年的重工业优先发展转变为工业国。

这种发展战略充分体现在 1953—1957 年的第一个五年计划（也是模仿了苏联的五年计划，大部分中央领导和学者认为会类似苏联，估计需要三个“五年计划”的时间完成中国的工业化）之中，投资分配以基本建设为主，在基建中以工业的基建为主，在工业的基建中又以重工业的基建为主。在 766.4 亿元总投资中基本建设投资为 427.4 亿元，占总投资的 55.8%，若加上地质勘探、勘察设计等费用的 53 亿元，则占总投资额的 62.7%。工业基建投资约有 248.5 亿元，占基建总投资额的 58.2%，其中重工业占 88.88%。“一五”计划共安排大中型建设项目 694 个，实际施工达 921 个，其中有 156 项是由苏联援建。

三、统购统销、统收统支的计划经济体制

（一）计划经济体制概况

在公有制和适应计划经济的政府组织机构建立的基础上，全国财政、金融、外贸等管理体制逐渐集中，劳动力市场、产品市场中的市场机制逐渐萎缩，形成了计划经济体制的雏形。

第一，贸易流通体制。通过公有制的改造，全国的产业流通工作逐渐以合作社的形式运行，1950 年 7 月中华全国合作社联合总社成立，主管全国的供销、消费、信用合作社和手工业合作社。同年 8 月，组建商业部和对外贸易部，内外贸正式分家。商业部管辖的内部贸易多以统一调拨的制度进行商品流通，对外贸易也处于外贸部的统一管制之下。虽然在后来的二十年间，流通体制频繁变动，但都没有离开中央统制、分级管理的道路。

第二，金融体制。作为中央银行的中国人民银行成为中央人民政府的组成部分，并领导管理各地方银行，大部分商业银行和金融机构，逐渐形成了金融上人民银行集中统一的管理体制。人民银行成为中国唯一的银行，既是金融管理部门，又办理实际业务。对内，中国人民银行总行统一掌握信贷资金，实行“统存统贷”、利率官定，整个银行业完全纳入指令性计划经济体制。对外，采取盯住美元的方法，以国内外物价对比法为基础计算，由人民银行根据国内外物价的变化自主灵活的调整。

第三，财政税收体制。中国的财税制度经过多次探讨和修订，于1953年形成了以货物税、营业税、所得税为主的复合税制和中央“统收统支”、地方分级管理的财政体制。

第四，劳动力的流动机制。新中国成立后还存在劳动力市场，但是从1951年起，国家禁止国有（营）企事业单位自行招收在校学生，大中专毕业生由国家统一分配，职工的跨地区流动必须经过政府有关部门批准。1953年又禁止了城乡之间劳动力的自由流动。劳动力资源配置领域的市场调节逐渐消失殆尽。

第五，产品市场。1953年主要农副产品实行统购统销后，主要工农产品间的市场调节基本消失。生产资料市场上，国家计划分配的范围逐渐扩大。

20世纪50年代的中国经济体制由计划与市场并重逐步转向了以行政管理为特征的计划经济。宏观方面，全国国民经济都在国家的集中统一领导下进行，采取指令性计划管理；微观方面，中央政府直接管理国有企业的人、财、物，地方政府直接管理集体企业的各项经营事务。整个国民经济显示了强烈的行政性和强制性。

（二）计划经济体制下曲折发展的国民经济

刚刚建立的新中国，在经济发展的道路上摸索了很长时间，直到70年代末改革开放才逐渐走上较为稳步发展的道路。在此期间，国民经济起起落落经过了几番曲折。

社会主义公有制改造到国民经济的“一五”计划时期是新中国经济恢复和快速发展的时期。1957年总产值达到1606亿元，比1952年增长70.9%。其中农业产值537亿元，增长24.8%，所占比重下降为33.4%；工业产值704亿元，增加1倍多，所占比重上升到43.8%，初步改变了中国经济以农为主的局面。特别是“一五”计划期间，中国社会总产值平均每年增长率为11.3%；工农业总产值平均每年增长率为10.9%；国民收入平均每年增长率为8.9%；是1953年至1980年间5个五年计划中增长最快、效益最好的时期，与同期世界其他国家进行比较也是非常快的。据麦迪森计算，1950年至1973年，世界国内生产总值年均增长率为4.9%，其中苏联等东欧国家年均增长率为5.7%，非洲国家年平均增长率为4.5%，拉丁美洲国家年均增长率为5.2%，亚洲国家和地区（不包括日本）年均增长率为5.2%。

然而，1958年，由于国内外政治、经济环境的变化，中国掀起了关于意识形态的运动，形成了调整后的社会主义计划经济快速发展的总路线。“大跃进”与人民公社①则是该路线的具体实施方式，成为那个时代的主题。1957年年底，“大跃进”运动开始，即中国进入反对保守、多快好省、力争上游的“大跃进”轨道。在这种精神的指导下，中国经济各方面从计划预算到决算统计的指标数据都出现了不同程度的夸大现象。

为了完成高指标，中央提出应动员全党全民“大炼钢铁”和“人民公社化”。1958年8月，全国参加钢铁生产的人数已有几百万人，而到了9月就增加到5000万人，建立了大小土高炉60多万座；到10月月底，炼钢人数达到6000万人。最多时达到9000万人，砍树挖煤，找矿炼铁，极大浪费了人力、物力、财力。1958年9月之后，留在农村的劳动力比上年减少了3818万人。农业与工业劳动者的比例由上年的13.8∶1下降到3.5∶1。大量运输工具和牲畜用于炼钢，大批粮食和棉花因无人收割而烂在地里。

人民公社于1958年8月出现，短短三个月时间，就在全国铺天盖地地开展起来，到11月时全国99%的农户都参加了人民公社。平均而言，一个公社有5000家农户、10000个农民和60000亩地，规模非常庞大。人民公社的生产经营集中统一，按需分配，吃公共食堂，虽然会产生一定的规模经济效应，但由于集体经济的低效率和强制性的制度变迁，很快就暴露出了严重的问题。1959年出现了农业危机，谷物产量下降了15%，1960年又下降了10%。1960年城乡人均粮食消费量比1957年下降了19.5%，农村人均粮

① 人民公社是由一些高级农业合作社合并而成的，拥有包括军事和安全在内的贸易、金融、税收、会计、统计和计划等地方政府职能。每个公社下分几个生产大队，生产大队又分为若干生产小队，每个生产小队大致等于先前的一个合作社或半个村庄。

食消费量更是下降了23.4%。

大炼钢铁时期民众纷纷拿出自家的铁具

“大跃进”和人民公社化运动局部上取得了一些成功，但在总的指导方针上急于求成，违反客观规律。由此造成了国民经济的严重倒退和人民生活水平的下降。1959—1961年的三年农业危机导致了一些群众非正常死亡，是人类历史上一次巨大的灾害。

鉴于之前错误指导方针的教训，1961年1月，中共八届九中全会通过了“调整、巩固、充实、提高”的八字方针对整个国民经济实行全面调整。第一，基本建设预算缩减。1961年的预算内基本建设总额为123.3亿元，比1960年的384.1亿元削减了67.2%，1962年又继续压缩再减少46.2%。第二，大力精简职工和城镇人口，计划在三年内减少城镇人口2000万人以上。第三，调整工业经济管理体制，加强企业管理。这是当时采取的重大措施，也是一次大规模的国有企业改革过程。中央先后成立了12个托拉斯企业。第四，调整人民公社，改革劳动制度和价格体系。到1965年，全国经济、生活状况明显改善，工农业生产已经超过1957年水平，商品供应增加，市场物价稳定。

然而，国民经济恢复与好转的局面并没能持续下去，1966年由最高领导人错误发动的“文化大革命”运动全面爆发。此后的十年间，推行极“左”的经济路线，体制变革不断扭曲。虽然经济总体来说有一定增长，科技水平有所突破，特别是国防科技的重大进步。但“文化大革命”在政治、经济、文化各方面所造成的损失是无法计算的。

第二节
计划经济体制向市场经济体制的过渡

新中国成立后的前三十年经济在探索中发展，有退有进，跌宕起伏，直至 1978 年，中国人民才找到中国经济改革的正确方向。“文化大革命”之后，中国的经济发展水平与发达国家之间的差距越来越大。1979 年中国农业人口占总人口的 83.8%，农业劳动者占工农业劳动者的 84.9%，整个农业处于 8 亿农民用手工工具作业的状态，大多数地区没有解决温饱问题，而同时期主要发达国家几乎都实现了农业的机械化、电气化、化学化，农业劳动生产率和农产品的商品率，都远远超过中国。中国领导人认为应重新思考经济发展战略和道路，学习西方的先进技术和管理经验，寻找到一条真正适合中国国情的发展道路。这一时期，发达国家的经济也正处于一个转变的时期，由 20 世纪 70 年代中期前的高速增长转向 70 年代后的低速增长，在国内市场紧张，国际贸易摩擦增多的情况下，需要向外寻找市场和在全球范围内调整产业结构。国际经济环境的变迁给中国带来了经济发展的机遇。中国领导人正是抓住了这次机遇推行改革开放的政策，使中国经济得到了前所未有的发展。

一、经济体制的改革

20 世纪七八十年代的中国经济改革始于农村，再逐步扩展到城市其他产业及宏观层面的政策体系。改革的基本方向是发挥市场在资源配置中的作用，由计划经济向市场经济转变。

（一）农村改革：家庭联产承包责任制

从 1958 年到 1978 年的 20 年间，中国农村唯一的生产组织方式是集体生产，也是当时社会主义意识形态下政府能够接受的制度安排。集体生产虽然能够体现规模经济的优势，但会影响劳动者的生产积极性，导致生产效率的低下。在“文化大革命”刚结束的 1977—1978 年，安徽省和四川省部分地区的农民摆脱贫困的诉求极为强烈，自发地恢复和创造多种形式的生产责任制。其中，安徽省小岗村的“包产到户”① 就是农村家庭联产承包责任制的主要形式。

在安徽省的带动下，四川、贵州、甘肃、内蒙古、河南等地“包产到户”都有了相当规模的发展。到1979年，广大农村出现了包工到组、包工到户、包工到劳、包产到组、包产到户等多种责任制并存的局面。1980年9月，中共中央发布的名为《关于进一步加强和完善农业生产责任制的几个问题》的红头文件，肯定了因地制宜的多种生产责任制并存的形式。家庭联产承包责任制在全国推广开来并逐渐升级，由“包产到户”过渡到“包干到户”②。1982年1月1日，中共中央批转的《全国农村工作会议纪要》（简称1982年中央一号文件）指出，必须着重在最近两三年内采取一系列的政策措施，必须进行包括实行农业生产责任制在内的农村经济体制改革，标志着农村改革的强制性制度变迁。可见，农村家庭联产承包责任制不是政府设计出来的改革方式，而是一种自发的诱致性变迁，并成功地与政府的强制性制度变迁相结合。

1983年10月，中共中央作出决定，废除人民公社，建立乡（镇）政府作为基层政权，同时成立村民委员会作为群众性自治组织。“包干到户”成为家庭联产承包制的主要内容，标志着中国农业完成了由人民公社集体经济制度向农民在“承租”的土地上建立的家庭农场制度的过渡。在此过程中，家庭联产承包责任制不仅在农村集体经济组织中实行，而且推广到国营农场；不仅在农业生产领域实行，而且推广到林业、牧业、副业、渔业等农村经济各领域。

1985年粮食开始实行合同订购与市场收购相结合的制度，同年，国家又放开了除城镇居民口粮、食油以外的农副产品的销售价格，改革农业税，使农业生产与市场联系在一起。到1987年年初，农村经济新体制的框架初步建立，农村经济开始向专业化、商品化、现代化方向转变。

---

① “包产到户”的基本做法是把规定了产出要求的土地租赁给农户经营，将规定的产出部分全部交给生产队，超产部分全部留给农户，或有农户与生产队分成。

② “包干到户”意味着农业经营方式的根本改变，由集体经营改为家庭在承包（承租）来的土地上经营，与“包产到户”的最大区别是取消了生产队统一经营和统一分配。农户采用合同形式完成国家税收等任务，向直属集体上缴公积金或公益金提留，剩余产品全部归自己所有和支配。

（二）城市改革：计划配置到市场培育

在全面推进农村经济体制改革的同时，城市经济体制改革也开始从重建微观激励机制起步并逐渐深入，到 1984 年秋全面实行。主要有两方面的改革内容：一是市场主体的培育，主要解决企业和国家的关系问题，目的是建立微观激励机制；二是市场的建设，主要解决政府和市场边界的问题，目的是将生产要素的计划配置方式转变为市场配置。总的来说，城市改革的前十几年，中央政府在权利的下放和收紧之间不断做出尝试和调整，使中国的宏观经济增长呈现明显的周期性波动。

1. 对国有企业的改革

国家和国有企业之间关系的调整关键在于赋予国有企业一定的自主权，调动其生产经营的积极性。在实行计划经济体制的时期，中央政府对国有企业也进行过改革，但主要是把企业“下放”给省级及省级以下的各级地方政府管理，并没能解决问题。70 年代末期领导部门及企业界人士都认为改革国有企业，重要的是放权（即不再执行严格的指令性计划），应该“扩权让利”。从 1978 年 10 月起，开始国企改革的试点工作，并迅速在工业、商业、物资、建筑、交通、邮电等部门展开。1980 年 12 月，中共决定调整“放权让利”政策为实行“企业经济责任制”。1983 年，推行“以税代利”的改革，进一步规范国家与企业之间利润的分配关系。这些措施虽然获得了一些成果，但由于缺乏其他相关制度改革的配合，出现了不同程度的混乱情况。到 1984 年，全国各项经济体制改革措施陆续出台，国有企业改革才真正迈出了较大步伐。

1984 年到 1988 年，中国大力推行企业承包经营责任制和租赁制。实行改革的企业活力不断增强，上缴利润连年递增。到 1992 年，经历了两个承包期（三年为一期），全国大中型国有企业几乎都采取了各种不同形式的承包。承包制的宗旨是所有权和企业经营管理权相分离，承包的对象是企业上缴的利税。在此期间，中国还开展了企业股份制试点。1984 年 11 月，上海飞乐音响公司开始试行股份制，公开发行股票。1986 年 7 月，国务院决定重新组建交通银行，并将股份制引入金融业。交通银行成为中国第一家全国性的股份制金融企业。自此，中国企业渐渐走向规范的现代化经营管理阶段。

2. 对市场的培育

市场中的经济主体并不是只有国有企业，个体经济、家庭农场、乡镇企业和外资企业也都融入改革的潮流之中，获得了较快发展。为此，中国政府一方面对财税制度做了全面调整。在新的财政分配体制下，逐步改变了国家过于统筹的局面，地方收入和收入使用权限扩大，调动了地方增收节支的积极性和经济建设的主动性。另一方面，开始改革生产资料和消费资料统购包销的流通形式；实行多种商业渠道和商业经营形式；打破行业分割、市场分割的状态，促进专业化分工的出现。原有物资统一调配经营方式，逐步改为商业性经营方式，开放各类市场，搞活流通。

（三）有计划的商品经济

在实践探索的过程中，中国逐渐确立改革开放初期的目标模式，即计划经济为主，市场调节为辅。在 1982 年 9 月召开的中国共产党第十二次全国代表大会上正式提出这一原则。1984 年 10 月中共十二届三中全会通过的《中共中央关于经济体制改革的决定》第一次提出社会主义经济是“在公有制基础上的有计划的商品经济”，“要突破把计划经济同商品经济对立起来的传统观念”。这一模式的提出不仅是中国改革理论的一个飞跃，也是经济学理论上的重大突破，为中国计划经济向市场经济过渡奠定了坚实的理论基础。1987 年中共十三大对新的经济体制作了进一步的概括：社会主义有计划的商品经济体制，应该是计划与市场的内在统一。新的经济运行机制，总体上来说应当是“国家调节市场，市场引导企业”的机制。在新的改革目标的引导下，中国的改革开放获得了显著的成绩。

二、改革中的宏观经济与产业发展

（一）经济总量增长迅速

改革开放的前十年正值国民经济第六个五年计划和第七个五年计划时期。“六五”计划提前完成，“七五”计划期间虽有波动，也获得了不错的成绩。1978 年国民生产总值为 3588 亿元，1989 年增长为 15789 亿元，1990 年更增加为 17400 亿元。1979—1990 年国民生产总值平均每年增长率为 9.0%。1978 年国民收入为 3010 亿元，1989 年增长为 13125 亿元，1990 年更增长为 14300 亿元。1979—1990 年国民收入平均每年增长率为 8.7%。1978 年国家财政收入为 1121.1 亿元，1990 年增长为 3244.8 亿元，年平均增长率为 9.3%。1980 年中国拥有国际储备 25.5 亿美元（不包括黄金），1989 年增长为 179.6 亿美元。同期 1989 年印度的国际储备只有 38.6 亿美元。1989 年我国的黄金储备为 1267 万盎司，印度为 1045 万盎司。在基本建设方面，全民所有制单位固定资产投资，1978 年为 668.72 亿元，1990 年更达 2926.83 亿元。到 1990 年已有 4584 个大型项目建成投产。

特别是最初的几年间，中国农业生产发生了新中国成立以来从未有过的变化。粮食总产量由 3 亿吨上升到 4 亿吨，比 1978 年增加了1/3。全国农业总产值增长 68%，全国农民收入增长 166%，购买力增强，自行车、缝纫机、收音机、手表和一些高档消费品进入普通农民家庭。

（二）产业的结构调整与总产值增长

改革之初，仍然依靠中央的投资来调整农轻重的产业结构。1978 年在农业上的投资占整个政府部门投资的比重是 11%，1978 年中共十一届三中全会上决议把对农业的投资比重提高到 18%。后因实行家庭联产承包责任制，农业产量有了很大增长，中央在农业上的投资便没有提高这么多。通过几年的调整与发展，各产业均突飞猛进，农业比重有所上升，工业比重有所下降，在工业中，轻工业的比重有所上升。1984 年和 1978 年相比，第一产业增长 52.6%，年平均增长 7.3%；第二产业增长 66.9%，年平均增长 8.9%，其中工业增长 66.0%，年平均增长 8.8%；第三产业增长 78.3%，年平均增长 10.1%。到 1988 年，农业总产值为 5865 亿元，比 1978 年的 1397 亿元增长 3.2 倍，年平均增长 5.9%；工业总产值为 18224 亿元，比 1978 年的 4237 亿元增长了 3.3 倍，年平均增长 12.4%。

三、对外开放

为了加强对引进国外先进技术和资金的管理，1979 年国家成立了中华人民共和国进出口管理委员和中华人民共和国外国投资管理委员会，推动了对外经济贸易工作，打开了对外开放的局面。1980 年 5 月，中共中央在《关于〈广东、福建两省会议纪要〉的批示》中，正式确认了“经济特区”这一名称，决定对广东和福建两省实行对外开放的特殊政策。同年 8 月，批准深圳、珠海、汕头、厦门试办经济特区。经济特区可以采取与内地不同的体制和政策，享受一些优惠政策：允许外资独资经营企业；允许国外银行和保险公司设立分支机构；免征货物进出口关税；享受比内地中外合资企业更低的税率等。他们成为改革开放的先锋。

1984 年，中国进一步开放大连、秦皇岛、天津、烟台、青岛、连云港、南通、上海、宁波、温州、福州、广州、湛江、北海 14 个沿海港口城市。1985 年开放了三个三角洲地区。对外开放的区域不断扩大，使中国沿海从北到南连成了对外开放的前沿地带，通过对外交流繁荣了市场，带动了国内经济的发展。截至 1989 年年底，5 个经济特区实际利用外资 41 亿美元，占全国 1/4 以上；外贸出口达 38.5 亿美元，占全国出口总额的近 1/10；工业总产值接近 300 亿元，是中国经济实力增长最快的地区。

第三节 快速发展的市场经济，全面开放的和谐国度

20 世纪 80 年代末，中国的改革开放收获颇多，但也不断凸显出经济发展中的一些深层次矛盾。比如，投资过热和通货膨胀问题，国家宏观调控问题，等等。鉴于国内外环境，中国政府审时度势，进一步深化经济体制的改革，大力发展国民经济，成就了中国近十年来的高速增长，为世界经济的稳定增长作出了突出贡献。

一、市场经济体制的确立及经济运行方式的转变

在提出了“有计划的商品经济”发展模式后的第十年，1992 年中共十四大第一次明确提出了建立社会主义市场经济体制的目标模式，是中国经济改革理论的一次历史性的飞跃，标志着中国改革开放进入了一个新的伟大时期。

社会主义市场经济体制的主要内涵是：使市场在社会主义国家宏观调控下对资源配置起基础性作用。它是同社会主义基本制度结合在一起的经济体制，在所有制结构、分配制度、宏观调控等方面都有自己的特点。1993 年，

社会主义市场经济体制写入《中华人民共和国宪法》。同年，《中共中央关于建立社会主义市场经济体制若干问题的决定》将经济体制改革的目标和基本原则系统化、具体化。中共十四届三中全会指出，为实现这个目标，必须坚持以公有制为主体、多种经济成分共同发展的方针，进一步转换国有企业经营机制，建立适应市场经济要求，产权清晰、权责明确、政企分开、管理科学的现代企业制度；建立全国统一开放的市场体系，实现城乡市场紧密结合，国内市场与国际市场相互衔接，促进资源的优化配置；转变政府管理经济的职能，建立以间接手段为主的完善的宏观调控体系，保证国民经济的健康运行；建立以按劳分配为主体，效率优先、兼顾公平的收入分配制度，鼓励一部分地区一部分人先富起来，走共同富裕的道路；建立多层次的社会保障制度，为城乡居民提供同中国国情相适应的社会保障，促进经济发展和社会稳定。

之后，中共十五大、十六大及十八大，都进一步坚定了社会主义市场经济体制目标，并不断地、与时俱进地调整与完善这一目标。在此目标的指引下，市场主体逐步成熟，各种市场逐步建立，体制改革不断进行，政府宏观调控的手段也日益成熟和稳健。

二、持续快速发展的国民经济

从 20 世纪 90 年代开始，中国经济整体便处于一种快速增长的水平。虽然由于投资过热，1994 年物价上涨，最终导致较高的通货膨胀，但在市场经济体系逐步建立的条件下，政府所采取的紧缩性货币政策等宏观经济手段发挥了有力的作用。到 1996 年底，中国经济成功完成了“软着陆”，各项制度改革也都有了较大的推进。

（一）国民经济高位稳定增长

国内生产总值从 1992 年的 2.7 万亿元增加到 2002 年的 12 万亿元，再到 2011 年的 47 万亿元，按可比价格计算，平均每年增长 10% 以上。不仅快于同期世界经济年均增长 3% 的水平，也是世界上经济增长速度最快的国家之一。全国财政收入从 1992 年的 3483.37 亿元增加到 2011 年的 103874.43 亿元；国家外汇储备从 1992 年的 194.43 亿美元增加到 2011 年的 31811.48 亿美元。

（二）产业经济发展迅速，结构调整成效显著

在经济结构的战略性调整中，中国三次产业结构逐步走向协调，经济增长质量和效益明显提高。三次产业增加值在GDP中的比重，由1992年的21.8∶43.4∶34.8，调整为2010年的10.0∶46.3∶43.2。三次产业从业人员结构，从1992年的58.5∶21.7∶19.8，调整为2011年的34.8∶29.5∶35.7。三次产业对国内生产总值增长的拉动的比例也在不断变化，从1992年的1.2∶9.2∶3.8，变为2011年的0.4∶4.8∶4.1。2003—2006年第三产业比重达到40.1%，到2011年则达到43.3%，比重持续提高。

（三）人民生活持续提高和改善

城镇居民家庭人均可支配收入，由1992年的2026.6元增加到2001年的6859.6元，平均每年实际增长8.6%。2011年则增长到21809.8元，同比增长14.1%。农村居民家庭人均纯收入由1992年的784元增加到2001年的2366.4元，平均每年实际增长3.8%。2011年则增长到6977.3元，同比增长17.9%。城镇居民家庭的恩格尔系数，由1992年的53%变为2011年的36.3%。农村居民家庭的恩格尔系数，由1992年的57.6%变为2007年的40.4%。人民生活显著改善，农村贫困人口大幅度减少。

（四）对外经济进一步活跃和深化

对外经济呈现出前所未有的快速发展，进出口贸易总额连升三位居世界第三位，外汇储备跃居世界第一位。2002年货物进出口总额6207.7亿美元，2011年货物进出口总额36418.6亿美元。进出口贸易总额在2003年超过法国和英国升到第四位，2004年超过日本升到第三位。2011年实际使用外商直接投资1160.1亿美元，2002年为527亿美元，年平均增长约12%，使中国利用外资自2002年以来一直居于世界前三位。

三、世界格局中的重要经济体

中国公民并不是改革开放的唯一受益者。从最直接的全球化的角度来看，中国向外输出了低价优质的消费产品以及生活必需品，使其他国家人民的生活得到了切实的改善。另一个大的贡献就是促进了世界经济的稳定，最

为显著的例子就是中国在抗击1997年10月开始的东亚金融危机和2008年爆发的国际金融危机中的突出表现。

中国是一个自然资源相对短缺的国家，支持经济增长的资源严重倚赖于进口，进口拉动世界资源价格上涨，这对资源相对丰富的非洲国家经济无疑是一个有效推动。此外，亚洲及拉美一些国家近几年的经济发展也都得益于与中国的贸易往来，中国价廉物美的产品也使发达国家受益巨大。中国市场对世界经济的拉动作用不言而喻。

2008年9月，在紧随雷曼兄弟的破产而爆发的全球金融危机当中，中国依靠其巨大的财政空间和充足的外汇储备，迅速采取了4万亿元人民币的刺激经济方案，在2009年第一季度即开始恢复增长。这在当时是拉动全球经济复苏最为重要的一支力量。

在20世纪八九十年代，对全球GDP增长有最大贡献的五个国家之中，除中国外均为工业化七国集团（G7）的成员。在80年代和90年代的这两个十年中，中国的贡献分别是美国的13.4%和26.7%，而到了2000—2009年，中国已成为最大贡献国，超过美国4个百分点。

【案例1-1】

统购统销的资源配置机制：粮票、布票、油票

粮票是中国从1955年到1993年发行的一种购粮凭证。那时候，城镇居民必须凭粮票才能购买粮食。1955年8月25日，国务院全体会议第17次会议通过《市镇粮食定量供应凭证印制暂行办法》，粮票从此应运而生，此后，食用油票、豆腐票、布票等各种票证进入人们的生活，各种商品皆需凭票购买，中国进入长达30多年的“票证时代”。以粮票为代表的票证，是中国因长期实行计划经济，商品短缺的见证。

其实凭票供应不是中国最早采用的，苏联在十月革命后，当时国内经济政治局势很不稳定，内战不断，商品缺乏，就采取了商品有计划分配的政策，发放各种商品票证，苏联最早的票证是1916年的鞋票。美国也在二战时期商品紧缺时，发放了各种商品票证，其种类也不少，这其中就含有粮票性质的票证。

中国的票证种类可谓“世界之最”，全国2500多个市县，还有一些镇、乡都分别发放和使用了各种粮票，进行计划供应，还有一些大企业、厂矿、农场、学校、政府、机关等单位。各地的商品票证通常分为“吃、穿、用”这三大类。吃的除了各种粮油票外，还有猪、牛、羊肉票、鸡鸭鱼票、鸡鸭蛋票，各种糖类票，各种豆制品票及各种蔬菜票，等等。穿的除了各种布票外，有化纤票、棉花票、汗衫票、背心票、布鞋票、棉胎票等等。用的有手帕票、肥皂票、手纸票、洗衣粉票、火柴票、抹布票、煤油票，各种煤票、商品购买证、电器票、自行车票、手表票，还有临时票、机动票等，真是五花八门，涉及各个领域的方方面面。总之，大多数商品都是凭票供应的。什么样的商品就用对应的粮票去购买，对号入座，缺一不可。无论何种票证，都有一条硬性规定，即过期作废，没有商量余地。

中国的粮食问题由来已久。1949年新中国成立后，特别是1953年以后，粮食需求迅速增长而供给相对不足的情况加剧了，粮食成为稀缺资源，甚至一度引发危机。粮食的需求量在不断上升，一些主要产粮区也未能完成计划收购任务，京、津两地的面粉都已不够供应，其他城市的状况更甚。如不采取有效的解决措施，粮食市场将会出现异常混乱的局面，进而必将导致物价全面波动，推动工资上涨，波及工业生产，扰乱预算计划，严重阻碍经济的恢复与建设。粮食问题一时引起中央政府的高度重视。

鉴于粮食危机严重威胁广大人民的生存和生活，严重威胁新生政权的稳定和工业化战略的实施，当时中央主持经济工作的陈云同志深入研究了粮食购销中存在的问题，经过权衡利弊，参考第二次世界大战时期一些国家解决粮食等生活必需品短缺问题的经验，最终认为要解决粮食购销问题，必须实行配售。他向中央建议采用农村征购、城市配给的方案。名称叫做“计划收购”，“计划供应”，简称“统购统销”。

1953年，中共中央作出一项重大战略决策，这就是对粮食等农产品实行“统购统销”。1953年，中共中央和国务院分别公布了《关于粮食统购统销的决议》、《关于实行粮食的计划收购和计划供应的命令》，粮食流通体制从此进入长达31年的统购统销时期。

1953年10月，国家在对粮食实行统购统销后，11月又对食用油料实行了统购统销。1955年，国家粮食部印发了第一版全国通用粮票，因全国通用粮票在购买粮食时自带食油计划，所以，粮食部没有印发全国通用油票，都是由地方各级粮食部门自行印发。

以粮票为代表的“统购统销”制度的出台在那个年代是具有积极的作用。世界不少国家的历史上都出现过粮食严重供不应求的情况，如果遇到灾荒年代或战乱，国家无法通过统一调配粮食缓解危机，就有可能发生骚乱，造成政权危机。而新中国建立初期更是中国历史上前所未有的粮食需求急剧扩大，供给相对不足的时期，通过统购统销，由国家直接控制农产品资源，可以防止私人倒卖、哄抬价格，大大提高了国家的行动能力，并促进了新生人民政权的稳固。

1960年，经过三年的大灾荒，国家进入了节粮度荒时期。城市居民的粮食供应严重不足，副食品等定量进一步压缩。之前曾经凭票供应的商品，也无法得到供应。到1961年，市场中需要凭票购买的商品达156种。这一时期，票证起到了重要的作用，吃饭要粮票，吸烟要烟票，喝酒就得有酒票，就连一分钱买一盒火柴，也得用火柴票。与票证现象同时存在的，还有受其所影响的严格的户籍管理以及城乡二元分割的制度。每月定量供给的粮票、油票只有城市人口才有，没有城镇户口，是拿不到票证的。因此，农村人不可能像今天一样自由进城打工，他们离开了土地，根本就无法生存。

由于粮食关系的束缚，不仅城乡之间，城市与城市之间的迁移也相当麻烦。当时的粮票分为全国通用和地方流动两种。只有全国粮票才能在中华大地都有效。出差的人必须持单位介绍信去粮店换一定数量的全国粮票。

鉴于市场商品的短缺，那时的票证制度对保障供应、稳定人心起到了关键作用，但同时也给人民生活带来严重不便。当消费者们想购买短缺商品时，不仅需要有一定的货币购买力，而且还需要兑换出所需的票证。由于稀缺，与其他票证相同，粮票有时会被人们在黑市上买卖交易，被称为"投机倒把"，列入法律打击的范围。这在20世纪80年代几乎成了一个普遍的现象。一旦涉及到黑市行为，轻者行政拘留、没收非法所得，重者判处管制、劳动教养、有期徒刑等。

经济发展的转机发生在党的十一届三中全会之后，随着改革开放，物资慢慢丰富起来，商品市场开始活跃，曾经严格的票证制度越来越松动，国家逐步缩小了消费品定量配给的范围。到1983年，由国家统一限量供应的只有粮食和食用油两种。1985年，国家关于粮食统购统销的政策有了松动，当年元旦，中共中央、国务院发布《关于进一步活跃农村经济的十项政策》，规定"粮食、棉花取消统购，改为合同定购"。统购改成定购，统销也逐渐转变成人们不用粮票就可以买到议价粮食。城市的粮食部门工作人员不再挨家挨户发放粮票，特别是北京等一些大城市，转而使用粮食局统一制作的粮票代存卡，在居民购买粮食时，所用粮票直接从卡里扣除。随着统购统销制度的转变，国营粮店也开始出售议价粮。议价粮虽然不能完全依靠市场机制供需，但已与国家统一定价的平价粮有很大区别。

随着人民手头存积的粮票越来越多，粮票渐渐有了更广泛的用途。在城市中，人们半公开地把它当作一种流通货币，用于交换其他商品。而随着农村收成不断提高，农民有了用粮食换取更多其他商品的意愿。商品流通的城乡二元化，也在不断地松动。随着市场经济改革的深入，粮票作为计划经济的标志性产物性质开始发生变化，因此，政府部门对是否应该取消粮票逐步展开研究。

票证的取消最初发生在深圳经济特区。到20世纪80年代，粮票的使用暴露出很多弊端，主要有两方面：一是平价粮与议价粮价格之间的差异影响了市场的正常运行，给政府监管带来负担，二是由于各地粮票不通用，给人才流动和农民进城务工，造成了障碍。1984年11月，深圳市委召开会议，研究取消粮食凭证定量供应问题。为做好取消粮票的平稳过渡，深圳市委市政府决定：首先，粮食部门增加粮食的储备；其次，取消粮票，提高价格，敞开供应。若发现周围地区大量抢购，再提高粮价和研究其他对策。决策实施后，市场的价格机制和供求平衡机制发挥了作用，预计的风波并未发生。

深圳经验迅速传遍了全国。此后，全国改革开放形势不断发展，粮食连年丰收，全国其他地方也逐步取消了粮食定量供应。与粮票相同，随着改革开放的进行和商品供应量的增加，其他各类商品票证也渐渐退出了历史舞台。1993年4月1日起，按照国务院《关于加快粮食流通体制改革的通知》精神，取消了粮票和油票，实行粮油商品敞开供应。从此，伴随城镇居民40年历程的粮票、油票等各种票证完成了谢幕演出，转而进入了收藏者的藏册。到了1994年，全国各地基本取消粮票。

布票是中国供城乡人口购买布匹或布制品的一种票证，中国对布匹购销实行统一管理及保证布匹按计划供应所采取的一项措施。布票也影响着当时的精神生活：用过布票的人，身上的衣服一定都打过“补丁”。“补丁”的多少，还一度是中小学生是否艰苦朴素的标志。今天的80后、90后已不知情：布票作为中国政府供城乡人口购买布匹或布制品的一种票证，实施的是对布匹购销统一管理以及保证布匹按计划供应所采取的一项战略措施。最初，是产棉大省江西和江苏推出；随后扩大至由各省、自治区、直辖市商业部门印发。跨地购买时，到指定地点兑换异地通行票证。

1983 年 9 月 26 日，《北京日报》印发《还有使用布票的必要吗?》内参。记者在取得大量一手材料后，提出了取消布票的建议。

这篇内参的作者走访纺织品产销部门，了解到四个事实。一是棉布滞销，二是化纤畅销，三是布票用途日趋缩小，四是布票家家有余。基于上述事实，内参作者最后借用纺织工业部计划司综合处经济师席与峻的说法表达了自己的结论：“现在纺织品已能满足人民群众的低水平消费，我们现在已有能力、有原料，棉纺织品又没有什么短线产品，布票可以取消了。”

1983 年 11 月 23 日，《北京日报》一版报道《商业部通告从今年 12 月 1 日起全国临时免收布票絮棉票，更好地满足群众生活需要》。商业部通告称，从 12 月 1 日起，对市场销售的棉布和絮棉临时免收布票和絮棉票，1984 年不发布票和絮棉票。票证时代彻底终结。

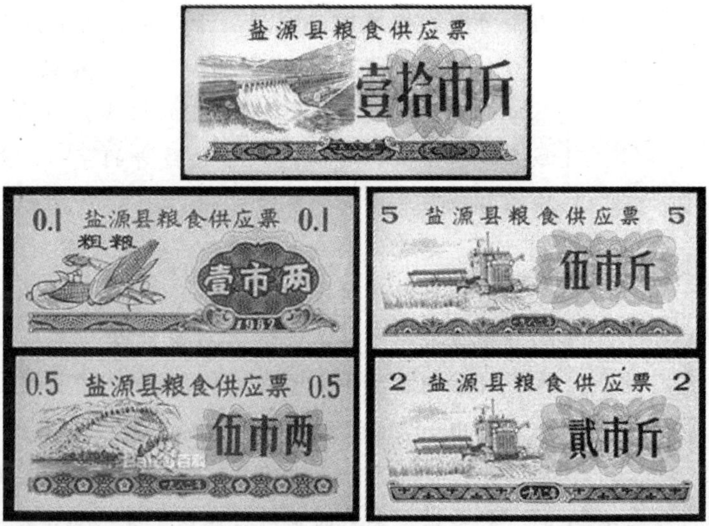

盐源县粮食供应票

湖北省、陕西省布票

丰衣足食的生活，从有文字记载以来就一直是中国人民朴素的理想。缺衣少食的童年，往往有着太多苦难的记忆。20 世纪 60—70 年代，被今天的历史学家们称之为“人民共和国的童年时期”。这一时期，生活物资的短缺几乎困扰着每一个行业、每一个地区和每一个家庭；包括布票、粮票在内的 70 多种票证，锤炼着家庭主妇们持家能力和吃苦耐劳的品质。而苦难也留给了民族另一种馈赠——那就是共和国童年时期特有的精神财富即艰苦奋斗、自力更生、勤俭持家等优良传统，这一笔笔财富更是记忆深处的不灭回响。

【案例 1－2】

珠江三角洲：开放的前沿、改革的实验区

1978 年，党的十一届三中全会作出了实行改革开放的重大决策。1979 年 7 月 15 日，中共中央、国务院批转广东省委、福建省委关于对外经济活动实行特殊政策和灵活措施的报告，决定在深圳、珠海、汕头和厦门试办特区。8 月 13 日，国务院颁发《关于大力发展对外贸易增加外汇收入若干问题的规定》，主要内容是扩大地方和企业的外贸权限，鼓励出口，增加外汇收入，办好出口特区。1980 年 5 月 16

日，中共中央、国务院批准《广东、福建两省会议纪要》，定名为“经济特区”。深圳等经济特区的创建成功，为进一步扩大开放积累了经验，有力推动了中国改革开放和现代化的进程。1988 年 4 月 13 日在第七届全国人民代表大会上通过关于建立海南省经济特区的决议，建立了海南经济特区。

珠江三角洲是中国第一个打破行政区域划分，按照经济区域划分原则建立的经济区，经过二十八年的改革开放，珠三角已经成为广东乃至全国商品经济最活跃和最具有发展潜力的地区之一。

珠江三角洲经济区包括广州、深圳、珠海、东莞、中山、佛山、江门共七个省辖市，以及惠州市区和所属惠阳、惠东、博罗三县，肇庆市的端州区、鼎湖区和四会、高要两县，面积 4.16 万平方公里，人口 2262 余万人。改革开放以来，珠江三角洲地区因开放程度大、经济发展快、收入水平高而成为全国改革开放的样板。

人口约占广东省 30% 的珠江三角洲，其主要经济指标占广东省的份额均是人口比重的 2—3 倍，是广东省实力最强、经济最发达的地区。珠江三角洲在全国的地位也很突出，人口只占全国的 1.82%，第三产业增加值占全国的 11.09%，而外贸出口额占全国的 34.01%，实际利用外资占全国的 21.13%，是全国对外开放程度最高的地区之一。据悉，珠三角地区 2005 年的生产总值（GDP）是 18059 亿元，比上年增加 2730 亿元。受宏观调控的影响，珠三角 2005 年经济发展有所减缓，但仍达 15.8%，高于全国 10.2% 的平均水平。

事实上，长期以来，珠江三角洲地区的综合经济实力在广东省乃至全国范围内都一直保持着重要的地位。由于珠江经济的迅猛发展，其以外向型经济为主、快速实现工业化发展的模式，开辟了一条具有中国特色的沿海地区新工业化道路，对促进珠江三角洲产业结构由农业向工业和第三产业迅速转变，推动经济起飞并为增强中国综合实力发挥了很大作用。

经过三十年的高速发展，珠三角现在已经成为中国最大的制造业基地之一。其中，电子信息产业等高科技制造业发展迅猛。珠三角的电子信息产业产值已占广东省电子信息产业的96.8%；电子及通讯设备制造业和电气机械及器材制造业的产值在全国的比重分别达32.1%和25.1%，居全国第一位，初步形成了现代的IT企业群和家电企业群。珠三角IT类和家电主要产品产量均占全国的19%以上。目前，珠三角已经形成了三大具有一定特色的产业分工体系：

第一是以珠三角东岸的东莞、深圳、惠州的电子及通讯设备制造业为主的全国最大的电子通信制造业基地，被称为“广东电子信息产业走廊”。其中，惠州不但是中国重要的彩电制造基地之一，拥有TCL王牌等在国内外市场颇有影响的彩电品牌，也是国际高级电工产品基地，拥有奇胜、国际电工两大品牌，占据国际电工市场份额的2/3，还是亚洲重要的电路板制造基地。

第二以珠三角西岸的珠海、中山为中心形成的以家庭耐用品、五金制品为主的产业带。如中山市以“一镇一品”为特色，北部为小家电、小五金，中部为服装业和家具业，西北部为灯饰加工，南部以外向出口加工企业为主。

第三以中部的广州、佛山、肇庆为中心形成的传统的电气机械、钢铁、纺织、建材产业带。广州曾建设过标致汽车和乙烯工程，拥有广日电梯等多个品牌。佛山照明、日丰建材管等都是省内乃至全国驰名的品牌。

由此可见，珠三角无论是在传统的制造业产品方面，还是在现代新兴的高新技术产品制造业方面，都正在成为世界级的制造业基地。

目前，珠三角存在的重要问题之一是各地级市行政地位和经济实力相当的城市之间的畸形竞争。各个城市从追求自身发展目标出发，极易滋长地方的本位主义和功利主义倾向，从而使城市之间的经济关系逐渐离散，导致各个城市均以行政区域为界，相互封闭，各自发展建立“小而全”的经济体系。

而按经济发展的一般规律，区域经济发展战略往往是优先重点建设中心城市，进而带动周围地区发展。目前，珠三角应该尽快确立广州、深圳的龙头地位，发挥中心城市的带动作用，进一步整合区域内的各类资源，发挥政府宏观指导的作用和市场调节的作用，更好地利用政策、利用价值规律，逐步实现区域内资源共享、优化资源配置，提高整体竞争能力。

同时，珠三角高新技术产业中心辐射作用不明显、各地区划地为营的散状竞争不利于整体产业的升级。专家认为，珠三角地区必须尽快打造自己的核心技术产品，尽快成为拥有自我创新能力、自主知识产权、能独立进行产业结构战略性调整，并尽快培育优势配套产业体系，形成具有竞争力的产业链和产业群，才能真正提升珠三角地区制造业竞争力。

总之，珠江三角洲地区经济社会发展的特点如下：

第一，通过改革开放，经济实现持续快速增长。1980年到1996年，珠江三角洲地区国内生产总值年均递增17.8%，不仅高于全省14.5%、全国9.7%的同期平均增长速度，而且高于亚洲“四小龙”经济起飞阶段的平均增长速度。[①] 地区生产总值从1980年的80亿美元急升至2012年的7669.9亿美元。

第二，对外贸易等外向型经济为主体。珠江三角洲地区充分发挥了沿海地区的区位优势，借助港澳资源和侨胞资源，以国际市场为导向，以国内市场为依托，推动了外向型经济的长足发展。到1994年，珠江三角洲地区出口贸易总额就高达384.6亿美元，占广东省当年出口贸易总额的76.6%；实际利用外资87.98亿美元，分别占广东省、全国当年实际利用外资总额的68%和24%。

---

① 资料来源：http：//www.ttshopping.net/article/82/238/show/755068884226.html.

第三，产业结构不断优化合理。珠江三角洲地区的产业结构调整主要从三个方面入手：一是以进入全球产业链为导向，从自主创新向产业链高端延伸；二是加强与港澳等区域间的合作，推动现代服务业和制造业的融合；三是由粗放型向集约型经济转变，发展循环经济的产业集群。进入21世纪，珠江三角洲地区已经完成了从传统的农业经济向制造业中心的转变，并成功实现了第二、第三产业双重主导的、结构优化的经济发展模式。珠江三角洲地区第一、二、三产业占国内生产总值的比例，从1980年的25.8∶45.5∶28.9发展为2010年的2.1∶49.3∶48.6。总体上看，珠江三角洲地区的产业结构已经基本实现了从传统农业到工业化，再到产业多元化发展的转变。

第四，城乡协调均衡发展。改革开放以来，随着产业结构的调整，珠江三角洲地区农业产业化格局基本形成，城镇化进程加快，农业的市场化、社会化、集约化生产经营格局很快形成，推动了城乡之间的均衡协调发展。20世纪70年代末，珠江三角洲地区只有几十个城镇，80年代中期增加到200个，1992年达到406个，1994年达到597个。15年增长近10倍。中山、东莞两市，只辖建制镇，而没有县和乡的建制。1994年，珠江三角洲地区非农业人口占总人口比例为45.2%，比广东省比例高出16个百分点。现在，该地区平均每65.127平方公里就有一座城镇。[①] 珠江三角洲地区在城乡一体化的过程中，将现代城镇的服务功能优势与现代乡村的田园风情优势相互补充、结合，形成了富有特色的经济融合圈。

第五，劳动力等生产要素流动趋向健康。珠江三角洲地区是全国最大的外来工聚集地。21世纪初，在该地区就业的外来务工人员高达数百万，形成了规模庞大、富有特色的外来务工人员流动群。在市场经济体制的背景下，珠三角较

① 资料来源：http：//news.iqilu.com/shandong/hsj/news/2010/0319/203676.shtml.

自由的劳动力流动所带来的人力资源的优化配置为经济的健康发展提供了技术保障。

【案例1-3】

联想：中国国企改革先驱

联想集团公司是一家极富创新性的国际化的科技公司，由联想及原IBM个人电脑事业部所组成。2012年全球企业第370强，作为全球个人电脑市场的领导企业，联想从事开发、制造并销售最可靠的、安全易用的技术产品及优质专业的服务，帮助全球客户和合作伙伴取得成功。联想公司主要生产台式电脑、服务器、笔记本电脑、打印机、掌上电脑、主板、手机等商品。从1996年开始，联想电脑销量一直居中国国内市场首位，近几年更是发展迅速，从2011年开始一跃占据世界电脑销售量第二位的宝座。2011年1月，联想与NEC合作欲改变笔记本电脑行业的格局。

"联想"的前身是中国科学院计算技术研究所新技术发展公司，是一个全民所有制的科技企业。1984年，中国科技体制改革不断深化，民办科技企业蓬勃兴起，中国科学院开始实行"一院两制"，公司便创办于11月。当时，计算技术研究所所长曾茂朝召集所里的业务骨干开会，向大家提出了"两个拳头出击"的改革方案。其中一个拳头就是，委派柳传志等几位科技人员组成一个团体，赋予他们经营、人事、财务三个自主权，实行总经理负责制，投资20万元，希望他们能为科研开辟出一条新的生路。就这样，以生产、开发、经营计算机高技术产品为宗旨的中国科学院计算技术研究所新技术发展公司宣告成立。初期只有20万元贷款，两间小屋，11名科技人员。它标志着联想成为一个具有"自筹资金、自由组合、自主经营、自负盈亏"特点的企业。通过科技人员的艰苦奋斗，1985年联想的计算机各种组件、整机的售销额是300万元，1986年1800万元，1987

年7300万元，1988年1.34亿元，1989年2.2亿元，1990年海内外共6亿元，1991年达到10亿元。其中由公司完全自行开发的计算机产品的销售额占50%以上，二次开发或部分开发的产品，则占95%以上。从1985年到1991年，实现利税8300万元，交计算所1066万元。

对联想来说，总经理负责制的制度创新具有划时代的意义。体制上，联想属于国有企业的范畴，企业盈利大部分归国家；而机制上，联想完全按照上述“四自”来运行，权责明确，有很大的自由度。联想员工拥有的是“准主人”的地位，这种思路和做法在当时已非常先进，是中国科学院在条件允许下的最开明之举。借助先进的企业制度，联想的创业者们获得了施展才华、发展企业的难得机会。他们领导下的联想能够作为市场中的平等主体与其他企业进行自由竞争，并在此基础上不断发展。

世事都有两面性。虽然联想获得了发展的大好机遇，但它在当时中国国企改革的大背景下，不可避免的遗留了一些体制性的弊端，也是现阶段国企改革没能有效解决的问题。20世纪80年代的国企改革是市场经济体制建立过程中重要的阶段，处于改革的初期，只是放宽了经营机制，具有不彻底性。很容易导致两种情况：一是缺乏有效的激励机制，企业领导、员工没有工作的积极性，企业发展缺少活力；二是企业领导更愿意利用现有的权力为自己谋福利，做出了很多短期性的决策。

这种情况下，联想之所以能够发展起来，要归功于它的第一代领导人。柳传志等一批杰出的科技人、企业家，在联想制定了严格的自我约束机制和企业发展规划，树立了正气、规范了管理，为后来平稳转化为多种经济成分的股份制企业铺平了道路。联想从起步时就决心破除“大锅饭”，实行总经理（总裁）负责制，企业出了问题，作为法人代表要承担责任。同时，他们采取切实措施，对公司成员进行必要监督、限制，按试验区规定，他们的分配原则是5∶3∶2的比例，即利润的50%用于再投资，归国家所有，30%用作企业福利基金，20%作为工资奖金。在分配时，总裁、副总裁作为企业最高职位的员工，可以享受员工的最高待遇，但不能动用剩余价值。总裁受董事会制约，再往下包括各级负责人全部实行聘任制和岗位责任制。干得好，可以随时受到奖励，工资每月有升降。干得不好或违反纪律可以随时解聘。因此，从上到下都有紧迫感和危机感。他们说，联想就好比一条大船，船的桅杆上树了一面战旗，愿意共同奋斗的人们集合在这面旗帜下，风雨同舟，荣辱与共。

1984—1988年，公司共开发计算机软硬件产品153项，有较大经济效益的26项，其中最为突出的拳头产品联想式汉字系统，累计销售1.5万套，产值达4500万元（不包括附带产品），产生了巨大的经济效益和社会效益。联想式汉字系统曾荣获北京地区汉字系统对口赛一等奖、国务院电振办颁发的应用支持系统奖、中国科学院科技进步一等奖、国家科技进步一等奖。以高技术产品荣获国家最高奖，这在全国闻名的中关村电子一条街上还是首次。

1988—1994年，是联想公司高速发展的时期。1988年4月，北京联想和香港导远公司及中国技术转让公司三家联合创办了香港联想电脑有限公司。1988年4—12月的9个月中，营业额达到1174万美元，净利润（除购买写字楼、汽车的分期付款外）为三家投资总和的三倍。而创办香港联想公司是联想公司海外战略的第一步：从海外贸易入手，积累资金，选择产品开发的突破口。第二步便是初步建成有研究开发中心、生产基地和世界销售网点的跨国集团公司；第三步则形成规模经济。1988年5月，联想在《中国青年报》要闻版刊登招聘广告，首次面向社会公开招募人才。包括杨元庆、郭为在内的一批新毕业的大学生和研究生加入了联想，为企业注入了活力，并伴随联想一路成长，成为了联想发展的中坚力量。

到90年代初，中国的计算机市场开始进入一个高速增长的阶段，电脑整机的市场需求量已开始向百万台迈进。国内的电脑厂家纷纷展开组装各种低档微机的工作。各国外商也发现了这一契机，为占领中国市场不遗余力地向中国推销各种品牌的电脑。面对这种新机遇，联想经营者们认真分析了市场形势，衡量了企业现有技术、人才、资金等水平，辅以政府对国内计算机产业的适当保护措施，适时提出了在国内市场创造和发展联想自主品牌电脑的思路，正式启动了与其他世界著名电脑厂商在中国市场上的竞逐。

1990年，实行海内外互补经营模式的联想集团首先推出了自己的联想286微机，并不断根据市场变化，紧追世界先进技术的发展方向，不断推出和改进新产品。1991年，在Intel（英特尔）公司的486芯片问世后半年，中国第一台486微机在联想集团问世。1993年在奔腾芯片问世3个月后，联想集团又推出了中国第一台奔腾（586）微机。而中国第一台基于奔腾Pro处理器的奔腾微机（686）于1995年11月2日在联想诞生时，与英特尔公司在美国的发布只差一天。联想集团与英特尔公司同步推出奔腾Pro微机，表明联想集团在微机技术上逐渐接近和达到世界一流水平。

中国的国企改革是渐进式的，首先从企业本身的经营机制开始改革，然后逐渐配合其他制度方面的改革。随着市场经济体制的不断完善，人们对与自身利益密切相关的收入分配制度格外关注。如何调和企业利益与员工个人利益的矛盾成为联想集团在发展过程中遇到的重要课题。1994年，中国科学院和联想的管理层签订协议，把35%的分红权给了联想的职工持股会，使联想的经营者初步实现了“责权利”的统一。35%分红权的重新分配，并不是什么创新的分配方式，但在当时的中国企业界，不能不说是一个创举，是对传统分配方式的突破。它将个人利益与企业的发展联系到一起，形成了良好的激励机制，保障了企业的长期稳定成长。在联想的经营发展过程中，这一分配制度的改革有两个重要含义：一是它在制度上明确体现出创业者、经营者和职工们的贡献大小，有助于优化企业内部人力资源结构。无论是退休的老同志还是新加入的年轻人，其切身利益与企业未来的发展密切联系起来，因此老同志们会比较容易提拔和支持有为的年轻人到领导岗位上去。年轻人有了分红权，也会更加努力，勇于创新。二是联想作为高新技术企业，分配制度的改革对其进行企业制度的创新和完善有着积极的作用。中国科学院作为联想的大股东，对改革给予了充分的支持，也促进了联想向“自主经营、自负盈亏、自我约束、自我发展”的方向发展。

2000 年 3 月，财政部和科技部批准了联想集团产权激励制度改革方案，将 35% 的分红权转化为股权，将联想集团控股公司改制为有限责任公司，完成了股份制改造的第一步。股东分别为中国科学院和联想集团控股有限责任公司职工持股会，职工持股会用其分红资金购买了 35% 的联想集团控股公司股份。联想改制为有限责任公司，在企业产权制度、经营制度和融资制度等方面都更加完善，是联想集团成长过程中重要的里程碑。无论国内还是国外，联想的产权制度改革符合现代企业制度的发展方向，更适合高新技术企业，尤其是上市公司的发展。在分配方式上采用股票期权的方式，有利于公司职工分享公司成长带来的成果，激励员工努力工作，增强主人翁认同感。正符合了联想的企业文化价值观：“将个人的追求融入公司的长远发展目标中”。

2009 年 9 月 8 日，中国泛海控股集团成为联想控股有限公司的三大股东之一，持有联想控股 29% 的股权，是联想产权制度上又一次实质性的改革。经过十几年的经营发展，三次大的产权变革，联想逐步形成了“产权清晰、权责明确、政企分开、管理科学”的现代企业制度。联想以微薄的成本20万元起家，发展成为一个拥有近80亿元资产，年销售额超过200亿元人民币的大型企业集团，很大程度上归功于产权制度改革的成功。这对于处在改革进程中的大多数国有企业，对于正在奋斗中的高新技术企业和随着市场经济大潮不断翻滚的民营企业来讲，有着重要的推广价值。

2003年4月，联想集团在北京正式对外宣布启用集团新标识“Lenovo”，以“Lenovo”代替原有的英文标识“Legend”，并在全球范围内注册，成为第一家源自中国的国际奥委会全球合作伙伴。2005年5月联想完成对IBM个人电脑事业部的收购，标志着新联想的诞生。

目前联想集团有纽约和北京两个总部，同时在中国北京和美国北卡罗来纳州的罗利设立两个主要运营中心，通过联想自己的销售机构、联想业务合作伙伴以及与IBM的联盟，新联想的销售网络遍及全世界。联想在全球有27000多名员工。研发中心分布在中国的北京、深圳、厦门、成都和上海，日本的东京以及美国北卡罗来纳州的罗利。在中国的北京、上海、成都、惠阳及深圳、印度的庞帝其利（Pondicherry）及墨西哥的蒙特雷（Monterrey）设有个人电脑制造基地，并于全球采用合同制造及OEM。

根据美国《财富》杂志公布的2008年度全球企业500强排行榜，联想集团首次上榜，排名第499位，年收入167.88亿美元。根据该杂志公布的2012年度全球企业500强排行榜，联想集团再次上榜，排名第370位，年收入295.744亿美元，利润4.73亿美元。

【思考题】

1. 20 世纪 50 年代，中国为什么要走优先发展重工业的道路？
2. 中国为什么要实行计划经济体制？
3. 为什么要由计划经济向市场经济转变？
4. 如何评价中国的市场经济改革？
5. 中国市场经济的发展对世界其他国家有怎样的影响？

改革开放以来，中国的经济保持了连续 30 多年的高速增长，震惊了世界。中国政府采取了哪些有效的政策手段，才推动了落后的农业大国快速发展成为当前的“世界工厂”？究竟是哪些政策措施，中国走出了建国初期的发展瓶颈，推动了农业、制造业以及服务业的现代化，实现了生产效率与经济增长的双重进步？中国的发展究竟能够为其他发展中国家提供哪些有益的经验？这也许是研究中国产业经济发展的最大意义。

第二章 中国产业经济发展

第一节 农业：14 亿人口的饭碗问题

一、由农民吃饭问题催生的中国改革

作为一个拥有十几亿人口的全球最大的发展中国家，如何解决全体中国人的吃饭问题是始终困扰中国政府的一个难题。大力发展农业，调动广大农民的劳动积极性，提升农业生产效率，是解决这一难题的重要举措。而这一政策思路在新中国成立后，特别是改革开放 30 多年以来，得到了坚决的

贯彻。

新中国成立初期的分田到户，农村土地改革，使得中国的广大农民得到了在以往2000多年的封建社会无法得到的土地，以往处于社会最底层的农民终于不再需要把自己的劳动所得无偿交给地主等统治阶级，这也充分调动了新中国建立初期的农业劳动者的积极性，不但实现了中国经济的恢复与发展，也为此后发展工业提供了重要的积累。

20世纪五六十年代，出于“跑步进入共产主义”的考虑，中国政府在农村开始推行土地集体化，把土地改革中推行的土地由农民所有的制度转为土地归集体所有，实行统一管理。1958—1960年的“大跃进”和“人民公社运动”又进一步把土地的农业生产合作社集体所有制转变为人民公社所有制，农村的土地完全归人民公社所代表的集体所有，农民只是在集体的土地上共同生产，并能够分享他们劳动所创造的价值。这种建立在传统平均主义思想上的土地改革，完全剥夺了农民对于土地的所有权、经营权、使用权和部分收益权。在物质资料没有极大丰富的条件下就盲目推行按需分配，恰恰成为了一种“养懒汉”式的制度设计，这也导致了中国农业生产效率的急剧下降，到20世纪70年代末期，在中国的很多农村地区，吃饭问题，抑或生存问题，已经成为很多农民迫切需要解决的困难。

正是出于解决生产效率的考虑，广大中国农民开始思考一个新的运营机制，这也促成了一场自下而上的伟大改革——家庭联产承包责任制。1978年，安徽省凤阳县小岗村的18户农民共同商讨，签署了一份不到一百字的简单的保证书，决定私下推行分田到户，把当时由集体所有的土地私下分配给各个农户，农民既可以获得土地的经营权利，还可以得到土地的收益权。分到土地的农民的劳动积极性又一次被调动起来，当年就喜获丰收，当年生产的粮食达到以往四至五年的收成。这种看上去违背了当时的政府政策的举动却意外收获了巨大的成功，并开始为人们所熟知。

1980年，中国的领导人邓小平在公开场合明确肯定了小岗村的改革，这也使得始自小岗村农民的自发改革开始被政府所接受，并开始在全国范围内推广。1982年中共中央批转的《全国农村工作会议纪要》明确把始自小岗村的“包产到户”和“包干到户”划入社会主义集体经济的家庭联产承包责任制范围内。1983年，中共中央明确宣布家庭联产承包责任制是在党的领导下，中国农民的伟大创举，是马克思主义农业合作化在中国实践的新发展。1982年修订的《中华人民共和国宪法》和1986年通过的《中华人民共和国土地管理法》从制度上明确了中国农村的土地权属划分。但是，家庭联产承包责任制并没有改变中国农村土地的集体所有的性质，只是将土地的所有权和经营权分开，从而通过法律的形式明确家庭联产承包责任制让农民获得集体所有的土地的经营权和收益权的合法性，以调动农民的劳动积极性。

1991 年，中共十三届八中全会通过了《中共中央关于进一步加强农业和农村工作的决定》，提出把以家庭联产承包为主的责任制、统分结合的双层经营机制作为中国乡村集体经济组织的一项基本制度长期稳定下来，并不断充实完善。

家庭联产承包责任制，这场仅仅源于中国农民解决吃饭问题的一次尝试开启了中国改革的大门，从农业领域的家庭联产承包责任制的普及，到同样出于相同的所有权与经营权相分离的中国国有企业的改革，一场轰轰烈烈的改革大幕就此拉开，这也成为中国经济腾飞、重新矗立世界之林的重要因素。

叫醒中国这只拿破仑口中的“东方雄狮”的居然只是几个为吃饭犯愁的中国最底层的农民，几个农民的无奈之举却成为一场声势浩大的中国经济体制改革的序幕，这恰恰成为很多了解中国经济的外国友人眼中“蝴蝶效应”的真实写照。

二、现代化的中国农业

作为传统的农业大国，农业与农业科技的发展催生了中国五千年的传统文明，石斧、石铲的发明，提升了农业生产效率，推动了氏族内部的分工协作，有了古代中国人的群居生活，从而促成了国家与中华文明的形成。春秋时期的牛耕、汉代的耧车、唐朝的曲辕犁，则成为中国古代农业生产方式与生产工具革新的标志。正是由于源自农业的技术进步，推动了中国粮食产业的发展，孕育了中华传统文明。

新中国成立初期，由于长期的战乱，外国进口粮食的挤压，中国的农业生产已经处于极为衰弱的状态，正是得益于政府的分田到户的农业改革，极大地调动了广大农业劳动者的积极性，中国的农业生产在很短时间内就得到了恢复与发展，20 世纪 50 年代中期，中国已经基本实现了农业自给。

中国的领导人从新中国成立初期就高度关注农业科技与农业发展，早在

1958年，毛泽东主席根据群众实践经验和科学研究成果而制定的农业增产的八项措施，这就是著名的农业“八字宪法”，其内容包括：土（深耕、改良土壤、土壤普查和土地规划）、肥（合理施肥）、水（发展水利和合理用水）、种（推广良种）、密（合理密植）、保（植物保护、防治病虫害）、管（田间管理）、工（工具改革）。农业“八字宪法”当年就被写入中共八届六中全会《关于1959年国民经济计划的决议》中，这也成为此后很长一段时间内中国农业科技发展的指导思想。

改革开放后，家庭联产承包责任制极大地激发了农民的劳动积极性，提升了中国的农业产量，而另一方面，在“科学技术是第一生产力”的口号指引下，中国政府也开始在农村地区推动农业科学技术的创新与扩散，提升科技进步对农业发展的贡献率。

自20世纪80年代起，中国普遍在农村地区设立农村科技服务站，由接受过专门培训的农业科技人员向农民传授农业科技知识，为农民提供优良农业作物种子、化肥等农资作物，为农民传授养殖、作物嫁结、大棚种植等农业科学技术，中国的农业已经逐渐由传统的简单的农业生产转向了科技农业。

袁隆平与他的杂交水稻

杂交水稻的发展可以称为中国农业科技的一个缩影。在中国人的饮食体系中，水稻的地位远高于水麦，然而，在传统的农业技术水平下，水稻的种植往往容易受到土壤、气候、病虫害的影响，年亩产量仅在300千克左右，很难满足全体中国人的饮食需要，这也导致每逢重大自然灾害，中国都会出现周期性的饥荒。出于提升水稻产量，增强水稻抗病虫害的考虑，早在20世纪60年代，中国农业科学家袁隆平就开始他的超级水稻的研究工作，经过长期的培育，1973年他培育成功中国籼型杂交水稻“三系”，将水稻平均产量提升20%以上。1975年冬，国务院作出了迅速扩大试种和大量推广杂交水稻的决定，投入大量人力、物力、财力，一年三季地进行繁殖制种，以最快的速度推广。次年，定点示范 208 万亩，在全国范围开始应用于生产，到 1988 年全国杂交稻播种面积 1.94 亿亩，占水稻播种面积的 39.6%。

1995 年，袁隆平又利用光温敏不育系水稻为基本材料培育了两系法杂交水稻。2000 年，他又研发并推广了超级杂交稻。2003 年，中国大陆一半以上的水稻都为袁隆平的杂交品种。在世界范围，20% 的水稻采用袁隆平的杂交技术。2007 年，中国大陆的水稻产量为 5 亿吨，其杂交水稻已经在中亚、东南亚、北美、南美试验，杂交稻在世界范围得到广泛应用。2011 年 9 月 19 日，中国农业部验收组公布，袁隆平指导的"Y 两优 2 号"百亩超级杂交稻试验田平均亩产 926.6 千克，创中国大面积水稻亩产最高纪录。袁隆平也作为"中国杂交水稻之父"而被永远载入史册，成为中国农业科技的标志性人物。

1989 年，江泽民提出"推动科技进步是全党全民的历史性任务"，强调要依靠科技进步振兴农业。各地应根据经济文化发展水平、自然条件和耕作特点，紧紧抓住科技进步这个环节，在提高农业劳动生产率、增加农作物单位面积产量和有效利用资源上下功夫。一方面，要大力加强先进适用科技成果的推广应用，尽快形成规模效益；另一方面要加强重大科技项目的研究开发，确保农业和农村经济的发展后劲。农村科技工作的重点，要转到先进适用科技成果的引进、示范、推广上来，建立和健全多种形式的农业技术推广服务组织，进一步稳定和壮大农村科技队伍。努力开辟资金来源，增加科技投入。要推动农村生产向适度规模经营以及专业化、社会化方向发展，引导广大农民群众走科技致富和共同富裕的社会主义道路。

1996 年，江泽民又进一步提出"要进行一次新的农业科技革命"，为了响应领导人的号召，2001 年，中国政府发布了《农业科技发展纲要（2001—2010 年）》，明确提出推动新的农业科技革命，实现传统农业向现代农业的跨越，并按照新阶段农业工业化、农村城镇化和农民知识化的发展趋势，提出农业科技工作要实现四个转变。一是从主要追求数量，向更加注重质量效益转变；二是从为农业生产服务为主，向为生产、加工与生态协调发展服务转变；三是从以资源开发技术为主，向资源开发技术和市场开发技术相结合转变；四是从主要面向国内市场，向面向国内、国际两个市场转变。

新世纪以来，党中央对农业科技的关注度持续上升，在每年年初确定全国工作的纲领性和指导性的"一号文件"中，农业与农村问题长期处于主导的地位，其中 2004—2012 年，连续 9 年的"一号文件"的主题都是"农村、农民和农业”问题（简称“三农”问题）。2011 年 12 月 31 日，中共中央、国务院印发《关于加快推进农业科技创新持续增强农产品供给保障能力的若干意见》的“一号文件”，全文共分六个部分 23 条，包括：加大投入强度和工作力度，持续推动农业稳定发展；依靠科技创新驱动，引领支撑现代农业建设；提升农业技术推广能力，大力发展农业社会化服务；加强教育科技培训，全面造就新型农业农村人才队伍；改善设施装备条件，不断夯实农业发展物质基础；提高市场流通效率，切实保障农产品稳定均衡供给。这也为中国未来的农业科技发展指明了方向。

正是得益于中国农业科技进步，中国目前已经摆脱了依赖简单劳动与畜力的传统农业模式，转向了依赖于农业科技发展，通过发展生物农业、立体农业、生态农业，逐步实现了农业现代化与农业科技化，这才保证了在中国这片仅占世界耕地面积 9% 的土地，却养活了世界四分之一的人口。科学技术与科学进步，已经成为中国农业发展的根本保证。

三、中国问题就是农民问题

对于拥有近 14 亿人口的中国而言，解决了占人口绝大多数的 8 亿农民的生存与发展问题，就等于基本解决了全体中国人民的生存与发展问题，从某种意义上而言，中国问题的关键就在于农民问题。

在长期的农业社会中，农民往往被束缚在其劳动的土地之上，从事着简单的农作物的生产与加工，正是这种与土地的束缚关系，数千年来限制了广大农民的视野，也约束着他们的发展空间。在新中国成立之后，分田到户的土地政策的确满足了农民对于土地的渴望，激发了他们的劳动积极性，然而，这样的制度不可避免地使得拥有了土地的农民与土地之间的联系更为紧密。

农村家庭联产承包责任制确立了农民与土地之间的新的联系，国家或集体成为土地的所有者，而农民则获得了在土地上自主经营生产，并占有生产所得的权利，而社会主义市场经济的发展，特别是土地流转与土地交易的放开，更是从制度上打破了农民与土地的依附关系，形成了今天的新型的农民形态。

由于地少人多，中国早期的农业生产往往都是通过传统的简单农业劳作的方式。由于无法拥有大量的土地资源，西方式的利用农业机械进行大规模农业生产与农业经营模式在中国根本无法实现。20 世纪 60 年代的人民公社运动中，虽然中国政府将分配给农民的土地收归集体所有，又通过行政命令的方式安排农民在集体土地上进行劳动，实现了统一使用集体农业机械与农业大牲畜进行规模较大的农业生产，但是，由于没有合理地确定农民从自身劳动中获得的收益权，无法调动农民的生产积极性，从而以失败告终。

在家庭联产承包责任制下，农民重新获得了土地的使用权与收益权，这也使得一些富裕起来的农民可以通过土地交易与土地租赁的方式，获得更多的土地使用权与收益权，从而提升了农业生产的规模经济效应，提高了农业机械在农业生产中的使用率。在中国东北、新疆等土地资源丰富的区域，大型拖拉机、联合收割机在农业生产中的应用早已得到普及。

然而，土地交易的放开在推动农业机械化与农业现代化发展的同时，也在农村产生了新的人群——失地农民。在传统意义上，农民的概念就是源于其与土地和农业生产的紧密结合，然而，如果长期从事农业生产的农民，由于农村开发、农业生产的需要，而选择将自己所拥有的土地转让给别人，导致自己不再拥有作为生产资料的土地，或者自己的家庭人均耕地占有量低于 0.3 亩，这就意味着他们再不可能依靠土地和农业生产供养自己及其家庭的生活，他们就必须寻求新的生产方式，这也迫使他们转化为中国的工业化所需要的产业工人。

伴随着中国的工业化进程，在经济相对发达的东部地区，农民工已经成为不容忽视的群体。所谓的农民工恰恰是中国现代化进程中现代化农业生产不再需要的庞大劳动者，越来越多的农民被从土地上解放出来，他们或者为了追求更高的收益报酬，或者由于失去赖以生存的土地，而选择到加工业相对发达的地区从事工业生产，从而成为产业工人（农民工）。

然而，无论在现代的中国，还是经济起步阶段的欧美国家，由于自身的生产方式的局限性，农民素质往往都低于普通的城市人口，这不仅限制了农业生产效率，也极大束缚了农民向其他产业的转移。在中国的工业化过程中，作为主要劳动力来源的农民恰恰由于自身的教育、科技、文化素质的低下，往往只能从事一些简单的加工生产劳动，很难从事一些专业技术岗位工作。这也使得农民教育问题始终成为中国劳动力素质的短板，这也迫使中国政府在提升农民素质方面要做更多的工作。

任何一个国家的农业都是决定其经济安全的重要产业，对于拥有 14 亿人口的中国而言，保证其农业生产的自给自足，也是维护经济长期稳定发展的必要条件。因此，中国政府还通过很多措施，力图提升农民收益水平，减轻农民负担。

1996 年，《中共中央国务院关于切实做好减轻农民负担工作的决定》指出："农民负担重，已成为影响农村改革、发展和稳定的一个十分突出的问题。"并提出保持农业税收政策稳定不变，村提留乡统筹费不超过上年农民人均纯收入 5% 的政策稳定不变，农民承担义务工和劳动积累工制度稳定不变，严禁一切要农民出钱出物出工的达标升级活动，严禁在农村搞法律规定外的任何形式的集资活动，严禁对农民的一切乱收费、乱集资、乱涨价、乱罚款等 13 项具体措施，以减轻农民负担。

1998 年，中共中央办公厅、国务院办公厅下发《关于切实做好当前减轻农民负担工作的通知》又进一步提出 9 条减轻农民负担的措施：严格控制提留统筹费，坚决把向农民的乱收费、乱集资、乱罚款和各种摊派全部停下来，严格加强对农民义务工的管理，严格执行国家的农业税收政策，严禁在粮食收购中代扣代缴各种款项，严禁强迫农民借款、贷款缴纳各种税费，切实减少乡（镇）、村非生产性支出，严肃查处加重农民负担的违法违纪行为和进一步加强对减轻农民负担工作的领导等。

2001 年，国务院办公厅下发《关于切实做好当前减轻农民负担工作的通知》；2006 年，国务院办公厅下发《关于做好当前减轻农民负担工作的意见》；2012 年，国务院办公厅又下发《关于进一步做好减轻农民负担工作的意见》。这一切政策规定都显示了中国政府连续多年关注农民负担问题，2011 年农民人均直接承担的费用占农民人均纯收入的比重较 2005 年下降了 43%；随着强农惠农富农政策力度的不断加大，农民在农业生产及义务教育、医疗卫生、社会保障等方面得到补贴补助的项目不断增多、数额不断增加，逐步形成了"种粮得补贴、上学不交费、看病可报销、生活有低保、养老都放心"的新格局。

2005 年 12 月 29 日，中华人民共和国第十届全国人民代表大会常务委员会第十九次会议通过《全国人民代表大会常务委员会关于废止〈中华人民共和国农业税条例〉的决定》，宣布从 2006 年 1 月 1 日起，中国全面取消农业税，这标志着在中国已经开征了 2000 多年的农业税已经成为历史。

正是在党和政府的长时期政策扶持下，中国农民的负担持续下降，农民生活日益改善，中国农民由此摆脱了千百年来受压迫、受剥削的悲惨命运，走上了从温饱到小康的道路。

四、现代化新农村

在中国现代经济发展中，城市与农村的二元化问题相对突出。尽管相比解放以前，中国农村的基础建设与农民的收入都有巨大的增长，然而，仍然远远滞后于中国的城市化进程与城市居民的收入增长，区域差异与分配差距持续扩大，基尼系数持续上升，缩小地区发展差异与克服收入分配不均已经成为摆在中国党和政府面前迫切需要解决的问题了。

在中国的经济腾飞中，最为引目的就是北京、上海等特大城市的兴起。伴随着这些城市经济的兴旺发达，城市空间也在持续向周边地区扩张。如在改革开放初期，人们提到北京，往往只是指三环内的区域，然而，令人们无法想象的是，北京的城市扩张就像扔入水中的小石子溅起的水波一样，一环一环向外扩张，如今的五环、六环，甚至早在 1993 年就已经规划完毕的七环，早已经把北京的城市面积扩张了近十倍。由此所带来的是，很多原本处于城郊结合处的农村区域划入了城市范围。

对于处在城市扩张边缘的农村区域的农民而言，城市的扩张必然需要征用其赖以生存的土地，而在中国的农村土地集体所有制下，农民只拥有土地的使用权与收益权，这也为政府征用农民土地提供了制度的保证。由此，在很多地区出现了政府利用强制力，以明显低于市场价格的价格，强行征用农民土地，征地拆迁纠纷不断出现。

当农民土地被征用之后，他失去了生产劳动所赖以使用的土地，在补偿款挥霍完后、社会保障体制完全建立之前，就很容易陷入生活的困难之中。很多农民为了生存，而流入发达的城市区域，一方面增加了城市的劳动力供应，而另一方面，又给城市许多方面带来问题。

城市化的推进和城市面积的扩大，不断挤压周边农村的面积，又会导致中国本就不丰裕的耕地面积的持续萎缩。1996 年，中国的耕地面积为 19.51 亿亩，面积看似很多，但是除以 14 亿人口，其人均耕地面积只有 1 亩多。即使如此，伴随着城市化对农村土地的征用，耕地面积仍然在以较快的速度减少。2006 年，国务院印发第三版《全国土地利用总体规划纲要（2006—2020 年）》，对未来 15 年土地利用的目标和任务提出 6 项约束性指标和 9 大预期性指标。明确提出确保 18 亿亩耕地红线的任务，要保证中国耕地保有量到 2010 年和 2020 年分别保持在 18.18 亿亩和 18.05 亿亩，确保 15.60 亿亩基本农田数量不减少，质量有提高，这也对中国的城市化与农村的开发提出了更高的要求。

正如西方区域经济基本理论所说，在城市化的过程中，城市中心的发展将会吸收大量的周边区域的生产资源，从而导致周边地区的经济发展能力受到限制。在中国的城市化进程中，这一名为“极化效应”的现象非常明显，东部一些大城市的发展往往得益于外地农民工的大量流入，从而为本地的制造业与服务业的发展提供了充足的廉价劳动力，而落后区域的资源源源不断地流向发达城市，又在不断强化城市对于农村的优势地位，从而导致二者之间的经济差距越拉越大。对于农村地区来说，剩余劳动力的外流，特别是本地的高素质人力资源的外流，又进一步减少了农村地区的就业机会与发展空间，从而形成一种路径依赖，导致农村在与城市竞争中长期处于不利地位。

得益于劳动力外流给农村带来的失业减少、就业压力降低，农村城市之间合理的分工体系的构建所形成的“涓滴效应”固然会对农村地区发展产生积极作用，然而，就中国的城市化发展而言，其“涓滴效应”是远远小于其“极化效应”的，也就导致了城乡差距的持续扩大。

正是看到城乡差异的持续扩大对于农村地区经济发展的负面影响，2005年10月，中国共产党第十六届五中全会通过了《中共中央关于制定国民经济和社会发展第十一个五年规划的建议》，提出要按照“生产发展、生活宽裕、乡风文明、村容整洁、管理民主”的要求，扎实推进社会主义新农村建设。

2006年2月21日，新华社授权全文播发《中共中央国务院关于推进社会主义新农村建设的若干意见》，这份中央一号文件从统筹城乡经济社会发展、推进现代化农业建设、促进农民增收、加强农村基础设施建设等8个方面，提出32条支农、惠农的具体措施。

中国的社会主义新农村建设并不存在明确的模板，中国共有村庄320多万个，它们的自然条件、经济发展、生活习俗等情况千差万别，地区差异更是明显，即使同一个城市，不同的村庄也拥有完全不同的发展态势，这也需要中国政府因地制宜，不断创新和完善，立足已有条件开展村庄整治。

发展社会主义新农村的首要任务就推动新农村经济的发展。对任何一个村庄来说，村庄建设只是经济建设的外在表象，如果没有发达的村域经济，新农村建设就将缺乏充足的建设资金，而成为无根之本。因此，各地政府往往基于推动村域经济发展的基本思路，发展具有特色的村域经济，带动农民增收，发展农村经济，从而为发展社会主义新农村创造良好的基础。

在新农村建设中，农村地区的基础设施也成为一个重点内容。当前中国城乡差距不仅仅表现在城乡地区生产方式与生活方式方面，在很大程度上，还表现为农村地区由于基础设施建设欠缺，从而导致生活的方便性要远逊于城市。在中国各地的新农村建设中，各地政府往往突出道路、水电、桥梁等基本设施的建设，同时，加强图书馆、文化站、文体健身场所等设施的建设，为农民的生活提供更多的保障。

生态化与环保化也成为中国新农村建设的两大关键。中国政府通过各种奖励政策，在农村建设中积极发展沼气、秸秆气化、小水电、太阳能、风力发电等清洁能源技术，以沼气池建设带动农村改圈、改厕、改厨，使得整个农村的建设都围绕可持续与循环发展做文章，一方面推动了农村基础设施建设，另一方面还减少了资源浪费，改善了环境。

新农村建设之所以被称为“新”，还表现在不同区域往往针对本地的特点，因地制宜，充分发挥自身的优势，打造具有地方特色的新农村。如一些拥有古老建筑的乡村，在乡村建设中就强调用古典风，打造旅游小镇；一些拥有知名特色产品的乡村，就更多地围绕其自身特产，打造专业乡镇；一些具有特色养殖大户的村庄，则发挥集群优势，发展集体养殖与集体种植；城市近郊区域，则针对中心城市，提供休闲旅游和农家游。通过不同的发展思路，打造自己的品牌优势，推动农村经济的飞速发展。

对于广大中国农民来说，新农村建设是带领他们走向富裕，提升他们幸福感的重要工作，而对于中国政府来说，新农村建设又是缩小城乡差距，实现中国经济协调发展的重要工作，因此，在中国政府的农业发展规划中，新农村建设已经成为很多农村区域发展的核心工作。

第二节 制造业：世界工厂

一、新中国工业体系的建立与发展

新中国成立之前，在上海、北京、天津等大城市，逐渐产生了一些纺织、机械、食品等工业资本。然而，在外国资本与国内封建势力、官僚资本的多重压迫下，中国的工业基础仍然相当薄弱，生产能力不高，技术水平低下。到了建国初期，经过长期战乱的中国工业资本已经处于崩溃的边缘。

通过没收以蒋宋孔陈“四大家族”为代表的官僚资本、管制外国资本的在华企业、赎买民族工业资本、改造小私有制经济，新中国逐渐建立起自己的工业，确立了早期的国有经济体系。通过在早期的国有企业中推行民主改革和生产改革，使得广大职工真正成为企业的主人，他们通过组织劳动竞赛，改进机器设备，改进操作方法，为当时中国经济的恢复发挥了突出作用。

由于朝鲜战争的突然爆发，党和中国政府加强了对重工业特别是军工产业的扶持。1949 至 1952 年间，中国在原有的官僚资本基础上，重点改造了其中的重工业企业，并新建企业 330 个，其中大中型企业占 4%。到 1952 年，中国的工业生产总值达到 343.3 亿元，平均年增长率为 4.8%，工业产值占工农业产值的比重由 1949 年的 30% 上升到 1952 年的 41.5%，在工业总产值中，重工业产值的比重由 26.4% 上升至 35.5%。[①]

与苏联经验相似，在中国的工业化发展过程中，也选择了优先发展重工业的战略。1952 年，毛泽东指出：“工业化的速度首先决定于重工业的发展，因此我们必须以发展重工业为大规模建设的重点。”[②] 此后，周恩来在《三年来中国国内主要情况的报告》中指出：“五个建设的中心环节是重工业，特别是钢铁、煤、电力、石油、机器制造、飞机、坦克、拖拉机、船舶、车辆制造、军事工业、有色金融、基本化工业。”[③]

1953 年，毛泽东在《为动员一切力量把我国建设成为一个伟大的社会主义国家而斗争——关于党在过渡时期总路线的学习和宣传提纲》中，明确提出要在一个相当长的时期内，逐步实现国家的工业化，并逐步实现国家对农业、手工业、资本主义工商业的社会主义改造。[④] 至此，中国基本确定了以优先发展重工业为特征的社会主义工业化道路。

---

① 萧国亮、隋福民：《中华人民共和国经济史（1949—2010）》，北京大学出版社 2011 年版，第 69—71 页。

② 中共中央文献研究室编：《建国以来重要文献选编》（第三册），中央文献出版社 1992 年版，第 449 页。

③ 中共中央文献研究室编：《周恩来传》，中央文献出版社 1998 年版，第 1070 页。

④ 中共中央文献研究室编：《建国以来毛泽东文稿》第四册（1953 年 1 月—1954 年 12 月），中央文献出版社 1990 年版，第 406 页。

为实现“社会主义工业化”这个目标，自1952年开始的第一个五年计划的基础性投资绝大多数投向了工业基础建设领域，在各部门的427.4亿元基本建设投资中，工业部门基础投资为248.5亿元，占58.2%，而在工业投资中，重工业投资点88.8%，轻工业投资仅占11.2%。[①] 伴随着长春汽车厂，沈阳第一机床厂、洛阳拖拉机厂等大型重工业项目的投资建成，中国初步建立起了完整的工业体系。

对于像中国这样贫穷落后的发展中国家来说，如果单纯依赖市场的力量，显然很难在短时间内建立起庞大而完整的工业体系。中国党和政府早期围绕重工业大力发展社会主义工业的政策思路对于集中国家资源、发展对于国民经济意义更大的重工业的确起到了极大的作用，也有助于加快中国工业建设的步伐。然而，经过以后“文化大革命”的破坏，到了1978年，整个中国工业仍然是一个失衡的体系。

从1949至1979年的30年间，中国的重工业增长了97倍，轻工业增长了21倍，而农业仅增长2.7倍。显然整个产业比例都表现出重工业过重，而农业发展滞后，而由于农业又为工业发展提供了很多原材料与中间产品，农业以及原材料工业的滞后发展，又使得当时中国的工业生产能力极低，发展严重失衡。这也使得选择新的工业发展道路、调整失衡的工业体系结构成为一个极为迫切的问题。

面对当时经济上的困境，1978年年底召开的党的十一届三中全会明确提出调整国民经济结构，以解决经济中长期存在的比例失调问题，优先发展农业，巩固好农业基础，保证整个国民经济的迅速发展。这也标志中国政府经济工作的重心第一次从重工业转向了农业。

伴随着农村家庭联产承包责任制的推广与扩大国有企业自主权的改革，20世纪80年代，中国的经济体制改革全面展开，同时，随着对外开放的推进，外资企业也如雨后春笋在中国大地上建立起来，对于当时中国的工业生产起到了极为重要的补充作用。

1981年至1985年的“六五”计划的顺利完成也推动了当时中国产业结构的优化，农业总产值年均增长率为8.1%，为新中国成立后增长最快的时期。与此同时，棉布、化纤等轻工业得到迅猛发展，电风扇、电视机和电冰

① 李富春在第一届全国人民代表大会第二次会议上作的《关于发展国民经济的第一个五年计划的报告》。

箱等家用电器开始进入普通百姓家庭。而机械、化工等重化工业在国民经济中的比重却略有下降。

经济体制改革又进一步推动了价格机制的改革，中国不再像传统计划经济体制下，对所有商品的价格都实行管制，而通过引入价格双轨制，大力发展商业流通，提升价格机制在资源配置中的作用。在推动社会主义市场经济发展的同时，又引发了1988年全面的物价上涨。

面对严重的通货膨胀与市场混乱，1989年11月中共十三届五中全会通过了《中共中央关于进一步治理整顿和深化改革的决定》，开始全面调整产业结构，加大对农业、能源、交通等比较薄弱的基础产业的投入，以确保粮食、棉花等农产品的稳定增长，抑制物价的持续上涨。

通过经济体制改革与治理整顿，中国逐渐摆脱了新中国成立初期重工业独大的畸形发展格局，经济长期保持高速增长，国民经济结构持续优化，这也为90年代全面推进改革开放乃至中国经济的腾飞奠定了重要基础。

二、改革开放中的中国制造业

在新中国工业发展的初期选择了类似于苏联式的发展道路，利用国家计划经济可以集中整个国家资源实施有计划的资源配置的优势，集中资源投向对国民经济外部性作用更强的重化工业，以带动国家的工业化。在这个过程中，为人民生活提供产品的轻工业以及农业的投资需求将会受到抑制。在“文革”结束之前的很长一段时间内，中国都是挤压农业与轻工业，这种以农补工、以轻补重的做法，尽管在中国的工业化早期有利于加快中国的工业化进程，然而，却很容易导致产业结构的严重失衡，从而产生严重的社会矛盾。20世纪90年代初苏联的解体正是源于此矛盾的激化。而中国政府恰恰洞察了这一矛盾，并通过市场化改革与对外开放的方式逐渐化解了这一矛盾。

在新中国成立初期，党和国家领导人认为，社会主义国家必须大力发展国有经济，且不应该允许其他不符合社会主义经济性质的经济成分的存在。正是基于这个考虑，而通过没收官僚资本与外国资本的在华企业，并通过赎买的方式收回了民族资本企业。在“文革”结束后初期，中国已经形成了国企一统天下的局面。而中国的国有企业由于所有权归国家所有，企业的高级管理人员只是由政府任命，负责从事企业的经营管理工作，企业所得全部归国家所有，这样管理者仅享有经营权，并没有所有权与获益权，在这样扭曲的委托代理机制下，中国国有企业的运行效率极为低下，这也严重影响了中国企业在国际市场上的竞争能力。

1984 年，中共十二届三中全会第一次提出通过经济体制改革，搞活国有企业，培育市场发展的战略思想。此后，企业承包责任制与股份制改造逐渐在中国国有企业中实施。而另一方面，此前不被允许存在的个体经济、集体经济与外资经济的合理性重新得到了官方的认可。1987 年，中共十三大报告指出："目前全民所有制以外的其他经济成分，不是发展的太多了，而是还很不够。对于城乡合作经济、个体经济和私营经济，都要鼓励它们发展。"① 到了 1988 年年底，全国城乡登记注册的个体工商户已经达到 1455 万户，从业人员从 1979 年的 31 万人增加到 2304.9 万人，私营企业超过 20 万家。②

经过了多年的改革开放，在很长一段时间，中国都保持了 8% 以上的经济增长速度，创造了世界经济发展史的中国神话。③ 事实也彻底打破了中国早期领导人对于社会主义经济的预判，中国共产党与中国政府也逐渐在经济的快速发展中不断充实并完善了自己的社会主义经济理论。

1982 年，中共十二大提出了"计划经济为主，市场调节为辅"的发展原则，重新界定了计划与市场的关系，从而扭转了把社会主义与市场经济对立起来的传统思想，打破了传统的计划经济一统天下的格局，为发展市场经济，推行价格改革与企业运行机制改革提供了指导思想。1992 年，中共十四大更是总结了邓小平建设有中国特色社会主义的理论，提出了把马克思主义基本原理与中国具体实践相结合，建设有中国特色社会主义的基本思想，明确要建设社会主义市场经济体制的改革目标。1993 年，八届全国人大又把"国家实行社会主义市场经济"写入宪法。中国的经济发展与市场化改革至此有了制度上的保证。

新中国成立之初，由于先后与美苏两个超级大国关系紧张，因此被迫选择了独立自主、自力更生的发展道路。尽管经过 30 年的奋斗，至"文革"

---

① 国家经济体制改革委员会：《国经济体制改革十年》，经济管理出版社 1988 年版，第 97 页。

② 陆百甫：《大重组——中国所有制结构重组的重大问题》，中国发展出版社 1998 年版，第 170 页。

③ 事实上，中国自 1978 年后，连续 30 多年的平均增长率都在 8% 以上，这是世界上第一次有大国能够保持如此长时间的经济增长，中国经济的发展也成为战后世界经济发展中真实的奇迹。

结束后，中国已经初步建立起完整的工业体系，然而，整个国家的产业结构与工业基础仍然存在很多问题，产业发展层次和劳动效率与西方发达国家相比都存在明显的差距。

也正是从“文革”结束后，以邓小平为领导核心的党和国家领导人第一次开始放眼世界，真正去认识世界各国的发展，正视中国与其他国家的差距，并开始着力于缩小与西方发达国家的差距。而在国际上，1979 年撒切尔夫人当选英国首相，与 1980 年罗纳德·里根就任美国总统后都选择了相对开放的经济自由主义政策，开放与自由已经成为当时世界的主要共识。

在这样的历史背景下，实行“走出去，迎进来”，通过发展与世界其他国家之间的国际贸易，推动中国与世界各国的分工协作，已经成为当时中国领导人发展中国经济的必然选择。1980 年，深圳、珠海、汕头和厦门被批准试办经济特区，标志着中国在对外开放领域掀开了新的篇章。

按照传统的比较优势理论，对于像中国这样拥有近 14 亿人口的发展中国家，充裕的廉价劳动力是其在国际竞争中取得成功的关键，因此，在改革开放初期，得到最快发展的是中国的加工制造业。在中国东南沿海的广东、福建、浙江、江苏等省，一大批密集使用廉价劳动力的加工制造业企业迅速崛起，纺织、服装、家电、玩具等轻工业取得了突飞猛进的发展。

2001 年，经过多年的艰苦谈判，中国正式加入了世界贸易组织，自此，中国真正融入世界，世界贸易与全球分工有了中国这个世界大国的参与，也更加完整。

尽管经过 1997 年的亚洲金融危机与 2008 年的次贷危机两次危机的冲击，中国的对外贸易一度受到重要的影响，但是作为全球最重要的加工业大国，作为世界工厂，出口始终是中国经济发展的重要推力。海外市场与外资企业在中国经济发展中所扮演的角色也更加重要。

三、从中国制造到中国创造

对于众多外国投资者而言，中国不仅仅意味着拥有丰富廉价劳动力资源的世界加工厂，更是一个拥有近 14 亿消费者的巨大市场，因此自中国改革开放之后，世界 500 强企业先后进入中国。选择中国的同时，他们也得到了加速自身业绩增长的良机。

当然，中国吸引众多外国投资者的最大优势就在于其拥有丰裕的廉价劳动力资源，因此在中国对外开放之初，进入中国的外资企业主要属于大量使用廉价劳动力的加工制造产业，特别是纺织、玩具、电器等轻工业。这些外资企业在进入中国之后，逐渐发现对于处在发展中阶段的中国来说，外资企业的优势在于品牌、研发、营销，而中国的优势就在于低廉的加工成本，这恰恰符合通常所说的微笑曲线的规律。因此，在实际投资过程中，OEM 这种能够充分利用双方优势的分工协作方式在中国的制造业企业极为常见。外商往往提供技术与设计，甚至提供一定的中间产品与原材料，而中国企业只是利用大量的廉价劳动力按外方的设计方案进行加工装配。在这个过程中，外资企业由于掌握核心技术与品牌，往往在竞争中处于优势地位，而中国企业却面临着同样拥有廉价劳动力资源的东南亚与南亚国家的企业的竞争压力，因此，处于相对劣势。在这个过程中，外资企业可以凭借其技术与品牌优势在产品价值链中占据绝对的优势，获得最大化的利润，而中国企业只能获得微薄的加工利润。这在某种程度上，反而限制了中国企业创新能力乃至国际竞争力的提升。

事实上，伴随中国价值的日益凸显，中国的廉价劳动力资源与市场优势日益突出，加工贸易早已成为中国对外经济合作的主要形式，在当前中国的对外贸易中，加工贸易所占的份额也始终占据半壁江山，成为中国巨额贸易顺差的重要来源。

中国工厂的流水线作业

在东南沿海省份，一种更为极端的加工贸易形式——代工贸易的兴起，更是对中国发展对外贸易起到了极大的推动作用。在这种贸易形式下，外资企业提供技术、设计图纸及至原材料、零配件，而中国合资企业的工作只是按外方要求，对相关原材料进行简单加工、装配，全部产品也不会留在中国国内，而应外方需要重新出口海外市场。在整个生产流程中，中国企业往往只是作为代工服务的供应者，只承担少量的生产与装配工作，只能获得微薄的加工利润。特别是当海外市场遭遇经济危机，陷入衰退时，外方会尽力挤压中国企业的加工利润，这也导致中国很多代工企业生产环境相对恶劣，员工的安全保障与薪酬福利制度都非常不完善，从而形成一些“血汗工厂”，引发生产过程中的劳资纠纷，甚至成为一些国外人权组织指责中国人权问题的理由。而事实上，这更多是源于中国企业在全球价值链中没有能够抢占高端位置，缺乏足够的话语权，以致利润空间不足，这是落后的发展中国家参与国际分工所必须经历的阶段。

尽管中国的加工贸易只能保证中国制造业在低层次上与世界市场接轨，然而，这恰恰成为中国制造业腾飞的一个基础。正是由于大量承接海外加工贸易订单，引进外国的先进生产设备与技术，在中国东南沿海一些省份，中小规模的私营制造企业得到了前所未有的发展机遇。长期的加工贸易帮助这些私营企业主认识了海外市场，也积累了管理企业的经验，使得他们逐渐形成了自己的研发能力和自有品牌，在此基础上，中国的民族制造业得到了极大发展。

在今天的中国加工贸易中，以往纯粹利用外国技术与外国设备从事简单加工生产的企业其数量固然还有不少，但是 ODM 这种新颖的加工贸易方式受到更多海外厂商的欢迎，这些海外厂商只需要针对产品的基本功能、基本样式提出要求，中国的制造业企业就可以利用自己的研发能力，自行研发设计出符合外商需要的产品。在这个过程中，制造厂商不仅仅承担加工制造，还需要承担一定的设计职能，因此对其的要求更高，他们所能够分享的利润也更高。中国制造业也得以在全球价值链上向高端演进，提升中国制造业在世界领域的声誉。

作为全球最大的发展中国家，中国的整体消费水平和生产水平仍然不高，这也导致中国的制造业在设计方面更多偏向于模仿与集成，真正具有原创性、功能性的研发并不多。而且由于市场对于价格的敏感程度更高，价格需求弹性更大，在世界市场上，中国的制造业产品往往成为“质次价廉”的代名词，这也意味着中国制造业的发展道路还很漫长。

伴随着中国制造业的持续发展，中国制造业企业的研发能力、技术水平也在持续提升，2000 年以来，伴随着中国经济的发展与人民币汇率的升值，越来越多的中国企业选择通过跨国并购的方式，加强与先进企业的交流，引进更为先进的技术与管理经验，希望缩小中国制造业与西方发达国家先进制造业之间的差距。联想收购 IBM 的 PC 业务，吉利收购沃尔沃汽车等一系列大手笔的跨国并购，让世界见证了中国制造业追赶世界的雄心。

第三节 服务业：产业现代化与城市化的完美体现

一、对服务业理念的转变

在新中国成立以后的很长一段时间内，中国的领导者和理论界人士信奉的是传统的马克思主义经济思想，把生产有形产品的部门视为生产性劳动部门，却把商贸流通、金融等提供社会服务的部门视为非生产性劳动部门。因此，在长期的经济发展中，工农业，特别是对于国民经济的外部性作用更加明显的重化工业得到了中国政府重视，而商贸流通等服务业却被长期忽视。特别是在传统的计划经济体制下，商品的分配与流通往往通过政府的行政命令来进行，整个流通产业与金融产业都被少数国有企业所掌控，这也导致了改革开放之初，中国产品的生产与分配效率低下，这种现象在苏联解体前也广泛存在，在某种程度上，成为计划经济弊端的集中体现。

即使到了改革开放初期，很多促进商品流通的私下交易行为仍然被视为一种特殊的犯罪——投机倒把罪，而受到严厉打击。到了 20 世纪 80 年代中后期，从事商贸流通的个人——个体户的群体尽管在持续增加，但是他们在社会上仍然会受到一定的歧视，直到 1987 年的中共十三大明确个体、私营经济是社会主义市场经济的有益补充的合法地位之后，商贸流通等服务业才得到真正的发展。

事实上，改革开放之后，放眼世界的中国领导人开始正面世界经济的发展与西方发达国家产业结构的优化升级。他们第一次认识到，伴随着西方发达国家经济的增长，是服务业，而不是他们所始终关注的制造业逐渐成为这些国家国民经济的中心，服务业也成为全社会就业机会的主要来源。在欧美等发达国家，服务业产值在总产值中的比重往往超过 70%，甚至更多。即使在其他发展中国家，服务业的产值比重往往也达到半数左右。可是在改革开放之初的中国，占据国民经济主体的仍然是制造业，服务业的比重刚刚超过 20%，不仅远远低于世界平均水平，与其他发展中国家的差距也同样明显。

在改革开放之初，几乎所有的工业品都是由国有企业生产，由政府对所生产出来的产品进行统购包销，企业不用考虑市场的需要种类与规模，生产出来的所有产品都由国家统一分配。而另一方面，在商品相对稀缺的时代，无论是农产品，还是工业品的生产都是难以满足人民的消费需求，政府只能通过行政划拨与凭票供应的方式，控制社会需求与社会生产之间的差距。伴随着改革开放的推进，凭票供应、计划调拨的商品流通方式已经远远不能满足当时渴望提升自身生活水平的中国居民的需要，大力发展服务业已经成为大势所趋。

1981 年，在中共十一届六中全会通过的《关于建国以来党的若干历史问题的决议》中，第一次提出要在公有制基础上实行计划经济，同时发挥市场调节的辅助作用，要大力发展社会主义的商品生产和商品交换。1982 年的中共十二大报告又一次明确了“计划经济为主，市场调节为辅”的基本原则。这标志着鼓励商品市场发展，积极发展商业服务业，已经在中国决策层形成共识。

正是在建立发展社会主义商品交换的思想指导下，中国政府逐渐放开了对于价格的管制，除了燃料、原料、机电产品等重要物资，其他产品的供应逐渐放开。通过积极发展生产资料商场和综合交易商场的方式，把原有的物资统一调配经营的方式，转化为商业性经营方式，在发展国营商业，供销合作社商业主渠道的同时，积极发展集体商业与个体商业的作用。1982 年，供销合作总社、粮食部与商业部合并，组建统一的商业部，统一负责国内贸易，更是推动了中国商业的发展。

1984 年，中共十二届三中全会通过了《中共中央关于经济体制改革的决定》，第一次提出社会主义经济是公有制基础上的有计划的商品经济，要突破把计划经济同商品经济对立起来的传统观念。发展有计划的商品经济理论的形成，成为中国改革开放的基本指导思想。

1985 年 3 月，国务院批准国家统计局的《关于建立第三产业统计的报告》，才真正确立了第三产业，也就是我们现在所说的服务业。在这个报告中，第一次把我国的产业结构划分为三次产业，其中第一产业以农业为主，包括种植业、林业、牧业、渔业等，第二产业以工业为主，包括采掘业、制造业、建筑业等，而第三产业则是包括除第一、第二产业之外的所有产业，其中主要包括流通部门和服务部门两大部门，并划分为四个层次，第一层次为流通部门，包括交通运输、邮电通讯业、商业饮食业、物资供销和仓储业；第二层次为生产和生活服务部门，包括金融保险业、地质勘查业、房地产业、公用事业、居民服务业、旅游业、信息咨询服务业和各类技术服务业等；第三层次，为提高科学文化水平和居民意识服务的部门，包括教育、文化、广播、电视、新闻出版、科学研究、卫生、体育和社会福利事业等；第四层次，为社会公共需要服务的部门，包括党政机关、社会团体以及军队和警察等。值得关注的是，这次对于第三产业的四个层次的划分，与国际上通行的由布郎宁和辛格曼所开创的把服务业划分为流动型服务业、生产者服务业、消费者服务业和社会服务业的“服务业四部分分类法”基本类似。其中关于生产和生活服务的第二层次服务业也基本涵盖了当时所有生产者服务业，这也成为我国政府第一次真正对于服务业的界定与对生产者服务业的最初的认识。

1997 年 9 月的中共十五大报告中关于现代服务业概念的提出才真正标志着我国政府对于服务业在现代经济中的地位的认识达到了一个新水平，服务业已经成为我国经济的一个重要内容，更为重要的是，它也为我国服务业的发展明确了方向。

中共十五届五中全会通过的《中共中央关于制定“十五”计划的建议》中则明确指出，在“十五”期间，“要发展现代服务业，改组改造传统服务业，明显提高服务业增加值占国内生产总值的比重和从业人员占全社会从业人员的比重”。并针对现代服务业的发展方向作出明确的规划，“现代服务业要提高服务水平和技术含量，大力发展信息、金融、会计、咨询、法律服务等行业，带动服务业整体水平提高。传统服务业要运用现代经营方式和服务技术进行改造，着重发展商贸流通、交通运输、市政服务等行业，推行连锁经营、物流配送、采取联运、网上销售等组织形式和服务方式，提高服务质量和经营效益”。由此，服务业的发展已经成为我国政府的发展规划中非常重要的一个方面，现代服务业在我国现代经济中的作用也被提升到了前所未有的地位。

中共十六大报告中提出坚持以信息化带动工业化，以工业化促进信息化，走出一条科技含量高、经济效益好、资源消耗低、环境污染少、人力资源优势得到充分发挥的新型工业化路子，也真正代表我国政府开始认识到现代服务业在促进工业化、信息化方面所能够起到的巨大作用，也代表着对于现代服务业的认识的进一步深化。

党和政府在"十一五"规划中明确把拓展生产性服务业列为促进服务业发展的一条重要的途径，并提出了优先发展交通运输业，大力发展现代物流业，有序发展金融服务业，积极发展信息服务业，规范发展商务服务业等促进生产者服务业发展的主要方法。

2007年，国务院又根据"十一五"规划中所确定的发展服务业的总体方向与基本思路，发布了《关于加快发展服务业的若干意见》，进一步强化了发展服务业的重要意义，明确发展服务业的总体要求和主要目标，特别强调"大力发展面向生产的服务业，促进现代制造业与服务业有机融合、互动发展"，并进一步针对发展生产者服务业提出了深化专业分工，推进业务外包，加强核心竞争力等思路，为中国服务业的未来发展确立了相对完整的思路。

新中国成立以来，中国从忽视服务业在国民经济中的作用与地位，到中共十五大报告强调发展现代服务业，再到"十一五"规划明确发展生产者服务业，我国政府对于生产者服务业的认识经历了一个相当长的阶段。随着服务业，尤其是生产者服务业在我国现代经济中的地位的凸显，我国必将进一步明确生产者服务业在我国现代经济体系中的战略地位，细化其发展思路，并明确运用战略性的产业政策实现生产者服务业更加迅速、也更为健康的发展。

二、服务业发展与中国城市化

按照经济学的一般规律，城市化的进程往往源于产业在区域上的集聚，所导致的就业人口与公共服务的集中。在改革开放之初，中国经济是围绕制造业为核心展开的，因此其城市化的进程也得益于制造业企业，特别是大型制造业企业在空间区域的集聚，如黑龙江大庆与湖北十堰就分别是得益于大庆油田与"二汽"而产生的城市，可以说没有这些大中型企业，就不会有这些城市的产生。

然而，伴随着改革开放之后中国制造业的整体发展，产业划分更加细化，分工协作更加明确，现代的制造业已经不再像30年前那样仅仅依托于某一家大中型企业而独立存在。改革之前，中国的企业讲究"大而全"，"小而全"，由于缺乏稳定、可靠的商品市场的存在，企业很难通过市场化的方式获得自身发展所需要的所有产品或服务，一家企业不仅需要独立承担起原材料的采购、加工、精加工、生产、装配、销售整个价值链的全过程，还需要承担起职工的就餐、医疗、教育、娱乐等附加职能。在这种传统机制下，一个大型国有企业，往往就是一个小社会，或者一个小社区，甚至就好像是一个城市。

在计划经济体制下，由企业独立承担起社区服务业职能的运营模式，必然导致企业的分工不清，效率低下。这些社区服务职能在服务企业员工的同时，却给企业带来了巨大的运营压力，甚至把一些企业压垮。承担过多的社会职能恰恰成为计划经济体制下，国有企业低效率的一个重要原因。

改革开放帮助中国的众多国有企业分解了过多的不必要的社会职能，而社会服务的不断完善，又使得企业员工可以利用市场化的方式，以更低的成本获得更多的社会服务。社会服务职能的市场化由此成为完善城市职能、推动中国城市化发展的一个重要因素。

随着中国改革开放的逐步推进，住房、医疗、教育、养老等传统由国有企业承担的社会服务也逐渐走向了市场化。在计划经济体制下，一个劳动者只要成为国有企业的员工，就几乎不会再变换工作，一辈子，甚至一家几代人都会在这家企业从事几乎相近的工作，既不用担心会失去工作，更不用担心自己的健康，子女的教育与退休之后的养老问题，所有的服务性职能都由企业承担。在这样的社会中，进入国有企业的员工就等于捧上了“铁饭碗”，为劳动者买上了终生的保险。在这样的运营机制下，一方面难以调动员工的工作积极性，员工在毫无压力与动力的工作状态下的劳动效率往往很低；而另一方面，企业一旦招入一名员工，就得对他终生承担所有的服务性职能，企业的经济压力极大，不但限制了企业的经营业绩的增长，更加制约了企业规模的持续扩张。

在这种企业承担社会服务职能的体制下，无论医院、学校还是餐馆，都只是企业下属的一个分支部门，它们所面对的全部是本企业、本系统的员工，因此，他们所关注的仅仅是满足同企业员工相关的服务需求，而非盈利。在这样的模式下，这些服务性组织是基本不用考核收益成本，更不用担心客户来源，因此几乎不会有服务性机构关注顾客的满意程度和服务质量。在这样的模式下，中国的服务业只能在低层次发展。

然而，改革开放剥离了企业办社会的职能，企业只需要承担相应的生产制造职能，其他的服务性职能都可以通过市场化的方式从社会上获得。在这样的机制下，服务业企业第一次独立成为了市场的主体，它们必须通过向市场提供有针对性的服务，满足客户一定层次的服务需求，以此获得最大限度的利润。在激烈的市场竞争中，任何一家服务性企业如果要想赢得尽可能多的客户，就必须持续改进自己的服务质量，最大限度地提高客户的满意度，这才推动了中国服务业的真正发展。

伴随着中国经济的兴起，在一些企业集聚、人口集聚的区域，涌现了如商贸流通、医疗卫生、教育、金融等大量的服务性企业。此时的集聚已经不再单纯是围绕某一或者某些制造业企业的单一的产业或人口的集聚，而表现为不同产业之间的协调，特别是利用服务业提升制造业发展与人民生活质量的综合性的产业集聚与人口集聚，进而加速了中国的城市化进程。从某种程度上来说，中国的城市化已经表现为服务业的集聚与服务业的领先发展。

当然，医疗卫生、教育等服务职能的市场化，在全面提升中国服务业水平的同时，也出现了一些社会问题。原来医院、学校只是中国计划经济体制下，企业的一个成分，其执行的更多是市场服务业职能，而忽视了经济性，经过市场化改革后，几乎所有的医院和学校都被推向了市场，它们运营目标都像一般企业一样最大限度的追求利润。然而，相较于制造业仅仅生产制造品而言，无论医疗、还是教育都拥有更大的经济外部性，它们所带来的社会收益是远大于其经济效益的。在这种情况下，如果简单地通过市场化把这些社会服务性职能推给市场，单纯的利用利润大小来考核其运营效率，必然导致其资源配置的不均。特别是在中国这样一个人口大国，收入分配与区域差距都相当明显，简单根据追求利润的方式进行医疗、教育等服务业配置，必然导致其配置过程中的马太效应，有钱的人可以享受到更好的医疗与教育服务，可贫穷的人也许连基本的医疗与教育保障都无法得到。近些年来，“住院难”与“入学难”已经成为中国服务业市场化发展过程中必须正视的难题，而被中国政府所关注。

新世纪以来，伴随着信息技术革命与知识经济的发展，中国的服务业得到了更大的发展，越来越多的服务业从业人员开始选择利用新技术、新业态和新服务方式改造传统服务业，创造市场需求，引导社会消费，向社会提供高附加值、高层次、知识型的生产服务和生活服务的服务业，越来越多的服务业开始从传统的一二产业分离出来，并伴随着社会分工的细分而涌现。

服务业不仅可以推动产业融合，提升产业层次，更成为中国发展区域经济和城市经济的重要推动力，服务业的集聚也由此成为中国城市化的重要动力。

三、服务业与中国产业结构优化

在新中国成立以后相当长的一段时期内，中国的产业发展始终坚持以重化工业为制造业的中心，农业与服务业仅仅是为制造业提供相关服务的辅助产业。这样的战略选择的确起到了集中资源办大事的效果，通过为国民经济提供资本品和原材料的重化工业的领先发展，中国的确在很短时间内就实现了经济的恢复，并建立起了相对完整的产业体系。然而，到了“文革”末期，这种畸形的产业结构已经成为中国经济进一步发展的障碍，这才迫使中国政府通过强有力的改革开放，进一步优化中国的产业结构，提升中国的产业水平，实现中国经济的腾飞。

在中国改革之前的经济发展规划中，往往把制造业视为经济发展的主要驱动力，而把更多的资源投到以汽车、石化、机械等重化工业，以及家电、纺织等传统优势产业中，希望通过这些优势产业的领先发展，大力发展制成品出口，打造中国制造的品牌形象，提升中国制造业乃至中国经济的国际竞争力。

然而，中国制造始终处在低端领域，甚至在一些国际市场上，中国制造已经成为廉价低质的代名词。制造业的飞速发展，并没有按设想那样带动起中国竞争力的同步提升。更为突出的是，由于在现代经济社会中，研发、营销等生产性服务环节，早已经取代传统的加工制造环节，成为最获利润的环节。长期关注制造，甚至以打造世界工厂为己任的战略选择，反而导致中国出口产品的利润水平低得可怜。

在现代经济飞速发展的今天，不同产业之间的渗透与融合也在持续加强，现代产业已经摆脱了原有产业之间泾渭分明的界限，更加讲究不同产业之间的协调发展，任何产业的滞后发展都可能严重影响整个产业体系的协同性。而作为生产性服务业的兴起，恰恰验证了这一历史趋势。

生产性服务业尽管从产业归属来看，仍然属于服务业，但是它与制造业的发展有着千丝万缕的联系，在很多情况下，生产性服务业甚至会成为一个国家、一个地区制造业发展的短板。由于与制造业发展紧密联系的生产性服务业没能实现协同发展，结果使得制造业的发展面临困境，反而限制了制造业的抢先发展。

对于现代制造业来说，如果缺乏发达的金融体系，企业的融资、信托、担保、保险、汇兑等相关金融服务无法跟上，企业的发展必将成为无源之水，无根之木，而缺乏长久的动力。

在经济全球化飞速发展的今天，每一家制造企业都不再仅仅局限于个别地区，针对本地顾客而孤立发展，他们更多地是面对全球市场，面对所有国内、国际对手的激烈竞争，面向全世界的顾客开展业务。这也要求它们在资金筹措、业务处理、资产管理方面具有全球化的视角。然而，对于任何一家企业来说，单纯依靠自身的能力，实现如此艰巨的任务，将会十分困难，即使能够实现，其成本投入也将十分巨大，因此，这就更需要专业化、高水平的金融机构提供融资、证券、信托、理财、租赁、担保、网络银行等各类服务，优化企业的资金组合，降低企业的运营风险，提高企业的国际竞争力。

如果把国民经济看做一个人的身体，那么现代物流业就恰似人的血液流通。如果没有强大的物流业，实现物资在不同区域之间的高效传输，区域经济的协作、产业体系的构建、全球市场的追求乃至企业的对外投资都将无从谈起。

在中国早期的经济发展中，并没有现代物流的含义。我们只是把它视为简单的运输、保管、搬运等低技术要求的纯体力劳动。然而，伴随着现代经济的发展，物流早已成为现代供应链管理的重要内容，成为一项利用现代信息技术和设备，将物品从供应地向接收地准确地、及时地、安全地、保质保量地、门到门地合理化服务的模式和先进的服务流程。它的发展已经不再是单纯的体力劳动，而更多地要求把现代供应链管理知识、最新信息技术、现代服务理念有机的结合起来。只有实现了物流的高效运营，中国未来的经济才能充分活跃。

传统的制造业发展更多追求在一个企业内部，运用企业的全部资源，提高企业资源的利用效率，实现更高的经济利润。然而，现代制造业发展模式，早已摆脱了传统制造业思维的束缚，追求在更为广阔的市场上，充分利用全社会的资源，合理进行产业分工，实现产业间与产业内发展的协调，为企业也为社会创造出更大的效益。

在传统的制造业发展思维中，因为所有的环节往往都被纳入企业内部，因此企业发展追求的更多是“大而全”，讲究在同一个企业内部，实现生产经营所需要的所有环节。然而，伴随着现代经济体系的复杂性的持续上升，现代的产业运营早已变得更为复杂，其专业化的要求更高，哪怕是再大的企

蓬勃发展的天津港

业，也很难把所有的问题都纳入内部而独立解决，而生产性服务业的崛起，则为现代企业解决了这一难题。

研发、设计、信息服务等高技术服务原本必须纳入企业内部，然而，这些环节往往需要更为专业的人员，更加紧密的信息交流，更大规模的研发投入，对于很多中小规模的企业来说，单凭自身能力似乎很难实现这些职能，而缺乏这些职能，又会影响企业的自身发展。因此他们更多只能聘用低水平人员，依靠更少的研发投入从事相关工作，这必然影响相关的资源投入。

会计、审计、税务、管理咨询、生产管理、市场营销、市场调查等专业化商务职能，同样需要高水平的专业人员，企业规模往往限制了在这些方面的投入，进而影响相关职能的实现。

生产性服务业的发展，使得上述的高技术服务与专业化商务服务都可以外包给市场，委托给专业的相关机构，这就使得企业可以把自身资源集中于自己拥有优势的核心环节，而把自己不具优势的辅助职能外包给专业的生产性服务机构，在获得专业、高效的相关服务的同时，提高自有资源的利用效率，促进企业利润的增长。

伴随着现代科学技术的发展，产业分工更加细化。即使在同一产业部门内，由于科学技术应用程度的差异，不同经济资源配置比例的不同，社会分工也会存在明显的差异，不同分工的内容与要求的差异也会日益明显。科学技术的进步推动着社会分工的细化已经成为现代经济发展的必然趋势，而服务业的发展恰恰为实现这一趋势提供了保障。

在传统的制造业发展过程中，制造业企业只需要根据不同的生产环节进行人员与资源的配置，实现本企业内部的人员分工，就可以提升生产效率，获得分工所带来的效益。然而，在现代制造业发展过程中，生产性服务业的产生与壮大，已经把社会分工从制造业企业内部扩展到更为广阔的外部市场。企业完全可以把生产的某一个环节通过外包的方式转给外部市场，企业只需要集中资源，在自己的优势领域进行经营生产，就可以最大限度地获得分工细化所带来的收益。

事实上，在中国现代制造业发展过程中，伴随着现代科学技术的进步，越来越多的人力资本与科学技术得以应用到生产过程中，这不仅使得生产过程更加专业化，也使得其分工细化成为必然。没有一个企业能够再像传统制造业企业那样，把生产的所有环节都纳入到自己企业内部。在现代产业体系下，对于单一企业来说，要求它们在所有生产环节都拥有专业的人员配置与高质量的服务供应，几乎不可能。一些生产过程中的服务性项目，如金融服务、物流服务、生产管理、会计与财务等完全可以从企业内部剥离出来，这也就催生了生产性服务业的兴起。

中国加入 WTO 以后，中国企业与世界市场形成了更为紧密的业务联系，大量的外国企业，特别是以花旗银行、高盛公司为代表的金融机构，以联邦快递、敦豪快递为代表的物流企业，以德勤、普华永道等为代表的会计服务企业大量进入中国，在赢得中国市场的同时，也提升了中国的生产性服务业的整体层次。得益于知识的扩散与人员的流动，越来越多的中国生产性服务业企业在与外国跨国公司的竞争中，逐渐学习了更为先进的经营管理经验，提升了中国生产性服务业整体质量。

更为重要的是，在中国的产业发展过程中，生产性服务业往往是最为依赖专业知识和技术资本的环节，也是最能增加产业附加值的环节。在早期的加工贸易阶段，大多数中国制造业企业仅仅占据国际价值链的加工装配环节，其生产的复杂程度与专业技术能力都明显偏低，也就极大限制了中国的产业结构水平，从某种程度上来说，服务业的落后恰恰是中国经济发展的短板。大力发展现代服务业，充分发挥服务业对于一二产业的支撑作用，将对于调整中国的产业结构与转变经济增长方式具有极为重要的作用。

正是着眼于此，中国政府寻求通过大力发展生产性服务业，以增加中国产业在国际市场的竞争力水平，优化中国的产业结构，转变中国的经济增长方式。2007 年，中国国务院通过了《国务院关于加快发展服务业的若干意见》，在2011年颁布的“十二五”规划中，更是明确提出“深化专业化分工，加快服务产品和服务模式创新，促进生产性服务业与先进制造业融合，推动生产性服务业加速发展”。这一思想将充分贯彻到我国未来的经济发展的战略选择之中，引导着我国未来的产业结构不断优化，同时把大力发展生产性服务业列为“十二五”期间的重要工作，也标志着中国政府高度重视发挥生产性服务业在未来产业升级中的作用。

在未来的发展中，生产性服务业，而不是传统的制造业，成为知识创新与经济发展紧密联系的前沿阵地，制造业，特别是生产环节，反而成为对于知识和技能要求最低、经济收益最低的领域。这也意味着，我国实现可持续发展，实现经济增长方式转变的最为重要的领域恰恰就在生产性服务业。利用强有力的政策，推动生产性服务业的领先发展，也将成为引领我国可持续发展的必然选择。

【案例2－1】

华西村：新农村的典范

对于很多到过中国的外国友人来说，如果要提起中国农村，他们的第一印像往往是低矮破旧的屋舍，贫穷的村民，落后的农耕作业方式。如果与城市相比，中国的农村似乎是中国经济的一个阴暗面，贫穷，落后，愚昧，然而，如果说有这么一个村庄，它的经济发达程度甚至高于普通的城市，它的村民的富裕程度甚至可以与欧美发达国家的中产阶级相媲美，建筑物的富丽堂皇就像一个硕大无比的公园。也许很多外国人都不相信在中国会存在这么一个村庄，然而，事实上，中国的确存在这么一个繁华、富裕的村庄，它就是被中国人称为“中华第一村”的华西村。

自古以来，江苏就是中国的渔米之乡。毗邻上海的苏南地区更是由于接受上海的经济辐射，很早就走上经济繁荣之路。早在新中国成立之初，在江苏无锡，就涌现了以荣宗敬、荣德生为代表的一大批民族资本家，面粉、纺纱、缫丝等早期制造业就已经初见规模，这也使得无锡成为当时中国的工业基地。也正是在这片中国早期工商业产生的肥沃土壤上，华西村利用发展集体企业，依赖制造业兴家，成就了今天的“中华第一村”。

华西村位于江苏江阴，原本只是一个普普通通、默默无闻的小村庄，却因为走出了一条绝不普通的发展道路，而为人所熟知。

“文革”结束以后，在中国的农村兴起了家庭联产承包责任制，各地的农村都选择把土地分配给农民，让农民能够自由支配土地，分享土地带来的收获。然而，对于华西村来说，由于身处中国人口最稠密的江苏，耕地面积有限，如果把土地分配给所有村民的话，就会导致每家的土地面积都非常小，过于狭小的土地必然会限制农民的种植能力与产量，也会导致农村劳动力资源的极大浪费。因此，在当时的华西大队党支部书记吴仁宝的提议下，华西村并没有简单地模仿家庭联产承包责任制，而是根据本村的具体特点，提出了一个大胆的调整华西村产业结构的设想：把全村600亩粮田统一承包给30名种粮能手，由他们承担起全村的农业种植任务，而把所有其他的劳动力都转移到工业上去，由村委会积极组织村办集体经济，安排其他村民到村办企业从事工业加工工作。在这刚刚改革开放的中国，无异是一个非常大胆的做法。

正是由于当时没人敢创办制造业企业，而刚刚改革开放的中国对各种工业制成品的需求又极为旺盛，华西人遇到了一个千载难逢的好机会，村办集体经济非常红火，在集体企业中工作的村民收入也远高于种粮。20世纪80年代中期，当华西村人民逐渐富裕起来后，吴仁宝又动员富裕起来的华西人投资入股集体经济，不但为企业解决了资金难题，也使得村民获得了更为稳定的收益来源。

1994年，华西村组建了华西集团公司，拥有炼钢、焊管、纺织、服装等多种产品，拥有职工10000多人，成为苏南集体经济的一张名片。而1999年，华西村A股股票在中国深圳证券交易所上市，成为中国第一支以村名命名的股票，更成为华西村发展中的标志性事件。

正是借助改革开放的春风，华西村走上了一条举世瞩目的快速发展的道路，改革开放初期，全村的工农业总产值为1349万元，而到了2003年，全村经济总量已经超过了100亿元。2004年，华西村人均工资收入12.26万元，而同年全国农民人均纯收入2936元、城镇居民人均可支配收入9422元。华西人的收入是前者的41.76倍、后者的13.01倍。今天的华西村几乎所有的村民生活富裕，家家有汽车，户户有别墅，成为远近闻名的天下第一村。

闻名天下的华西村

正是看到华西村的成功，许多地方领导前来调研取经。周边的一些村庄也纷纷要求加入华西村。因此，2001年6月，华西村周边三个行政村加入华西村，组建华西一村。此后，又陆陆续续有20多个行政村加入。截至2011年，华西村已经有超过35平方公里的面积。人口从原来的近2000人增加到3.5万人。原先20个村，被划分为13块区域，命名上依次是华西一村、华西二村，一直到华西十三村。

作为中国社会主义新农村建设的著名代表，华西村的成功代表着中国现代化农村建设的方向，其共同富裕的经验也告诉全世界，在社会主义经济制度下，中国的广大农村地区，众多的农民是完全有能力实现自己的共同富裕，这也成为社会主义优越性的集中体现。

华西村的经验在很大程度上就表现在它的统一经营体制。早在20世纪60年代，当中国绝大多数农村都在实施“三级所有，队为基础”的核算方式，推行公社、大队和生产队三级所有制，并以生产队为最基本的核算单位的时候，华西村就开始了以大队为核算单位，统一核算，通过集中经营决策权，优化考核目标，从而成为当时苏南农村的先进典型。

也正是长期大队核算制的成功，当改革开放正式推行，全国的农村都开始走上家庭联产承包责任制，开始把土地等生产资料分配到户，变集体决策为农户的个人决策、家庭决策的时候，华西村并没有跟随潮流，而是继续坚持大队统一核算。而恰恰得益于当时担任华西大队支部书记的吴仁宝的眼光与魄力，不走寻常路、敢为天下先的华西村，最早尝到了机制创新带来的好处。

正是由于长期的统一决策，华西村党委带领广大群众走出了一条独特的经营管理之路。他们在处理积累与分配的问题上一直坚持这样一个原则：少分配、多积累，少拿现金、多入股，凡村办企业的工人，每人每月只领取30%的工资，其余的70%存在企业作为流动资金，到年底一次性兑现。奖金通常是工资的三倍，但并不发给职工，而作为股金投入企业，第二年开始按股分红。对承包企业的超利润部分实行“二八”分成，二成上交村里，八成归企业分配。留给企业的部分，10%奖给厂长，30%奖给管理人员，30%奖给职工，30%作企业积累。承包者个人所得的奖金以入股形式留在企业，作为风险抵押金。这种看似不近人意，甚至有些专横的分配制度，在华西村的发展过程中，却恰恰保证了村办企业长期发展最为稀缺的资金来源。

而自2001年，越来越多的村自愿加入华西村后，华西人又创造性的提出了“一分五统”的管理模式。一方面，村与企业要分开，合并后的原村委会还是由本村村民选举。而另一方面，无论是老的华西村，还是新加入的村，都必须在华西的统一决策体系下实施统一管理，这种统一管理主要表现为五个方面：一是经济由华西统一管理，二是劳动力在同一条件下统一安排，三是福利由华西统一发放，四是村庄由华西统一规划建设，五是华西村党委统一领导。正是这种有分有统的管理决策体制，既保证了村办企业与新村的自主决策权，又可以发挥华西统一决策的计划管理的优越性，成为华西经济发展的重要保证。

今日的华西村已经不仅仅是一个普通的村庄，它已经成为中国新农村发展的一个标杆，更成为江南新农村的一个重要旅游景点，328 米高的空中华西村大楼，乘坐直升飞机饱览空中华西美景，1 吨重的金牛，都在向世界显示今天华西人民的富裕，呈现中国新一代农民的幸福生活。

【案例 2-2】

晋江：中国运动鞋之都

改革开放以后，中国的制造业经历了从替外商代工加工，到自主创新、自主品牌的发展道路，在其中，福建晋江的运动鞋产业的发展，也成为中国制造到中国创造这一伟大转折过程的缩影。

晋江原本只是中国福建东南沿海的一个小城，在很长一段时间内，由于本地生活的艰难，很多晋江人选择远走他乡，因此，在晋江素有“十户人家九户侨”的说法，成为远近闻名的“侨乡”。

改革开放之后，古老的侨乡焕发了新的活力，它在种植、捕鱼、水产养殖等传统产业之外，通过引进海外侨胞的投资，创立合资企业，大力发展制造业，到了 20 世纪八九十年代，晋江已经形成了以鞋业、服装、陶瓷为主的现代制造业体系，实现了制造业的初步发展。

自改革开放之初，在晋江的产业结构中，制鞋业就一直是它的主导产业，对于当地经济的发展起到了很重要的作用。当然，与改革开放初期中国其他地方一样，早期的晋江吸引外商投资主要依赖的是其低廉的劳动力成本，在它们的制造业发展过程中，劳动力也成为整个生产的主要资源。

而改革开放之初，中国市场的消费能力与消费水平也极大地制约了对于工业制造品的需求，因此，晋江的鞋业在发展早期的技术水平并不高，更多只是得益于海外侨胞的资金支持，通过半机械化、半人工的相对传统的生产工艺，进行鞋子的制造。这样的生产模式尽管效率较为低下，产品质量也并不高，但却符合经济发展初期的实际，也符合当时中国的消费需求。

20 世纪八九十年代以后，伴随着晋江运动鞋产业的逐渐成熟，耐克、阿迪达斯等世界知名运动鞋品牌进入中国后，开始选择拥有坚实造鞋基础的晋江来创办代工企业。事实上，20 世纪末以来，以耐克为代表的国际知名运动鞋制造厂开始选择“轻资产运营模式”，自己仅仅掌控运动鞋的设计与营销环节，而把人力资源利用率更高的加工与制造环节转移到中国等人力资源成本更低的国家与地区。这种生产外包的方式对于中国以及东南亚地区的制造业的兴起都起到了极为明显的作用。

在代工阶段，耐克等外国厂商为了保证自己产品的质量，维护自己的品牌形象，必然需要为代工厂引进先进的制鞋设备，并对代工厂的工人进行细致的培训。因此，晋江的代工企业逐渐掌握了先进的制鞋技术，提升了自己的管理能力。然而，在代工模式下，代工厂只能获得非常微薄的代工报酬，产品销售的绝大多数收益都被拥有品牌与技术的外国厂商所获得。在当时，一双在美国零售价 100 美元的耐克鞋的材料费只有15.67 美元，在中国的工厂出厂价也只有

24.71 美元，其中包括 2.58 美元的直接劳动力成本、4.56 美元的管理费用和 1.9 美元左右的工厂利润。当这双出厂价 24.71 美元的耐克鞋运到美国时，耐克公司将这双鞋的批发价定为 52.03 美元，当这双鞋到达消费者手里的时候，价格已经高达 100 美元。残酷的现象也教育了晋江的运动鞋企业，拥有自己的技术与品牌的重要性。

自 20 世纪 90 年代开始，以安踏、匹克为代表的晋江鞋企开始尝试运用自己在替知名鞋企做代工时所积累的经验与技术，创建自己的品牌，从仅仅帮助外国企业做代工赚取微薄代工利润转向走开发自主技术，创新产品，发展自主品牌的新道路。

在转型初期，由于品牌与技术上的差距，晋江鞋企的转型之路并不顺利。但是其中两家知名企业的战略创新举措却给所有晋江鞋企树立了模仿的标杆。从某种程度上来说，明星代言与市场细分这二大战略已经成为今天晋江鞋企争夺国际市场所信奉的不二法宝。

1999 年，一家名叫安踏的晋江鞋企本已处于生产经营的困境之中，企业老板丁志忠托人找到当时在中国乒乓球队极具人气的孔令辉，邀请他替自己的运动鞋当代言人。当时的安踏的资金已经相当紧张，但是丁志忠仍然毅然决定拿出最后的 80 万元做最后一博。要知道在当时的中国体育界，80 万元的代言费无疑是一个天价数字。伴随着孔令辉的一句“我选择，我喜欢”安踏的牌子很快红遍中国，企业的产品销售迅速增加，企业不仅走出了破产的困境，还成为晋江鞋企的领袖。此后，越来越多的晋江鞋企开始选择更多的体育明星、文艺明星充当自己的产品代言人。时到今日，在中央电视台的体育频道，最多有 44 个晋江运动鞋厂商的广告，这就意味着几乎每隔几分钟，就会看到一个晋江鞋企的广告在中国最具人气的体育电视频道出现，从 NBA 大牌球星，到奥运冠军，再到歌星、主持人，都被晋江鞋企所看中，成为他们的代言人，明显效应帮助越来越多人认识了晋江鞋企，也认识了中国的运动鞋品牌。

中国早期运动鞋的生产与销售是一种粗放式的经营模式，不同产品的产品类型与技术特点也没有明显的差异。这种经营模式在中国运动鞋市场发展早期，并没有太大的问题。然而，伴随中国运动鞋产业的扩大，运动鞋市场的成熟，一种产品包打天下的时代已经不再，晋江鞋企如果不能在产品的差异化程度上赢得消费者的信赖，也就不可能形成今天的晋江鞋都了。也恰恰在20世纪末，一位喜爱篮球的晋江鞋企老板许景南开始选择专门生产篮球鞋，这家取名匹克的晋江鞋企还先后邀请了近十名NBA篮球明星为自己的产品做代言。一时之间，NBA明星穿着中国运动鞋打篮球的新闻充斥着各大媒体，匹克几乎成了篮球鞋的代名词。到了今天，根据功能选择差异化产品分类已经成为晋江鞋企的共同选择，足球鞋、篮球鞋、跑步鞋……越来越多的顾客会根据他们的运动需要，却选择最适合于这项运动的鞋子，这也推动了晋江鞋企的发展。

今天，安踏、匹克、361、乔丹、德尔惠等越来越多的晋江运动鞋企业已经在中国运动鞋市场确立了自己的品牌影响力，通过赞助伊拉克足球队、西班牙篮球队、英超联赛、西甲联赛，越来越多的晋江品牌也在努力开拓国际运动鞋市场，也许就在不久的未来，小城晋江就能够产生比肩耐克、阿迪达斯的国际知名的运动鞋品牌。

其实，与很多其他中国的制造企业一样，晋江鞋企也是通过吸收外资，引进外国技术，然后通过引进与模仿，开始逐渐创建自己的品牌。也许在发展早期，模仿与学习是这些企业成功的关键，然而模仿造就不了制造业巨人，只有选择创造与挑战，才能够成就真正的世界名牌。晋江的运动鞋企业恰恰就走出了从模仿到创新、从中国制造到中国创造的成长之路，他们的成功，也是中国制造业发展的一个缩影。

【案例 2-3】

国美电器：街边小店里崛起的零售巨头

在中国的家电零售市场中，国美电器始终是行业领导者之一，它与竞争对手苏宁构成了中国家电零售业中的双雄，它的发展与兴衰，也成为整个中国家电零售行业的标志。

1986 年，17 岁的黄光裕，跟着哥哥黄俊钦，来到了中国的首都北京打拼。此时黄光裕的身上，除了从亲友处借来的 30000 元钱，就只剩下了对未来的憧憬。和很多当时下海的个体户一样，一无技术、二无资本的黄光裕选择了零售业，希望通过倒卖商品，赚取一些辛苦钱。最早的黄光裕选择了服装零售，可是生意一直不大景气。1987 年 1 月 1 日，黄光裕转行改卖电器产品，商店的招牌也就从最早的国美服装店，变成了国美电器店。可是就连黄光裕自己都不会想到，就这么一家门面不到 100 平米的小店，居然在短短二十年的时间里，成长为中国家电零售行业的一面旗帜，成为中国家电零售业的领导者。

国美电器

黄光裕的成功得益于他独到的眼光。正如他所判断的那样，改革开放后很快富裕起来的中国人，必然产生对家用电器的极大需求，这种需求也就必然会给中国家电零售市场带来巨大的机会。也许他自己也没想到，在 20 世纪 80 年代，还是紧俏商品的家用电器会如此快地进入每一个普通的中国家庭。

在改革开放之初，由于国内家电生产企业很少，技术也很落后，只有非常富有的家庭才有可能通过关系，通过进口的途径买到彩电、冰箱等家用电器。也正是由于供应量非常有限，即使商店中能够得到家电的供货，也必须凭票供应，只有能够获得彩电票、冰箱票的人才有资格购买。如果得不到票，就是有钱，也根本不可能从市场上买到家用电器。换而言之，在改革开放之初，中国根本不存在真正意义上的家电零售市场。在这一时期，家用电器都属于“皇帝的女儿不愁嫁”，市场中根本不需要专业的家电零售企业。

然而，谁也没想到，仅仅几年间，得益于大量引入外国的家电生产线，中国的家电行业，实现了从无到有、从小到大的跨越式的发展。几乎一半的中国省份把家电行业视为本地发展经济的核心产业，并从外国引入了最先进的生产流水线，到了20世纪90年代，中国已经成为全球最大的家电生产国。

家电供应的持续增加，给黄光裕的国美电器店提供了千载难逢的发展机遇，货源供应充足，市场需求旺盛，店内的生意越来越好，短短几年间，黄光裕就在北京又开了好几家分店，并在黄光裕的主持下，实现了连锁化经营，无论老店，新店都叫做“国美电器”，统一品牌，统一经营，一下子在北京打响了“国美电器”的品牌。几乎每一个北京人都知道，要买家用电器，到黄光裕的国美电器买，价格便宜，货源又足，选择余地又大，因此，此时的黄光裕已经在北京的家电零售行业中打出了自己的名声。

1999年，黄光裕终于走出了北京，选择在天津开店，并一炮打响，创下了当时家电零售的业界神话。至此，国美电器走上了向全国扩张的快速发展之路。仅仅二年后，国美电品已经在国内12个城市设立了49家直营连锁店和33家加盟连锁店。2003年，在中国连锁经营协会公布的2002年中国连锁企业排名榜中，国美电器以年销售额108.96亿元的成绩，名列中国连锁企业第四名，家电零售行业第一名，这一年，黄光裕的个人资产达到18亿元，在当年的胡润财富榜上名列第27位。

2004年是国美发展历程中一个重要年头。作为一家私营企业，黄光裕很早就想通过上市融资，为国美的发展筹集更多的资金，然而，中国深圳证券交易所的上市流程相对繁琐，黄光裕选择了上市流程更为灵活、简便的香港证券市场买壳上市。早在1999年，他就成立了鹏润投资有限公司，以准备进行资产运作。此时，黄光裕将国美电器当时在全国22个城市的94家门店的优质资产注入鹏润，由鹏润在香港买壳上市，从而实现了国美电器在香港的上市，黄光裕也以105亿元的身家，成为中国首富。

国美的成功归结于连锁经营、价格战、服务创新这三大法宝。在国美电器创建之初，在中国连锁经营还是新鲜事物，黄光裕却很早就看到了连锁经营模式的优越性，在设立门店、扩张业务的同时，他在1998年就通过制订《国美经营手册》，确定了国美电器连锁经营的规章制度，为国美电器走向全国市场，打下了坚实的基础。此后，《国美经营手册》又经过多次修订，并把国内外其他连锁企业经营的规章制度与成功经验与国美多年来的实验相结合，总结出了一整套适合于国美发展的经营模式。

在中国家电零售市场中，国美一直被视为“价格屠夫”，他一次次在市场中发起价格战，通过压低行业利润、回馈顾客、薄利多销的经营策略，在中国的家电零售市场中确立了价格最低的市场形象。2000年，当中国的众多彩电厂商通过组建价格联盟，希望共同维护彩电行业高价时，又是国美第一个发起彩电价格战，直接击溃彩电联盟的合谋价格的企图。近10年来，又是国美通过与苏宁以及京东商城的一次次价格战，彻底挤出了中国家电零售行业的价格泡沫，使得中国家电产品的价格始终保持在相对合理的水平。

在国美发展过程中，从早期的“不满意就退货”，“神秘顾客在行动”，再到率先设置“消费者维权保证金”，“先行赔付”，以及启动“彩虹服务”与海尔、海信、科龙等家电巨头共同组建服务联盟，国美一次次通过服务创新，不断提升顾客对国美的满意度，也保证了国美的市场领导地位。

2008年，国美电器公司创始人兼当时的国美董事局主席黄光裕因非法经营、内幕交易和单位行贿等罪名被公安机关逮捕，后被人民法院判刑14年，处罚金6亿元。长期以来，黄光裕一直被视为国美的精神支柱，也成为国美的象征，他的入狱使得国美的经营陷入了困境，也给了其最大的竞争对手苏宁更多的市场机会。特别是2010年，时任国美董事长的陈晓与黄光裕家族关于国美控制权的争夺，更让外界看到了后黄光裕时代国美的领导与经营的混乱。

走出股权之争的国美，也许丧失了黄光裕时代在市场中咄咄逼人的强势，在面对苏宁与京东的一次次挑战中，都保持着低调。然而，当家电网上销售成为市场新方向时，国美在第一时间收购家电销售网站库巴网，同时组建国美电器网上商场，在不声不响之间，国美已经成为中国家电网上销售的重要力量。

国美的发展其实是众多中国民营企业发展的一个缩影。得益于中国改革开放所创造的良好机遇和领导者的大胆决策、科学经营，很多中国的民营企业都曾经，或者正在实现飞速的增长。保证他们的业绩增长的有形势环境的因素，有领导者的个人因素，也有其他的机遇性的因素。然而，这一时期成长起来的中国民营企业，或是面临领导者个人能力的瓶颈，或是面临成长过程中的一些违规经营的风险，使得企业的成长也将面临很大的不确定性。然而，得益于现代企业制度在中国企业中的应用，越来越多的企业摆脱了领导人的人治，而转向依靠制度、规章。只有像国美这样，真正超越了领导者，企业才是真正值得期待的有成长性的企业。

【思考题】

1. 为什么中国的改革开放会从农村开始？
2. 如何理解城市化与新农村建设之间的关系？
3. 从国际分工的角度思考中国在改革开放初期选择加工贸易的原因。

区域经济是一国经济中的一个重要内容。区域经济协调发展是一国经济协调发展的基础。中国区域经济发展伴随着不同时期的特殊历史背景，无论是沿海还是内地，东部、中部还是西部，甚至是目前诸多的区域板块，都凭借自身的自然、地理、人文等不同资源禀赋条件，在经济体制转轨、经济增长方式转变和改革开放日益融入全球化的竞争中，经历着极强的具有中国特色的区域发展战略嬗变、格局演化和政策变迁。

第三章 中国区域经济发展战略与政策演进

自1949年新中国成立以来，中国区域经济的发展大致经历了三个大的阶段，分别是：新中国成立后至改革开放前的区域经济平衡发展阶段（1949—1978年）、改革开放以后至20世纪末的非均衡发展阶段（1978—1999年）和新世纪以来的区域经济协调统筹发展阶段（2000年以来）。随着不同发展阶段实施不同的区域发展战略，国家区域经济政策也在不断调整和完善之中。

第一节 计划经济时期：区域经济平衡发展

一、新中国成立时的区域经济从零起步

1949年新中国成立时，区域经济基本状况是生产力分布与资源分布极不均衡，工业产地与消费地、原料地之间严重脱节。东部沿海大城市是中国区域经济的中心。在这片国土面积还不足全国12%的东部地区汇聚了70%以上的中国近代工业企业，尤其是天津、辽宁、上海三个省市工业总产值占沿海地区总量的55%以上；而幅员辽阔的西部地区，虽然面积占68%以上，但是近代工业几乎还是一片空白。再加上国际政治环境使得东部沿海地区很可能面临战争的威胁，因此，从国民经济整体角度出发，实现经济重心向内陆迁移势在必行。

二、新起点：平衡发展战略的提出与实施

在马克思、恩格斯和列宁等关于工业体系布局的经典论述和苏联生产配置理论即“在全国平衡配置生产”这一社会主义生产力布局的主要原则和规律的影响下，中国政府本着全国一盘棋的思路，从平衡地区生产力的布局和国防安全出发，决定大力发展内地工业，改变失衡的经济格局，从国家政策倾斜地域、产业布局和投资重点区域等层面，实施以“平衡生产力布局、加强内地建设、巩固国防”为目标的区域经济平衡发展战略。

从1949年到1978年的计划经济时期，中央政府实施了以平衡发展为目标的区域经济发展相关政策和措施：一方面通过划拨调剂财政收入来以东补西，即东部沿海地区由于经济较为发达，所以上缴较高比例的财政收入，并以此给予西部适当的补贴；另一方面通过计划指令的方式将国家基本建设投资和布局向内地倾斜，通过“一五”计划和后来的“三线”建设实现了两次大规模向西推进。这里简单回顾一下计划经济时期中国区域经济政策实施

历程（见表 3.1）。

表 3.1　1949—1978 年中国区域经济政策实施历程及其发展成效

时期	区域经济政策实施情况	发展成效
1949 年	东部沿海地区集中了全国工业总产值 77% 以上。相比之下，西部地区发展缓慢，西北地区工业总产值仅占全国的 6%	新中国区域经济发展严重失衡，对新中国的经济发展提出严峻挑战
国民经济恢复时期（1950—1952）	恢复和建设上海、辽宁等沿海工业基地；将沿海工业企业部分迁移至东北部、西北、华北和华东等内陆地区	中西部地区工业开始起步。在此期间，中西部地区工业总产值增长 1.5 倍
“一五”时期（1953—1957）	加强以鞍钢为中心的东北工业基地、以武钢为中心的华中工业基地和以包钢为中心的华北工业基地建设，重点建设西南、西北地区。全国 694 个限额以上工业建设项目中，内地占到 68%。此外，基本建设投资总额有 46.8% 投向中西部地区，有 36.9% 投向沿海地区	中西部地区集中建成一批工业基地，工业总产值占全国的比重达到 34.1%，年均增长 20.5%，而同期沿海地区仅增长 16.8%
“二五”时期（1958—1962）	继续建设武钢、包钢等项目，在西南、西北和三门峡周边地区建设钢铁、有色金属和大型水电站等项目；开发新疆的石油、有色金属工业等	中西部地区的产业走向重工业
经济调整时期（1963—1965）	重点建设华北、东北重工业和中西部工业；钢铁产业投资转向中西部地区，大力建设攀枝花、成都、西宁、陕西和贵州钢铁企业。在西北、西南和华东地区新建煤炭工业，在中原和内陆地区新建机械工业基地	中西部地区基本项目建设占全国的比重达到 58.3%；中西部地区与东部地区的投资之比达到 1.67
“三五”（1965—1970）和“四五”（1971—1975）时期	“三五”时期，以西南为重点展开“三线”建设；“四五”时期，以豫西、鄂西、湘西（“三西”）为重点展开“三线”建设。大力建设大西南，将全国划分为 10 个经济协作区	以“三线”建设为重点，形成各具特色、各自为战、大力协作的工业体系

资料来源：李自如、文先明、贺正楚：“从均衡到非均衡”，《中国国情国力》，2002 年第 5 期。

新中国成立后的两三年是国民经济恢复时期，国家经济建设的重点放在了东北工业基地上，在此期间，开工建设了一批煤炭、电力、铝冶炼、机械等重点项目。第一个“五年”计划中，明确提出了“有计划地、均衡地在全国布置工业”的指导方针，指出：“在全国各地区适当地分布工业的生产力，使工业接近原料、燃料产区和消费地区，并适合于巩固国防的条件，来逐步地改变不合理的状态，提高落后地区的经济水平。”因此，国家把基本建设投资和重工业重点布局在东北和内陆省份，集中建设了包括武汉、包头、兰州、西安、太原、郑州、洛阳、成都等在内的重点工业基地，主要涉及的重工业项目有煤炭、电力、钢铁、冶金等。

第二个“五年”计划最初的设想是“在内地进行大规模工业建设的同时，还要积极地、充分地利用并适当地发展沿海各地原有的工业。”然而，1958 年开始的“大跃进”运动打乱了这一部署，各地掀起了一场不计资源条件和实际可能，追求自成体系的大办工业的群众运动。一时间大中小项目遍地开花，星罗棋布。为了改变这一状况，1963—1965 年，国家按照“调整、巩固、充实、提高”的方针，开始调整国民经济布局，许多地方中小企业被关停并转；布局不当的在建项目停建，另外，总体区域发展重点放在了华东地区重工业上，同时，进一步加强了内地的工业建设。

1964 年，由于美国直接出兵侵略越南以及中苏关系极度紧张，中央对国际形势日趋严峻和国内遭受战争危险的可能性估计较大，因而提出了以备战为中心的加快“三线”建设的重大战略决策。1965 年 4 月，中央发出《关于加强备战工作的指示》，作出了火速集中力量，加强全国和各省区战略后方建设的决定。

“三五”时期，国家确定投资重点要向既不是沿海也不靠近北方的“三线”① 地区转移，加强四川、贵州等西南地区的建设，并以建设铁路、钢铁、电力、化工等为国防服务的工业为主。“四五”时期，“三线”建设的

---

① “三线”建设是全国按照一、二、三线布局工业，集中力量建设“三线”地区。“三线”地区作为全国的战略后方，选定的主要是内地偏僻的山区，包括西部的四川、贵州和云南、陕西、甘肃三省的大部分地区以及青海东部地区，还有中部的豫西、鄂西、湘西、晋南和东部的冀西、粤北、桂西北等地。“三线”建设的方式采取沿海老工业基地的企业支援“三线”地区建设和老企业向“三线”地区搬迁两种。另外，一线地区主要指中国东南沿海省份和地处西部边疆的前线地区。

重点转向以豫西、鄂西、湘西为主的“三西”地区，大力开发和建设大西南地区，并以建设小煤矿、小钢铁厂、小化肥厂、小水泥厂、小机械厂等为农业服务的地方工业为主。这期间，还形成各具特色、各自为战、大力协作的工业体系，全国被划分成10个经济协作区，分别是西南、西北、中原、华南、华东、华北、东北、山东、闽赣和新疆。

三、成效：扭转中国畸形的生产力布局

新中国成立后近30年中国区域经济平衡发展战略拓展了生产力发展的空间，特别是大规模的投资倾斜有效促进了内陆地区经济社会的发展，基本建成了以重工业为主的工业生产体系，加快了内地的经济发展，缩小了地区经济发展的差距。总体来说，由表3.2可以看出，从20世纪50年代到70年代中期，内地所占的基本建设投资比重始终大于沿海地区，内地与沿海累计投资比大约为1∶0.74。计划经济时期的区域经济政策对于实现全国生产力的均衡配置取得了很大成效，突出的表现就是“一五”重点工程的西进和大规模的“三线”建设。“一五”时期苏联援建的156项重点工程项目中，内地的项目总数占3/4，投资总额占2/3；而在基本建设的694项限额项目中（投资额在1000万元以上），内地占到68%。“三线”建设时期，内地基本建设投资占到全国投资总量的66.8%。

表3.2 “一五”到“四五”时期沿海与内地基本建设投资所占比重 单位：%

地区	“一五”（1953—1957）	“二五”（1958—1962）	1963—1965	“三五”（1966—1970）	“四五”（1971—1975）
沿海	36.9	38.4	34.9	26.9	35.5
内地	46.8	56.0	58.3	64.7	54.4
沿海/内地	0.79	0.69	0.6	0.42	0.65

注：因全国统一购置的机动车辆、船舶、飞机等不分地区投资，未划到地区内，因此沿海与内地投资比重之和小于100%。

资料来源：国家统计局国民经济统计司：《新中国五十年统计资料汇编》，中国统计出版社1999年版。

正是因为实施了向内陆地区倾斜的区域发展政策，才使得原先“一片空白”的中西部地区经济获得了较快的发展，基本实现了区域经济平衡发展的战略目标，内陆地区工业比重大幅度提高，从而使中国内地也建立起了一批颇具规模和实力的工业基地，对开发利用中西部广丰的资源，支持东部沿海地区经济建设，提升中国经济的总体实力起到了一定的积极作用。在这期间，中西部地区重点建设了包钢、武钢、攀钢等钢铁工业基地，在中原和内陆地区新建一批重型机械工业基地，在西南、西北和三门峡等地区新建一批以钢铁、有色金属、石油、大型水电站为中心的新基地，发展了北京、石家庄、邯郸、西安、咸阳纺织工业中心，重点修建了成渝、宝成、天兰、兰新等铁路和青藏、康藏公路，逐步形成了以兰州、西安、成都、洛阳、武汉、太原、包头等中西部重点城市为依托的工业基地和以西南地区及豫西、鄂西、湘西为重点建设了一批“三线”企业。

国民经济经过了计划经济时期的恢复和建设，已经改变了畸形的生产力布局。从 1953 到 1978 年，新中国对内地投资总额达到 3417.68 亿元，占地区总投资的 60.5%，占全国基本建设总投资的 54.9%。沿海与内地工业生产之比从 7∶3 变为 6∶4。中西部生产力在此期间得到了快速发展，为未来的发展奠定了坚实基础。

四、问题：以牺牲效益为代价

由于当时推行的区域经济平衡发展战略是在牺牲效率的基础上实现了形式上的平等，脱离了自然环境、经济基础、区位优势和人力资源等地区实际差异，大搞“遍地开花”，忽视了规模经济、集聚经济发展的基本规律，人为均衡工业生产布局，造成总体经济效益低下，投资回报率低。从表 3.3 可以看出，尽管工业投资大规模向内地倾斜，但是从工业产值上沿海仍然远高于内地，1978 年沿海工业产值所占比重比 1952 年仅减少了 1.6 个百分点，而内地同期增加了 8.9 个百分点；从 GDP 的比重变化来看，沿海同样高于内地，1978 年沿海地区所占比重不仅没有减少，反而增加了 1.8 个百分点，而内地同期却减少了 1.8 个百分点。由此可见，向内地倾斜投资的区域经济政策，不但没有使内地取得令人满意的经济效益，也没能缩小内地与沿海地区的经济差距（见表 3.3）。

表 3.3　新中国成立初期与 1978 年相比沿海与内地主要经济指标比较

		区　域	
		沿海地区（11 省市区）	内地地区（18 省区）
占工业产值比重（%）	1952 年	61.7	31.0
	1978 年	60.1	39.9
1952—1978 年增减变动（百分点）		-1.6	+8.9
占全国 GDP 比重（%）	1952 年	50.7	49.3
	1978 年	52.5	47.5
1952—1978 年增减变动（百分点）		+1.8	-1.8

注：1952 年统计数据中缺少广东、江西、西藏三省区的数据资料。

资料来源：国家统计局国民经济综合统计司：《新中国五十年统计资料汇编》，中国统计出版社 1999 年版。

区域经济均衡发展战略，在计划经济时期近 30 年的内地倾斜式投资建设之后，并未从根本上实现其战略目标，虽然形式上减少了沿海的投资，但是沿海由于环境条件、产业基础、人力资本等要素禀赋优势，仍然实现了实际的快速增长。而从另一个角度讲，追求沿海与内地均衡发展的战略，由于是在计划经济时期实施的一种封闭式的区域发展过程，因此突出强调国内经济发展的平衡和循环，相对忽视国际市场对平衡国内区域间和产业间发展差距的作用。虽然在特定的国际局势条件下具有一定必然性，但是随着外部政治经济环境的改变，再继续坚持这种区域经济均衡政策，将无助于中国的对外开放和经济发展，因此，区域经济平衡发展战略的调整和改变成为必然。

第二节
改革开放时期：区域经济非均衡发展

一、打破计划经济均衡僵局

1978 年，伴随着党的十一届三中全会召开，开启了中国改革开放的新篇章，中国区域经济发展由此进入了一个新时代。首先，区域经济发展指导思想的重新确立是在邓小平最先提出的“共同富裕”和“两个大局”思想基础上形成的。1978 年 12 月 13 日，在中共中央工作会议闭幕会上，邓小平发表了《解放思想，实事求是，团结一致向前看》的讲话，明确提出：“在经济政策上，我认为要允许一部分地区、一部分企业、一部分工人农民，由于辛勤努力成绩大而收入先多一些，生活先好起来。……带动其他地区、其他单位的人们向他们学习。这样，就会使整个国民经济不断地波浪式地向前发展，使全国各族人民都能比较快地富裕起来。”1983 年 3 月他又提出：“要发挥比较优势，扬长避短，要承认不平衡”。1988 年 9 月，他进而提出“沿海地区要加快对外开放，使这个拥有两亿人口的广大地带较快地先发展起来，从而带动内地更好的发展，这是一个事关大局的问题，内地要顾全这个大局。”其次，借鉴各国区域开发理论和经验，特别是赫希曼的非均衡增长理论和佩鲁的增长极理论，为中国区域经济发展提供了强有力的理论支持。赫希曼的非均衡增长理论强调经济增长是不平衡的，发展中国家应集中有限的资源和资本，优先发展少数“主导部门”，尤其是那些关联效应和资源配置效应强的部门。条件较好的地区应先发展，并通过产业和要素从高梯度区域向低梯度区域的转移，带动落后地区的发展。最后，国际形势发生了重大变化，和平与发展成为国际关系的主要趋势，中国与美国、日本、苏联及周边国家的关系不断得到改善，为专心于国内经济建设创造了条件。

因此，在总结新中国成立以来中国区域经济发展经验教训的基础上，中国的区域经济政策进行了重大调整：舍弃牺牲效率的区域均衡发展战略，采取效率优先的非均衡发展战略，开始从地缘优势、资源优势、技术优势等多个方面考虑区域发展，改变过去人为强力布局工业产业的做法，首先在东部地区进行改革开放，意图通过东部经济的发展，带动和辐射全国其他地区经济，最终达到共同富裕。

二、追求效率的区域经济非均衡战略

1978—1991 年，中国区域发展战略主要受赫希曼的不平衡增长理论的影响，从效率优先出发，中央投资和区域布局向要素禀赋和经济基础较好的沿海地区倾斜，同时依靠中央财政补贴贫困落后地区和少数民族地区。因此，在这一阶段，国家主要支持沿海地区优先发展，其政策手段主要表现为三个方面：一是投资倾斜，二是率先实行对外开放，三是率先实施体制改革和各种优惠政策。

（一）投资重点向东部沿海转移

在优先发展沿海地区的战略指导下，沿海地区成为全国基本建设投资的重点区域，投资比重持续提高。"六五"计划时期，提出要"积极利用沿海地区的现有经济基础，充分发挥它们的特长，带动内地经济进一步发展"。从表 3.4 可以看出，"六五"时期，基本建设投资沿海所占比重首次高出内地 1.2 个百分点，东部沿海地区由于投资回报率高，而成为中国区域投资的主体和发展的排头兵。"六五"期间，增强了对上海、北京、天津、大连等 20 个重点城市的轻纺工业基地建设和纺织、机械、电子等工业企业的技术改造。从 1986 到 1990 年的"七五"时期，沿海地区在全国基本建设投资的比重由"六五"时期 47.7% 提高到 50.9%，内地由 46.5% 下降到 40.1%，沿海与内地投资之比由 1.03∶1 增加到 1.27∶1。

表 3.4　"五五"到"七五"时期沿海与内地基本建设投资所占比重　单位：%

地区	"五五"（1976—1980）	"六五"（1981—1985）	"七五"（1986—1990）
沿海	42.2	47.7	50.9
内地	50.0	46.5	40.1
沿海/内地	0.84	1.03	1.27

注：因全国统一购置的机动车辆、船舶、飞机等不分地区投资，未划到地区内，因此沿海与内地投资比重之和小于 100%。

资料来源：国家统计局国民经济统计司：《新中国五十年统计资料汇编》，中国统计出版社 1999 年版。

（二）东部沿海率先实行对外开放

在对外开放方面，率先在东部沿海地区实行对外开放，并给予开放地区种种优惠政策。1978 年到 1990 年，中国确定了"重点开放沿海地区，逐步向内地开放的经济发展战略"，而东部沿海地区的开发开放首先是从设立经济特区开始的。1979 年党中央、国务院决定对广东、福建两省的对外经济活动实行特殊政策和灵活措施。1980 年之后，先后设立了深圳、珠海、汕头和厦门 4 个经济特区；1988 年决定将海南岛设省，建立中国最大的经济特区。中国经济特区的设立开创了社会主义国家创办经济特区的先河，是中国对外开放历程中具有标志意义的里程碑，经济特区成为了中国经济体制改革的“试验场”和对外开放的“窗口”。其次，在经济特区获得经验基础上，进一步设立沿海开放城市和沿海经济技术开发区。1984 年 4 月，国务院决定进一步开放天津、上海、大连、秦皇岛、青岛、烟台、连云港、南通、宁波、温州、福州、广州、湛江、北海等 14 个沿海港口城市，并设立了大连、秦皇岛等 12 个经济技术开发区，实行类似经济特区的政策。1985 年 2 月，将珠江三角洲、长江三角洲、闽南厦漳泉三角地区的 61 个市、县，开辟为沿海经济开发区，规定这些市、县的城区和经批准的工业卫星镇可以实行沿海开放城市的政策。1988 年，又将山东半岛、辽东半岛划为经济开放区，并设立了福建台商投资区。1990 年，正式批准上海市开发和开放浦东新区，实行经济特区的某些优惠政策。至此，形成了一条从南到北沿海岸线延伸的沿海对外开放地带。

（三）东部沿海率先实施体制改革

从 1979 到 1987 年，外贸体制改革主要是改变高度集中的经营体制和单一的指令性计划管理体制，下放外贸经营权。1988 年到 1990 年，进入了外贸体制改革的整体推进阶段。立足于增强企业活力这一根本出发点，外贸体制改革也率先在东部沿海地区展开，全面推行对外贸易承包经营责任制，取消原有使用外汇控制指标，进一步改革外贸计划体制，在轻工、工艺、服装三个进出口行业进行外贸企业自负盈亏的改革试点。东部沿海地区作为国家地区经济发展战略的重心（见表 3. 5），实施以乡镇企业为动力、“两头在外、大进大出”的外贸经营战略，通过参与国际大循环实现东部沿海地区的高速发展。另外，在财政、税收、信贷、投资等方面给予东部地区各种优惠措施，例如减免税收，扩大地方投资自主权，开放和建立金融市场等。

表 3. 5　　东部沿海地区成为经济发展重心的主要表现

主要战略	时间	具体措施
东部沿海地区率先实行对外开放政策	1980 年	中国首先设立深圳、珠海、汕头、厦门四个经济特区
	1984 年	国务院设立 14 个沿海开放港口城市
	1985 年	决定将海南岛设省，建立全国最大的经济特区
	1990 年	提出上海浦东新区开发开放战略，在天津，上海、广州，江苏等地区设立保税区

续表

主要战略	时间	具体措施
基本建设投资向东部沿海地区倾斜	1981—1989年	东部地区获得全国基本建设投资近3570亿元，约占全国总投资的50.1%，中西部内陆地区只占34.4%
率先实施外贸体制改革和各种优惠政策	1988年	外贸体制改革率先在东部沿海地区展开
	1988年	在财政、税收、信贷、投资等方面给予东部地区各种优惠措施，例如减免税收，扩大地方投资自主权，开放和建立金融市场等等

（四）效率优先的非均衡战略效果

实施效率优先的非均衡战略的积极效应主要表现在：首先，形成“孔雀东南飞”① 效应。沿海地区在改革开放和区域非均衡战略的实施下，获得了优先发展的机遇。1986—1989年间，东部沿海省份成为了接受全国投资比重最多的地区，同时，在出口导向型战略和税收优惠政策的引导下，东南沿海地区吸引了大量的外商直接投资，国内外资金不断涌向沿海地区，这里也成为新兴工业集聚发展的首选之地。东部沿海地区不仅成为了中国经济增长最快的地区，也成为了最具活力的地区，其率先发展，不仅推动着中国对内改革、对外开放的经济发展战略的实现，而且促进了国民经济整体效率的最大化。1984年，东部沿海地区14个开放城市的人口仅占全国的7.7%，工业产值却达到全国的23.1%，人均工业产值是全国平均水平的3倍。1985—1990年间，全国出口额增长了1.1倍，而东部地区增长了2.5倍，从1985年占全国出口比重的74.2%上升到1990年的80.8%；东部地区实际利用外资同期增长了2.2倍，从1985年的17.5亿美元提高到1990年的38.9亿美元。其次，东部地区的率先发展，产生了较强的辐射、扩散、带动效应，在一定程度上支持了中西部地区的发展，促使“东、中、西”三大经济地带的形成。与1985年相比，东、中、西三大地带在1990年的增长速度都超过了100%，其中西部地带的增长速度最高，达到122.5%。1978—1992年，东、中、西三大地带人均国民收入年均增长速度分别提高

① “孔雀东南飞”是人们形容改革开放初期各种生产要素、各种经济社会资源不断向东南沿海聚集使东南沿海地区更加快速发展的景象。

到8.28%、6.73%、7.1%，而在1952—1978年间，人均收入年均增长分别为4.63%、2.92%、3.53%。

另外，区域经济非均衡发展战略也产生了一定的负面效应。首先，进一步扩大了地区经济发展的差距，东部地区的快速发展，吸引了中西部大量的生产要素，相对减少了中西部发展的动力，从而扩大了差距。在追求效率的同时，相对忽略了兼顾公平的目标。其次，东部地区的发展更多依靠政策倾斜，而在东部地区内部，也出现了区域产业同构现象，不同省区间为争夺政策优势、吸引外资和国内投资，恶性竞争不可避免地导致了区域经济封锁，过分追求经济增长而造成能源紧缺、环境污染等诸多矛盾和问题。

综上所述，非均衡区域发展战略和政策的实施，加快了中国经济发展重心向东部沿海地区的倾斜，使东部经济快速发展、综合国力快速提升，但也导致了东、中、西三大地带的区域经济发展差距日益明显。

三、注重效率兼顾公平的非均衡发展

（一）区域经济发展战略开始考虑公平问题

随着东、中、西部三大经济地带经济发展差距的不断扩大，加上能源与原材料供应的不足对加快中西部地区的资源开发提出了迫切要求，中国区域经济发展战略在考虑经济增长效率的同时，不得不考虑经济发展的公平问题。1990年“八五”计划首次提出，要坚持区域经济的合理分工和协调发展。“九五”计划把“坚持区域经济协调发展，逐步缩小地区发展差距”作为今后15年经济和社会发展必须贯彻的重要方针之一。1997年，中共十五大报告中特别强调，要“从多方面努力，逐步缩小地区发展差距”，“促进地区经济合理布局和协调发展”。

在20世纪90年代的这十年里，中国的区域经济战略开始进行调整，实行地区倾斜与产业倾斜政策相结合的方式，在保持东部沿海地区优势的同时，加大力度促进中西部落后地区的经济发展。保持东部地区优势，主要通过设立上海外高桥、天津港、深圳福田等15个保税区等，进一步加强沿海经济开放区的开发开放，并增设一些沿海经济技术开发区。加快中西部地区的发展主要从对外开放入手，设立沿边、沿江、沿路开放城市。1992年，首先开放了黑河、绥芬河、满洲里、珲春、二连浩特、伊宁、塔城、博乐、畹町、瑞丽、河口、东兴等13个沿边城市和内陆省会（首府）城市。1994年8月，国家又开辟了三峡经济开放区，设立宜昌、万县、涪陵、岳阳、芜湖等沿江开放城市，后来，还开辟了连云港、徐州、郑州、西安、兰州、乌鲁木齐、阿拉山口等沿路开放城市。至此，中西部地区形成了沿边、沿江和沿路开放相结合的多种对外开放局面。此外，还鼓励东部地区的外商投资企业到中西部地区再投资，中西部地区还增设了一批国家级经济技术开发区，扩大内陆地区吸引外资的审批权限等，进一步丰富和扩展了中西部的对外开放，使得全国呈现出多层次、多渠道、全方位的对外开放格局。

"九五"期间，国家着重于解决东部与中西部地区发展差距问题，并提出了六项具体措施：一是优先部署中西部地区资源开发和基础设施建设项目；二是实行中央财政转移支付制度，逐步增加对中西部地区的财政支持；三是调整资源性产品价格，增强中西部自我发展的能力；四是加大对贫困地区的支持力度，扶持民族地区经济发展；五是加快中西部地区改革开放的步伐，引导外资更多地投向中西部地区；六是加强东部地区与中西部地区的经济联合与技术合作，鼓励向中西部地区投资，引导人才向中西部流动。通过这一系列政策，中西部地区经济得到了较快的发展。1996年中西部地区的经济增长速度已基本接近东部地区，投资增长率开始超过东部地区。

（二）区域经济政策的调整并未缩小地区差距

虽然国家政策进行了调整，但是并没有缩小东西部经济发展的差距，市场经济的极化效应仍然显著地表现为与中西部地区相比，东部发展速度更快，发展质量更好，各种资源、要素和人才仍然不断向东部集聚，全国经济的实际重心仍然偏向东部沿海地区。尽管东、中、西三大地区在这一时期的经济都实现了较快的增长，但区域经济增长速度差距仍然十分明显，东部地区发展最快，中部地区次之，西部地区最低。从表3.6可以看出，无论是在全国GDP总量中所占比重还是人均生产总值，三大地区差距快速扩大。到1995年，东部地区的GDP总量和比重继续上升，中、西部地区总量虽有增长，但比重却持续下降。而人均GDP差距更为明显，1995年，东部地区人均生产总值最高，是全国平均水平的1.41倍，是中部地区的1.68倍，是西部地区的2.37倍（见表3.6）。

表 3.6　　东、中、西三大地区经济发展差距与变动

	GDP						人均 GDP					
	1985 年		1990 年		1995 年		1985 年		1990 年		1995 年	
	总量（亿元）	比重（%）	总量（亿元）	比重（%）	总量（亿元）	比重（%）	均值（元）	比重（%）	均值（元）	比重（%）	均值（元）	比重（%）
全国	8964.4	100	18547.9	100	58478.1	100	846.9	100	1622.3	100	4854.0	100
东部	4576.8	51.1	9985.8	53.8	33842.0	57.9	1063.8	125.6	2126.3	131.7	6882.3	141.8
中部	2675.4	29.8	5479.2	29.5	15907.5	27.2	714.2	84.3	1345.7	82.9	3704.6	76.3
西部	1207.6	13.5	2686.4	14.5	7111.2	12.2	568.3	67.1	1161.7	71.6	2902.0	59.8

注：表中西部城镇居民人均可支配收入中未包括西藏。

资料来源：国家统计局：《中国统计年鉴 1996》，中国统计出版社 1996 年版。

东、中、西三大地带的区域发展差距也鲜明地表现在各自的工业化和城市发展水平上。1990 年，东部工业化率达到 40.3%，到 1995 年提高到 42.9%，已进入工业化中期阶段。中部、西部工业化率在 20 世纪 90 年代上半期获得了较快提高，但 1995 年仍然分别落后于东部 3.8% 和 8.3%。1995 年全国共有 640 个城市，拥有超过 50 万人口的大中型城市 75 个，其中，东部地区共有 290 个城市，大中型城市 38 个，城市总数和大中型城市数量分别占全国的 45.3% 和 50.7%；中部共有 234 个城市，而大中型城市只有 29 个；西部有 116 个城市，大中型城市仅有 8 个。

此外，这种东、中、西地区事实上的非均衡发展还带来了一系列的其他问题，包括地方政府间的资源争夺和区际壁垒、不平等竞争、产业布局扭曲、社会认同失衡等（见表 3.7）。这些都严重阻碍了经济的发展和市场的发育，使区域经济秩序发生严重混乱。

表 3.7　　非均衡发展带来的主要问题

主要问题	具体表现
市场机制作用下的资源非均衡流动与积累	在市场机制之下，经济要素因其逐利的天性，大量的流向具有更高优惠水平的地区和经济体，使得优质的经济资源在全国范围内出现集中和分化，导致了严重的区域发展失衡

续表

主要问题	具体表现
不平等竞争格局	因政策倾斜不同、资源禀赋不同，在不同地区、同一地区的不同区域、不同所有制主体之间，形成了普遍不平等竞争的格局
产业布局严重扭曲	发达地区发展什么产业都有优势，各类企业不断向发达地区流动和集中；落后省份的人力、资源优势转化为产业优势难度大；发达地区投资过度与落后地区投资不足并存，全国产业布局严重畸形；企业规模趋向小型化和空间分布上的过度分散化；以各地政府为首的投资主体竞相发展价高利大的加工产品，区域分工弱化，稀缺资源浪费巨大
区域之间和区域内部差距扩大	东部地区与中、西部地区的经济发展差距不断拉大，中西部经济总量及人均GDP较东部及全国均有较大差距
社会认同失衡	非均衡思想在各个阶层、部门、区域之间渗透，出现多元立体的不平衡格局，将最终导致“认同危机”，这种经济非均衡发展导致社会失范，必然对政治秩序产生巨大的压力；区际磨擦、封锁日趋加剧，各地政府运用种种手段，构筑名目繁多的贸易壁垒，对地区资源、技术、人才和商品的进出实行封锁和垄断经营，分割市场，运用行政权力干预本地原材料、资金和人才的流出与外地商品进入，严重阻碍了经济发展和市场发育，使区域经济秩序发生严重混乱

第三节
全面发展时期：区域经济协调统筹发展

自1999年以来，考虑到区域非均衡战略带来的弊端，中央政府开始着手实施区域协调发展战略。这一战略在关注地区全面发展的同时，将扩大内需、生态保护等内容纳入到战略思考之中。国家在东部率先发展的基础上，先后制定实施了西部大开发战略、东北老工业基地振兴战略和中部崛起战略，中国区域经济已经形成了“四轮驱动”① 的发展格局，四大经济区域之间地域范围明确，发展任务和目标清晰，这将成为中国统筹区域发展、构建中国社会主义和谐社会的主要着眼点和落脚点，中国已经进入区域协调发展战略全面实施的新阶段。

一、区域协调发展战略的全面展开

我国幅员辽阔，各地自然条件、资源禀赋、产业基础差异极大，经济和社会发展水平参差不齐。一方富不是真的富，一方强也不是真的强，区域协调发展不是局部问题而是全局问题。党中央高度重视区域协调发展，采取了一系列政策措施加以推进。随着东部率先发展、西部大开发、东北老工业基地振兴、中部崛起等战略的相继实施，出台了一系列区域规划和区域性政策，区域协调发展战略成为国民经济整体战略的重要组成部分。我国区域协调发展呈现出东中西互动、优势互补、共同发展的新格局。2007 年，西部地区经济增速首次超过东部地区。2008 年至 2011 年，中部、西部和东北地区经济增速连续 4 年超过东部地区。

（一）东部率先发展战略

东部地区包括中国东部沿海的 10 个省、市，主要有北京、天津、河北、山东、江苏、上海、浙江、福建、广东、海南。在这个不足全国陆地面积 10% 的区域（91.6 万平方公里）内，却拥有全国 38% 的人口（2011 年约 51062.6 万人）。东部地区人力资源丰富，工业体系完善，现代化程度高，对外开放程度较高。

东部地区在改革开放初期已经形成了先发优势，在新一轮的区域协调发展战略中仍应努力率先实现现代化。因此，提出了东部地区发展战略的“四个率先”目标：一是率先提高自主创新能力，二是率先实现经济结构优化升级和增长方式转变，三是率先完善社会主义市场经济体制，四是在率先发展和改革中带动帮助中西部地区发展。伴随东部率先发展战略的实施，以珠三角地区经济、长三角地区经济、环渤海地区经济的崛起为标志，东部区

① 四轮驱动主要是指以科学发展观为指导的统筹区域发展直接形成了西部大开发、东北老工业基地振兴、中部崛起、东部率先发展的四类主体功能区重新规划的空间发展格局。

域经济一体化的特征日益显著。这三大地区，近些年来加快了区域发展融合的步伐，经济圈对周边内地经济发展的带动和辐射作用不断加强，增强了经济圈的整体竞争力。

2009 年 1 月，《珠江三角洲地区改革发展规划纲要（2008—2020 年）》公布。以广东省的 9 个主要城市为主体，包括广州、深圳、珠海、佛山、江门、东莞、中山、惠州和肇庆市，立足于发挥珠三角的辐射带动作用和先行示范作用，成为世界先进制造业和现代服务业基地及全国重要的经济中心。2010 年，《粤港合作框架协议》签署，标志着向泛珠三角更大范围的区域一体化又迈进了一步。2011 年，珠三角绿道网全线贯通，全长 2372 公里，实现了珠三角 9 座城市之间的高速连通，而且通过慢行绿道接驳连接区域内的主要休闲旅游观光名胜地区。珠三角地区的基础设施、产业布局、基本公共服务、城乡规划和环境保护等五个区域一体化规划项目逐步推进，区域经济建设和社会发展都取得了突破性进展，综合实力明显增强。到 2011 年，珠三角 GDP 总值达到 43720. 86 亿元，比 2010 年增长 9. 9%，人均 GDP 达到 77637 元。

2010 年 5 月，《长江三角洲地区区域规划》正式批准实施，将长江三角洲地区定位为亚太地区重要的国际门户、全球重要的现代服务业和先进制造业中心、具有较强国际竞争力的世界级城市群；到 2015 年，率先进入小康社会；到 2020 年，力争率先基本实现现代化。为了实现区域一体化，长三角地区着力于建设区域内快速交通网络，缩短城市间的时空距离，构筑“一小时生活圈”、“三小时经济圈”，并将逐步实现“同城效应”。沪宁、沪杭、沪杭甬等城际高速铁路纷纷建成，基本实现了上海、南京、杭州、苏州、宁波等长三角地区主要城市之间的“一小时”直通。到 2011 年，长三角地区 GDP 总值达到 100624. 8 亿元，比 2010 年增长 9. 8%，人均 GDP 达到 64240 元。

继珠三角地区、长三角地区区域经济一体化的发展之后，以京津冀为主的环渤海地区正在成为中国的“第三增长极”。环渤海区域一体化主要是通过地区协调、区域分工和合作来实现，特别是区域经济合作包括多层次的合作，除了各省市政府间合作外，还包括企业、产业和基础设施方面的合作。该区域的一体化发展目前还处于初级阶段，因此，相比于珠三角地区和长三角地区的区域一体化还有相当大的差距。到 2011 年，环渤海 GDP 总值达到 52074. 97 亿元，比 2010 年增长 19%，人均 GDP 达到 49057. 9 元。

东部沿海地区除了三大经济圈的发展之外，还形成了“四小”经济带，分别是山东半岛经济带、江苏沿海经济带、海峡西岸经济带和广西北部湾经济带。虽然“四小”经济带与三大经济圈还有一定的差距，但是随着这些沿海经济带的发展，将带动中国沿海地区的全面发展，有利于缩小东部沿海地区内部的发展差距，提升整个东部区域的竞争力和率先示范作用。到2011年，东部地区的GDP总额达到271354.8亿元，占全国的52%，人均GDP达到53350元，实现城镇就业6784万人，占全国总就业的47.1%，固定资产投资总额为130262.9亿元，占全国的42.6%。货物贸易进出口总额31386.7亿美元，占全国的86.2%。

（二）西部大开发战略

西部地区幅员辽阔，自然资源储备丰富，多民族集居，文化多样。该区域主要包括内陆12个省、市、区，分别是内蒙古、广西、重庆、四川、云南、贵州、西藏、陕西、甘肃、青海、宁夏、新疆。在这个占全国陆地面积71.5%的区域（686.7万平方公里）内，拥有全国27%的人口（2011年约36221.7万人），可见这个区域面积广大，却人口稀少。改革开放以来的非均衡发展战略，一方面促进了东部区域经济的跨越发展，另一方面扩大了东、西部地区经济发展的差距。西部大开发政策的实施就是要逐步解决东、西部地区经济发展差距扩大的问题。国家通过采取财经、金融、法律、税收等多种政策手段，重点扶持和开发广大西部地区，缩小区域经济发展差距，增强国民经济整体实力和发展后劲。

1999年6月19日，江泽民同志在西安代表党和政府向全国发出实施西部大开发战略的号召。2000年10月，中共十五届五中全会提出实施西部大开发，2000年12月27日，国务院发出《关于实施西部大开发若干政策措施的通知》，标志着西部大开发战略的正式实施。西部大开发的主要目标是在国家支持、自身努力和区域合作共同作用下，加快西部地区的改革和开放步伐，从而增强自我发展能力。主要战略举措有：加强基础设施建设，加大能源矿产资源开发力度，保护生态环境，发展特色优势产业，将资源优势转化为产业优势，注重公共服务均等化、扶贫开发、人才开发与科技创新等。

2000—2010年，西部大开发累计新开工重点工程143项，投资总规模达2.9万亿元。这一时期，国家对西部地区的基本建设投资和中央财政转移支付均超过了全国的40%以上。截至2011年，西部地区国道主干线全部建成，高速公路达到1.86万公里，是10年前的7.4倍。可见，通过一系列的投资建设，西部地区的经济发展得以提高，居民生活水平有了重大改善。到2011年，西部地区的GDP总额达到100235亿元，占全国的19.2%，人均GDP达到27731元，实现城镇就业3163.5万人，占全国总就业的21.9%，固定资产投资总额为72104亿元，占全国的23.6%。货物贸易进出口总额1839亿美元，占全国的5%。

（三）东北老工业基地振兴战略

从改革开放以来，东北三省工业总产值在全国所占份额一路下跌，由原来的16%以上降至9.3%；经过长期的高强度开发，东北发展重工业的许多资源已经进入枯竭期。曾是重要粮仓的东北三省出现了传统优势农产品大量积压、农民增收缓慢、农业经济效益提高缓慢等较为尖锐的问题，东北农业遭遇了与工业几乎相同的尴尬，经济界和媒体称之为“新东北现象”。针对上述情况，2002年11月，中共十六大报告吹响了振兴东北的第一声号角，明确提出：“支持东北地区等老工业基地加快调整和改造，支持以资源开采为主的城市和地区发展接续产业。”2003年10月，国务院出台了《关于实施东北地区等老工业基地振兴战略的若干意见》的文件，东北老工业基地振兴战略正式实施。

东北老工业基地实际上主要指黑龙江、吉林和辽宁“东三省”范畴。在这个占全国陆地面积8.2%的区域（78.8万平方公里）内，拥有全国8.2%的人口（2011年约10966.4万人），可见这一地区的面积和人口比重相当。东北老工业基地，这个曾经的“共和国长子”、“共和国的装备部”，却在改革开放二十多年后，遭遇到国有经济乏力、大量工人下岗再就业困难等经济社会问题。东北老工业基地振兴也正是从这些问题着手，重点推进体制机制创新，加快产业结构调整和国有企业改制，加快税费改革和解决社会就业问题。

2007年8月，《东北地区振兴规划》获得批复，该规划提出要用10到15年的时间全面振兴东北地区，使其获得再度辉煌。2009年，国务院先后批复了《辽宁沿海经济带发展规划》和《图们江区域合作开发规划纲要——以长吉图为开发开放先导区》，并发布了《关于进一步实施东北地区等老工业基地振兴战略的若干意见》。2010年4月，经国务院同意，国家发展和改革委员会正式批复沈阳经济区为国家新型工业化综合配套改革试验区。东北老工业基地振兴战略实施以来，东北三省经济增速开始加快，逐步缩小了与全国的发展差距。尤其是2008年，地区生产总值增长率（按地区统计后折算的增长率）为13.4%，超过全国平均水平1.7个百分点，这一增长率在四大板块中名列第一，是改革开放以来增长最快的时期。到2011年，东北三省地区的GDP总额达到45377.5亿元，占全国的8.7%，人均GDP达到41400元，实现城镇就业1323.6万人，占全国总就业的9.2%，固定资产投资总额为32643.4亿元，占全国的10.7%。货物贸易进出口总额1566.2亿美元，占全国的4.3%。

（四）中部崛起战略

随着东北率先发展、西部大开发和东北老工业基地振兴战略的实施，“中部塌陷”成为中国区域经济发展中的主要问题。中部地区是指中部六省，包括山西、河南、湖北、湖南、江西、安徽。在这个占全国陆地面积10.7%的区域（102.8万平方公里）内，拥有全国26.7%的人口（2011年约35790.5万人），可见中部六省地处中原地区，为中国人口较为聚集的区域，其人口与西部地区总人口相当，但是面积却不到西部的1/6。在中国区域发展总体战略中，中部省份起着“承东启西”的作用。中部地区粮食产量约占中国粮食总产量的40%，农村人口2.44亿，占全国农村人口近三分之一。然而改革开放以来，中部的经济发展相对于其他地区的发展而言十分缓慢，甚至出现了所谓的“中部塌陷”。因此，实施中部崛起战略无疑有利于农业基础设施建设的进一步推进，提高农业生产能力；有利于中国“三农”问题的破解，实现农民增收；有利于提高中国粮食和能源保障能力，缓解资源约束。

2004年3月，温家宝总理在《政府工作报告》中，首次明确提出促进中部地区崛起，同年12月，中央经济工作会议再次提到促进中部地区崛起。2006年4月，《中共中央、国务院关于促进中部地区崛起的若干意见》颁布，提出将中部地区建设成为全国重要的粮食生产基地、能源原材料基地、现代装备制造及高技术产业基地和综合交通运输枢纽（即“三基地一枢纽”）；5月，国务院办公厅印发了《关于落实〈中共中央、国务院关于促进中部地区崛起的若干意见〉有关政策措施的通知》，提出了56条具体落实意见。2009年9月，国务院常务会议讨论并原则通过《促进中部地区崛起规划》。

中部崛起战略的实施主要是为了实现利用现有资源和产业基础，提升中部地区的产业层次，推进工业化和城镇化，发挥承东启西和产业发展优势。通过该战略，实现中部地区承东启西、吸纳南北的地理区位优势和相对丰富的资源优势，突出区域经济特色，构建区域经济发展的增长极（增长带），从而形成东、中、西部协调发展的区域经济增长格局。近年来，中部地区的投资增速明显加快，2007—2009 年连续 3 年增速超过 30%。到 2011 年，中部六省的 GDP 总额达到 104473.9 亿元，占全国的 20%，人均 GDP 达到 29229 元，实现城镇就业 3142.2 万人，占全国总就业的 21.8%，固定资产投资总额为 70823.6 亿元，占全国的 23.2%。货物贸易进出口总额 1626.7 亿美元，占全国的 4.5%。

二、主体功能区战略与区域经济联动

自 2005 年以来，为加快推进各个区域经济增长极的培育和深化实施"四轮推进"的发展战略，国家又针对一些省市和大区域单独出台了一系列的特殊区域发展政策。这些针对特定地区形成的特殊区域发展政策成为中国深化区域改革、升级区域开放的重要空间依托，从而更有利于中国各地区的全面协调发展。2005 年 6 月，国务院批准上海浦东新区进行综合配套改革试点。到 2010 年 8 月，国务院共批准了上海浦东新区、重庆、成都、天津滨海新区、武汉城市圈、长株潭城市圈、深圳、沈阳经济区 8 个综合改革试验区，上海浦东新区、天津滨海新区、重庆两江新区 3 个副省级新区，批准广西北部湾、长三角、珠三角、上海建设国际金融中心和国际航运中心、海西、江苏沿海地区、横琴、关中—天水经济区、辽宁沿海经济带、中部地区、图们江区域、黄河三角洲、鄱阳湖、海南国际旅游岛、皖江城市带、大小兴安岭林区共 16 个区域性或专项规划意见。

这些特殊区域规划沿着三条主线推进：一是加快重点地区发展；二是落实重大发展战略；三是围绕特定区域开拓空间。其中不仅包括一些重要的主体功能区建设规划，比如天津的滨海新区、上海的浦东新区、重庆的两江新区的发展建设思路和规划，而且包括一些特殊的省市发展建设的文件，比如促进西部大开发的新疆、西藏、宁夏、青海的意见和重庆、成都、上海、深圳等城市综合改革的建议，甚至还包括大区域的协同发展，比如对于珠三角的发展已经提出了泛珠三角框架下的协作，长三角、环渤海京津冀都市圈、武汉都市圈、长株潭城市群、福建的海峡西岸经济区等等。这种特殊政策对支持特定地区的发展无疑起到重要的作用。

要实现各区域的发展目标，还需要加强区域经济联合与合作，通过区域经济联合与合作努力形成东、中、西部经济相互促进、优势互补、协调发展的新格局，推进区域间多层次、多形式的经济联合与协作，重塑市场经济条件下的地区经济关系。在推进区域协作过程中，要重视和积极帮助少数民族地区及贫困地区的经济发展，开拓帮助落后地区经济发展的新思路，从根本上帮助落后地区加快经济发展，落实好东西部的扶贫协作。

【案例3-1】

深圳：中国特区经济的一张名片

深圳作为中国最早设立的经济特区，是办得最好、影响最大的一个特区。从一个不知名的小渔村发展成为一个人均GDP全国第一、城市化水平超过70%的现代化大城市，创造了世界工业化、城市化、现代化史上的罕见奇迹。深圳特区作为改革开放的试验田和先行地，究竟如何实现的这种“中国神话”般的转变？这其中又经历了怎样的过程？

深圳特区的诞生

1980年8月26日，全国人大常委会批准通过《广东省经济特区条例》，设立深圳经济特区，这标志深圳——中国第一个经济特区的正式诞生。这一天也成为了“深圳生日”。虽然1980年是深圳特区正式挂牌成立的年份，但正像“十月怀胎，一朝分娩”，现代深圳真正的发端，还要追溯到1979年。那一年，深圳发生了三件最伟大的事，这三件事，基本造就了30年后的深圳蓝图：一是中央决定成立特区，1979年7月，中央根据广东省委和福建省委关于对外经济活动和灵活措施的两个申请，决定在深圳、珠海、汕头和厦门试办特区。二是蛇口打响了改革开放的第一炮，1979年7月蛇口工业区正式运作。三是1979年3月，中央和广东省决定把宝安县改为深圳市，受广东省和惠阳地区双重领导；1979 年 11 月，中共广东省委决定将深圳市改为地区一级的省辖市。

1979 年，深圳城区面积只有 3 平方公里，人口 2 万多人，GDP 仅为 1.96 亿元，国民收入 1.6 亿元。当时人均收入很低，农民一年收入仅 300 元左右，职工人均年工资 759 元，农民人均年纯收入 152.2 元。1979 年，深圳仅有幼儿园 19 所，小学 226 所，中学 24 所，教师进修学校 1 所，教师 2388 人，各类在校学生 6.53 万人。深圳经济特区内只有 1 所中等专业学校，7 所普通中学，38 所小学，在校学生 1.2 万多人，没有一所高校。1979 年，中专以上学历和初级以上专业技术职称的人才只有 4000 多人，其中大专以上学历的只有 2000 人，466 名医务人员中只有 12 名主治医师。

1979 年 8 月，深圳诞生了最早的一家也是唯一的一家合营企业——东湖宾馆，由香港嘉年有限公司出资金，深圳市出土地。1979 年 11 月 7 日，深圳出现了第一家中外合作企业，由深圳市五金矿产进出口支公司、省建材进出口公司与香港凯旋贸易公司签署合作经营“乌石古石场”协议，投资 4644 万港元。1979 年，深圳仅有“南山牌”酱油 1 件注册商标。1979 年 11 月，宝安县罐头厂的领导骑着单车接待了百事可乐公司代表李文富，1981 年，百事可乐在深圳正式建厂，成为第一家投资深圳的世界 500 强企业。

深圳不同时期的创业者

过去的深圳只有三件宝：“苍蝇、蚊子、沙井蚝；十室九空人离去，村里只剩老和小。”这首民谣，是对改革开放前的深圳的真实写照。当时，深圳没有大学，没有自己的报纸、广播和电视，仅有的文化设施是一个新华书店和一家五十年代盖的剧院。当时，与香港只有一河之隔的深圳当地农民一天的收入不过 1 元人民币，而香港农民一天的收入却是

60多港币。这种巨大的反差和中央给予深圳特区的“尚方宝剑”，给了深圳改革和创新的激情，确立了深圳梦的方向，吸引了四面八方怀有梦想的人来到深圳拓荒创业，他们行囊简单，拥有的只是对未来热切的期望。当时的深圳蛇口工业区，走几步就到海边，木板房、晒渔竿随处可见，买菜要开6个多小时车。但是艰苦的条件却没有人叫苦叫累，对成功的渴望时时都在激励着创业者们，而正是这群来自全国各地的建设者和创业者们不断地创造着财富传奇。1982年北京市计算机三厂劳动服务公司经理郝连玉，带着18名待业青年来到深圳蛇口工业区，靠卖油条、大饼起步，办起了“北京餐厅”。北京餐厅因为经营方式灵活，“饺子论个卖”、“晚上10点不打烊”，营业额不断提升甚至翻番，最好时拥有五家连锁店。在那个“英雄不论出处”的年代，1983年，只有初中文化的马明哲，调入蛇口工业区时只是一名普通司机。但是依靠着理想抱负和聪明智慧，马明哲最终做到中国平安集团董事长兼CEO的职位，成为现今中国保险业界的风云人物。

1992年，邓小平南方谈话后，引发一轮以政府官员、教师和科研人员为主导的下海潮。原任蛇口工业区团委副书记的寿培平毅然到一家濒临倒闭的国有服装企业出任公司总经理，凭借丰富的管理经验，历时一年，企业由亏损转为盈利200多万元。目前寿培平的公司已被《名牌时报》评为影响中国服装市场的十大女性名牌之一。寿培平也被评为影响中国纺织服装业的50人之一，并被推选为深圳市服装协会副会长。1993年，被称为“腾讯之父”的马化腾毕业于深圳大学计算机系，在中国电信服务和产品供应商深圳润迅通讯发展有限公司主管互联网传呼系统的研究开发工作。1997年，马化腾在注册使用由三个以色列年轻人自行设计的即时点对点谈话的小软件ICQ过程中，发现英文界面的ICQ很难在中文用户中推广。1998年，马化腾就与大学同学张志东创办了“腾讯”，推出中文网络寻呼机，研发了独特的离线消息功能和服务器信息保存功能，在实用性上击败了ICQ。当年注册用户达到了130万人，并很快获得IDG和盈科数码的220万美元的风险投资。

1997年，香港回归之后，受惠于香港这座国际化桥梁，深圳吸引了中国香港地区、美国乃至世界其他地区的众多优秀人才到深圳创业发展。2001年维里埃被南非一家进出口公司派驻深圳工作，他很快找到了中国与南非之间VCD产品的贸易商机，在深圳开了自己的贸易公司，将深圳一家企业生产的VCD销往非洲市场。公司第二年就有了上百万美元的盈利，随后维里埃又开始扩大公司经营项目，向非洲出口电子安防、MP3等产品。目前，深圳海外留学人员70%由香港引进。同时还有6万余香港人在深圳居住。美国现任总统奥巴马的弟弟马克·恩德桑乔2002年来到深圳开办了一家木屋烧烤店。

深圳改革成就

深圳作为中国改革开放的先锋城市，经过30多年的发展，成为中国最现代化的都市之一。20世纪80年代的蛇口改革者首次提出了“时间就是金钱、效率就是生命”的理念，率先打破计划经济体制，提出“多运一车泥土加4分钱”，但谁也没有想到，这竟然能引起中央高层领导的极大关注。也许，正是这个“4分钱”所引发的“蝴蝶效应”，创造了蛇口开发区三天建成一层楼的“深圳速度”。由此，刮起了一场涤荡深圳特区的改革旋风，以市场为取向，以管理体制和价格体制改革为突破口，率先在全国实行企业工资、劳动用工、劳动保险等制度机制的改革和事业单位干部人事制度和政府机构等方面的改革。在对外开放方面，深圳经济特区“摸着石头过河”，大胆探索，除了创办蛇口工业区，进行大规模城市基础设施建设外，还先后开放文锦渡、蛇口码头、梅沙、沙头角、赤湾、大亚湾等口岸；在金融领域，大胆开拓资本市场，引进一批境外银行。1983年，新中国第一张股票“深宝安”发行，深圳第一家股份制企业诞生。1984年，邓小平第一次南巡视察深圳时，深圳已经由过去的渔民村变成“户户小洋楼”。1986年深圳率先进行国有企业股份制改革，1987年创办招商、深发展等中国最早的区域性股份制银行，1988年设立中国第一家外汇调节中心，1990年建立证券交易所，1991年创建有色金属期货市场。此外，1988年深圳率先改革住房制度，1993年引进香港和记黄埔建设盐田港，1995年设立首个外商投资服务中心，1996年最先给予外商和外籍人国民待遇，2001年设立外商投诉中心，积极推进深港投资与贸易合作、基础设施和口岸合作。2002年开通港币支票双向结算业务、外币即时支付。

深圳经济特区改革开放，首先创造了经济发展的“深圳速度”。2010年，深圳市地区生产总值达到9581.51亿元，相当于1978年中国经济总量的近三倍，而1979年的深圳GDP仅有1.96亿元。从1979年到2010年，深圳经济总量增长了4878倍，深圳30余年的发展，创造了世界工业化、城市化、现代化的奇迹。1979—2010年，国内生产总值从1.96亿元增长到9581.51亿元，居全国大中城市第四，年均增长25%；人均生产总值从606元增长到94296元，居第一，年均增长12%；进出口总额从1676万美元增加到3467.49亿美元，年均增长33.2%。其次，深圳成为中国高新技术产品产值最高、出口最多的城市。高新技术产业是深圳的第一支柱产业，2010年高新技术产业产值10176.19亿元，其中具有自主知识产权的高新技术产业产品产值6115.89亿元，占60.1%。高新技术产品进出口总额达到1977亿美元，其中出口1087.26亿美元，进口889.74亿美元。最后，自主创新方面再创深圳奇迹。2010年深圳专利申请量达49430项，列全国大中城市第二；其中发明专利申请量23956项（专利授权量9615项），占申请总量的48.46%，居全国大中城市首位。

深圳现代化建设成就显著。从 1979 年撤县建市，到 1981 年 3 月升格为副省级市，再到 1988 年 11 月在国家计划中实行单列，并赋予相当于省一级的经济管理权限。深圳的城市建设不断跃上新台阶。随着体制的改变和城市等级的提升，人才、资本、技术等各种经济要素开始向深圳汇集。其中，人的移动，对深圳发展起着尤为关键的作用。作为中国独一无二的移民之城，深圳是“人才引力定律”的最好证明。深圳从一个边陲小渔村，崛起为一座千万人口的现代化大城市。深圳已建成为一座城市功能完备、环境宜居优美的现代化、国际化大都市，也是中国口岸最多和唯一拥有海陆空口岸的城市，是中国与世界交往的主要门户之一，拥有强大的经济发展动力和现代化的城市基础设施及立体交通网络。2010 年机场旅客吞吐量达 2671 万人次，为中国第四大空港。港口集装箱吞吐量 2251 万标箱，为全球第四大集装箱枢纽港。深圳的城市综合竞争力位列内地城市第一。中国社会科学院发布的《2009 年中国城市竞争力蓝皮书：中国城市竞争力报告》对全国 294 个地级以上城市综合竞争力 2008 年度排名显示，深圳位列第二。2010 年伦敦金融城最新排名出炉，深圳位居全球第 9 位，领先于上海（第 11 位）和北京（第 15 位）成为中国内地排名第一的金融中心。深圳还先后获得“中国人居环境奖”、“联合国人居奖”和“艾伯克隆比爵士荣誉奖”。

【案例 3－2】

长三角：中国区域经济一体化的典范

长江三角洲地区（以下简称长三角）紧临东海，为中国最大的内河长江的出口处，是世界与中国大陆连接的重要门户地区，也是中国城市化程度最高、城镇分布最密集、经济发展水平最高的地区。按照国务院批复《长江三角洲地区区域规划》，长三角地区包括上海市、江苏省和浙江省，区域面积21.07万平方公里。以上海市和江苏省的南京、苏州、无锡、常州、镇江、扬州、泰州、南通，浙江省的杭州、宁波、湖州、嘉兴、绍兴、舟山、台州16个城市为核心区，统筹两省一市发展，辐射泛长三角地区。2010年3月底合肥市、马鞍山市等六个城市正式加盟长江三角洲经济圈。长三角经济一体化从概念形成到规划落地，其间经历了怎样的产业集聚发展和空间结构演进的变化？目前的发展究竟如何呢？

长三角产业集聚发展

历史上长江河口是中国海上丝绸之路的重要起点，长江是世界第三大河，长三角作为长江入东海的出海口，拥有近千公里的海岸线，集“千公里海岸”和“千里水道”于一身，上海港、宁波港、舟山港、张家港、南通港等组成中国特色鲜明地沿海沿江港口群。然而历史上的江南地区经济中心并不在上海，而是江浙境内的京杭运河沿线城市。只是到了近代鸦片战争以后，上海被迫开埠，外国在上海投资建厂，并随着洋务运动在上海和南京发展军械工业，在上海和无锡、苏州、常州等地发展纺织、面粉、机械等工业。到20世纪30年代，上海成为远东最活跃的工商城市，江苏、浙江的人才和资本流向上海。上海、江苏和浙江三地之间自发的经济融合和要素流动，可以说奠定了长三角作为中国民族工业兴起的重要基地，上海也迅速成为长三角的桥头堡和核心。

新中国成立后，特别是改革开放以来，政府的积极作为和大力推动成就了长三角经济区的发展和壮大。1982年12月22日，国务院决定成立上海经济区。这是长三角经济圈概念的最早雏形。成立上海经济区的原因和主要任务有3个：一是解决条块矛盾，加快上海及周边地区发展。因为在改革开放初期，计划经济管理体制使得地方经济工作中常常碰到条条块块的矛盾，必须通过区域协作才能解决。二是依托上海发展周边地区。当时上海是面向全国的中心城市，而江浙两地的一批中小城市是上海的卫星城，行政区划上不归属上海，但经济联系十分密切。三是带有探索试验性质。通过这一区域的探索，在全国逐步形成以大城市为依托的网络型的经济区。1983年3月22日，上海经济区规划办公室正式成立。上海经济区的范围是：以上海为中心，包括长江三角洲的苏州、无锡、常州、南通和杭州、嘉兴、湖州、宁波、绍兴等10个城市。同年8月，上海经济区规划工作会议在上海召开，决定建立经济区省市长联席会议制度。后来，安徽、江西和福建三省先后主动申请加入。上海经济区的建立以及各省市之间的"横向经济联合"，对于降低长三角地区要素流动成本起到了重要促进作用。

长三角经济区拥有中国最大的港口群和城市群，是"总部经济"和跨国公司的主要集中地，产业集聚优势明显，中国经济实力最强的35个城市中有10个在长三角地区；全国综合实力百强县（市），长三角占了一半。长三角经济区聚集了近百个工业产值超过100亿元的产业园区，还有数千家大型企业，世界500强有400多家都在长三角落户建厂或设立总部、营运中心等。

作为最大的中心城市，上海大力发展现代服务业和先进制造业，正在向国际经济、金融、贸易、航运中心发展。上海浦东新区作为国际综合配套改革试验区，将进一步发挥其开放前沿的作用。依托虹桥综合交通枢纽，将构建面向长三角、服务全国的商务中心。上海中心城区将重点发展现代服务业，郊区则以先进制造业、高技术产业和现代农业为主要支撑产业，构建上海新型产业结构体系。另外，上海未来还将重点建设以汽车产业为依托、现代服务业为主导的嘉定新城，以高技术产业为支撑、现代服务业为导向的高等教育基地为主的松江新城，依托集装箱海港、空港枢纽现代装备制造业为核心的临港新城。

江苏的100多个产业集群中，既有纺织、服装、轻工等传统产业集群，也有IT、金属制品、建材、电器、环保、花木园艺等新兴产业集群，比较典型的有南京石化、苏州和无锡的电子信息、常熟服饰、吴江丝绸、东海水晶等。江苏未来将重点提升南京区域性中心的城市功能，发挥其沿江港口、文化科教优势，以先进制造业、现代服务业为支柱，加快南京都市圈、长江航运物流中心和科技创新中心建设。苏州、无锡将紧密承接上海的产业转移，建设高技术和先进制造业基地、现代服务业和服务外包基地和文化旅游城市。常州、镇江、南通、扬州和泰州将发挥自身优势，形成各具特色、功能互补的长三角区域内重点城市。

浙江以专业化分工为特点的“块状经济”十分活跃，一乡一品、一县一业的集群成长模式已经成为浙江经济的一大特色。其中，较典型的有温州鞋革与服装、绍兴印染和织造、乐清低压电器、萧山化纤、海宁皮革、嵊州领带、永康五金、永嘉纽扣、桐庐制笔、诸暨袜业等。浙江未来将重点发挥杭州高技术产业基地、文化创意中心和区域性金融服务业中心功能，推动宁波—舟山港一体化发展，发展宁波的优势制造业和港口物流中心功能。此外，发展嘉兴的高技术产业和临港工业，绍兴的新型纺织、生物医药制造业和文化旅游业，温州的装备制造业和商贸民营经济，台州的汽摩、船舶、医药、石化产业等等。

长三角区域发展现状

长三角地区区位条件优越，自然禀赋优良，经济基础雄厚，城镇体系完整，科教文化发达，成为全国最具活力的地区之一。根据《长江三角洲地区区域规划》，长江三角洲地区发展的战略定位是：亚太地区重要的国际门户、全球重要的现代服务业和先进制造业中心、具有较强国际竞争力的世界级城市群。发展目标是：到2015年，率先实现全面建设小康社会的目标；到2020年，力争率先基本实现现代化。

由上海港、宁波港、舟山港、乍浦港、南京港、镇江港、张家港、江阴港、南通港等组成了中国最大的沿海沿江港口群，港口吞吐量占中国的70%，其中上海港就占35%，同世界160多个国家和地区以及300多个港口有着经济贸易的联系，是中国对外联系的重要门户。同时，拥有长江水运大动脉，粮、棉、工业产量占中国1/2的长江流域，具有极为广阔发达的腹地和市场。因此，集"黄金海岸"和"黄金水道"于一身的区位优势，长三角地区与中国沿海其他地区相比，整体发展水平居全国各地区之首，已然成为中国区域经济一体化的领头羊。

首先，长三角是中国目前经济发展速度最快、经济总量规模最大、最具有发展潜力的经济板块。2010年度统计数据表明，长三角地区占全国土地面积的2.2%，人口占全国的11.65%，创造了21.7%的国内生产总值、19.1%的社会消费品零售总额、23.5%的地方财政收入、36.6%的外贸进出口额、47.9%的利用外资额、22.81%的金融机构本外币各项存款余额和19.8%的居民储蓄存款（见表3.8）。在这片中国最富饶的土地上，充满活力的大型城市群正在不断崛起。2011年国内生产总值"超级巨人"上海超过万亿元，达到19195.98亿元；"重量级巨人"苏州也超过万亿元，杭州、无锡、宁波、南京基本达到6000亿—8000亿元；"小巨人"绍兴、南通、常州、台州、嘉兴的国内生产总值在2500亿—4000亿元。长三角的县域经济多年来更是一直遥遥领先，这里集中了近半数的全国经济百强县，聚集着近100个年工业产值超过100亿元的产业园区，还有包括万向集团、金山石化、扬子乙烯、大众汽车、上海贝尔、东方通信等在内的数千家巨人型企业。这些企业大多规模大、实力强、产品市场占有率在行业中名列全国前茅，并在国际市场上占有一席之地。目前，世界500强企业中90%的企业在这一地区落户，其中，在上海设立地区总部和中国总部的就有200多家，仅在苏州投资的有81家，投资项目达188个。

据不完全统计，这一地区合同利用外资累计已近1500亿美元。长江三角洲已变成一个吸引国际资本与技术的强大磁场。

表3.8　2010年长三角地区经济在全国的地位

项　目	经济总量	占全国比重（%）
土地面积（万平方公里）	21.1	2.2
人口（万人）	15619.0	11.65
GDP（亿元）	86313.8	21.7
社会消费品零售总额（亿元）	29922.7	19.1
外贸进出口额（亿美元）	10881.6	36.6
固定资产投资额（亿元）	40878.0	14.7
实际利用外资额（亿美元）	506.2	47.9
地方一般预算收入（亿元）	9561.9	23.5
金融机构本外币各项存款余额（亿元）	167251.2	22.81
居民储蓄存款余额（亿元）	60876.0	19.8

资料来源：各省市《统计年鉴》。

基础设施体系基本形成，长三角步入“同城化发展阶段”。长三角地区交通运输网络建设不断加快，以快速交通为载体，构筑“一小时生活圈”、“三小时经济圈”，缩短城市间的时空距离，实现“同城效应”。具体表现在：一是推进交通运输体系的一体化建设，分别签署了《推进长三角道路运输管理一体化备忘录》、《长三角道路货运一体化发展若干意见》，推动苏、浙、沪三省市统一协调区域内的运输管理政策法规，实现区域内运输车辆经营资质互认，享受同城待遇。二是加快沪宁、沪杭（甬）等城际高速铁路建设，沪杭（上海—杭州）高铁开通后，将与早先开通的沪宁（上海—南京）高铁一起，形成长三角一小时经济圈，进一步加强长三角经济区域一体化的进程。三是加快沿海大通道建设，建成了世界最长的杭州湾跨海大桥，建设连接杭州、南京、苏州等节点城市的跨江大桥，如江阴大桥、润扬大桥、苏通大桥等，完善了长三角沿海和过江通道的建设。四是加快沿江沿海高速公路建设，新建和改扩建沪宁、沪杭甬、杭浦、申苏浙皖高速公路，预计到2020年上海将有10条高速公路直通江苏和浙江。

长三角地区具有率先形成世界级城市群的优势条件和机遇，因此发挥上海的龙头作用，努力提升南京、苏州、无锡、杭州、宁波等区域性中心城市国际化水平，走新型城市化道路，全面加快现代化、一体化进程，形成以特大城市与大城市为主体，中小城市和小城镇共同发展的网络化城镇体系，成为中国最具活力和国际竞争力的世界级城市群。长三角主要城市发展概况详见表3.9。

表3.9　长三角主要城市发展概况

城市	2011年		简介
	人口（人）	生产总值（百万元）	
上海	23019148	1919598	中华人民共和国中央直辖市，国家中心城市，中国最大的都会城市。上海也是世界的金融中心和世界最大城市之一，总人口超过2300万人，位于中国南北弧形海岸线中部
南京	8001680	614552	副省级城市，区域中心城市，江苏省省会。南京是长江下游承东启西的枢纽城市，在辐射带动中西部地区发展上有重要的作用。“南京”的字面意思是南方的都城，在历史上曾作为多个朝代的首都，是中国四大古都之一，有“六朝古都”之称
南通	7282835	408022	江苏省所辖的地级市。位于长江北岸，是长江下游重要港口，南通是著名的近代第一城，素有“北上海”之称
嘉兴	4501700	266806	浙江省所辖的地级市。位于浙江省东北部、长江三角洲杭嘉湖平原腹地，是长江三角洲及京杭大运河沿线的重要城市之一，是唯一一个京杭大运河绕城一圈的城市

续表

城市	2011 年		简介
	人口（人）	生产总值（百万元）	
宁波	7605689	601048	副省级城市，计划单列市，著名的海港城市。位于浙江东北部，地处长江三角洲南翼，北临杭州湾，西接绍兴，南靠台州，东北与舟山隔海相望
常州	4591972	358042	江苏省所辖的地级市。古称“龙城”、“毗陵”，位于长江三角洲地区，处太湖平原西北部，是东经 120 经线唯一穿过的中国城市。北濒长江，南邻太湖，西南接安徽省、南京市，东接无锡市，西靠镇江市。与上海、南京两大都市等距相望
无锡	6372624	688015	江苏省所辖的地级市。北临长江，南濒太湖，东与苏州接壤，西与常州交界，京杭运河从中穿过。无锡是中国民族工业发源地之一，素有“小上海”之称
杭州	8700400	701180	副省级城市，浙江省省会。杭州的杭字本意是船，专指大禹治水乘坐过的船。杭州环境优美、经济富庶，是中国著名的历史文化名城，以西湖、钱塘江等山水风光闻名，自古素有“上有天堂，下有苏杭”之谚
湖州	2893500	151883	浙江省所辖的地级市。地处浙江北部，处在江苏省苏州市、无锡市、浙江省杭州市、嘉兴市、安徽省宣城市中间，太湖南岸，是中国环太湖唯一因太湖而得名的城市
绍兴	4912200	329123	浙江省所辖的地级市。旧称会稽、山阴，简称越，现在是中国乃至世界纺织业与小电机、节能光电工业的中心
舟山	1121300	76530	浙江省所辖的地级市。是全国第一个以群岛设市的地级行政区划。拥有国家级新区——舟山群岛新区。位于浙江省舟山群岛，地处长江口南侧，杭州湾外的东海海域。行政范围为舟山群岛全部，共有大小岛屿 1391 个，其中有人居住的岛屿有 103 个

续表

城市	2011年		简　介
	人口（人）	生产总值（百万元）	
苏州	10465994	1071699	江苏省所辖的地级市。位于长江下游、太湖平原中心地带。苏州是中国著名的历史文化名城，也是吴文化的发源地，素来以山水秀丽、园林典雅而闻名天下，有“江南园林甲天下，苏州园林甲江南”和“上有天堂，下有苏杭”的美称
镇江	3113384	231040	江苏省所辖的地级市。位于江苏省西南部的长江南岸。是长江与京杭大运河交汇处的一个著名港口城市。中华民国时期，镇江曾是江苏省的省会。曾经被称为京江或京口

【案例3－3】

成渝经济区：西部大开发的新亮点

在中国的东南沿海，长三角、珠三角和环渤海经济圈无可争议地成为当今中国经济的三大增长极。但是在广袤的西部，谁将引领起区域发展核心的重任，成为中国经济增长的“第四极”呢？成渝经济区呼之欲出。

2000年国务院成立西部地区开发领导小组并召开西部地区开发会议，吹响了西部大开发的号角，从此开始了加大西部基础设施建设、培育特色优势产业、环境治理等一系列的经济开发和社会基础建设。其中成渝经济区、关中—天水经济区、广西北部湾经济区，这三个西部重点经济区凸显雏形，正在成为西部发展新的增长极。成渝经济区以其独特的历史和重要的区位以及较为成熟的产业基础，成为西部大开发的最大亮点。

历史积淀和基础条件

成渝经济区位于中国西南的巴山蜀水之间，地处长江上游的四川盆地，北靠陕西和甘肃，南接云南、贵州，西连青海、西藏，东通湖南、湖北，以成都和重庆为中心，包含四川15个城市和重庆31个区县，是西部人口密集的重要城市群，也是提升内陆开放水平、加快西部地区经济发展、统筹城乡、环境保护和社会稳定的重要支撑，具有重要的战略地位。

自古以来，成渝两地同属巴蜀文化积淀最深厚的地区，成都是蜀文化的凝聚，重庆是巴文化的结晶，两座特大城市相距300公里，这一对双子之城可谓血脉相连，长久以来有着共同的文化类型和深厚的历史渊源。在中国上古文化体系中，巴蜀文化与齐鲁文化、三晋文化等地域文化一同构筑起五千年璀璨异彩的中国文明。公元前316年，秦国统一巴国和蜀国之后，巴和蜀分别成为川东、川西的政治经济中心，此后2000余年这一格局一直没有改变。巴蜀文化源远流长，川渝两地同饮一江水，亲如一家，无论是方言（四川话）、戏剧（川戏），还是饮食文化，都可以看出川渝两地人民共同创造的文化、民俗早已让两地融为一体，密不可分。

成渝经济区土壤肥沃，自然资源丰富，煤炭、铝土、天然气、磷、盐卤、水能等储备量大，且开发潜力巨大。其中水资源、矿产资源、天然气、森林覆盖面积均居全国前列，拥有6处世界遗产和世界地质公园。农业条件较好，是我国粮食、生猪、柑橘、茶叶、蔬菜、蚕丝、中药材等的重要生产基地。工业基础和配套能力较强，其中装备制造业、汽车摩托车业、电子信息业、生物医药业、能源化工业、冶金建材业、轻纺食品业、航空航天业基本成为区域内的主导产业，工业体系较为健全。近年来，第三产业发展较快，物流、商贸、金融和旅游等发展迅猛，市场辐射力强，成为西部地区重要的物资集散和金融中心以及全国重要的旅游目的地。

从概念萌芽到国家规划

成渝经济区从最初的概念萌芽到最终的规划出台，经过了十几年的漫长期盼与等待。2000 年，西部大开发战略提出之时，只是把四川和重庆作为长江上游经济带开发的主体，而并没有明确提出成渝经济区的概念。2001 年，《重庆—成都经济合作会谈纪要》中首次提出要共同建设“成渝经济走廊”，“成渝经济”这个概念才第一次映入眼帘。直到 2003 年，中国科学院地理科学与资源研究所发布了《中国西部大开发重点区域规划前期研究》的研究报告，系统研究了西部的主要经济成长区域，其中第一次提出成渝经济区的概念，指出“构建以成渝两大都市为中心……中国西部最大的双核城市群，形成西部大开发的最大战略支撑点”。

2004 年开始，四川省和重庆市分别成立成渝经济区区域合作领导小组，走出了成渝经济区从概念到现实的实质性建设的第一步。此后，两省市每年进行一次高层互访，共同召开合作论坛和区市县长联席会议。同年 2 月，两省市签署《关于加强川渝经济社会领域合作共谋长江上游经济区发展的框架协议》和“1 +6”川渝合作协议，即在共谋长江上游经济区发展的框架协议下，进行交通能源、旅游、广播电视、文化、农业、警务联勤等方面的合作。2007 年 4 月，四川省、重庆市共同签署了《关于推进川渝合作共建成渝经济区的协议》，宣告双方将携手打造中国新的增长极“第四极”，并且首次明确了成渝经济区包含四川 14 市和重庆 23 区县的区域地理范围。

2005 年，国家发改委将成渝经济区纳入了国家“十一五”前期规划，成渝经济区首次进入了中央政府的视野。2007 年，国家发改委启动成渝经济区规划编制工作，标志着成渝经济区正在上升为国家战略。同年，在国务院西部办颁发的《西部大开发“十一五”规划》中，提出重点建设成渝、关中—天水、北部湾等重点经济区，把其建设成为带动和支撑西部大开发的战略高地。2010年7月，由国家发改委编制的《成渝经济区区域规划》（以下简称《规划》）终于破茧而出。2011年5月，被国务院正式批复，从国家层面明确成渝经济区的功能定位、总体布局和发展目标。

"双核五带"的发展

按照成渝经济区规划，成渝经济区的战略定位首先是西部地区重要的经济中心，其次是全国重要的现代产业基地，最后是深化内陆开放的试验区、统筹城乡发展的示范区和长江上游生态安全的保障区。到2015年，建成西部地区重要的经济中心；到2020年，成为我国综合实力最强的区域之一。

根据《规划》，重点形成以重庆、成都为核心，沿长江发展带、成绵乐发展带、成内渝发展带、成南（遂）渝发展带、渝广达发展带为辅的"双核五带"空间格局，推动区域协调发展。

重庆作为西部唯一的直辖市和成渝经济区的一个发展核心，2009年成为全国统筹城乡综合配套改革试验区，由于重庆集大城市、大农村、大库区、大山区和民族地区于一体，因此解决日益突出的城乡二元结构矛盾、改造振兴老工业基地、统筹城乡发展的任务尤为繁重。重庆重点实施"一圈两翼"开发、扩大内陆开放、产业优化升级、科教兴渝支撑、资源环境保障等六项改革。2011年，重庆市地区生产总值首次超过万亿元，达到10011.37亿元，是西部大开发初期的5.5倍，2000年GDP仅为1790亿元。城镇人口从2000年的1013.8万人增加到2011年的1605.9万人，十年增加了50%。地方财政收入从104亿元增加到2908.9亿元，可见经过这十二年的发展，重庆的经济总量和社会发展都取得了巨大进步。

成都作为四川省首府和成渝经济区的另一个发展核心，把发展现代服务业、高技术产业、先进制造业和特色农业作为重点，发展总部经济，力争实现西部大开发“十二五”规划提出的“内陆开放型经济战略高地”。2012年成都的天府新区和重庆的两江新区共同被列入西部大开发“十二五”规划的西部地区重点城市新区建设行列。由此，以国家级成都高新技术开发区和经济技术开发区为依托的天府新区将进入快速起步期。以成都高新区为例，在这130平方公里的土地上，已经初步呈现出具有世界级和国际影响的IT产业基地，2011年GDP总额达到700亿元，超过了成都市的十分之一；财政收入总额达到220亿元，贡献了四川省的十分之一；成都综合保税区累计实现对外贸易进出口总额180多亿美元，在中西部综保区中排名第一。

其余的五个经济发展带也都依据各自的自然禀赋、产业基础和区位优势，发展优势产业。例如沿长江发展带以重庆主城区为中心，凭借长江黄金水道和沿江高速公路、铁路的特殊区位，重点发展装备制造、冶金化工、清洁能源、新材料、轻纺食品、商贸物流等产业；成绵乐发展带以成都为中心，依靠城际客运专线、宝成—成昆铁路和成绵、成乐、成雅高速等运输通道，集聚电子信息、生物医药、装备制造、科技服务、商贸物流和特色农业等重点产业；成内渝发展带以成渝铁路和高速公路为纽带，发展精细化工、电子信息、轻纺食品、新型建材、商贸物流等支柱产业；成南（遂）渝发展带以兰渝、渝遂铁路，成南、渝遂、渝南高速公路，嘉陵江为纽带，重点发展机械制造、油气、精细化工和轻纺食品等产业；渝广达发展带以襄渝、达万铁路和渝达、渝宜高速公路为纽带，集聚机械制造、天然气及盐化工、冶金建材和轻纺食品等产业。

交通基础设施的建设和完善

过去一提到四川的交通，人们首先想到的是“蜀道难，难于上青天”。不过这种状况在经过了西部大开发的十年建设后，已经大为改观。7条铁路、8条高速公路和1条水运航道的16条出川通道已经建成。成都更是与国内外128个城市实现了空中通航。

按照成渝经济区轨道交通规划的设计，未来成渝经济区内的50万人口以上的重要城市将以高速铁路网络相互贯通，人口在20万人以上的城市中有三分之二也将实现高铁直达，最终形成一个成都、雅安、乐山、内江、宜宾、泸州、重庆、万州、广安、南充、达州、巴中、广元、绵阳、德阳的成渝经济区高铁环线网。其中作为核心的成都和重庆与周边城市的通达时间将压缩到1小时，而两座特大城市之间将有4条直达铁路，特别是成渝高铁和遂渝双线城际的建设，将最大限度地压缩两市之间的时空距离，有助于双核城市的互动融合。

另外，全国里程最长、连接城市最多的成渝环线高速公路已在2013年全线贯通。全长1200公里，连接成渝经济区的成都、绵阳、雅安、乐山、宜宾、泸州、遂宁、重庆等城市。成渝环线高速公路的贯通，将有助于成渝经济区尽快实现打造国内经济增长“第四极”的战略目标。以泸州与重庆为例，两市之间在没有高速公路的情况下距离约250公里，而环线高速建成后缩短为150公里，这对加快两地的物流、人流、资金流具有特殊的意义。

经过了西部大开发十余年的发展，面积达20.6万平方公里的成渝经济区，2010年人口达到了约1亿人，实现地区生产总值约为2.2万亿元。成都和重庆两大核心城市的经济总量居中西部地区首位，但是该区域目前发展极不平衡，除成渝两个城市外，其他城市GDP总量都不超过千亿元。这与东部的长三角、珠三角和环渤海三大增长极相比，还有着相当大的差距。然而，随着成渝经济区规划的进一步落实，基础设施、城市建设、环境治理等措施的逐步推进，凭借着广袤的资源和区位优势，成渝经济区必将成为西部大开发的新亮点。

【思考题】

1. 从新中国成立以来区域经济发展战略经历了几个阶段？每个阶段的特点是什么？

2. 中国的东、中、西部发展是否存在较大的差距？产生这些差距的原因有哪些？为缩小这一差距，中国政府都出台了哪些政策措施？

3. 在当今中国出现了三大经济增长极，你知道它们的名称吗？它们都在哪里？各自的发展特点有哪些？

4. 你如何评价中国的区域经济发展的历程和战略举措？

新中国成立初期，中国经济建设的一种现实选择就是优先支持重工业发展，以农补工，从而导致城乡差别的形成。由于经济发展到一定阶段，城乡差别会影响经济发展的进程，因此，中国进行了大规模城市化建设。在城市化建设过程中，农村城市化、农民市民化、城市房地产市场和城市农民工等问题引起了人们的广泛关注，“大城市病”日益凸显。

第四章

中国城市化进程与城市问题

城市化是中国经济社会发展的必经阶段。在中国城市化进程中，几个重要的问题必须引起特别关注，如中国城乡差别及其产生的原因、中国城市化的具体状况以及城市化带来的一系列城市问题、中国政府在城市化进程中面对这些问题采取的政策措施，这些也都是深入了解中国城市化进程的基本内容。

第一节
城乡差别、城市化与中国经济发展

一、中国城乡差别

（一）城乡差别形成的原因

优先发展重工业是新中国成立初期中国经济建设的一种现实选择，为什么？当时中国人口多、底子薄，为尽快改变国民经济的落后面貌，必须采取优先发展重工业的战略。发展重工业需要大量资金、原料和农副产品，当市场无法有效解决所需资源短缺问题时，客观上要求实施高度集中的计划经济体制对有限的资源进行统一配置，保障重工业优先发展，这使中国农业、农村发展远远落后于工业和城市的发展。

第一，从1953年起，农产品开始实行统购统销制度，为工业发展积累资本。国家对粮食统一管理，控制粮食市场，计划收购，计划供应，目的是解决粮食供不应求的矛盾。新中国成立后，大规模工业化建设导致粮食供不应求的矛盾越来越尖锐，农业投资减少、工业用粮大增和吃粮人口增多。该时期，工业资本积累是以牺牲农业发展、农村进步和农民权利为代价的。

第二，为保障城市居民就业和限制农村居民流动，中国实行了严格的户籍制度。1958年1月，《中华人民共和国户口登记条例》的颁布是新中国户籍制度形成的标志。根据该《条例》，除正规学校录取和劳动部门统一招工等特殊情况，“农业”人口原则上不能向“非农业”人口转变，意味着农民进城自由谋生的通道被堵死。而且，不同户口身份的人享有不同的就业和福利等待遇，并具有承袭性。“非农业”人口作为城市居民可获取各种资源和利益，“农业”户口注定要过面朝黄土背朝天的生活。户籍制度人为地加剧城乡差别。与户籍制度匹配的社会管理制度如劳动就业制度、教育投入制度、社会福利与保障制度、医疗卫生制度和食品供给制度等相伴而生，使城市与农村处于制度性隔绝状态。由此，中国以正式制度的方式自上而下建立了城乡分割的制度框架，确定了农村服从城市、农业服从工业的资源分配机制，扩大了城乡差距。

第三，金融、财政和税收等制度及运作机制使得农村资金大量流到城市。从统计数据看，在 1998—2006 年，通过财税系统的乡镇企业税收和农业税收途径，中国农村向城市净流出 18748 亿元，通过农村存款贷款之间的差额净流出 62407 亿元。可见，从农村转移的资金太多是城乡差距拉大的一个重要原因。另外，预算转移、对农业投入减少、工农业产品价格剪刀差也加大了城乡差别。如果再加上高等教育收费、农村大额医疗费用支出和农村耕地占地补偿的缺失等在一定程度上加剧了改革开放以来的城乡差别。

（二）中国城乡差别的危害

危害一：由于城乡差别存在，制约了生产效率较低的传统部门向生产效率较高的现代部门发展，阻碍产业结构升级，导致收入分配不公、有效需求不足和要素分配不合理等问题。

危害二：城乡差别使得城乡居民具有不同经济地位和社会发展机会，既不符合社会领域的“公平正义”原则，也不符合经济领域的“自由平等”原则。

危害三：城乡差别割裂了城市与农村之间的有机联系，造成城乡关系陷入互相制约的恶性循环，影响城乡协调发展的进程。

中国城乡差别主要基于计划经济体制运行，通过一系列制度安排使城乡关系逐渐分化。中国的城市化道路选择强化了城乡差别。过分依靠重工业发展的工业化不仅没能带来快速城市化，反而使原有的城乡差别固化，中国的“城乡差别”具有鲜明的中国“特色”。

二、向城市模式转变：农村、农民的变化

（一）中国特色“就地城市化”

在中国，农村城市化就是农民生产生活方式由传统以农业为主的社会向现代以工业为主的社会的转化，是农民生产的工业化、生活的城市化、观念的现代化。

中国特色的农村城市化——“就地城市化”。“就地”是指在原来的居住地，包括自然村、行政村和合并村而形成的新社区。“就地城市化”指农村人口不转移到城市，而是在原有的居住地，通过改进基础设施，发展生产和增加收入，提高农民素质，改变生活方式，发展社会事业，过上和城市居民一样的生活。

在中国，为什么要实行“就地城市化”？①中国农村“村村通”工程使农村交通高度发达，大部分农村已经有完善的公路网。②农业机械化和产业化，大大提高了农业劳动生产率，更多的农民职业非农化，他们有了充裕的时间从事非农产业。③政府对农村的巨大投入以及农民收入的增加不断改善农村基础设施，而且农村医疗卫生、教育和文化事业得到快速发展，农民得到了更多的受教育机会，享受到更好的医疗条件和充裕的文化生活。④中国人口密度较高，东中部地区尤为明显，将大部分农民集中到城市不现实。⑤农民有浓厚的乡土观念，更愿意将自己的事业扎根在家乡，过上城市生活。

现在中国每年跨省份或区域流动的农民工及其家属有2亿多人，走南闯北的农民工学到了经验、技术和城市生活方式，他们返乡后，将先进文化和城市文明带回农村，用城市生活方式来改造自己的生活，加速了农村“就地城市化”进程。

传统的城市化造成人口密集、交通拥堵、就业困难、环境恶化、房租昂贵等“城市病”，因此，在中国，“逆城市化”的现象渐渐显现。“逆城市化”的不断发展给农村“就地城市化”提供了一种参照。

（二）农民向市民转变

中国早期城市化进程中，农民向城市转移，其意识形态、民主权利、身份地位、生活方式、行为方式等都发生了悄然变化，逐渐向市民转变。

发生转变的群体主要有：①新生代农民工（即农民工的第二代）；②从农村走出的高校毕业生，他们绝大多数都希望在城市就业；③城市周边失去土地的农民。他们的共同特点：刚成为市民有一些新鲜感，对城市生活充满了幻想，希望能被城市所接纳。

城市市民面对农民进城，一方面，愿意接纳农民。农民在城市低端劳动力市场就业，承担了城市居民不愿做而又必须要做的工作；另一方面，又拒绝农民，担心农民大量涌入城市会导致住房紧张、交通拥挤和社会治安恶化、加剧城市劳动力市场竞争。

农民自身也顾虑是否要成为市民：①农民工群体和失地农民被排斥在城市社会保障之外，广大农民的保障主要依靠家庭，医疗主要依赖自身积累，没有安全感。②对农村土地产权界定的缺失和农地功能的延伸一定程度上挽留了市民化的农民。《中华人民共和国土地管理法》对农村土地的所有权、使用权规定不明确，承包户与集体之间权责不清晰，导致土地流转不能保障农民的利益，征地补偿分配不合理，使得农民不愿离开土地。③由于中国社会整体来说是统一决策、分级管理的体制，也就是说，地方和中央两级政府在就业、社会保障等方面承担的责任是不相同的。为更多地考虑市民利益，地方政府主要采取排斥和抑制政策来对待农民市民化。在政策的安排上，对农民市民化问题重管理轻服务，重城市就业轻农民工就业的现象。由于实行城乡分割体制，目前中国城市对进城农民工的就业行业、职业、工种，甚至是企业雇佣农民工的比例等作了许多歧视性规定。有些没有明确的政策限制，但事实上也存在变相歧视，例如需要农民办理各种证卡、额外收取多种费用等。

户籍制度、农地产权制度是阻碍中国农民向城市转移并转变为市民的重要因素。

三、城市化与中国经济发展

（一）中国城市化水平

由中国科学院可持续发展战略研究组主持的《2012 中国新型城市化报告》显示，中国内地城市化率在 2011 年首次突破 50%，达 51.27%，这意味着城镇人口首次超过农村人口，中国城市化步入关键发展阶段（见表 4.1）。

根据“城乡发展动力”、“城乡发展公平”和“城乡发展质量”指数计算，该报告还对中国内地 50 个代表性城市的新型城市化水平进行了排序，上海、北京、深圳、天津、成都、广州、苏州、重庆、杭州、无锡位居前 10 名。

表 4.1　　1949—2012 年中国城市化率统计数据

年份	城市化率（%）	年份	城市化率（%）
1949	10.64	1981	20.16
1950	11.18	1982	21.13
1951	11.78	1983	21.62
1952	12.46	1984	23.01
1953	13.31	1985	23.71
1954	13.69	1986	24.52
1955	13.48	1987	25.32
1956	14.62	1988	25.81
1957	15.39	1989	26.21
1958	16.25	1990	26.41
1959	18.41	1991	26.37
1960	19.75	1992	27.63
1961	19.29	1993	28.14
1962	17.33	1994	28.62
1963	16.84	1995	29.04
1964	18.37	1996	29.37
1965	17.98	1997	29.92
1966	17.86	1998	30.40
1967	17.74	1999	30.89
1968	17.62	2000	36.22
1969	17.50	2001	37.66
1970	17.38	2002	39.09
1971	17.26	2003	40.53
1972	17.13	2004	41.76
1973	17.20	2005	42.99
1974	17.16	2006	43.90
1975	17.34	2007	44.94
1976	17.44	2008	45.68
1977	17.55	2009	46.59
1978	17.92	2010	47.50
1979	19.99	2011	51.27
1980	19.39	2012	52.57

资料来源：中华人民共和国国家统计局。

《2012中国新型城市化报告》将新中国城市化发展历程大致分为六个阶段，包括城市化起步发展（1949—1957）、城市化曲折发展（1958—1965）、城市化停滞发展（1966—1978）、城市化恢复发展（1979—1984）、城市化稳步发展（1985—1991）、城市化快速发展（1992年至今）等。该报告认为，根据各项指标分析，从2003年中央提出科学发展观以来，中国城市化正走向更健康的发展道路（见表4.2）。

表4.2　　中国城市化发展的6个阶段

阶段序号	时间阶段	特　征
1	1949—1957年	起步发展
2	1958—1965年	曲折发展
3	1966—1978年	停滞发展
4	1979—1984年	恢复发展
5	1985—1991年	稳步发展
6	1992年至今	快速发展

资料来源：《2012中国新型城市化报告》。

中国城市化质量表现出比较显著的地区特征和规模特征。城市化质量的地区特征主要表现在东部地区的城市化质量显著高于东北、中部和西部地区，这与中国各地区经济发展水平基本相符，即经济发展水平高的地区往往城市化质量也较高，经济发展相对落后的地区城市化质量也较低（见表4.3）。

表4.3　　中国分地区城市化质量指数情况

地　区	东部	东北	中部	西部
城市化质量指数	0.5419	0.4860	0.4632	0.4643

资料来源：《中国城镇化质量报告》，《中国经济周刊》。

城市化质量的规模特征主要表现为城市化质量随城市规模的扩大而提高，其原因在于大城市往往集聚了更多资源，从而在经济社会发展、城市建设、产业结构等方面对提高城市化质量的贡献较大（见表4.4）。

表4.4　　中国不同规模城市的城市化质量指数情况

城市规模	200万人以上	100万—200万人	50万—100万人	20万—50万人	20万人以下
城市化质量指数	0.5920	0.5368	0.4825	0.4680	0.4496

资料来源：《中国城镇化质量报告》，《中国经济周刊》；城市规模按《中国城市建设统计年鉴》(2010年）城区人口分类。

（二）城市化推动中国经济发展

1. 城市化消化了中国高储蓄率。过去30年，高储蓄率是推动中国经济快速增长的一个重要力量。几十年来，中国居民的储蓄率维持40%以上的水平。自2003年以来呈显著增长态势，超过50%，中国企业储蓄率上升速度更快。近年来，企业盈利特别是国有企业盈利的增加反映了中国经济周期性失衡，未来中国城市化要靠周期性超额储蓄的释放来支撑。

2. 城市化推动技术创新与扩散，提高全要素生产率。城市化促进技术创新，提高长期经济增长的能力。城市是使用和推广先进技术的阵地。世界历史经验证明，几乎所有的技术突破和技术扩散都在城市发生，而非农村。

3. 城市化提高中国普遍消费需求。消费不足是以往中国经济增长中的一个难题，出现中国式“非平衡扩张”。而且，这种非平衡增长短期内难以消除。从长期来看，中国经济增长的关键因素取决于消费的快速增长，尤其是内需，城市化对提高消费意义重大。

4. 城市化引致大量的基础设施及其他投资需求。在中国，如果未来20年带动5亿人口城市化，将产生巨大的投资需求。人口城市化引致相应的基础设施、市政建设以及城市功能的配套和完善，促进其他相关产业的投资增加。城市化对解决中国增长过程中出现的“产能过剩”问题有积极作用。从长期来看，中国许多产业还远没有达到峰值，当前看似过剩的产能随着城市化过程的推进将得到缓解。

第二节 城市化与中国房地产市场

一、城市蚕食农村、土地多轨制供给

（一）中国城市用地扩张

土地制度改革是中国经济社会改革的重要内容，土地制度改革已成为中国城市快速扩张、工业高速发展和空间优化的重要动力。一方面，早期廉价的土地资源成为中国吸引外资、激发民间投资的优势，推动了中国自下而上的迅速工业化；另一方面，级差地租的重新出现促进城市快速“退二进三”[①]、土地功能转变和城市空间结构优化，推动了城市规模不断扩大。近年来，日渐减少的土地供应与高涨的房地产价格使城市周边土地的“招拍挂”[②] 出让给地方政府带来了巨额的土地收入，为快速推进城市化发展提供了必要的物质基础。

城市用地规模的扩张是中国城市化进程的一个重要特征。根据张利等（2011）对中国222个地级及以上城市从1997年到2007年期间的土地扩张幅度指数所作的研究，整体扩张幅度指数（UEI ）表现为“小城市＜中等城市＜大城市＜特大城市”的态势；高于全国平均增长速度的城市个数比例呈现出“特大城市＞大城市＞中等城市＞小城市”的规律；城市用地的扩张速度与城市规模大小成正比关系，城市规模体系趋于不平衡（见表4.5）。

① “退二进三”通常是指在产业结构调整中，缩小第二产业，发展第三产业。详见《国务院办公厅转发〈国家计委关于“十五”期间加快发展服务业若干政策措施意见〉的通知》（国办发〔2001〕98号）。

② 《土地法》及国土资源部相关的部门规章规定，对于经营性用地必须通过招标、拍卖或挂牌等方式向社会公开出让国有土地。其含义是指经营性用地必须通过上述方式出让，统称为招拍挂制度。

表 4.5　　中国不同规模城市用地扩张情况

城市规模	建成区面积（S）（平方公里）	城市数量（座）	扩张幅度指数	高于平均增速	
				城市数量（座）	百分比（%）
小城市	S<50	66	39.2	13	19.7
中等城市	50≤S<100	88	64.4	32	36.4
大城市	100≤S<200	40	79.5	19	47.5
特大城市	S≥200	28	143.1	19	67.9

资料来源：张利等："1997—2007 年中国城市用地扩张特征及其影响因素分析"，《地理科学进展》，2011 年第 5 期。

从不同区域来看，中国东部城市整体扩张幅度最大，地级及以上城市建成区总面积由 6685 平方公里（1997 年）增加到 14677 平方公里（2007 年）；其次是西部，整体扩张幅度指数为 74.2%，三分之一的城市扩张速度高于全国平均增速；中部城市整体扩张幅度最小，10 年间城市用地整体扩张幅度指数仅为 62.1%，高于全国平均增长速度的城市比例也最小。中国城市用地扩张区域差异性明显①（见表 4.6）。

表 4.6　　中国不同区域城市用地扩张情况

区域	城市数量（座）	扩张幅度指数	高于平均增速		低于平均增速	
			城市数量（座）	占比（%）	城市数量（座）	占比（%）
东部	96	119.5	50	52.1	46	47.8
中部	78	62.1	17	21.8	61	78.2
西部	48	74.2	16	33.3	32	66.7
全国	222	92.8	83	37.4	139	62.6

资料来源：张利等："1997—2007 年中国城市用地扩张特征及其影响因素分析"，《地理科学进展》，2011 年第 5 期。

城市用地扩张导致中国农用土地急剧减少。据统计，从 1997 年到 2005 年的 8 年时间，中国耕地净减少 1.2 亿亩，占中国耕地总量的 6.6%。中国是人多地少的国家，以全球 7% 的耕地养活全球 21% 的人口，耕地面积的逐

① 张利等："1997—2007 年中国城市用地扩张特征及其影响因素分析"，《地理科学进展》2011 年第 5 期。

渐减少使土地问题日益严峻。

（二）多轨制下的城市土地供给

中国城市土地的供给实行多轨制。城市土地交易包括城市土地一级市场出让和二级市场转让、抵押和出租等形式。自1987年深圳特区首次进行土地出让试点以来，土地出让的总量变化较大，总体表现为上升趋势，但各年波动幅度较大，分别在1993年、1998年和2002年出现峰值，与城市用地扩张变化一致，也与各年国家执行的不同供地政策有关。城市土地二级市场由20世纪90年代初的转让占主导逐步转变为以土地使用权抵押为主，土地使用权出租占比较小，并呈逐年递减的态势。城市土地二级市场的交易量总体呈上升态势。

二、城市房地产市场：当今中国最热门的话题

（一）中国城市房地产价格鸟瞰

近年来，中国城市房地产价格波动频繁，整体上呈现出持续上涨的态势。1998年至2008年中国城市房屋销售价格指数、土地交易价格指数和房屋租赁价格指数如表4.7和图4.1所示。土地交易价格涨幅 > 房屋销售价格涨幅 > 房屋租赁价格涨幅。

表4.7　　1998—2008年中国房地产价格指数统计表

年份	房屋销售价格指数	土地交易价格指数	房屋租赁价格指数
1998	101.40	102.00	102.40
1999	100.00	100.00	98.50
2000	101.10	100.20	102.40
2001	102.20	101.70	102.80
2002	103.70	106.90	100.80
2003	104.80	108.30	101.90
2004	109.70	110.10	105.50
2005	107.60	109.05	106.73
2006	105.51	105.78	103.48

续表

年份	房屋销售价格指数	土地交易价格指数	房屋租赁价格指数
2007	107.60	112.30	103.80
2008	106.50	111.10	102.00

资料来源：根据国研网数据中心数据整理。注：上年＝100

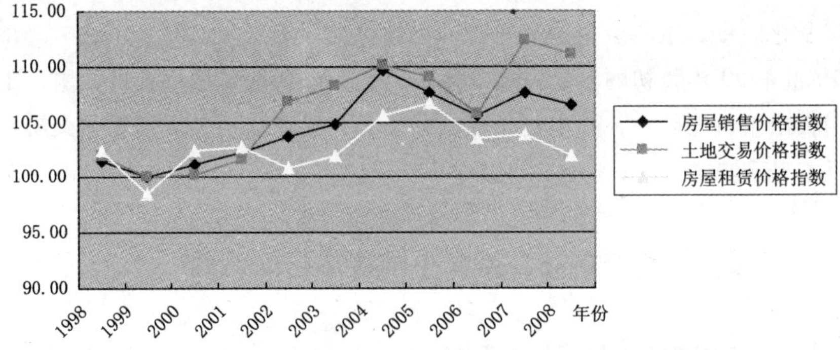

图 4.1　1998—2008 年中国房地产分类价格走势图

资料来源：根据国研网数据中心数据整理。

另外，国际上衡量住房价格是否合理的重要指标是住房价格与绝大多数家庭的收入比。20 世纪 90 年代初，世界银行曾对全球 50 多个城市作过调查，认为一套房子的价格相当于家庭年收入的 3—6 倍时较为合适。如果房价达到或超过家庭年收入 6 倍时就会有许多人买不起房。而从中国的情况来看，2004 年下半年，北京市 17 区（县）普通住宅类成交均价每平方米 6048 元，比 2003 年下半年涨了 540 元，同比上涨 9.8%，而 2004 年北京市人均可支配收入约为 15637.8 元。由此可见，对由一对年轻夫妻组成的家庭而言，在北京，一套 60 平方米的住房，其价格大致相当于该家庭 11.8 年的全部可支配收入。又如，在偏僻的江西省永丰县，商品房销售价也由 2000 年的 400 元左右上升到 2004 年的 800 元左右，普通工薪阶层居民所有收入不做其他消费，全部用来买房，也要 20—30 年才买得起一套普通住房。

在中国，商品房价格一般包括四部分：地价、建筑成本、房地产税费及管理成本和利润。据有关人士 2004 年的测算：①对于地价，就中小城市而言，标准多层住宅用地大约为每亩 30 万元，考虑容积率、小区配套设施、规划等，建筑面积分摊的地价大约是每平方米 180 元。②建筑成本，普通住宅为每平方米 500—800 元，别墅为每平方米 500—600 元，高层住宅最多每平方米 2000 元左右，考虑到各种因素的变化，成本上升幅度在 2% 左右。③房地产税费及管理成本，不超过每平方米 150 元。当前，中国房地产商的税目主要是 5.5% 的营业税和 33% 的利税。房地产商善于利用城市高新区、开发区的优惠税收政策，通过减免，实际所交税费很有限，而普通县城，房地产开发商的营业税和所得税为 10% 左右。④至于利润，按国家鼓励的、合理的 8% 或 10% 来算，这已稍高于类似行业的利润水平，按此计算的中小城市商品房最终销售价应为每平方米 1000 元左右，而现在此类房价平均却在每平方米 3000 元左右。面对当前不断攀升的房价，许多城市居民望房兴叹，即使贷款买了房的普通居民很多也是负债累累。

（二）左右中国房价的因素

在中国，影响住房价格的因素，涉及社会、经济、政策、法律制度等多个方面。从经济学角度看，主要有两个因素主导，一是由国家（城市）社会经济基本面决定的住房基本价值，这是影响房价的长期因素，包括地区生产总值及其增长速度、人口变化、就业率或失业率变化、居民人均可支配收入及增长速度、城市公共服务和生活质量等；二是房地产市场价格变动的短期因素，如信贷与税收政策、市场预期、建筑材料价格波动、市场管制水平、开发成本、市场透明度和市场服务体系完善程度等。

（三）政府做的工作

中国政府这几年出台了一系列稳定房地产价格的市场调控政策。从调控目标上说，为规范房地产市场发展，化解房地产市场非理性发展中的潜在金融风险，稳定房价，尽量保障居民的住房需要。从调控手段上说，前期主要采用土地供给控制、利率和税收等市场手段；后期则主要采用限定项目开发的房型比例和要求地方政府承担房价稳定的责任等行政性手段；从调控对象上说，前期调控开发商，提高他们项目开发的门槛，后期调控重点转移到购房者和地方政府身上，以提高个人贷款利率，打压对住房的投机性需求为主，并要求各城市地方政府控制土地的供给量及土地用途。

中央政府的调控目标是防范金融风险、控制土地供应和稳定房价，然而这三个目标之间存在冲突，土地供给减少会降低住房供给，在住房需求不变时，房价就会升高，从而无法达到稳定房价的目的。

具体说，实施利率和税收等市场调节手段，并没有达到稳定房价的目的，市场手段没有显示应有的效果，在调控中房价仍然不断上涨，住房问题越来越成为影响社会稳定的重要问题，因而中央政府只好将调控手段逐渐向行政手段倾斜，对房地产市场进行严格管制。短期看，行政手段效果明显，但长期看，会带来诸如住房供应减少、实施成本高、寻租设租腐败等现象，不利于形成市场多元化供应格局等弊端。

政府对于调控对象的选择，先将调控对象设定为开发商，试图规范开发商的行为以防范金融风险，后将调控对象转为购房者，通过抑制购房需求，特别是投机性需求稳定房价。但这一政策具有双重效果，打压投机需求，暂时稳定了房价，但也打压了正常的刚性需求，使刚性需求购房者购买成本增加，不利于解决居民住房问题。近年来，调控政策重在强化地方政府的责任，要求地方政府对稳定房价负责，切实改善居民的住房需求。

三、城市化与房地产市场：互动发展的视角

在中国，当前城市化快速推进，房地产业蓬勃发展，城市化与房地产市场存在正反两个方向的作用。

（一）房价与城市化水平：推拉游戏

正向促进作用。①房地产价格快速上升，刺激开发规模增加，改善了城市居住环境，增强了城市对农村人口的吸引力，使大量农村人口迁往城市，促进城市化进程。②建筑业是劳动密集型产业，房地产开发规模增加需要大量以农民工为主体的建筑工人。房地产开发周期长，农民工在城市居住的时间大多在半年以上，统计上被算作城镇常住人口，统计口径上扩大了城镇人口规模，提高了城市化水平。

反向抑制作用。房价上涨过快，超过城市和农村居民收入的增长幅度，超出居民的实际购买力，使得原城市居民在过高的房价面前无能为力，并抑

制农村人口向城市居民转变。同时，房价上涨推动房租价格上升，成为农村人口流入城市的障碍，抑制城市化进程。

（二）城市化对房地产价格的影响：多元素糅合

中国改革开放以来，城市化的进程势不可挡，城市化与房地产市场发展并驾齐驱。目前，中国城市发展速度很快，房地产业规模不可避免地继续扩大。城市化进程是一种多元素糅合的过程，它包含了社会因素、人文因素、经济发展因素、人口因素和政府行为因素等多个方面，而这些因素又直接或间接地影响着中国房地产价格上涨。

供需失衡是房地产价格的重要影响因素。中国正处于工业化和城市化进程日益加快的阶段。从发达国家的发展经验来看，这一阶段对房地产和汽车的潜在需求逐渐显现。就住宅需求而言，当前中国 1.55 亿户城镇家庭以每户 90 平方米住房需求来算，需要住宅面积 139.5 亿平方米，目前中国城镇住宅保有存量为 90 亿平方米，二者差距为 49.5 亿平方米，未来 20 年，每年需要建设 2.475 亿平方米；如果城镇家庭每年的增速为 64%，届时城镇家庭将达到 2.61 亿户，以每户 90 平方米计算，则需要住房 234.9 亿平方米，与目前 90 亿平方米城镇住宅存量相比，达到 144.9 亿平方米的缺口，未来 20 年内每年需要建设新住宅为 7.245 亿平方米；如果再加上城镇拆迁、旧城区改造等，则每年需要建设的住宅约为 8.75 亿平方米。近几年，全国城镇每年新建住宅面积为 5 亿—6 亿平方米，远不能满足需求。

人口结构和消费因素对房地产价格的影响。最近十年，中国人口大规模流动，传统户籍制度已无法实质性限制人口流动，除农民进城打工形成的民工潮之外，受过高等教育的大学生、研究生等高素质人群也正逐渐向城市集聚，造成城市人口规模迅速扩大，他们对住房的实际需求和潜在需求影响城市房价。同时，人们收入水平提高，居住环境改善、房屋格局优化和居住面积扩大等住房消费升级需求逐步增加。世界银行的研究表明，一国房地产市场在人均 GDP 达到 1300 美元时进入快速增长期，达到 1500 美元时增长速度达到峰值，而接近 3000 美元时进入平稳期，增长速度逐渐放缓。2003 年，中国人均 GDP 为 1270 美元，住房消费也随之进入快速增长期，2005 年中国人均 GDP 已达到 1750 美元，住房消费增速超过 20%，居民收入的快速增加带动了住宅消费升级的需求。

第三节 城市化与中国人口发展问题

一、城市化与老年人口

（一）“十分之一”的城市老人

自21世纪初开始，中国人口年龄结构开始发生显著的变化，逐步进入人口老龄化社会。最近几年，中国正经历着世界上规模最大、速度最快的人口老龄化过程。同时，中国也正面临“低出生率”、“低死亡率”和“低增长率”的现代人口增长模式。这一人口增长模式的转变，中国只用了不到30年的时间，发达国家经过上百年才完成，同时带来了中国人口老龄化问题。国际上，一般将60岁以上的人口占总人口比例达到10%，或65岁以上人口占总人口的比重达到7%作为一个国家或地区进入老龄化社会的标准。根据后一种标准，按中国第五次人口普查数据计算，在2000年中国这一比重已达到7%，2009年达到8.5%，而根据中国人口与发展研究中心的预测，到2020年，中国65岁及以上人口比例将达到12.17%，2030年为15.19%，2040年为21.15%，2050年为23.10%。人口进入老龄化将考验中国经济社会发展。以劳动力供给为例，中国经济高速增长使城市各部门扩大对劳动力的需求，而城市所需求的这些劳动力的供给越来越依赖于从农村转移出来的劳动力，人口老龄化就意味着合适的劳动力人口的减少。根据中国2005年全国范围1%人口抽样调查数据测算，65岁及以上人口总数为1.5亿人，而农村所占比重为58%，即0.9亿人。农村廉价劳动力向城市供给的减少，制约中国经济发展和城市化进程，中国经济过去30多年的高速增长与丰富的廉价劳动力供给带来的人口红利有很大关系。

（二）中国式“四二一”家庭与城市养老

中国自20世纪70年代后期开始在全国范围内实行计划生育政策，1980年正式提出“提倡一对夫妇只生育一个孩子”的生育政策，独生子女数量迅速增加，独生子女占新增人口的比重快速提高。据有关部门的统计，中国在2000年时，独生子女数量就已超过1亿人。第一代独生子女正以每年百万人口计的规模陆续进入婚育年龄，他们组成的新家庭生活和生产模式就是所谓的中国式“四二一”家庭模式，即家庭成员有夫妻双方的父母四个老人，一对夫妻和他们的一个独生子女孩子。在中国，大部分“80后”存在赡养双方父母的困难。中国一家著名报纸《南方周末》曾对2765名20世纪70年代以后出生的中青年人进行过一项关于赡养父母困难的社会调查，结果显示：有人说自己生活、工作压力大，照顾父母勉为其难；有人说承担不起多位老人的养老负担；还有人说在两地，因为房子问题，无法把父母接到身边照顾；也有人说社会保障、医疗保险不同城市间无法互通给赡养父母带来了很大障碍。

社区居家养老逐渐成为中国城市养老的一种方式。社区居家养老是让老年人的生活不离开自己熟悉的社区，结合了家庭养老和机构养老的优势，由社区服务人员为老年人提供托老、上门等各种养老服务。它是一种被大多数中国人看好的养老模式。但社区居家养老模式的施行有一个重要的条件就是必须要有完善的社区服务与之相配套，但就目前来看，中国专门针对老年人的社区服务还很缺乏，多数老人仍是以自我照顾、配偶及子女照顾为主。

中国城市养老服务尚显不足。对中国黑龙江省哈尔滨市养老院所做的调查可以从一个侧面体现中国机构养老的现状。私人养老院房间宽敞明亮，晚上有特别护理，还设有开心农场、老年大学、书画室、康复室等娱乐设施和项目，但费用昂贵，住四人间，床位费需1200元/月，护理费需4800元/月，加上餐饮费700元/月，合计6700元/月，若住二人间则需要7600元，大部分老人根本住不起。公办养老院床位紧张，根本住不进去，有一家设有“健身房、老年人网吧、图书阅览室、中央空调、电梯，每个房间里都有电视、电话、紧急呼叫系统，24小时供应热水，老人也被护理得很周到”的公办养老院，按照收费标准，床位费1000元/月，护理费450元/月，餐费约400元/月，可要想入住，必须排队等待。工作人员说，该养老院共200张床位已住满，后面登记排队等候的仍有100多人，需要等待多长时间还不确定。从2011年开始，这里的床位就一直缺乏，养老院不得不把器材搬到阳台上，在活动室、会议室里都摆上床位了。

二、城市化与中国城市农民打工族

（一）城市农民工就业：干中学

在中国的大中型城市，就业成本基本有三种形式：第一种是国有企业下岗职工的就业成本。近年来，为了解决下岗职工的就业问题，中国政府曾经在很多城市普遍建立了“再就业中心”，资金主要来源于政府财政支出。此外，社会各界包括企业界，也为重新安置下岗职工提供一部分资金。第二种是政府精简人员的再就业，主要是解决许多干部的重新安置和重新就业问题。仅从中央机关的精简来看，干部重新就业所需的再就业成本包括培训成本，如高校接收就读、培训或出国培训等，企业成本（接受重新安置干部的任务很多都由中央下属国有企业和公司承担），为重新安置这些干部使得财政支出也有了相应的增加，这一部分费用比安排下岗工人就业要高很多。第三种则是农民工的就业费用。这个费用财政负担很少，主要是由农民工自己承担了。此外，中国农民工的就业技能培训，主要是靠农民工在就业岗位上边干边取得的，而没有像下岗职工那样，得到了专门的转岗培训。在农民工就业政策上，中国主要实行以较低的平均岗位成本的投入创造更多的就业岗位的政策，该政策可以为社会边缘群体提供更多的就业机会。

（二）中国城市农民特色就业：临时工

农民工是城市外来人口的主体，他们中的大部分处于非正规就业状态。所谓非正规就业是指没有取得正式的就业身份，地位很不稳定的就业。它主要包括非正规部门的就业者和正规部门的非正规就业者，在中国，俗称为“临时工”。因此，与正规就业者相比较，城市农民工就业质量偏低。

根据中国的实际情况，非正规就业的特点主要在于：由于没有城市户口和没有经过专门培训的特殊技能，农民工不能够进入到城市的正式就业体系，非正规就业主要体现了劳动力市场的分割性。由于受到传统的计划经济和单位制就业模式的影响，城市居民对于非正规就业的农民工的印象多是负面的，城市在管理对策上，对于农民工的非正规就业，往往也采取消极和歧视的态度。根据粗略估算，中国有劳动能力的人口在7.1亿—7.2亿人，其中能够进入到城市正规部门和正规就业的大约2亿人，其余包括从事农业生产的农民在内的非正规就业人口则超过5亿人。而这其中，流入到城市的农民工有0.8亿—1亿人，他们中的绝大多数属于非正规就业。面对巨大的剩余劳动力的压力，非正规部门、非正规就业具有巨大的就业潜力。中国正面临着持续增长的就业人口、流动人口的压力，这在很大程度上要依靠非正规就业。

三、中国城市居民医疗问题

（一）中国医疗卫生投入及居民医疗费用

长期以来，中国城市医疗卫生工作中一直存在着重视大中型医疗卫生机构建设、漠视基层医疗卫生机构建设的情况。这种不均衡的医疗卫生投入方式，导致基层社区的卫生服务能力与其他层次卫生服务能力失衡，城市居民卫生服务体系呈现相对倾斜的状况，“看病难、看病贵”的现象在中国城市中较为普遍（见表4.8）。

表4.8　中国城乡卫生总费用构成情况

年份	卫生总费用（亿元）				卫生总费用构成（%）		
	合计	政府卫生支出	社会卫生支出	个人卫生支出	政府卫生支出	社会卫生支出	个人卫生支出
1991	893.49	204.05	354.41	335.03	22.8	39.7	37.5
1992	1096.86	228.61	431.55	436.70	20.8	39.3	39.8
1993	1377.78	272.06	524.75	580.97	19.7	38.1	42.2
1994	1761.24	342.28	644.91	774.05	19.4	36.6	43.9
1995	2155.13	387.34	767.81	999.98	18.0	35.6	46.4
1996	2709.42	461.61	875.66	1372.15	17.0	32.3	50.6
1997	3196.71	523.56	984.06	1689.09	16.4	30.8	52.8
1998	3678.72	590.06	1071.03	2017.63	16.0	29.1	54.8
1999	4047.50	640.96	1145.99	2260.55	15.8	28.3	55.9
2000	4586.63	709.52	1171.94	2705.17	15.5	25.6	59.0
2001	5025.93	800.61	1211.43	3013.89	15.9	24.1	60.0
2002	5790.03	908.51	1539.38	3342.14	15.7	26.6	57.7

续表

年份	卫生总费用（亿元）				卫生总费用构成（%）		
	合计	政府卫生支出	社会卫生支出	个人卫生支出	政府卫生支出	社会卫生支出	个人卫生支出
2003	6584.10	1116.94	1788.50	3678.66	17.0	27.2	55.9
2004	7590.29	1293.58	2225.35	4071.35	17.0	29.3	53.6
2005	8659.91	1552.53	2586.41	4520.98	17.9	29.9	52.2
2006	9843.34	1778.86	3210.92	4853.56	18.1	32.6	49.3
2007	11573.97	2581.58	3893.72	5098.66	22.3	33.6	44.1
2008	14535.40	3593.94	5065.60	5875.86	24.7	34.9	40.4
2009	17541.92	4816.26	6154.49	6571.16	27.5	35.1	37.5

资料来源：《中国卫生统计年鉴 2011》。

注：①按当年价格计算；②2001 年起卫生总费用不含高等医学教育经费，2006 年起含城乡医疗救助经费。

表 4.9　中国城乡卫生总费用中城乡差异、人均费用及占 GDP 比重情况

年份	城乡卫生费用（亿元）			人均卫生费用（元）			卫生总费用占GDP 比重（%）
	合计	城市	农村	合计	城市	农村	
1991	893.49	482.60	410.89	77.1	187.6	45.1	4.10
1992	1096.86	597.30	499.56	93.6	222.0	54.7	4.07
1993	1377.78	760.30	617.48	116.3	268.6	67.6	3.90
1994	1761.24	991.50	769.74	146.9	332.6	86.3	3.65
1995	2155.13	1239.50	915.63	177.9	401.3	112.9	3.54
1996	2709.42	1494.90	1214.52	221.4	467.4	150.7	3.81
1997	3196.71	1771.40	1425.31	258.6	537.8	177.9	4.05
1998	3678.72	1906.92	1771.80	294.9	625.9	194.6	4.36
1999	4047.50	2193.12	1854.38	321.8	702.0	203.2	4.51
2000	4586.63	2624.24	1962.39	361.9	813.7	214.7	4.62
2001	5025.93	2792.95	2232.98	393.8	841.2	244.8	4.58

续表

年份	城乡卫生费用（亿元）			人均卫生费用（元）			卫生总费用占GDP比重（%）
	合计	城市	农村	合计	城市	农村	
2002	5790.03	3448.24	2341.79	450.7	987.1	259.3	4.81
2003	6584.10	4150.32	2433.78	509.5	1108.9	274.7	4.85
2004	7590.29	4939.21	2651.08	583.9	1261.9	301.6	4.75
2005	8659.91	6305.57	2354.34	662.3	1126.4	315.8	4.68
2006	9843.34	7174.73	2668.61	748.8	1248.3	361.9	4.55
2007	11573.97	8968.70	2605.27	876.0	1516.3	358.1	4.35
2008	14535.40	11251.90	3283.50	1094.5	1861.8	455.2	4.63
2009	17541.92	13535.61	4006.31	1314.3	2176.6	562.0	5.15

资料来源：《中国卫生统计年鉴2011》。

注：①按当年价格计算；②2001年起卫生总费用不含高等医学教育经费，2006年起含城乡医疗救助经费。

第三次全国卫生服务调查数据显示，目前城市居民看一次病平均花费163.5元，农村居民看一次病得花费97.7元，这个价格比1998年第二次全国卫生服务调查时上涨了55%，其中城市上涨了38%，农村上涨了75%。20.9%的门诊患者和33.2%的住院患者都认为，就诊过程中最不满意的就是看病费用太高。《人民日报》记者走访山东、福建、上海等地的10家医院，调查显示10家医院治疗感冒的价格从6元到270元不等，指出10家医院医生看病过程，集中暴露了当前医疗行业讳莫如深的一个实质性问题——隐瞒诊断过程、滥用抗生素而不告知病人。

第四次全国卫生服务调查数据表明（见表4.10和表4.11），中国城镇居民参保人口次均就诊费用和例均就诊费用分别为242元和415元，平均费用各地区差异明显，大城市的平均医疗费用几乎是小城市的3倍，大、中城市就诊费用的差异不大；大、中城市就诊费用中位数是小城市的2倍，医疗费用的偏态分布现象在大中城市严重于小城市。住院病人次均住院费用为5020元，日均住院费用409元，不同城市的住院费用差异大，大城市住院医疗花费高，小城市住院医疗花费低。

表 4.10　2008 年城镇居民基本医疗保险覆盖人口两周内就诊费用　单位：元

城市类型	次均就诊费用		例均就诊费用		人均就诊费用
	均值	中位数	均值	中位数	
合计	242	110	415	150	419
大城市	359	150	619	200	650
中城市	321	140	501	200	501
小城市	133	70	254	120	254

资料来源：《2008 年第四次中国家庭健康询问调查分析报告》。

表 4.11　2008 年城镇居民基本医疗保险覆盖人口住院费用　单位：元

城市类型	日均住院费用		次均住院费用	
	均值	中位数	均值	中位数
合计	409	350	5020	4000
大城市	500	400	5712	6000
中城市	425	350	5511	4000
小城市	339	280	4145	3000

资料来源：《2008 年第四次中国家庭健康询问调查分析报告》。

（二）理性看待中国城市“看病难、看病贵”

“看病难”可分为两种情况，一是“绝对性”看病难。这是由于医疗资源绝对量不足造成的“看病难”，因“缺医少药”而无法满足基本医疗卫生服务需求。新中国成立以来，特别是改革开放之后，卫生事业取得了显著成就，覆盖城乡的医药卫生服务体系基本形成，现在这种“看病难”更多地是发生在中西部经济落后、交通不便、地广人稀的偏远农村地区。二是“相对性”看病难。相对于居民的医疗需求，优质医疗资源相对不足，导致一部分患者去大医院看专家“难”的问题。突出表现为许多人看小伤小病也不去基层医疗机构就医，而是纷纷涌到大医院。大医院车水马龙、人满为患，专家号一“号”难求。

“看病贵”有三种现象，第一种是“个人主观感受的看病贵”。患者主观认为看病就医所花的钱超过了自己的预期水平，或者认为所花的医疗费与看病的效果相比不太理想，钱花得不是“物有所值”。第二种是“家庭无力支付的看病贵”。看病就医的总花费超过了家庭支付能力而影响了家庭正常生活，甚至因此花掉存款，卖掉家产，造成“因病致贫和因病返贫”问题。这类“看病贵”的实质是疾病的经济负担过重而缺乏有效的社会医疗保障问题。第三种是“社会无法承受的看病贵”。从社会发展角度看，全社会医疗费用的总水平有一种不断增长且增速居高不下的趋势，但如果不能有效控制，当它超过了整个社会的承受能力时，就会影响经济社会的可持续发展。[①]

（三）中国医药卫生体制改革

在2011年《国务院办公厅关于印发〈医药卫生体制五项重点改革2011年度主要工作安排〉的通知》中指出，政府投入力度加大，进一步提高筹资标准，政府对新农合和城镇居民医保补助标准由去年的每人每年120元提高到每人每年200元，适当提高个人缴费标准。城镇居民医保、新农合政策范围内住院费用支付比例力争达到70%左右。所有统筹地区职工医保、城镇居民医保和新农合政策范围内统筹基金最高支付限额分别达到当地职工年平均工资、当地居民年可支配收入和全国农民年人均纯收入的6倍以上，且均不低于5万元。提出医保扩容幅度加大，2011年实现国家基本药物制度将实现基层全覆盖；鼓励民间资本加入落实鼓励和引导社会资本举办医疗机构的政策，促进非公立医疗机构发展；鼓励社会资本举办普通医疗机构，支持社会资本举办高端医疗机构，控制公立医院开展特需服务的比例等[②]。

在2012年医药卫生体制改革工作安排中，要求巩固扩大本级医保覆盖面，职工基本医疗保险、城镇居民基本医疗保险和新型农村合作医疗保险三项基本医疗保险参保率稳定在95%。继续提高基本医疗保障水平，政府对新农合和城镇居民医保补助标准提高到每人每年240元，个人缴费水平相应提高，人均筹资达到300元左右。职工医保、城镇居民医保和新农合政策范围内统筹基金最高支付限额分别提高到当地职工年平均工资的6倍以上、当地居民年人均可支配收入的6倍以上、全国农民年人均纯收入的8倍以上，且均不低于6万元。城镇居民医保和新农合政策范围内住院费用支付比例分

---

① 陈竺：“辩证看待‘看病难看病贵’”，《人民日报》，2011年2月24日。

② 《国务院办公厅关于印发〈医药卫生体制五项重点改革2011年度主要工作安排〉的通知》，（国办发［2011］8号）。

别达到70%以上和75%左右，逐步缩小与实际住院费用支付比例之间的差距，进一步加大医疗救助力度，加大救助资金投入，筑牢医疗保障底线。研究建立疾病应急救助基金。通过政府出资、社会捐赠等多渠道筹资建立基金，解决无费用负担能力和无主病人发生的应急医疗救治费用。探索建立大病保障机制。研究制定重特大疾病保障办法，积极探索利用基本医保基金购买商业大病保险或建立补充保险等方式，有效提高重特大疾病保障水平，切实解决重特大疾病患者因病致贫的问题等①。

第四节
中国"大城市病"与可持续发展

一、城市化与中国城市污染

（一）中国城市污染概况

在过去20年里，中国城市化增长率从1980年的20%增长到2002年的38%，为世界平均增长率的2倍。随着城市化的发展，中国一些大城市空气质量迅速地恶化，因此空气污染是中国目前最迫切需解决的城市环境问题之一。在中国北方，由于气候干燥、植被覆盖少，土壤颗粒物已成为城市大气污染的最主要来源。近年来，由于城市基础建设处于高峰期，建筑和交通扬尘已成为城市大气污染的主要因素。采暖季节，燃煤烟尘在北方城市大气污染总量将提高30%—40%。酸雨被认为是中国潜在的环境问题，中国国土大约有40%遭受酸雨污染。中国城市污染的另外两种物质是SO_2和NO_2。中国城市SO_2污染是局部的环境问题，主要是当地的工业生产、能源消耗及居民日常生活造成。中国SO_2的主要排放区域集中在华北、华中、华东西南和华南地区。中国城市NO_2的平均浓度并不高，最近几年的监测结果表明所有监测城市的NO_2均达到国家环境空气质量二级标准，但北京、上海、广州、深圳、重庆等大城市NO_2浓度相对较高。

---

① 《国务院办公厅关于印发〈深化医药卫生体制改革2012年主要工作安排〉的通知》，（国办发［2012］20号）。

伴随着中国工业化、城市化和机动车保有量的迅速发展，污染物排放量的迅速增长使得灰霾现象日趋严重，已演变成一种灾害性天气，在北京、广州、南京等大城市更为突出，给人们生产生活、身体健康带来了危害。长江三角洲城市带是中国城镇最为密集、城市化水平最高的地区之一，是中国东部大气污染最严重的地区之一，大量排放的 SO_2、NO_X 是区域大气主要污染物，大气污染呈现区域性、复合型特征，已成为中国灰霾最严重地区之一。江苏苏南地区是长江三角洲城市化的核心地带，1978—2008 年，江苏沿江城市带城镇面积扩大了 2.5 倍，经济高速发展，随之而来的是区域严峻的大气污染形势。

（二）中国城市污染的来源

颗粒物是影响中国城市空气质量的首要污染物，是 113 个中国大气污染防治重点城市在 2010 年全面达标的最大障碍。与 SO_2 和 NO_X 相比，颗粒物来源广、成分复杂、防控难度大。城市空气中颗粒物主要来源于土壤风沙尘、煤烟尘、施工扬尘、机动车尾气尘、垃圾焚化业、混凝土制造业、金属冶炼业等一次污染源，也包括城市道路交通、建筑施工扬尘等二次污染源。中国学者对中国生态环境问题研究表明，在很多大城市中，工业锅炉、小汽车和居民烧煤排放的气体使空气中浮悬颗粒物、SO_2 和 CO_2 的含量剧增。浮悬颗粒物对城市居民的健康产生了严重的威胁。汽车和摩托车数量的迅速增加，成为城市空气的主要污染源。20 世纪 80 年代中期以来，中国小汽车、摩托车和卡车的产量以每年 10% 以上的速度增长。汽车的使用导致大城市空气中铅的含量增加。[①] 王东宇等对 2006 年中国城市水源突发污染事件统计分析的结果说明，突发污染事件数量日益增多，水源环境风险不断加大，化学品和污水仍是主要污染物，交通事故、有害气体泄漏和突然排污仍是主要风险源。[②]

（三）中国应对城市污染的政策措施

2011 年 5 月，中国政府部门在《关于推进大气联防联控工作改善区域

---

① 胡鞍钢：“中国生态环境问题及环境保护计划”，《安全与环境学报》2001 年第 6 期。

② 王东宇：“2006 年中国城市饮用水源突发污染事件统计及分析”，《安全与环境学报》2007 年第 6 期。

空气质量的指导意见》中明确要求全面推进大气污染联防联控工作，切实改善区域和城市环境空气质量。具体措施包括：将区域大气环境作为整体进行统一协调和管理，着力构建“统一规划、统一监测、统一监管、统一评估、统一协调”的区域联防联控工作机制。统一规划是指针对区域空气质量状况和污染特征，组织编制区域大气污染联防联控规划，统筹考虑区域环境承载力、排污总量、社会经济发展现状、城市间相互影响等因素，科学地确定区域环境质量改善目标、污染防治措施和重点治污项目；统一监测是指推动区域空气质量监测网络建设，提高区域空气质量监测能力，重点加强酸雨、细颗粒物、臭氧等空气质量监测，并实现区域监测信息共享；统一监管是指加强区域重点污染源在线监测系统建设，加大区域环境执法力度，组织开展区域大气污染专项整治活动；统一评估是指建立联防联控工作评估考核体系，对区域大气污染防治工作进展情况进行监督考核，并将考核结果向社会公布。对于未按时完成规划任务且空气质量状况严重恶化的城市，将出台严格的空气质量管理奖惩措施；统一协调是指建立跨行政区的大气污染联防联控协调机制，加强区域大气污染防治的组织领导和协调配合，形成区域治污整体合力。

考虑到不同地区空气质量状况差异以及开展区域大气污染防治紧迫性的不同，该文件还将大气污染联防联控的重点区域设定为京津冀、长三角地区和珠三角地区。强调地方人民政府是区域大气污染防治的责任主体，要切实加强组织领导，强化监督考核。环境保护部要会同有关部门对大气污染联防联控工作情况进行评估检查。对于未按时完成规划任务且空气质量状况严重恶化的城市，将严格控制其新增大气污染物排放的建设项目。①

2012 年 12 月中国政府出台《重点区域大气污染防治“十二五”规划》，规定北京、上海、天津、重庆等直辖市以及 15 个省会城市在内的共计 47 个城市，将严格限制钢铁、水泥、石化、化工、有色等行业中的高污染项目。一方面，对地理位置有较大依赖性的行业只能通过加大节能减排投入实现产业转型升级。另一方面，在该文件实施前期，众多企业将从一、二线城市向三线城市转移，从东部向中西部地区转移。该文件从优化产业结构与布局、优化能源结构与煤炭洁净利用、实施多污染物协同控制、建立区域

① 《关于推进大气污染联防联控工作改善区域空气质量的指导意见》（国办发［2010］33号）。

大气污染联防联控机制等多方面提出了大气污染防治措施。[①]

二、城市化与中国城市交通拥堵

（一）中国城市交通拥堵总体状况

进入21世纪以来，中国城市化、机动化速度不断加快。2000—2009年的10年间，中国北京、上海、广州、杭州、成都、深圳等城市的机动车保有总量已超过百万量级，中国民用汽车保有总量从1609万辆增至6281万辆，净增4672万辆，年均增长16.3%。在这样的背景下，以城市交通拥堵为代表的城市交通问题渐渐成为中国大城市的普遍难题。交通拥堵首先发生在特大型城市，例如北京、上海、广州、成都等，在短短几年间迅速蔓延至那些百万人口以上的大中城市，甚至有些中小城市也出现了严重的交通拥堵，且愈演愈烈。

（二）中国城市交通拥堵：形形色色

中国城市交通拥堵已成为普遍现象，但处于不同城市化阶段的城市、同一城市不同功能区域出现的交通拥堵特点也不尽相同，具体可分为以下四类：①交通拥堵呈常态化和局部蔓延趋势。以北京市为例，交通拥堵指数已由奥运会之后的5.1增至6.7，进入中度拥堵级别，部分时段拥堵指数甚至达到严重拥堵等级，部分主干线路早、晚高峰时段运行速度低于15公里/小时。工作日全路网日均拥堵时间超过4小时。②在通勤时间主要干路严重拥堵。该现象在人口超过百万的大城市尤为突出，呈潮汐性特点，即拥堵多出现于早、晚高峰时段通勤需求比较集中的交通走廊，且交通拥堵多为单向拥堵。③部分路网节点局部拥堵。拥堵经常发生在路网的关键部位，或仅在一个交叉口处独立形成交通堵塞，即“点拥堵”。但若“点”拥堵没有得到及时有效的解决，则会形成为“点—线—面”拥堵扩展的趋势，即由交叉口的拥堵影响到与之相关联的路段和相邻的交叉口，甚至构成区域性交通拥堵，影响整个路网功能效率的发挥。④机动车和非机动车混行、交通秩序混乱造成道路通行能力下降。这一现象在中小城市尤为明显，主要表现为汽

① 《重点区域大气污染防治“十二五”规划》（国函［2012］146号）。

车、摩托车、自行车和行人等多种方式混行，相互干扰，影响城市道路畅通。

中国城市交通拥堵的原因有很多，其中两个重要的原因在于：①城市人口增长突破规划设计的总体控制目标。如《北京城市总体规划（2004—2020）》中确定到2020年北京实际居住人口规模控制在1800万人，而至2009年，北京市常住人口就已达到1755万人，提前10年突破规划设定的控制目标。上海市2009年年底常住人口达到1921万人，也早已突破1999年总体规划设定的1600万人的控制目标。杭州市2009年年底人口总数为424万人，提前10年超过2001年总体规划设定的405万人的控制目标。人口突破规划控制必然会导致交通需求超过城市总体规划预期，给依据总体规划进行建设的交通系统带来巨大压力。②城市面积的扩大导致居民出行距离增加。中国1990—2002年，长三角城市带16市建成区面积年平均扩展大于10%，杭州年平均扩展高达28%，扩展速度较低的浙江省宁波市年平均扩展也达到11%。1997—2007年，广州市年均新增建设用地规模达到49平方公里，接近于每年新增一座新中国成立前的旧广州城。与此对应的是，广州市通勤交通平均出行距离从1984年的2.54公里增至2005年的6.42公里，上海市的平均出行距离则从1995年的4.5公里增至2004年的6.9公里。从而反映在道路上带来人或物周转量的增加，其增长速度远远超过城市道路交通系统承载能力的增长速度。

（三）中国政府的治堵之策

为缓解城市严重的交通拥堵，有些城市地方政府制定了几项治理城市拥堵的措施。①单双号限行制度。这是为缓解城市交通压力而催生的一种交通制度。2007年的“好运北京”奥运测试赛期间，北京开始单双号限行。单号日期，只有车号的末尾数字是单号的私家车可上路通行，双号日子的时候，只能车号末尾数字是双号的私家车可上路通行。该措施实施以后对城市交通拥堵起到缓解作用。兰州市人民政府决定自2012年10月8日至11月8日，兰州市出租车试行为期一个月尾号限行措施，单双号限行暂告中止。2013年1月16日起，济南为应对重污染天气实行单双号限行。②摇号买车制度。该方法是先报名预约排队，再统一参加摇号。电脑随机出10个号码，摇号者从中挑选一个号码。鉴于北京堵车严重的情况，北京市政府决定于2011年开始采用摇号的方式限制购车。2011年1月26日，备受瞩目的北京首轮机动车购车摇号正式举行，共有18万多人争夺17600个新增车辆指标。③提高公共交通出行比例。增加公共交通的运力，提高自行车的出行比例，降低私家车的出行数量。北京市制定了一项政策，计划到2015年，中心城公共交通出行比例达到50%左右，自行车出行比例保持在18%左右，小客车出行比例控制在25%以下。

三、城市化与“绿色”增长

（一）揭开“绿色”增长的面纱

“绿色”增长的关键是发展循环经济。城市循环经济也是一种可持续发展的经济。1992年联合国环境与发展大会通过了《21世纪议程》，标志着全人类将“可持续发展”作为共同追寻的目标，使可持续发展成为全球的共同行动战略。循环经济是一种以资源的高效利用和循环利用为核心，以“资源化、减量化、再利用”为原则，以高效率、低排放、低消耗为基本特征，符合可持续发展理念的经济增长模式，其根本之源就是保护日益稀缺的环境资源，提高环境资源的配置效率。

开展循环经济不仅可以缓解生态环境不断恶化的问题，而且对推动城市化进程具有重要作用。中国是发展中的大国，多年来一直采用粗放型经济增长模式，多数企业生产效率低，资源消耗、浪费大，环境污染严重。随着经济的高速增长，经济发展对资源的依赖性大大增强，资源开始出现短缺，大量资源必须依靠进口才能满足需求，目前中国已成为世界第二大原油进口国和消费国。资源短缺成为阻碍中国经济进一步发展的障碍，进而影响城市化的进程。另外，中国中西部地区经济发展水平低，西部大开发还在进行中，完全有必要在发展西部的过程中走循环经济这条可持续发展之路。发展循环经济可提高就业水平，带动相关的环保产业的发展，对耐用保值性产品的生产、保养、维修、服务以及再利用行业都属于劳动密集型产业，可解决大量人口就业。

（二）中国在“绿色”增长方面所取得的成就

为推动“绿色”增长，中国在“十一五”期间，以能源消费年均6.6%的增速支撑了国民经济年均11.2%的增长，能源消费系数由“十五”

时期的1.04下降到0.59，节约能源折合6.3亿吨标准煤。①扭转了中国工业化、城镇化快速发展阶段能源消耗强度和主要污染物排放量上升的势头。"十一五"期间，中国单位国内生产总值能耗由"十五"后三年上升9.8%转为下降19.1%；二氧化硫和化学需氧量排放总量分别由"十五"后三年上升32.3%、3.5%转为下降14.29%、12.45%。②促进了产业结构优化升级。2010年与2005年相比，电力行业300兆瓦以上火电机组占火电装机容量比重由50%上升到73%，钢铁行业1000立方米以上大型高炉产能比重由48%上升到61%，建材行业新型干法水泥熟料产量比重由39%上升到81%。③推动了技术进步。2010年与2005年相比，钢铁行业干熄焦技术普及率由不足30%提高到80%以上，水泥行业低温余热回收发电技术普及率由开始起步提高到55%，烧碱行业离子膜法烧碱技术普及率由29%提高到84%。④节能减排能力明显增强。"十一五"时期，通过实施节能减排重点工程，形成节能能力折合3.4亿吨标准煤；新增城镇污水日处理能力6500万吨，城市污水处理率达到77%；燃煤电厂投产运行脱硫机组容量达5.78亿千瓦，占全部火电机组容量的82.6%。⑤能效水平大幅度提高。2010年与2005年相比，火电供电煤耗由370克标准煤/千瓦时降到333克标准煤/千瓦时，下降10.0%；吨钢综合能耗由688千克标准煤降到605千克标准煤，下降12.1%；水泥综合能耗下降28.6%；乙烯综合能耗下降11.3%；合成氨综合能耗下降14.3%。①

（三）中国促进"绿色"增长的政策措施

中国在促进"绿色"增长方面已采取了一系列的政策措施，具体包括：①降低能源消耗。中国的第十一个五年计划提出能源消耗需求降低20%；②改进能源运输措施。建造全球最快的铁路网，在十几座城市兴建地铁及快速公交运输体系，并努力把铁路建设成像飞机一样的排碳密集型交通工具。③改进工业、建筑业等领域能源效益标准；④投资清洁能源。继续在风能、太阳能、核能、碳储备试验方面加大投资；⑤探索新政策。实际上，中国已经通过一系列政策工具控制二氧化碳排放；⑥为新技术设定目标、配额、标准及财力支持。尽管国际上对碳排放测量体系仍有抵触情绪，中国国内却一致认为，有效的测量和报告是保证实现目标的有力保障，并将改进上述系统

① 《节能减排"十二五"规划》（国发［2012］40号）。

写入了政府文件。

同时，中国政府有关部门也正在制定问责制，根据分工、根据任务完成的结果实行问责制。严格控制两高行业，加快淘汰落后产能，在节能减排当中，特别是两高行业，能源消耗高，污染环境大的行业进行严格控制。严格从源头上进行控制，在相关项目的审批上进行控制。加大淘汰落后产能的力度，组织重点工程推进节能。

【案例4－1】

温州炒房团

国人注意到温州民间资本的威力，最早是由炒房开始。作为有着“中国犹太人”之称的温州人，经过二三十年的财富积累，所掌握的民间资本已达6000亿元。敢闯敢干的温州商人，携巨款四处寻找投资机会。温州人炒房，最初是从自家门口开始。1998年到2001年，温州的民间资本大量投入当地房地产，促使当地房地产价格以每年20%的速度递增，市区房价快速从每平方米2000元左右，飙升到7000元以上。2001年8月，第一个温州购房团奔赴上海，三天买走了100多套房子，5000多万元现金进入上海楼市。同时，另一支购房团前往杭州。随后几年，约2000亿元温州的资金投向各地房地产，其中北京、上海两地集中了1000亿元。

温州炒房团中，有成功的案例，也有失败的样本。炒房团巅峰时能日赚百万元，遇上严厉的调控则也难以幸免。以下是一个温州炒房团遇上中国房地产调控政策“猝死”的样本：

经一位浸淫业内多年的人士介绍，保证隐藏一切真实身份。记者6月25日能听到许同讲他近乎传奇的故事非常不容易。“你是坐火车来的吧！从丽水到温州路上需要穿过无数隧道。我曾经钻了很多隧道，但那时知道阳光就在不远的前面。现在却进入了一个漫长的黑暗，说不定没有终点”。许同见到记者这样开场。

许同是温州瑞安一个地道的农民，家在瑞安一个镇的边上，三层破旧小楼，缺少维修，和周围的房子比起来显得寒酸，唯有门前的一片水域稍微光鲜。“我在外面买的房子哪个都比这个好，但从来没住过。”许同在家里和记者接上头后只说了几句话，就急忙“转移”，“能让邻居看到记者，也不能让他们堵住我。”他们指的是许同曾经的亲朋，如今的债权人。地点转移到了5里开外的一条采沙船上。许同说除了种几亩菜地，这是他唯一的实业。

他2005年开始炒房时，已晚了周围人很多步。3年间他呼朋唤友，携上亿元资金闯荡了国内大部分一线城市，不停地批量买卖房子，所到之处房价飙升，离开时已是获利丰厚。而此时，针对房地产的调控正层层加码，房价却越调越高。先是拿出200万元积蓄在不远的杭州试了一把，半年就赚了50万元，钱比辛苦采沙好赚多了。回到村里就引来了许多羡慕，同时还引来了入伙资金。之后他与同乡8个人携2000万元本金杀入上海楼市，看好浦东一处刚开盘的高档公寓后，全资进入，两个月后转手，盈利就高达25%。接下来，南下广州、深圳，北上北京、大连，本金加上盈利滚加最大时资产上亿元，炒房团也有20多人，几乎像所有炒房团一样，看中的楼盘则批量买入，接着一面简单考察下一个项目，一面观察行情，一旦有利可图，就开始到中介挂牌出售。许同最深的记忆是，在2007年5月他一口气卖出十几套房子之前，是真的不愁卖，且价格不断加码，连中介都主动要求提价。他在北京美景东方的6套房子出售时价格是每平方米14000元，而6个月前买入价仅9900元。就在挂牌的3天里，他就连提了两次价。那时，许同一天就卖几套房子，细数下来，盈利就有几百万。亲朋好友主动找上门来给他钱的人一天就有几拨。他像所有炒房团一样在享受炒房暴利的同时，获得信任和尊重。他同时也在羡慕比他赚钱更多的大户，他们的资金动不动就几个亿，甚至还有数百亿的财团。大胃口让许同对于风险置若罔闻。

如今，他似乎又回到了起点，炒房挣的钱悉数被套。现在他手上的欠款有3000万元。先不说曾经跟随他四处炒房但盈亏自负的20多户乡邻在6000余万元被套后经常找他诉苦的琐事，单从别人手上借的现金就是3000万元。他抽着烟一笔笔数：5个亲戚共借了1800万元，形式拆借，按时间长短，2分、3分、5分利都有；在一个朋友处借了1200万元，月利5分，而这个朋友的钱是单位十多个同事集的资。加上自有资金1200万元，砸在房子上的钱有4000多万元，分崩离析的炒房团则恩怨纠缠。曾把600万元交给许同代为炒房的表弟因分不到红成了仇人，一周前还遣弟媳来兴师问罪，并顺便挠了他的脸。

原本在2007年5月，许同已感受到了房价飞涨背后的风险，卖出了大部分房子，可观察3个月后看到房价依然坚挺，又花高价再次买进，谁知这次却接了市场接力的最后一棒，没有人接棒，他一直跑到现在仍看不到结束。代价是，本金全在里面，连以前的获利也在里面。

怎么砸的？许同换了支烟接着讲。货币政策步步从紧，民间借贷利息高企，调控力度越来越大。暴利冲昏了头脑，2007年9月，当他把原本赚得盆满钵满的所有资金再次换成房子后，才突然感觉到就没了底气。事实上，在广州富力又一城的房子拿到还不满一个月，房本还没到手他就有些后悔地找买家了，价格当然定得要高，结果第一次尝到了失败的滋味。这时他忽然发现，自己周围的人，老乡、同行，甚至开发商都在准备把房子出手，而愿意买房的人一下子开始了观望。他隐隐地感到事情不妙，就在那时他愁得抽起了烟，且烟瘾一发不可收拾。同时，炒房团有的成员已开始单独行动，抛售房源。第一个月提价，一套没卖。第二个月原价，卖了一套。之后连续两个月原价，零成交。从2008年3月开始，他完全被恐慌笼罩，挂牌的房子价格多次下调，仍是零成交。2008年5月，当他手里的房子已贬值20%以上时，他以30%的损失价出售，仍全部压在手里，他这才彻底绝望。绝望之后才通彻地感受到了压力：高息借款集资，要付的利息一分不能少，一天就3万元。而自己的全部家当都在房子里。如果许同想寻找安慰，那就是他所知道的炒房团大多都被深套了，提前离场的也损失惨重；而接下来，他们对楼市已不抱希望，经过本轮调整后，即便楼市有所恢复，也不具备太多炒作空间了，观察并迅速离场是关键。听说有炒房团将考察二三线城市楼市，许同只是苦笑，味道像烟丝一样苦涩。他说他已经死了。唯一活下来的理由是，种好地，采好沙，尽量还利息。

尽管这可能只是千百个温州炒房团中平常的一例，揭露的却是温州炒房团猝死的一个完整样本，背后则是无数人财富合谋的游戏。

（本案例主要内容摘自公培佳：“温州炒房团：巅峰时日赚百万，调控紧逼终砸手中”，《华夏时报》，2008年6月27日）

【思考题】

1. 温州炒房团现象对中国房地产市场有什么影响？
2. 温州炒房团现象带给我们的启示是什么？

【案例4-2】

城市民工荒——企业的应对之道

“民工荒”是指民工短缺现象。这种现象最早出现在南方一些主要城市，在春节时期尤为明显。“民工荒”既包括“普工荒”，也包括“技工荒”。但无论哪种类型，不是绝对的，而是相对的，是一种局部现象和结构性用工短缺。

“民工荒”主要有五种类型：(1) 部分地区存在“民工荒”。如长三角、珠三角等地区一些外贸贴牌生产企业，处于“微笑曲线”的底部，利润微薄，工人待遇较低，招工十分困难。(2) 部分行业存在“民工荒”。一些羽毛羽绒加工、纺织服装加工和餐饮服务等劳动密集型行业，工人劳动强度大、工作时间长、生产环境差，招工比较困难。(3) 部分企业存在“民工荒”。招工难更多地发生在中小企业，这些企业的职工待遇相对较差；远离县城，分布在乡镇，交通不便、文化生活少，缺乏吸引力。求职者出于“好面子”的虚荣心理，十分在意企业的名声大小，追求大企业名头，不愿到中小企业就职。(4) 部分工种存在“民工荒”。主要是一些车、钳、铣及电焊等机械加工方面的工种，工人短缺严重，实际上这是一种“技工荒”，与当前中国大规模的“铁、公、机”投资对机械制造业的强力拉动直接相关。(5) 部分用工岗位由于年龄、性别结构错位而得不到用工满足。近年来以 80 后、90 后为代表的新生代农民工供给增量逐年减少，导致各类生产线上青年工人普遍短缺，这是富余的农民工所无法替代的。又如，有些行业如服装加工和餐饮服务行业往往拒收男性员工，仅需要青年女工，而这个年龄段的女性劳动力供给严重不足，使招工难问题显得格外突出。

关于“民工荒”的主流观点认为，中国农民就业形势不容乐观，农民工求职仍是供大于求，农村劳动力整体上还处于供大于求的状态。中国农业大省——安徽省一个课题组在部分市县的调研从微观层面印证了这种观点。巢湖市每年需要安排就业 7 万人，而仅新增 4 万个左右的就业岗位，每年剩余劳动力 3 万人左右。

中国企业应对“民工荒”的策略有很多，这里介绍三种比较典型的应对策略。

第一，实行业务外包应对“普工荒”。有一家民营纺织企业，从事出口服装加工，产品全部出口到欧美及日本。近年来，由于经济形势好转突增大批出口订单，一线生产缝纫工缺口较大。该企业采取的应对策略是：①开展业务外包。先后找到 9 家合作企业，将剩余订单业务全部外包给这 9 家合作企业代为加工，成功地将自身用工难题“转嫁”给合作企业。②在合作中谋求共赢发展。这种策略有一个典型案例：某制衣厂拥有就近招收农民工的便利条件，上述发包公司调运本部闲置的平缝机及部分专用设备，供该制衣厂无偿使用，逐月提供稳定订单，以确保该厂生产的连续性；为保证产品质量，发包公司还专门委派管理和技术人员到该制衣厂驻厂跟单，在经营管理和生产加工技术上进行指导。

第二，进行在岗培训应对"技工荒"。目前许多企业缺少有技能、有经验、高素质的实用型技术工人，中高级技术工人特别是技师、高级技师尤为紧缺。上述课题组调查的某量具刃具有限公司迎难而上，另辟蹊径，巧妙地解决了"技工荒"问题。该公司每年从初中、高中毕业后未就业的学生中招收一批学徒工，通过在岗培训，使他们成为合格的正式工人。具体做法是，按月支付每一位学徒工约600元的基本工资，包吃住；由固定的师傅负责传授应掌握的主要技术要领，跟随师傅学习期间学徒工所完成的工作量计入师傅名下，这种方式，既调动了师傅的积极性，也解决了新进工人技术培训和企业对成熟技术工人的需求，有效地缓解了企业的"技工荒"。

第三，通过提升福利待遇应对"民工荒"。这应该是长久之计。"民工荒"的根本原因在于企业职工工资福利待遇过低，他们缺乏必要的安全感。某电子公司抓住问题的实质，以提高工人工资福利待遇为着力点，对寻求应对"民工荒"的长久之计进行了有益探索。在面对订单突然增多和招工难度提高的新形势，该公司及时主动将员工工资提高到比同类企业平均工资高5%—10%的水平，并严格实行每周五天、每天8小时的标准工作时间，如果遇到加班，积极主动提高加班费标准。该公司也为工人提供较好的生活福利。通过采取"事业、待遇与情感"攻势，不但留住了老员工，还吸引了部分新员工。在最近的一次工人招聘会上，该公司一次性顺利完成招收500人的用工计划，成功抵御了

“民工荒”的冲击。

（本案例主要内容摘自：尹云松，李季农：“对‘民工荒’形势的判断——来自农业大省的调查及其对策”，《中国发展观察》，2010年第10期）

【思考题】

1. 中国是人口大国，为什么还会出现“民工荒”，其深层次原因是什么？

2. 面对“民工荒”，除了企业的应对之策，政府应该有哪些作为？

【案例4-3】

中国首次光化学烟雾污染“遗产”

——“霾”世前传　从兰州到北京

39年前，在中国兰州首次出现光化学烟雾污染事件，从此开启了中国大气污染的研究。我们追溯兰州的空气污染事件是为了观察中国最近这次大规模城市雾霾将走向何处。

2013年春节刚过，笼罩中国许多大城市的雾霾风波再起波澜，一项中科院的研究成果让全民再度闻“霾”色变。近日，中国科学院公布了“大气灰霾追因与控制”专项课题组的最新结果。课题组负责人、中国科学院大气物理所研究员王跃思表示，本次席卷中国中东部地区的强霾污染物，是爆发于20世纪四五十年代英国伦敦、美国洛杉矶光化学烟雾事件污染物的混合体，并叠加了中国特色的沙尘气溶胶。这则消息经媒体大量报道后迅速升温，部分公众简单地将中国中东部地区雾霾等同于光化学烟雾，一时间哗然。采访中，数位大气环境研究专家都认为，测量出大量含氮有机物，并不能以此断定是“光化学烟雾污染”。含氮有机颗粒物种类成千上万，是否有害，哪些有害，必须做进一步的颗粒分析。

不管这次中国中东部地区雾霾的争论结果如何，这种污染在中国已非陌生。据专家介绍，北京、上海、南京、广州、济南、兰州等地都曾发生过光化学烟雾污染，而39年前兰州西固地区的空气污染，是发生在中国的第一起光化学烟雾污染事件，中国的大气污染研究正是肇始于此。

“雾茫茫，眼难睁，人不伤心泪长流”。1974年，一场因空气污染致小学生上学时刺眼流泪的事件，成为中国空气污染研究的分水岭。当年夏天，兰州西固地区居民感到眼睛受刺激，出现流泪，同时观察到植物受害等现象。“不是一般的二氧化硫污染，有点像洛杉矶光化学烟雾污染。”直到今天，年逾八十的唐孝炎教授仍记得当年学生吴仁铭的提示。唐是我国大气环境科技领域的开拓者，中国工程院院士，北京大学环境科学系教授。这句话的背后是被迷雾笼罩多时的兰州西固地区以及因此受困的人们：XXL型的自制纱布口罩从眼皮底下一直罩到下巴，口罩的鼻孔位置上一圈全是漆黑，十几天甚至整个冬天都被雾霾笼罩，空气里弥漫着说不出的怪味。中国科学院寒区旱区环境与工程研究所研究员陈广庭是兰州人，他觉得当年的兰州比现在的北京严重得多，就像“茶缸子上面捂着一只大手，透不过气来”。也正是吴仁铭的疑虑，把中国人从不愿面对有空气污染的事实拉进了往后近四十年的治理正轨上来。随即，唐孝炎的团队前往兰州，与甘肃省环保所专家进行了专项研究。

这显然是艰苦的一役：国内光化学烟雾研究一片空白，可参考的国外资料寥寥无几，认定污染的性质十分艰难。事实上，光化学烟雾的理论是加利福尼亚大学哈根·斯密特博士在1951年提出的，他认为洛杉矶烟雾主要是由汽车尾气中的氮氧化物、碳氢化物在强太阳光作用下而形成的，属于二次污染。通常把二次污染物臭氧和过氧酰基硝酸酯（PAN）作为这种污染的特征指标。

中国工程院院士、中国环境监测总站研究员魏复盛依然印象深刻，他告诉《南方周末》报记者，兰州西固光化学烟雾污染是作为一项重要的国家课题研究，历时数年，先后参与研究的专家都是各机构的“科研主力”。最先发力的是北京大学和甘肃省环境保护研究所。1974年，唐孝炎带领其团队进行初步认定工作。据资料记载，当时兰州空气中臭氧的时均浓度严重超标，远高于日本某些光化学污染重灾区。历经4年，直至1978年，研究首次证实了光化学烟雾在我国存在，并发现了不同于国外的成因。

当时，国家层面的着力研究令兰州大学大气系主任王式功印象深刻。20世纪80年代，更多专家投入到了西固地区的各项研究之中。其中，1981—1983年，中国环科院、北京大学、甘肃省环保研究所和监测站、兰州大学及兰化公司、兰州炼油厂等单位联合进行了《西固地区光化学烟雾污染规律及综合防治》研究，有120余人参与。研究者提出了大量具体而细致的治理建议，兰州钢铁厂、兰州焦化厂陆续搬走，燃煤取暖也逐渐变成燃烧天然气取暖，而新建的工业区更慎重选址，避开了不利污染物扩散的地形。

如今，很多环境专业的学生都清楚这场历时多年的研究。事实上，从西固课题之后，我国大气污染研究逐步发展，从单一的污染界定和调查，到20世纪80年代的酸雨研究，到90年代确定我国的大气污染有别于欧美的复合型污染。在唐孝炎看来，更重要的是当年研究打下的基础，对以后探索起到融会贯通的作用。“就因为有了这些，我们在20世纪80年代研究酸雨和90年代研究PM2.5的机理和转化时就非常清楚了。”

此外，当时专家提出空气污染预报应成为防治城市空气污染（特别是发生污染事件时）的一项重要措施，空气污染预报要像天气预报一样每天在新闻媒体上发布。目前，专家的建议在我国很多城市已被采纳。

随着我国城市化的飞速发展，继兰州之后，光化学烟雾污染在广州、北京、上海等地都已出现。一位不愿具名的珠三角空气污染研究专家说，曾有科研资料记载，1986 年夏季在北京发现了光化学烟雾的迹象；而 1995 年 6 月 2 日，上海的外滩，许多行人感觉到空气刺眼刺鼻，甚至呛出眼泪来，经确认，空气中的一氧化碳浓度极高，这是上海首次出现光化学烟雾污染。

上述专家认为，现阶段，我国的空气污染已变为大面积的城市群复合污染，主要分布在珠三角、长三角、京津冀等城市群，城市大气污染在一些大城市已逐渐由煤烟型转向汽车尾气型，或成为二者综合型的污染特征，因此治理难度远远超过了 20 世纪 70 年代。更为糟糕的是，我国现在对光化学烟雾污染对人体健康影响的研究还非常零散和单薄。“没有一个城市可以独善其身，必须采取联合的行动。”上述专家担忧道。对此，唐孝炎也有相同的感受。她在看似没有重污染的珠海做检测时，依然发现了极高的臭氧值，“因为周边的污染会迁移”。在她看来，光靠末端减排的治理是远远不够的，更重要的是能源结构和产业结构调整。“经济发达的地区 GDP 低一点行不行？发展减慢一点行不行？”她反问道。

此前，广东和香港联合进行的粤港珠江三角洲区域空气监控显示，2006 年至 2011 年，珠三角区域整体空气质量逐步改善，但臭氧浓度上升了 21%，成为唯一上升的大气污染物指标。这也导致了珠江三角洲地区光化学烟雾时有发生。现实依然残酷。“从我们观测和有限的研究来看，中国的光化学烟雾污染已经成为现实的问题，而非潜在威胁。”面对南方周末记者的提问，中国环境科学研究院副院长柴发合语调低沉。

（本案例主要内容摘自袁端端：“中国首次光化学烟雾污染‘遗产’——‘霾’世前传　从兰州到北京”，《南方周末》，2013 年 2 月 21 日）

【思考题】

1. 雾霾的出现会影响中国城市化进程吗？
2. 中国政府应采取哪些措施治理空气污染？

金融很重要，是现代经济的核心。金融搞好了，一着棋活，全盘皆活。

——中国改革开放总设计师 邓小平

第五章 利率、汇率沿革与中国货币政策

第一节 利率市场化改革大幕初启的中国

如果说金融活动可以简单理解为资金融入和资金借出的过程，那么利率就代表在投融资活动中借入借出资金的价格，即资金的使用价格。而从宏观金融的角度理解，因为利率政策由国家导向，所以利率作为经济体系中的一个重要变量，是一国政府对经济体系进行宏观调控的主要手段之一。中国人民银行是中国利率政策的制定机构，它根据货币政策实施的需要，适时地运用利率工具，对利率水平和利率结构进行调整，进而影响社会资金供求状况，实现货币政策的既定目标。中国人民银行目前使用的利率政策工具主要有：“1. 调整中央银行基准利率，包括：再贷款利率，指中国人民银行向金融机构发放再贷款所采用的利率；再贴现利率，指金融机构将所持有的已贴现票据向中国人民银行办理再贴现所采用的利率；存款准备金利率，指中国人民银行对金融机构交存的法定存款准备金支付的利率；超额存款准备金利

率，指中央银行对金融机构交存的准备金中超过法定存款准备金水平的部分支付的利率。2. 调整金融机构法定存贷款利率。3. 制定金融机构存贷款利率的浮动范围。4. 制定相关政策对各类利率结构和档次进行调整等。”①

一、改革开放前的中国利率政策

（一）新中国成立初期过渡性利率政策（1949—1952 年）

1948 年 12 月 1 日，中国人民银行成立。中国人民银行在成立之初，就担任着利率政策制定者的角色。② 当时的中国社会，刚刚从战争的阴影中走出，首要任务就是医治好战争的创伤。但是，由于当时各项制度仍不健全，所以有许多不法商人囤积居奇，造成物价飞涨，百姓苦不堪言。为抑制飞涨的物价，中国人民银行首先采取高息揽存策略，规定了非常高的利率水平。根据 1949 年 8 月中国人民银行公布的利率表，当时 6 个月的定期存款利率高达 168%；6 个月以上的可面议，活期存款利率也有 60%。③ 这种利率水平显然是特殊时期的特殊政策，高利率有效地遏制了当时物价的上涨幅度，打击了不法商人的囤积居奇活动，同时大量闲散资金被吸收到银行，使银行可运用的资源更多，银行实力得到增强。

当然，这种高利率只会存在于特定历史时期，针对特定的社会背景。如上所述，虽然高利率阶段性有效地维持了社会经济秩序，但也给经济的长远发展埋下隐患。我们必须看到，根据经济学规律，在存款利率高的情况下，贷款利率自然也随之提高。据记载，这里主要指的是对私营商业的贷款利率，其他类型的利率也都很高。这显然严重影响了工商业的经营和发展。因此，到 1950 年年初，在全国物价稳定趋跌，国民经济逐渐走向正轨的背景下，中国人民银行根据当时物价水平和各行业利润水平对利率进行了及时调整。1950 年 5 月活期存款利率为 21.6%。此后，又根据实际情况分别于 1951 年 2 月、1952 年 5 月和 9 月进一步调整利率水平，到 1952 年 9 月，活期存款利率降至 5.4%，一年期的也只有 14.4%。利率水平向正常回归。

---

① http://www.pbc.gov.cn/publish/zhengcehuobisi/623/index.html.

② 央行当时只是名义上的利率政策制定者，更准确的说像一个执行机构，重大事项均由央行报请国务院决定，央行再负责传达执行。

③ 从 2012 年 7 月 6 日开始至今，中国的一年期活期存款利率为 0.35%，一年期定期存款利率为 3%。

由于物价飞涨，物资稀缺，百姓不得不以这样的方式采买生活必需品

（二）利率倒挂（1953—1957 年）

利率倒挂即负利率：是指存款实际收益率（实际收益率 = 名义收益率 - 通胀率）为“负”的现象。由于通货膨胀率高过银行存款利率，把钱存在银行，财富不但没有增加，反而随着物价上涨而贬值。

从 20 世纪 50 年代开始，受苏联和东欧社会主义国家影响，中国政府试图改变集中经济体制的低效率状态，试图对经济体制做出一些调整。为此，从两个方面调整利率政策。

第一，利率被大幅度调低。当时的领导层认为，为了进行大规模的经济建设，就必须继续降低利率。在这种指导思想下，政府指示人民银行先大幅度调低贷款利率，针对国营企业，工业贷款的月息由 69.9% 调低为定额内的 4.5% 和超定额的 4.8%；商业贷款的月息由 10% 调低为 6.9%；其他所有制性质的行业贷款的利率也相应调低。与这次大幅度调低贷款利率不同，存款利率除国营存款利率适当调低外，其他类型的存款利率均未作调整。政府层面希望通过高存款利率吸引社会闲置资金，又通过低贷款利率大力支持经济建设和发展。然而，负利率虽然会促进投资规模加大，但是，存贷利率倒挂会打乱正常的金融市场秩序。有人会从银行借款再存入银行，享受利率倒挂的差额。第二，负利率不利于借款企业节约使用资金。当存贷利率倒挂时，企业的资金使用会浪费，甚至有货币资金闲置时也不归还银行贷款，引起信贷资金周转不灵。第三，不利于银行等金融机构的经济核算。利率倒挂的情况下，银行吸收存款越多，发放贷款规模越大，则亏损越大，不利于银行自身的发展，也不利于银行业务的开展。

在 1955 年，公债年息为 4%，贷款年息为 10.8% 和 12%，而一年期存款利率却高达 14.4%，这种状况明显不合理。因此，当政府意识到这种不合理性后，1955 年 9 月，针对利率倒挂现象，开始大幅度降低存款利率。调整后的一年期以上存款利率为 7.92%，其他档次利率也相应下调，且幅度较大。

（三）过“左”的利率政策（1958—1978 年）

1958—1978 年是中国国民经济的调整时期，同时也存在一个特殊的社会时期即“文革”时期。在这一时期，由于受“左”的错误严重影响①，在经济工作中忽视价值规律的作用，利率政策也受到严重干扰，正如全国所有的问题都被打上政治化的标签一样，利率政策也被政治化了。主要通过以下两个方面表现出来：

第一，片面地大幅度降低利率。“大跃进”② 时期，在要求工农业不切实际地增长的背景下，监管者同样也盲目地认为高存款利率影响了群众集资的热情。于是，从 1958 年 11 月起，政府决定降低存款利率，一年期存款利率由 1958 年 10 月的 7.92% 降为 4.8%。到了 1965 年，政治对社会经济的影响愈演愈烈，一切工作都是以政治目的优先，忽视经济发展规律，在此背景下，储蓄存款也要讲动员，因而从 6 月 1 日起再降存款利率。存款利率存在“一刀切”的情况，一年期利率降至 3.3%，并且取消 3 个月、2 年、3 年的存款利率档次；同时还增办所谓的“现金保管业务”，这其实就是实质上的无息存款。这种趋势在“文革”期间愈演愈烈，在“文革”期间，利率政策被完全忽略，利息一度被完全否定，被说成是剥削，甚至出现了冻结

① 从哲学角度讲，如果执行的路线、方针、策略符合当时的实际，就是正确的；如果超越了当时的客观实际，做了条件不成熟的事情就是左倾冒险主义。

② “大跃进”运动是指 1958 年至 1960 年间，当时的经济发展目标夸大且不切实际，要求工农业主要产品的产量成倍、几倍、甚至几十倍地增长。例如，提出钢产量 1958 年要比 1957 年翻一番，由 535 万吨达到 1070 万吨，1959 年要比 1958 年再翻番，由 1070 万吨达到 3000 万吨。粮食产量 1958 年要比 1957 年增产 80%，由 3900 亿斤达到 7000 亿斤左右，1959 年要比 1958 年增产 50%，由 7000 亿斤左右达到 10500 亿斤。

存款、查抄存款，荒唐地把“利息越来越低，利差越来越小，利率档次越来越少”当成是社会主义优越性，利率政策完全与经济规律偏离。1971 年 10 月，利率再次被大幅调低。一年期存款利率由 3.96% 降至 3.24%，把本来已偏低的利率水平又猛降近 20%。有些地方甚至还继续推行无息储蓄存款。除此之外，对党团工会存款和企业主管部门的存款均不计息，对贷款甚至也免息。

第二，利率档次也过于简单。在否定利息的指导思想下，几次利率调整都不断取消一些存款利率档次，把利率档次简化为只有半年、一年和活期三种档次，并盲目地将结算贷款利率、农工商贷款利率、信用社对个人贷款利率全都统一为月息 6%。

总结来说，这段时期中国的利率政策已经完全偏离了经济发展的规律，完全以政治和领导人意志为导向。无论是人为造成的利率倒挂、大幅降低利率还是利率档次简单化、无息存贷款业务，都无疑是中国利率政策历史上的巨大混乱。

二、有计划的商品经济条件下的利率政策

经过十年“文革”动乱，国民经济遭受严重破坏，几近崩溃边缘。这段灾难性的历史时期过去后，绝大多数中国人对“全面专政”制度绝望。正如邓小平同志说的那样：“不改革不行，不开放不行。过去二十多年的封闭状况必须改变。我们实行改革开放政策，大家意见都是一致的，这一点要归‘功’于十年‘文化大革命’，这个灾难的教训太深刻了。”

（一）拨乱反正的利率政策（1978—1985 年）

在计划体制内经历多次徒劳无功的改革尝试和动荡后，中国政府不得不痛定思痛，考虑向其他方向改革。1978 年 12 月 18 日至 22 日，一个对于中国经济发展具有里程碑意义的会议——在京召开的中共十一届三中全会，根据会议精神，各行各业开始拔乱反正，极“左”思想被清算。这种清算同样反映在利率政策上，政府重新认识到利率这一经济杠杆的重要作用，试图正确调整利率政策发挥利率杠杆的作用。

从 1979 年到 1985 年，中国人民银行分别于 1979 年 4 月、1980 年 4 月、1982 年 4 月、1985 年 4 月和 8 月五次提高存款利率。在“大跃进”中，国

民经济已经严重失调，要扭转国民经济不利局面需要大量的资金，因此把利率水平提高到合理水平，在当时非常有利于其经济杠杆功能的发挥，吸储了大量资金。到1985年，国民经济发展趋势向好，国家开始推行工资价格体制改革，收入的上涨引起物价上涨，从而综合物价指数上升，通货膨胀率相对于存款利率来说非常高，因此，提高存款利率有利于确保储户利益。截至1985年8月，利率基本恢复到1955年比较合理的水平①。与此同时，利率档次也得到了完善，增加了3年、5年和8年等利率档次，以满足储户的不同需要。

同时，利率管理权在这一时期终于开始归为中国人民银行所有。在这之前，利率管理权限表面集中于央行，但如遇重大调整，必须向国务院报批，在这种计划色彩的管理体制下，央行只是利率政策的执行者而已。直到1982年1月，国务院授予中国人民银行20%的利率浮动权限，这让央行具有了真正意义上的利率管理权，能够及时、灵活地调整利率水平。

（二）波动起伏的利率政策（1986—1989年）

这一阶段，在实体经济层面，开始选择沿海某些具有对外开放条件的地区建立改革试验区（如广东省的广州、佛山、江门、湛江等），这段时间政府基本放弃了计划经济下政府指导定价的方式，开始放开了小商品价格，并扩大了一般消费品市场调节价格的范围。但是，这段时间由于经济过热引发了投资消费双膨胀及货币超量发行带来的信贷膨胀，以及多年以来积累下来的社会总需求大于总供给的矛盾加剧，使隐性通货膨胀在需求的拉动下爆发出来，这是新中国成立以来第一次真正意义上的通货膨胀周期。以浙江省为例，消费价格涨幅均超过6%，年均涨幅高达13.8%，是6年平均水平的4倍。这段时期的利率政策调整呈现出一个非常明显的特征，即随着国民经济扩张与收缩的周期性波动而有规律性地波动。波动特征是利率水平一上一下，波幅不大。

第一波上升期在之前的叙述中也介绍过，是从1985年就开始的，因为工资制度改革，物价上涨过快，因此那一年央行两次提高利率。此后的几年，为应对经济过热产生的通货膨胀，经国务院批准，中国人民银行于

① 活期存款利率已从1971年的1.8%调至2.4%；一年期利率从1971年的2.7%调至6.0%。

1988 年 9 月 1 日起全面提高银行存贷款利率①。但是，经济的过热现象犹存，通货膨胀在 1988 年年底到 1989 年年初进一步加剧，导致全国大中城市出现抢购风和挤兑存款现象，储蓄存款增量出现较大的回落。为了控制这种局面，政府不得不对经济秩序进行全面治理整顿，1989 年 2 月 1 日起，存贷款利率再次提高②，利率水平达到此波调整的高峰。

此波调整到 1989 年下半年才初见成效，经济过热现象被遏止，但是，由于此波收缩过猛，国民经济随即出现了市场销售疲软，工业增长速度骤降的局面，收缩过猛产生的负面作用开始显现。

总体来看，这一阶段有计划的商品经济使得货币的“商品”属性得以体现，利率也开始被作为有效配置资源的经济杠杆。但我们也应该注意到，在中国的双层利率调控体系中仍有过多政府干预的痕迹。如专业银行对于那些政府扶持的企业，不论效益好坏，都要实行“优惠利率”；再如，专业银行没有制定存、贷款利率的权力等。这一段时期的中国利率政策集中体现了中国的“专业银行”还不是“自主经营、自负盈亏”的“商业银行”这一现实，在利率体现上仍存在中央银行对专业银行权力的“侵蚀”。随着社会经济的发展与繁荣，利率市场化改革呼之欲出。

三、利率市场化改革的“惊险一跃”与破冰之旅

由于担心利率完全市场化所带来的恶性利率价格战或部分银行面临破产的风险，中国政府始终没有完成利率市场化的临门一脚，但是，2012 年 6 月 8 日和 7 月 6 日，中国金融机构人民币存贷款基准利率及其浮动区间经历了两次调整。2013 年初，又有消息说中国人民银行近期宣布将实施新的短期流动性管理工具（SLO）③，分析人士认为，这表明中国央行意图培育一个新的短期市场基准利率，这也是最终转向完全利率市场化的重要步骤。这也就意味着，在经历计划经济过程中的利率政策行政指令后，中国央行则根据中国经济金融发展和加入世贸组织后开放金融市场的需要，提出“先外币、后本币，先贷款、后存款，存款先大额长期、后小额短期的基本步骤，

---

① 例如，一年期存款利率从 7.2% 提高到 8.64%。

② 例如，一年期存款利率从 8.64% 提高到 11.34%。

③ 公开市场短期流动性调节工具以 7 天期以内短期回购为主（Reverse REPO），操作在七天期等品种工具之后，继续构建隔夜等超短期品种。

逐步建立由市场供求决定金融机构存、贷款利率水平的利率形成机制，中央银行调控和引导市场利率，使市场机制在金融资源配置中发挥主导作用”（见表5.1）。

表5.1　　中国利率市场化进程表

时　间	事　项
1996年6月1日	放开银行间同业拆借利率
1997年6月	放开银行间债券回购利率
1998年8月	国家开发银行在银行间债券市场首次进行了市场化发债
1998年	人民银行改革了贴现利率生成机制
1999年10月	国债发行采用市场招标形式，从而实现了银行间市场利率、国债和政策性金融债发行利率的市场化
1999年10月	人民银行批准中资商业银行法人对中资保险公司法人试办由双方协商确定利率的大额定期存款（最低起存金额3000万元，期限在5年以上不含5年）
2003年11月	商业银行农村信用社可以开办邮政储蓄协议存款（最低起存金额3000万元，期限为3年以上不含3年）
2003年7月	放开了英镑、瑞士法郎和加拿大元的外币小额存款利率管理，由商业银行自主确定
2003年11月	对美元、日元、港币、欧元小额存款利率实行上限管理，商业银行可根据国际金融市场利率变化，在不超过上限的前提下自主确定
2004年1月1日	人民银行再次扩大金融机构贷款利率浮动区间
2006年8月	扩大商业性个人住房贷款的利率浮动范围
2012年6月	进一步扩大利率浮动区间。存款利率浮动区间的上限调整为基准利率的1.1倍；贷款利率浮动区间的下限调整为基准利率的0.8倍。

资料来源：根据人民银行网站和政策性新闻整理。

网站：http：//www. pbc. gov. cn/publish/zhengcehuobisi/624/index. html。

（一）声音——不得不进行的利率市场化

1. 利率市场化的内涵

市场化利率体系有三个组成部分：一是央行政策利率，也是货币政策的操作目标。央行政策利率本质上是央行吞吐基础货币及银行间调剂基础货币的价格。因为央行在基础货币上的供给能力几乎是无限的，是垄断供应者，所以能通过公开市场操作调控基础货币的价格，如美国联邦基金利率。

二是市场利率，是货币政策的中间目标，包括货币市场、债券市场和存贷款利率，有各种期限、风险、交易对手。市场利率通过资金供求形成，央行只能间接影响，不能直接调控。

三是利率传导渠道。央行政策利率应在利率体系中具有“牵一发而动全身”的作用。利率传导要通畅，金融机构应市场化运作，风险定价和套利机制应能发挥作用。利率传导渠道涉及非常复杂的理论问题，如格林斯潘“长期利率之谜”（长期利率和联邦基金利率之间的关联程度下降），伯南克为此提出“扭转”操作。

2. 来自各方的支持声音

利率市场化得到了来自各方面专家和学者的支持。中国人民银行研究局局长张健华认为，“中国人民银行调整利息是应对国际金融危机、欧债危机的举措，以减少危机对中国经济的影响。让存款利率的上限有一个向上的浮动空间，贷款利率的下限也有一个向下的空间，主要目的还是给金融机构一个更大的自主定价权。一方面是我们整个利率朝着一个市场化方向发展，另一方面其实也是为了让整个金融机构能够适应未来的利率市场化的发展，这是一种小幅的探索。”①

同时，国务院发展研究中心金融研究所副所长巴曙松认为，“中国比20世纪90年代更具备利率市场化的条件，银行体系有这个条件，如银行建立了比较完善的风险控制机制，定价能力也在提高，现在是加快推进的，但有一些基本的东西还是要去做的。相对宏观的存款保险制度也是一个障碍，当前的银行两次放松利率市场化步伐之后，尤其存款形成了两个层面，一是大银行，几乎下调之后维持上一次利率水准，他们是一个团队；二是中小银行和其他银行，一次上浮到底，无论是一年期以下还是一年期以上的定期不等。对于个人来说，我也不担心这个风险。从90年代到现在的市场经济清算的银行就一家，海南发展银行。有些工作最近几年才完成，基本保护了储户的利益，如果你没有建立存款保险制度的话，不能够让金融机构自身风险状况或市场地位有所区别，美国这些国家利率市场化是指存款这一端。理财产品的快速发展，直接融资的扩张，凸显了利率市场化的现实需求。利率市场化的真正启动非常近了，今年年底或者明年，利率市场化改革的突破或者

① 摘自2012年6月28—30在上海举行的“陆家嘴论坛”上中国人民银行研究局局长张健华的发言。

进展程度，会超乎我们的想象。”①

而全国人大财经委副主任吴晓灵则认为，2013 年有条件进一步推进利率的市场化，可以进一步放宽下浮的幅度这个是第一。第二，也可以考虑引进市场通行的办法，即通过加若干基点形成贷款利率的办法取代央行公布贷款基准利率的办法，国际上各家商业银行的优惠利率是在伦敦同业拆借利率基础上加点形成的，我们要想走向利率市场化完全可以，我觉得现在已经有条件在这个标准的基础上加点形成我们的贷款优惠利率，中央银行集中精力培育银行间同业拆借利率，为什么现在需要银根的时候中央银行没有过多的下调存款准备金率，而是用公开市场的手段作回购——正回购和逆回购，我认为央行的政策意图非常明确，培育政策目标利率，培育我们的银行间同业拆借利率。对于存款，还是要保证在一段时间之内有一定的控制，可以加大浮动的幅度，但是也不会加太大，理由我不多说了，其实如果控制利率上限，就是存款利率的上限，第一能够让金融机构不要过度竞争，因为小机构容易在这个方面去做。第二，其实存款利率的上升可以让更多的直接融资工具产生有利于直接融资。”②

商业银行财务重组和股份制改革取得阶段性成果，在很大程度上消除了财务软约束问题、开始在市场竞争中产生产品和服务的定价，为推进下一轮的利率市场化改革奠定了重要基础。2012 年全国金融工作会议提出，当前建立存款保险制度的条件已基本具备，要抓紧研究完善方案。已完成的商业银行改革重点解决了资本充足水平和质量的问题，资本质量是一个健康性的总指标，未来还要继续强调金融产品和金融服务的质量，这些最终取决于客户的评价。另外，要在风险可控的前提下，在更大范围、更高层次上开放国内金融市场，完善人民币汇率形成机制，增强人民币汇率双向浮动弹性。③

（二）现状——准备工作与担忧声音

目前，货币市场、债券市场和外币存贷款利率已基本放开，利率管制主要体现为 2006 年确立的人民币存款利率“下限放开、上限管理”及贷款利

① 引自巴曙松 2012 年 4 月于“华侨银行（中国）春天论坛”上的演讲。

② 摘自吴晓灵于 2012 年 12 月 15—17 日在“三亚财经国际论坛”（中国海南）上的演讲。

③ 摘自周小川在《中国金融》杂志上的撰文。

率“上限放开、下限管理”。

亚洲金融危机之后，中国利率市场化有这样几个内容可以回顾一下。

第一，外币存贷款利率。分几步放开国内外币存贷款利率，这主要发生在2004年之前。

第二，扩大银行的贷款定价权和存款定价权。2003年之前，银行定价权浮动范围只限30%以内，2004年贷款上浮范围扩大到基准利率的1.7倍。2004年10月，贷款上浮取消封顶；下浮的幅度为基准利率的0.9倍，还没有完全放开。与此同时，允许银行的存款利率都可以下浮，下不设底。

第三，在企业债、金融债、商业票据方面以及货币市场交易中全部实行市场定价，对价格不再设任何限制。随着各种票据、公司类债券的发行，特别是OTC市场和二级市场交易不断扩大使价格更为市场化，很多企业，特别是质量比较好的企业，可以选择发行票据和企业债来进行融资，其价格已经完全不受贷款基准利率的限制了。

第四，扩大商业性个人住房贷款的利率浮动范围。2006年8月，浮动范围扩大至基准利率的0.85倍；2008年5月汶川特大地震发生后，为支持灾后重建，人民银行于当年10月进一步提升了金融机构住房抵押贷款的自主定价权，将商业性个人住房贷款利率下限扩大到基准利率的0.7倍。但是，我们也看到，实际上金融企业并不是特别地愿意自己对住房抵押贷款定价。

四、破冰——利率市场化改革进入深水区

2012年6月7日，停滞多年的利率市场化改革再破坚冰，央行宣布调整金融机构存贷款利率浮动区间，具体为将存款利率浮动区间的上限调整为基准利率的1.1倍；将贷款利率浮动区间的下限调整为基准利率的0.8倍。

在央行货币政策委员会前委员李稻葵看来，放宽利率浮动空间，尤其是容许存款利率上浮10%，是利率市场化的重要一步，重启改革进程，意义极为重大。

更出人意料的事，又发生在时隔一个月之后，央行乘胜出击，再次扩大利率市场化成果。7月8日，央行宣布，将贷款基准利率的下浮区间扩大到基准利率的0.7倍。

金融机构人民币贷款基准利率调整表

“这次央行是动真格的了。”在一位股份制银行高管眼中，对于商业银行来说，很少有贷款会真的下浮0.7倍，可以说中国贷款利率市场化其实已经接近完成。

而存款利率方面，一直被视为保护银行业的最后一道挡板，也是利率能否得以真正市场化的最核心的标志。本次央行罕见地将存款利率上限放宽至1.1倍，在让商业银行感到丝丝寒意的同时，也让整个金融业看到了利率市场化的曙光。

固定利率下银行的无忧生活

2012年6—7月份两次调整利率有人说“狼来了”，或者说“银行好日子到头了”。

（一）半是蜜糖

利率市场化提高了资本市场的效率，作为重要的参与者，银行也一定会获得许多益处。

第一，从资产负债的管理角度看，利率市场化给商业银行创造了比利率管制时期更加自由的经营环境，提高了商业银行经营的自主性。例如，在负债方面，由于银行获得了自主定价权，因此银行可以采取主动负债的措施，优化负债结构，力求达到降低经营成本的目的。在资产方面，银行可以根据自身经营需要，对不同资产确定不同的利率水平，把价格与风险相匹配，实施差别化的定价策略。

第二，利率市场化也有利于商业银行开展金融创新。面对利率市场化的新挑战，从银行的客户角度，无论是企业客户还是个人客户，都面临如何有效地管理利率市场化所带来的利率风险。这种对冲风险的需要使银行必须研发出更多的创新衍生品出来。从别国经验来看，利率市场化的过程本身也是银行不断推进金融创新的过程。随着中国利率市场化方向的日渐明朗，银行也陆续推出了包括结构性的存款、利率互换、固定利率贷款在内的创新产品，满足客户的新需求。金融创新必然会带来收入结构的变化，因此我们会观察到在利率市场化的过程中非利差的增长。比如说 1997 年放松监管前，从 20 世纪 80 年代利率市场化以后，到 90 年代这一比例就达到了 32.2%，近年来中国银行业的中间业务快速发展，这也与利率市场化进程的加快有密切关系。

（二）半是忧伤

那么，为什么又说“银行的好日子到头了”呢？

利率市场化给银行带来发展机遇的同时，也将会改变银行已经习惯的传统经营模式，从而对商业银行的经营管理和风险控制均产生深层次的影响和冲击。对于长期在利率管制下运行的中国商业银行来说，这种影响和冲击可能就更为剧烈一些。因为长期以来中国银行业的存贷款利差高于绝大部分成熟的市场水平，目前中国的存贷款利率差高达 300 个基点以上，而成熟市场一般只是大于 25 个基点。事实上从 2012 年以来，央行的 6 次加息中，大多数都加大了利差水平。这种利率管制下形成的天然高利差，使银行可以依靠传统的存贷业务生存，只要信贷规模扩张，银行的利润就有增加的来源，这种利润相当于一种垄断利润。但是在利率市场化背景下，这种存贷款的利率空间将被缩小，过度依赖利差赢利的模式会越来越难以为继，这就意味着商业银行在政策上要做出根本性的调整。

利率市场化把定价权交给了银行，那么能不能用好这个权力对中国银行业来说是一个很大的挑战。经过长期的利率管制，现在进行自主定价，缺乏经验，也没有数据的积累。从市场的反馈来看，在贷款利率上限取消以后，中国商业银行大都宁愿下调利率去抢各种大客户、大项目，那么对中小企业的经营服务应该说仍然是不足的，一个重要的原因就是银行的定价能力还跟不上这种形势的变化，还不能及时、准确地为客户和业务定价。定价能力是银行核心竞争力的重要组成部分，在这个方面外资同业有着明显的优势。

利率市场化还会延伸信用风险，可能会出现高风险客户排挤低风险客户的逆向选择问题，以及企业不能承受利率变化而产生违约的风险，在银行方面也可能会出现一味地追求高收益而忽视高风险的问题。

银行危机也体现了我们利率市场化可能带来的系统性风险。因此，商业银行在加强自主定价和利率风险管理的同时，还要重视金融创新，这是应对利率市场化的必要举措和长远之计。

第二节 人民币汇率改革之路

按照维基百科的定义，在经济学上，汇率被定义为两国货币兑换的比例。通俗地说，汇率是一国货币单位兑换他国货币单位的比率，也可以说是用一国货币表示的另一国货币的价格。

汇率的特性在于它多半是浮动的比率。只要货币能够透过汇率自由交换，依交换量的多寡，就会影响隔天的汇率，因此，有人也以赚汇差营利，今日以较低的比率购进某一外币，隔日等到较高的比率出现时，再转手卖出。

在经济全球化的背景下，汇率是国际经济、政治、社会关系的重要纽带，已经渗透到国民经济的方方面面，作用不言而喻。随着中国对外开放的不断深入，中国经济实力的不断增强，人民币汇率越来越被国内外学者和工商企业界所关注。人民币是否被低估，中国的贸易顺差是否与汇率有关，如何看待中国巨额外汇储备问题，又该如何有效管理，都是本节将要讨论的问题。当然，要讲清楚这些问题，我们还要从历史回顾开始，这有助于我们系统地了解中国外汇历史的变迁与外汇政策的形成机制。

一、人民币汇率政策历史

（一）复汇率制阶段（1979—1993 年）

改革开放初期，人民币汇率被严重高估。这极大地冲击了当时中国的对外贸易，因为高估的人民币汇率并不能反映市场的供求关系，自然造成当时的贸易公司严重亏损，造成国家外汇极为紧缺。为应对这种紧缺，政府急需增加外汇收入，这要求人民币贬值；但另一方面，要增加非贸易外汇收入，保护进口利益，又需要人民币升值。面对这种两难局面，作为 IMF 成员国，中国政府当时采取了按 IMF 法规里关于复外汇制的规定，允许成员国在短时间内实行多种汇率，调整成熟后再过渡为单一汇率。中国的双重汇率制度开始于 1981 年 1 月 1 日，企业的出口收汇被分为两个部分，一部分必须按较低的官方汇率上缴国家，余下部分可按调剂市场汇率售出或可自行根据市场供求信号进口盈利商品。

（二）汇率并轨后与柔性钉住美元制阶段（1994—1997 年）

1994 年年初，人民币官方汇率与外汇调剂价格并轨，实行以外汇市场供求为基础的、单一的、有管理的浮动汇率制。这一改革被看做中国外汇政策的策略性改革，而选择这一时点改革的动力是什么呢？应该说，大的背景是源自企业外汇存款多，而官方外汇储备不足。这正是双轨制的问题所在。在双轨制下，外汇调剂市场价格和官方价格存在大比例价差，美元兑人民币的官方汇价是 1∶5.7，而外汇调剂市场的价格则一度达到 1∶10，甚至更高。在这种情况下，外贸企业必然选择通过外汇调剂市场出售外汇而不愿意将外汇卖给商业银行。一些企业为突破外汇管制、抢占市场先机，也愿意到调剂市场购入外汇。这就形成了私人部门外汇多、官方外汇储备少的局面，调剂市场规模越做越大，官方市场却越来越萎缩。当时通过调剂市场进行的外汇交易大约占全部外汇交易的 80%—85%，通过官方市场进行的外汇交易却只占 15%—20%，外汇黑市也相当活跃，这使得官方市场看起来似乎是配角了。

因此，为了增加外汇储备，缩小调剂市场与官方市场之间的价格差距，政府推行汇率并轨和强制结售汇制度，实现了外汇从企业到商业银行再到中央银行的集中，中央银行持有的外汇储备不断增加。官方汇率则直接与调剂市场汇率并轨，定为1：8.7。此后，政府管制较少、买卖双方自由成交、汇率波幅较大的场外交易市场——外汇调剂市场逐渐消失，只留下场内交易市场——中国外汇交易中心集中交易、授信和清算。在这个机制下，央行在市场供求失衡时负责使市场出清，在人民币面临贬值压力时，即使央行买入外汇的出价过低，企业和商业银行也被迫将外汇卖给中央银行，这样央行以强制结售汇买入了市场上的绝大部分外汇；当人民币面临升值压力时，央行为维持人民币汇率稳定买入外汇的出价可能偏高，它不能阻止企业、居民和商业银行将全部外汇卖给它，甚至不能阻止私人部门对外汇的卖空，这样央行以较高的价格买入了市场上绝大部分外汇。

这种汇率制度既有好处，也有一系列缺陷：一是它能掩盖贬值的压力，却不能掩盖升值的压力；二是它使官方集中了外汇，同时也彻底摧毁了在人民币升值背景下任何藏汇于民的可能性；三是汇率完全受控于央行，避免了外汇调剂市场那样剧烈的价格波动，但市场对汇率的作用也变得微乎其微。

（三）刚性钉住美元制阶段（1998—2005年）

面对这种僵化，从1998年到2005年，中国开始恢复公开市场业务，增强了对市场的干预，基础货币增长逐步同升，出口结构逐步优化，外汇储备也逐步增加。2001年11月17日，中国正式加入WTO。此后，中国进入全面对外开放时期，经济也进入高速发展时期，外国直接投资以每年600亿美元的速度涌入，这一方面加大了外汇储备数量，另一方面也让央行必须面对流动性方面的挑战。为此，中国人民银行根据前一营业日银行间外汇市场上汇率的加权平均价，适时公布当日美元、日元、港元和欧元对人民币的基准汇率，允许银行间外汇交易汇率和银行挂牌汇率在一定幅度内波动，采用钉住以美元为主的篮子货币制度和汇率目标区，以现行汇率为中心汇率，规定较窄的汇率波动区间，使人民币汇率处于相对稳定状态。可以说，从1998年到2005年7月21日人民币汇率改革之前的这一时期人民币兑美元汇率固定不变是基本合理的，人民币对美元基准汇率的变动幅度没有超过1%。

（四）参考一篮子货币阶段（2005年至今）

回顾1994年外汇改革以来的情况，基本实现了这一阶段的汇率改革目标，即规定一定的汇率浮动范围，通过调控保持人民币汇率基本稳定。但随着中国经济的发展，一个真正外汇市场的缺失导致了外汇交易额与外贸外资规模的不相称。[①] 因此，2005 年 7 月 21 日，新一轮的汇率改革启动，即实行以市场供求为基础的，参考一篮子货币进行调节的、有管理的浮动汇率制度。人民币汇率不再钉住单一美元，而是形成更富有弹性的人民币汇率制度。这次汇率改革之前，学界和业界就有很多的争议，是渐进式还是一次性调整到位。最后，由于当局担心一次性升值对经济的冲击过大，在众多学者的建议下，采取“小步走”的模式，即多次小幅调整。改革开始后，人民币对美元的汇率一次性上调 2%，美元兑人民币调整为 1 美元兑 8.11 元人民币。到 2005 年底，人民币对美元的汇率当年升值 2.5%，2008 年 4 月 7 日，人民币兑美元逼近 7.007 元。从 2005 年 7 月到 2008 年 6 月，人民币对美元累计升值幅度约为 21%，平均每年升值高达 7% 左右。针对本次汇改到底是应用渐进式还是一次到位式的争议一直没有停止，但是历史无法重演，比较无法真正进行，但不可否认的是，这种渐进式升值确实引来了对人民币升值的强烈预期，导致热钱涌入，给中国经济造成不小的困扰。

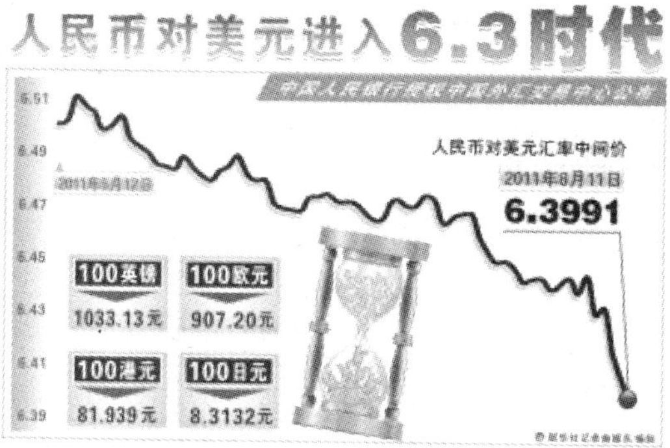

人民币兑美元再创新高

2008 年，美国次贷危机引起国际金融危机，这场危机也打乱了人民币汇改进程。为应对危机的冲击，人民银行行长周小川表示：“国际金融危机造成很多负面冲击，产生了很多不确定性，在这一特殊时期，政策的考虑会和一般情况有所区别。”从后期央行的动作上看，这种区别于一般情况的做法就是不要再大幅升值，也不要大幅贬值。因此，从 2008 年 9 月开始，人

① 2005 年，中国外汇交易中心每天的平均交易额估计只有 30 亿—40 亿美元，2008 年估计也不超过 100 亿美元。

民币重回与美元挂钩状态，人民币兑美元汇率被锁定在6.8235上下窄幅波动。

2010年6月19日，国际金融危机的影响逐渐淡去，汇率改革重启，中国人民银行试图增强人民币汇率弹性，扩大人民币汇率浮动区间，对人民币汇率浮动进行动态管理和调节。截至2012年3月26日，自2005年人民币汇改以来，对美元汇率累积升值30%。

二、扭曲与现实——人民币的低估争议与烫手的外汇储备

（一）“被增长”的外汇储备

外汇储备是指一个国家持有并可以随时兑换外国货币的资产。从狭义上讲，外汇储备指一个国家的外汇积累；广义而言，外汇储备是指以外汇计价的资产，包括现钞、黄金、国外有价证券等。之前我们提过的中国曾经一度存在的外汇紧缺，就是指这种类型资产的紧缺。充当国际储备资产的一个重要条件就是要能够自由兑换其他储备资产的货币，即要在国际货币体系中占有重要地位的货币。目前，在国际结算中经常使用的外汇储备货币主要包括美元、欧元、日元、英镑等。

2002年以来，中国外汇储备进入激增阶段。中国外汇储备快速增长始于20世纪90年代中期，1996年首次超过1000亿美元，到2005年则超过8000亿美元，9年间增长近7倍。截至2013年6月，中国的外汇储备达到34967亿元。虽然理论界和实务界并没有统一的国际标准衡量一个国家到底拥有多大规模的外汇储备是合理的，但是，中国的外汇储备规模显然过于庞大、增长速度过快，远远超出了它的实际需求。

要解释和解决高额外汇储备的管理问题，就必须先要了解外汇储备的形成机制。第一，长期的外贸顺差是巨额外汇储备形成的重要原因。第二，中国政府为了招商引资，不断制定优惠的外资、外贸政策，在分税制下，地方政府为了振兴地方经济，更是不断地推出针对外资的优惠政策，“免二减三”的优惠政策不仅存在于保税区、经济开发区等地，而是几乎变成了很多地方政府引资的基本条件。由此，带来大量外商直接投资进入，形成了国际收支资本项目的持续顺差。第三，我们之前说过的渐进式汇率改革也使得汇率制度缺乏弹性，一方面导致人民币升值压力巨大，另一方面又虚增了中

国外汇储备。第四，在中国现行的结售汇体制下，央行负有无限度外汇资金回购的责任，随着外汇储备的快速增加，外汇占款投放量也不断加大，这不仅在总量上制约了宏观调控的效力，还从结构上削弱了宏观调控的效果。

（二）“烫手山芋”难处理

中国有句老话，叫做“钱多了烫手”，用这句话来形容当前中国手上的外汇储备，似乎再恰当不过。据中国人民银行2013年1月10日发布的数据显示，截至2012年12月，中国国家外汇储备余额为33100亿美元，与2011年年末相比，全年外汇储备增加约1300亿美元。2006年2月，中国外汇储备超过日本成为第一外汇储备大国，到现在已连续七年居世界第一位。

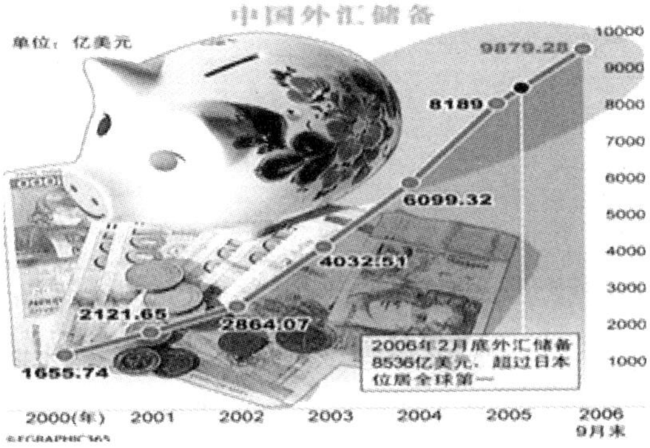

烫手的外汇储备

尽管外汇储备充足对于增强中国对外支付能力、提升中国国际地位有积极意义，但不能否认，外汇储备规模过大，会给外汇储备经营和宏观调控带来挑战。正如央行行长周小川所言，当前外汇储备已经超过了中国需要的合理水平。

此外，日趋庞大的外汇储备也成为政治化的攻击“人民币被人为低估”的理由，贸易摩擦多，且加剧人民币的升值预期。

客观看待高额外汇储备，还是给中国经济带来了一些优势，例如，外汇储备丰富有助于避免传染性的资本大量外流、保持汇率的稳定，特别是在危机期间作用尤为明显；在国际收支方面，高外汇储备可以保证正常的进口和偿债支出；在保证国家金融稳定方面，充足的外汇储备可保证国家有效应对外部冲击导致的金融风险。

但是，正如周小川所说，超过合理的外汇储备水平必然带来一系列的问题。

首先，高额外汇储备最大的风险即对国家经济、金融安全的影响。中国高额外汇储备的组成基本可以分为三部分，即贸易顺差、外商直接投资和“热钱”。据国内学者估计，中国的高额外汇储备中，贸易顺差只占到一半左右，而其他则由外资组成，外商直接投资固然好，但“热钱”所占比例一直没有一个准确的统计，“热钱”对经济的损害不言而喻，因为“热钱”本身就是不稳定的因素，属于投机资本，它会随着货币汇率的变化而变化。在预期人民币要升值时，短期投机资本就会高速涌入，而在预期人民币贬值时，它便会迅速撤离。另外，由于中国对短期资本的监管制度不完善，存在一定的漏洞，使得越来越多的游资通过各种合法或者非法的渠道流入中国，这也会导致外汇储备规模的稳定性受到影响。最直接见识到“热钱”威力的就是亚洲金融危机，1997 年 7 月 2 日，随着泰国官方宣布放弃固定汇率制，泰铢汇率当天下降 20%，菲律宾比索、印尼盾以及马来西亚林吉特相继成为国际炒家的攻击对象。当年 8 月，马来西亚政府放弃保卫林吉特的努力，一向坚挺的新加坡元也受到冲击。资料显示，从 1997 年 7 月亚洲金融危机爆发至 1998 年 8 月，MSCI 新兴市场指数暴跌 57%，同期标普 500 指数累计上涨 8%，美元指数上涨 4.5%，显示“热钱”逃离新兴市场股市后涌入美国股市和汇市。①

除此之外，高额外汇储备带来的贸易摩擦风险也显而易见，而经济泡沫风险随着时间的推移也逐渐显现。很多人都认为中国的楼市“泡沫”和股市“泡沫”都与“热钱”不无关系，而这归根到底，都是汇率问题。

三、人民币升值之争

（一）国际上“人民币被低估”声音不断

2003 年 9 月 2 日，美国财政部第 73 任部长约翰·斯诺访华。斯诺在上任伊始曾先后表示，希望中国实行更加灵活的汇率制度。但他同时也指出，美国必须考虑到人民币汇率管理的复杂性，美国政府不能强迫中国政府应该

① 摘自彭博数据库。

如何处理人民币币值问题。尽管他一再强调访华是为了促进美中贸易“继续增长和繁荣”。但大多国际传媒认为，斯诺访华意在人民币汇率升值，甚至称斯诺的亚洲之行为“汇率之行”。

人民币与美元

而中国政府也借斯诺访华之机表明其明确立场——9 月 3 日，中国国务院时任总理温家宝在接见斯诺时明确表示，保持人民币汇率在合理、均衡水平上的基本稳定符合中美两国的共同利益。中国实行的是以市场供求为基础的、单一的、有管理的浮动汇率制度，这既符合中国实际情况，又体现了对国际社会的高度负责。中国将根据经济发展水平、经济运行情况和国际收支状况在深化金融改革中进一步探索和完善人民币汇率形成机制。

其实，早在斯诺之前，要求人民币汇率升值的声音就不断从中国的邻国日本传来。2002 年，日本官方开始指责中国“输出通货紧缩”，要求人民币升值。2003 年 8 月 26 日，时任日本财务大臣的盐川正十郎再次表示，将在 9 月 1 日日美财长会谈中，与斯诺就人民币汇率问题进行磋商，还将在 9 月举行的国际货币基金组织会议上与各国“交换意见”，并在 APEC 财长会议上提议讨论人民币汇率问题。

（二）真顺差还是假贸易

有关中国的贸易顺差，商务部原部长陈德铭曾明确指出，美国对华逆差程度被明显高估。造成统计差异的主要原因有二：一是原产于中国的货物通过其他经济体转口至美国过程中的增值部分被计算为中方顺差；二是在对美加工贸易出口中，中国企业通常只负责接单生产，不掌控设计、运输、销售等环节，美方进口报关价格高于中方出口报关价格，进而推高中方顺差。[①]

此前，陈德铭在接受《华盛顿邮报》记者采访时表示："中国与美国在一般贸易上是基本平衡的，顺差主要是加工贸易造成的。从企业主体看，2009 年，中国对美有 1400 多亿美元的顺差，其中约有 76% 是外资企业造成的，而这些外资企业，主要又是美国在华投资的企业。从产品来讲，中国对美国的贸易顺差最主要是来自电子信息技术和机电设备类，这些产品占了 67%，大部分是在华加工装配的。"

此外，中国的贸易顺差是由海关总署公布的货物贸易顺差，由于统计技术方面的落后，导致中国未能像欧美发达国家一样做到全口径统计。事实上，从反映一定时期一国同外国的全部经济往来的国际收支平衡表的角度来看，经常项目包括对外贸易收支、非贸易往来和无偿转让三部分，对外贸易既包括中国传统上重视的货物贸易，也包括服务贸易。

一些外资通过蚂蚁搬家式的虚假贸易流入中国

同时，中国目前公布的顺差是货物贸易顺差，存在大量逆差的服务贸易数据没有发布，不能完整反映中国顺差实际情况。2012 年中国货物贸易顺差是 1151 亿美元，而据不完全统计，服务贸易逆差为 600 亿美元左右，如果再算上中国消费者在海外购买高档消费品的巨额消费，中国全口径贸易顺差会大大缩小。

① 郭丽琴："WTO：中国贸易顺差实际上非常小"，《第一财经日报》2012 年 6 月 14 日。

（三）化解升值预期，防范“广场协议”陷阱

几乎世界上每一个国家的汇率改革都是小心翼翼，通盘考量后的产物，那是因为汇率问题不仅仅是金融问题，而是政治、经济、社会相融合的复杂命题。人民币升值带来的担忧还不仅仅是简单的汇率和金融政策，更深意义上讲，它意味着一次经济和社会的大调整，有着深远的社会后果。当中国政府在思考汇率制度何去何从时，决策者必须先回答，应对人民币升值，中国的政府、企业家和普通百姓是否做好了准备。目前，应对各方压力，中国知识界与政界的观点基本是一致的，先化解升值预期，再谈汇率市场化。

为何要化解人民币升值预期呢？因为存在着两个不可忽视的理论——预期理论与汇率超调理论。汇率预期理论认为：当汇率制度由固定转变为浮动时，名义汇率自然会开始升值，而这种升值会强化人们的预期，认为名义汇率会持续升值。国际资本、民间资本和居民储蓄前赴后继冲进中国市场，投资热情一浪高过一浪，外资普遍看好人民币，有的通过购买人民币资产来获取人民币升值的利益，投资热使人民币资产不断升值，这又加大了对未入境的外资的吸引力。当又一轮外资进入中国时，人民币被迫升值，使人民币的国际购买力增强，但在国内方面，却造成通货膨胀，从而人民币对内购买力不断贬值。

而根据汇率超调理论，市场对汇率的校正往往会过度。超过均衡汇率值，即当汇率低估时如用市场来校正，汇率的升值会升过头；相反，若是汇率高估时，市场会使汇率贬值过度。尽管对于一种货币，很难预测出公认的均衡汇率值，但是超调现象是实实在在的，并非偶然现象。当某种汇率出现超调时，市场上会得到比较一致的认同，但是汇率超调并不会立即得到纠正，而是往往会继续向超调方向发展一段时间，直到某个经济时间出现时，汇率才会出现拐点，新一轮向相反方向的超调又会发生。汇率出现超调对经济会产生非常严重的冲击。

因此，无论基于哪个理论，为保证中国经济健康稳定发展，都应该化解人民币升值的预期。日本的“广场协议”就是前车之鉴。1985 年 9 月，美国、英国、日本、联邦德国、法国的五位财长在纽约广场饭店举行会议，签订了“广场协议”。协议的核心内容是要求日元和马克大幅升值以降低被过分高估的美元。协议签订后，日元升值预期显著，五个发达工业国家又大幅抛售美元，使美元迅速贬值，日元迅速增值。之后美国财长仍然表示日元还

有升值空间，因此在巨大的升值预期下，日元在三年内对美元升值一倍。

这种升值预期带来的远远不止日元的升值，还有对日本经济的负影响，为防止升值后的萧条，日本央行不得不五次下调利率，从1985年的5%降低到1987年的2.5%，低利率形成了巨大的实体经济泡沫和地产泡沫，为了防止泡沫破裂，保证经济的健康发展，日本政府又在1989年3月到1990年8月间5次提高贴现率，这一方面刺破房地产泡沫使经济受到重创，又让股市一路下滑，日本经济经历了十几年过山车式剧烈动荡。

历史已经告诉了我们对一国货币升值过分预期的可怕之处，因此中国经济必须以史为鉴，并结合自身特点，有效化解人民币升值预期。

第三节 中国货币政策与人民币国际化

一、中国货币政策历史回顾

（一）有名无实的货币政策时期（1949—1983年）

其实相对于中国的财政政策，货币政策可以说是没资格谈历史的。因为改革开放以前，财政是国民收入分配的主体，财政政策在经济运行调控中占据主导地位，人民银行是财政的附庸和出纳，集中中央银行与专业银行、银行与非银行金融机构的诸多职能于一身，货币政策实际上就是综合信贷政策，各项经济指标处于计划控制之下，价格制定、货币投放和投资规模等等完全由计委和财政部控制，强调的是“钱随物走”，资源分配主要通过国家行政命令决定，中国人民银行的职责是根据国民经济计划供应资金，即“守计划，把口子”，所以，在那个时期根本就没有什么真正意义上的货币政策。

（二）带扩张性、松紧交替的货币政策时期（1984—1992年）

1984年二级银行体制建立以后，才开始有象征意义的货币政策。当然按照美国标准，从开始到现在，中国还是没有真正独立的货币政策，中国人民银行在货币政策制定上，他们只有建议权。

从 1984 年起，国家经济体制由计划管理转变为以国家调控为主的宏观管理，中国人民银行开始象征性履行中央银行职能，间接的货币政策工具开始使用，但信贷规模计划管理仍是主要的调控手段，而信贷规模并不完全由人民银行制定，人民银行只能建议。尤其在 1988 年价格闯关失败后，发生了严重的通货膨胀，结果 1989 年下半年开始，中国人民银行的权力又被进一步回收，中央政府采取了严厉的紧缩信贷规模的手段。这时货币政策形同虚设。

（三）抑制通货膨胀为主要目标的货币政策时期（1992—1997 年）

1994 年第三季度开始，中国人民银行正式向社会公布季度货币供应量指标，1995 年初宣布将货币供应量列为货币政策的控制目标之一，1996 年开始公布货币供应量的年度调控目标，但是这时控制信贷规模仍然是主要手段。

（四）稳健的货币政策时期（1998—2007 年）

符合一般概念的货币政策出现于 1998 年 1 月。经过几年的财政改革和国企改革，虽然取得了不小成绩，但也出现了消费物价指数持续负增长、企业开工不足、失业人口不断增长、宏观经济衰退及其由这些因素导致的局势不稳定等情况。为此，中国人民银行取消了信贷规模管理，大幅度降低利率。1998 年中国人民银行共下调 3 次利率，1999 年 6 月 10 日和 2002 年 2 月 21 日又分别下调 2 次利率，居民储蓄存款一年期利率为 1.98%。同时扩大贷款利率浮动区间，加大公开市场操作力度来调控基础货币，取消贷款限额控制，灵活运用信贷政策，调整贷款结构。1996 年 4 月中国人民银行首次开展公开市场业务。此后，公开市场业务得到长足发展并日益成为货币政策操作的重要工具。1999 年公开市场业务债券操作成交 7076 亿元，净投放基础货币 1919.7 亿元。这种货币政策导致货币信贷增长极快，部分行业和地区盲目投资和低水平扩张倾向明显加剧，资金投入产出效率大幅下降。

2003 年，中国开始上调存款准备金率，实行差别存款准备金率制度；在 2002 年 2 月 21 日最后一次降低金融机构的存贷款利率后，开始调高利率；加强房地产信贷业务管理；适时对金融机构进行窗口指导；进行利率市场化试点；加强通过操作公开市场业务调控基础货币的能力，等等。截至

2007年年底一共加息8次，上调准备金率14次。

2007年下半年，全国经济开始过热，价格飞涨，通胀抬头。2007年年底的中央经济工作会议明确提出从2008年起货币政策由“稳健”改为“从紧”。至此，中国实施10年之久的“稳健”货币政策正式被“从紧”货币政策所取代。

（五）金融危机影响下的货币政策“过山车”时期（2008年至今）

为应对国际金融危机，中国政府采取目前仍有很大争议的扩张性货币政策。不可否认的是，扩张性货币政策可以有效带动中国工业的增长，进而带动居民消费水平的提高。

扩张性货币政策直接体现在以信贷扩张为主导，以增大货币供应量为手段，促进工业增长和消费水平的提高。而且，中国以信贷扩张为主的货币政策会比以增大货币供应量为主的货币政策带来更低的通货膨胀率。这是因为在中国实施宽松的货币政策过程中，货币不滞留于金融部门，而是由金融机构投放到了实体经济中（金融存贷款利差是促进金融机构发放贷款的主要动力）。正如周小川行长在“2009年全球CEO年会”时所表示的，由于中国人民银行一直控制存款基准利率底线（为2.25%），使得中国金融机构一直存在将存款放贷出去的动机和压力。因此，在金融危机中，中国的金融机构不是像其他国家金融机构一样囤积资金，而是急于投向实体经济获得回报，以补偿存款利息支付的损失。正是由于中国利率政策的外生性，才有效克服了流动性陷阱，促使中国金融机构即使面临很强的信贷风险也必须把货币贷放出去，以获得利润来补偿存款利息的支付。所以，相对而言，中国紧缩性货币政策具有很强的行政性，而中国扩张性货币政策却只需要政府放开信贷闸门，金融机构就会自发形成大量的贷款供给。

中国扩张性货币政策会导致一定程度的通货膨胀，但有一定的时滞，在经济萧条时，往往先出现通货紧缩再出现通货膨胀。这是因为中国在实施宽松货币政策的过程中，只是以政府为主的投资被拉动了，而民间投资则不一定被完全带动。在2009年前三个季度，金融机构中长期贷款主要投向政府主导的基础设施建设，共2.1万亿元，占全部产业新增中长期贷款的50.5%。但是，这部分投资如何带动民间投资并促进实体经济持续快速发展是一个难题。2009年11月，中国人民银行、银监会、证监会和保监会联合发出《关于进一步做好金融服务支持重点产业调整振兴和抑制部分行业产能过剩的指导意见》，提出将继续保持适度宽松的货币政策。但在继续保持宽松货币政策以促进经济增长的前提下，为防止可能出现的通货膨胀现象，国家开始要求通过货币政策促进产业调整。

针对扩张性货币政策导致的通货膨胀问题，周小川行长在“2009 年中国金融论坛”上提出，“由于中国经济处于改革转轨期，这决定了中国的货币政策应该不同于西方其他国家实行的以控制通货膨胀为目标的单一货币政策，中国的货币政策是围绕包括低通货膨胀、经济增长、较高的就业率和国际收支大体平衡的四个目标来设定的。由于中国经济正在从计划经济向市场经济转轨，货币政策必须考虑支持资源配置优化，因此要接受一定的通货膨胀成本。”也就是说，中国转轨时期的特殊性决定了中国货币政策与其他国家相比在传导机制、政策效果方面都有很大的特殊性。中国的货币政策不仅对实体经济增长有效，而且还可以推动中国经济、金融体制改革，促进其持续发展。因此，在保持适度宽松的货币政策的背景下，央行应更注重货币政策在调整产业结构、促进经济持续增长方面的作用。

然而就在 2011 年初，中国货币政策将由此前的“适度宽松”调整为“稳健”。由“适度宽松”转为“稳健”，这是中国货币政策的重大转变。此时，过去两年“适度宽松”的货币政策被认为是应对国际金融危机的“非常之举”，而当中国经济已经企稳回升，“适度宽松”的货币政策就应及时退出。

中国国家统计局数据显示，2010 年前三个季度中国经济国内生产总值（GDP）同比增长 10.6%，增速比上年同期加快 2.5 个百分点。而当年公布的中国制造业采购经理指数（PMI）显示，11 月 PMI 达 55.2%，较上月上升 0.5 个百分点，已连续第四个月出现上涨。中国经济向好势头进一步巩固。与此同时，随着美国第二轮量化宽松货币政策的开启，全球流动性泛滥，输入性通胀压力进一步上升。在诸多因素的推动下，国内物价上涨也面临着不小的压力。最新数据显示，10 月份中国居民消费价格指数达 4.4%，创出 25 个月来新高。

此时货币政策由“适度宽松”转为“稳健”，可以向市场传递出明确信号，通过保持货币信贷的合理投放，达到稳定物价的目的，预防物价过度上涨的风险。因此，央行多次上调存款准备金率，收紧货币供给量。可谓对之前的货币政策的急刹车。

截至本书完稿之时，中国货币政策仍然保持“稳健”不变。然而在多个新兴市场国家实施量化宽松货币政策的背景下，中国目前的货币政策仍面临很多压力。“积极”怕不能稳定物价、房价；“稳健”又面临经济增长和国际竞争的压力。中国的货币政策制定者们需要足够的智慧和勇气面对和化解这些压力与挑战。人民币国际化战略将是其中的一条重要出路。

二、国际货币体系重整：人民币国际化战略

人民币国际化是指人民币能够跨越国界，在境外流通，成为国际上普遍认可的计价、结算及储备货币的过程。尽管目前人民币境外的流通并不等于人民币已经国际化了，但人民币境外流通的扩大最终必然导致人民币的国际化，使其成为世界货币。

（一）人民币国际化进程

2011 年以来，“人民币国际化”和“香港人民币离岸中心”已成为香港财经界的热门话题。许多经济学家和知名金融机构均对这一题目进行了分析、研究及预测。

人民币国际化的基本路径：第一，在中期内（5—10 年）逐步成为广为接受的国际贸易结算货币；第二，在中长期（10 年后）逐步开放资本项下管制后成为越来越重要的国际投资货币；第三，在长期内（20 年后）逐步成为储备货币。

为实现这一目标，人民币离岸市场须经历三个主要阶段：形成阶段；发展阶段；成熟阶段。

总的来说，在人民币国际化的进程中，“要先走三小步，再走两大步”。三小步包括内地逐步放行人民币外出、允许人民币在海外流通以及开通渠道安排人民币回流内地。业内人士认为，这三小步已踏出了两步，待第三步的回流渠道，如引进“小 QFII”等顺利开通，便可展开“两大步”。

用“起锚”来表达对“两大步”的期待，而所谓“两大步”是指“扩容及扩量”，即要发展人民币产品，让市场有空间使用人民币，继而令人民币流通规模进一步扩大。业内人士认为“容”与“量”是相互关联，只要市场上的人民币有足够规模，发行商或企业将有更大的意欲，推出人民币产品（见表 5.2）。

表 5.2　　人民币国际化进程一览表

2007 年 6 月	首只人民币债券在香港登陆，此后内地多家银行先后多次在香港发行两年或三年期的人民币债券，总额超过 200 亿元人民币
2008 年 7 月 10 日	国务院批准中国人民银行三定方案，新设立汇率司，其职能包括"根据人民币国际化的进程发展人民币离岸市场"
2008 年 12 月 4 日	中国与俄罗斯就加快两国在贸易中改用本国货币结算进行了磋商；12 日，中国人民银行和韩国银行签署了双边货币互换协议，两国通过本币互换可相互提供规模为 1800 亿元人民币的短期流动性支持
2008 年 12 月 25 日	国务院决定，将对广东和长江三角洲地区与港澳地区、广西和云南与亚细安的货物贸易进行人民币结算试点；此外，中国已与包括蒙古，越南，缅甸等在内的周边八国签订了自主选择双边货币结算协议，人民币区域化的进程大步加快
2009 年 2 月 8 日	中国与马来西亚签订的互换协议规模为 800 亿元人民币/400 亿林吉特
2009 年 3 月 9 日	央行行长助理郭庆平介绍，国务院已经确认，人民币跨境结算中心将在香港进行试点。具体的试点方案和办法目前还在研究，尚未出台
2009 年 3 月 11 日	中国人民银行和白俄罗斯共和国国家银行宣布签署双边货币互换协议，目的是通过推动双边贸易及投资促进两国经济增长
2009 年 3 月 23 日	中国人民银行和印度尼西亚银行宣布签署双边货币互换协议，目的是支持双边贸易及直接投资以促进经济增长，并为稳定金融市场提供短期流动性
2009 年 4 月 2 日	中国人民银行和阿根廷中央银行签署双边货币互换协议
2009 年 7 月	六部门发布跨境贸易人民币结算试点管理办法，中国跨境贸易人民币结算试点正式启动
2010 年 6 月	结算试点地区范围将扩大至沿海到内地 20 个省区市，境外结算地扩至所有国家和地区
2011 年 6 月 21 日	央行公布了《关于明确跨境人民币业务相关问题的通知》，正式明确了外商直接投资人民币结算业务的试点办法，成为推进人民币跨境流动的又一重大举措

参考资料：根据中国人民银行网站和新浪财经网站整理。

（二）进程加速的人民币国际化

近几年来实际上我们已经明显感受到人民币可兑换过程的加速。2011 年 8 月 17 日，时任国务院副总理李克强在视察香港期间，公布了支持香港进一步发展、深化内地和香港经贸、金融等方面合作若干新的政策措施，其中包括扩大服务业开放、允许在内地推行港股 ETF、允许香港企业的人民币资金以 FDI 及“小 QFII”的形式到内地投资等促进资本项目自由化、发展人民币离岸市场等重要举措①。

新加坡和伦敦也继香港之后，承诺建立离岸人民币中心。新加坡方面认为，中国会尽快允许新加坡通过中资银行进行人民币交易的清算。伦敦方面也表现出了对建立人民币离岸市场的浓厚兴趣。我们相信，这充分反映了人民币离岸需求正迅速扩大，也将为扩大海外人民币贸易结算提供良机。

9 月 6 日，尼日利亚宣布计划将该国 330 亿美元的外汇储备中约 10% 由美元资产转换成人民币资产。但由于人民币资本项目尚未开放，这设想仍在进行之中，预计中国政府会将像早前对马来西亚一样，承诺尼日利亚维护人民币资产安全。

人民币国际化

人民币成为国际储备货币的几点好处：一是符合中国的经济地位；二是应对以美元为主的国际储备货币困境，减轻外汇储备损失；三是促进中国经济增长方式的转变，特别是未来国际金融中心的建立；四是避免大量资本流入，降低央行操作的难度；五是享受铸币税收益；六是缓解国际社会指责中国“汇率操纵”与“贸易保护主义”的压力等。

我们认为，近期不断推出的各项措施表明，人民币国际化进程正在加速。预计“十二五”期间，伴随着资本账户的逐步开放、香港人民币离岸市场的建立、配合以汇率体制改革与利率市场化改革，人民币可兑换进程可能早于预期。这同样可以为今后十年人民币成为国际储备货币奠定基础。②

究竟人民币能否最终实现国际化，恐怕归根结底还要市场做出选择。所以我们不妨按照“人民币先生”周小川的声音继续前行：即做好“家庭作业”，尊重市场选择。

---

① 沈建光：《促进人民币可兑换的新突破》，搜狐博客，2011 年 8 月 19 日。

② 沈建光：《人民币可兑换路径初探》，《新世纪》2011 年 5 月 9 日。

越调越高的中国房价

【案例 5－1】

我们从相关资料看到，中国四大直辖市之一的天津市其房价从2008年起，除2009年年初出现一个低点外，基本呈现一路向上的趋势。然而对比同期的房地产政策，却发现救市时房价不见起色，严控时房价却一路飙升，这种调控走向和实际价格走向的背离形成了一个有趣的现象。我们试图通过这个案例让读者了解一下中国政府的房价政策和实施状况，我们并不能精确给出“严调控、高房价”的原因，但试图给出一些解释供大家思考和讨论。

2008年10月22日，财政部宣布调低或减免个人购买住房税收，并对放宽金融机构的贷款利率下限的限制，同时调低首付款比例[①]。几乎同时，人民银行做出同样决定，将商业性个人住房贷款利率的下限扩大为贷款基准利率的0.7倍，最低首付款比例调整为20%。

2008年金融危机后，面对实体经济层面受到冲击的中国经济，政府层面的救市政策频出。从地方政府纷纷救市，到建设部、发改委部分官员的奔走呼吁，一直到财政部、央行出台政策。我们可以看到，救市主体绝不仅仅包括财政部和央行这么简单，但是我们为什么会在开篇着重介绍财政部和央行的救市政策呢？要理解这个问题，我们必须先了解一下财政部和中国人民银行在监管层面的强势和重要地位。楼市中的利益主体在关键时刻展示出了强大的力量。那么，调控的效果如何呢？有关文献资料显示，在2009年的2月左右，出现了近五年的楼市低点。之后中国楼市一路攀升，而调控政策却也一路跟进。

---

① 从2008年11月1日起，对个人首次购买90平方米及以下普通住房的，契税税率暂统一下调到1%；对个人销售或购买住房暂免征收印花税；对个人销售住房暂免征收土地增值税。地方政府可制定鼓励住房消费的收费减免政策；金融机构对居民首次购买普通自住房和改善型普通自住房提供贷款，其贷款利率的下限可扩大为贷款基准利率的0.7倍，最低首付款比例调整为20%。同时，下调个人住房公积金贷款利率，各档次利率分别下调0.27个百分点；加快廉租住房建设，加大实物配租力度，扩大廉租住房租赁补贴范围，推进棚户区（危旧房）改造。

2010年4月13日召开的国务院常务会议要求，对贷款购买第二套住房的家庭，贷款首付款不得低于50%，贷款利率不得低于基准利率的1.1倍。对购买首套住房且套型建筑面积在90平方米以上的家庭，贷款首付款比例不得低于30%。4月17日国务院下发《关于坚决遏制部分城市房价过快上涨的通知》，指出房价过高地区可暂停第三套及以上住房放贷。

国务院常务会议再度推出八条房地产市场调控措施(下称“新国八条”)，要求强化差别化住房信贷政策，对贷款购买第二套住房的家庭，首付款比例不低于60%，贷款利率不低于基准利率的1.1倍。在这之后，存款准备金率一再上调。到2013年，“国五条”实施，二手房交易的个人所得税由交易总额的1%调整为按差额的20%征收，被称为此次新政的最大亮点。然而任你政策调整，房价只涨不跌。这一既困扰着政府决策部门，也困扰着百姓的问题究竟是如何造成的呢？作者试图给出几种可能的解释供读者讨论。

1. 保障房、廉租房配给不力

几乎每一次新政出来，都有人提出“加快廉租住房建设，加大实物配租力度”，但这项政策能否落实到位是一个未知数。截至2010年，中国的保障房缺口仍有125万套，廉租房缺口70万套。

而且，这一政策发出的信号很容易被相关利益主体误读，一些开发商会重新拒绝打折、拒绝降价，一些地方政府会拒绝降低土地出让金收入水平，这些利益主体会继续带着暴利和掠夺的心态与民众博弈。这将使曾经出现的房价调整迹象暂时消失。

2. 地方政府与中央政府博弈

尽管中央再三强调楼市调控“不动摇”，但地方政府不断变着花样“摇动”。那么，地方政府为何在严格的楼市调控之下摇动不止呢？实在是现实的困境所致。2010年的全国土地出让金收入约2.7万亿元，相当于同期地方财政收入的66.5%。这一数据在安徽省芜湖市更高，其2010年的土地出让金占财政收入的90%，房价下跌，成交量下降，带动地价下滑，使得财政收入立即降低，它想到救市其实是顺理成章的事情。

3. 政府职能范围问题

如果追根溯源，我们就会发现，地方政府的财政收入相当大的一部分用到了投资方面，而非民生方面。由于投资项目的大小没有边界，所需资金也没有边界，地方政府就会不断推高地价以获取更多资金用于投资。当这种冲动与局部利益甚至与个人利益密切相连时，就会变得难以遏制。显然，地方政府屡屡"摇动"房地产调控的根本动力，源于政府职能的扭曲和错位。政府的职能并非主导经济，而是提供公共产品、公共服务和公共福利，地方政府的职能倘若回归到民生方面，它们便再没有"摇动"调控的动力。

【案例5-2】

人民币升值的烦恼
——人民币升值造成中国玩具企业的利润黑洞①

广东两大玩具企业倒闭了。除了人工成本上涨、欧洲玩具标准提高、原材料成本上涨外，更重要的因素之一就是人民币的升值过快。全国工商联已经向上反映，称中小企业的困难甚至大于2008年。与此同时，昨天，国家外汇管理局再次表示外汇储备飞不了。

玩具企业昔日的繁荣

① 摘自：《第一财经日报》（网址：http：//www.cnstock.com/rdzt/rmb/2007-04/25/content_2102192.htm）。

这里面有一定道理，但外汇管理局有一件事情没说清楚，即一旦升值到一定幅度，那么境外资本对此进行强行收割，如果中国不能抵挡，那结果必然是吃大亏。

仅仅一年多前，汇率还只是芦中平脑海中一个不甚清晰的概念，而今却成了一只会咬人的老虎。

“我已经不会天天去关注汇率的变化了，看也没有用。”身为江苏凯乐玩具有限公司（下称“凯乐”）董事长的芦中平沮丧地说，“去年一年仅因人民币升值，我就损失了30多万元，相当于全年利润的百分之十几。”

昨天，央行公布的人民币兑美元中间价为7.7293，自2005年7月21日汇改以来，汇率已累计攀升近6个百分点。业内人士认为，升值可带来促进产业结构调整等好处，而对劳动密集型出口企业而言，却无疑是个巨大的考验。

事实上，像芦中平一样的沮丧者早已不乏其人。他们忧心于总有一天，自己的出口利润会被汇率这只无情的老虎吞噬殆尽。

汇率上升之忧

“原材料、人工费用都在涨，但出口的商品价格却在降，利润减得十分厉害。”

正在广州参加第101届广交会的芦中平说，“现在只能跟客户谈，看能不能提一点价格，最好能把量跑上去，只有这么点办法了。”

回忆起升值带来的损失，芦中平十分痛惜。“比方去年底我们接了意大利雀巢咖啡的一张订单，本来利润可到5%，谁知过年后出货结算时，人民币升值了，利润降到了约3.5%，本来这笔单子的利润也就4万多美元，这样就损失了5000多美元。”

同样沮丧的还有南昌市新世纪针织内衣厂深圳公司总经理余国文。“升值搞得大家都没钱赚，我是哭都哭不出来了。”正在广交会上参展的他，即使接到订单，也难以高兴起来，“旁边卖服装的也在‘哭’升值，我们几乎变成了零利润，整个变成一个福利企业，缴缴税、给员工发发工资，就几乎没什么可赚了。”

玩具企业今日的衰败

他也曾想通过订单提价来消化升值压力，但这并不是解决问题的根本办法。“这样一来，客户都不在这里买货了，现在特别是印度，发展很厉害，人家都到那里去了，”余国文说，“本来我们的年利润在6%—7%，现在人民币升值了近6个百分点，根本没有利润了。”

面对升值和原材料价格上涨的压力，上海财经大学国际工商管理学院教授兰宜生指出，这些因素对出口比重占得比较多的、产品附加值比较低的企业影响最大，例如纺织、服装、鞋类、玩具等领域，压力会比较大。

“国家就是要通过汇率调控的‘淹水效应’，让一些附加值低的中小企业退出市场，从而扭转多数小企业价格竞争的恶性循环。”复旦大学经济学院副院长孙立坚认为，“但是，由于目前国内的劳动力依然很便宜，多数行业还不会出现较大反应。而当劳动力价格优势不足以弥补升值的损失的时候，小企业就会被迫关闭或者转移到海外。”

内部消化之困

目前，在国外，企业还可以通过定价权、币种选择权、对冲等多种手段来转移或规避汇率风险。事实上，利用金融工具避险是国外企业规避汇率风险的重要手段之一，但在国内并非如此。

“我对金融这方面并不了解，也没有使用过啥工具。”芦中平说。而余国文甚至认为，金融工具避险就是与客户签订合同以交货时的汇率结算。

杭州某服装出口企业外贸业务员尹小姐则表示，金额大的订单一般会通过购买远期结汇合约进行规避，但作用也不大。“一般我做欧洲的客户时，还会考虑说服客户通过欧元结算，但只要人民币还在继续升值，不以本币结算订单就难免要面对损失风险。”

对此，孙立坚认为，由于中国企业和银行长期处于固定汇率制度下，对于金融工具避险根本是无知的。“对于中小企业，作出使用工具的选择是有成本的，由于不了解，他们宁愿固守。”孙立坚说，“人民币小幅升值一定程度上保护了这些还没有被逼上绝路的中小企业。”

“另一方面，企业是可以到金融市场上买远期合约，但前提是市场内有人看涨也有人看跌，现在的市场里大家都预期人民币会升值，没有卖家，因此，实际上这种工具现在是无效的。”孙立坚说，“目前中国只有这一种可用的金融衍生品，特别是中小企业能运用的品种根本没有。”

“尽管我们可以通过购买银行远期结汇产品来规避风险，但对中小型出口企业而言，这并不足以抵御人民币升值的压力，”博宇日用品有限公司一位不愿透露姓名的业务人员表示，“小额订单反而可能会增加成本，并不划算。”

孙立坚表示，由于中国企业还停留在价格竞争阶段，人民币不是国际结算货币，企业海外经营能力差等原因，很多国外流行的方法在国内都无法使用。

转移海外之虞

“我们现在只有把自己的利润降低，然后想办法把量跑上来，升值的压力全部都自己消化掉。”芦中平说，“为了资金能来得快一点，我们已经不接中长期合同了，现在一般只接两三个月内的。广交会上和客户谈谈，价格提高两个百分点应该没啥问题。”

昆山荣光地毯有限公司国际贸易部业务员金晓莉也表示，短期之内，解决之道只能是和原料商等上游的企业谈，同时，对客户的费率也提高一点。“毕竟外商来之前就知道人民币会升值，所以也是能理解涨价的吧。”

“长期来看，我就让开发部门开发一些新的东西，吸引客户。”芦中平说，“像我们毛绒玩具这类的时尚商品，只能想些设计方面的点子，吸引客户。”

面对目前的出口困境，也有企业表示会适当调整出口与内销的比例，增加内销的份额。但是，在昆明久仁进出口贸易有限公司业务人员张雪飞看来，开拓国际市场却是趋势所在，他认为，企业应该加强产品的设计和创新感，以提高整体的技术含量。

对此，兰宜生也认为，创新型产品并不单指高科技的产品，企业可以开发一些创新型的劳动密集型产品，比如“粽子球”等新兴大众消费品，虽然没有高新科技融入其中，但有新的创意含在里面，也可以获得高利润。

余国文和芦中平都曾经想到国外建厂。“听说越南很好，但我也不了解，”余国文说，“我们没找到合适的伙伴就不能去，因为自己不了解，贸然去风险太大。”

孙立坚判断，由于中小型企业产业结构调整比较难，在越南、印度等国设厂生产，也是可以考虑的长期发展有效手段之一。“但是中国企业没有海外经营的经验，社会保障制度的缺失，导致国内员工也可能对企业转移产生抗力，所以现在这样做的企业还很少。”

兰宜生则提出，如果企业不能一步到位进行海外设厂，不妨考虑去海外购买原材料。“现在市场都是相通的，只有进口关税限制。”兰宜生说，“现在关税水平正逐步下降，某些原料还应该加快下降，以鼓励进口，这样也有利于减少顺差。”

人民币外汇券

【案例5-3】

1994年1月1日起，中国实行外汇并轨，停止发放外汇券，自此，在中国境内流通13年之久的外汇券开始退出历史舞台。作为特定历史时期的特殊证券，它的产生、发展与消亡无不是那段历史的缩影。所谓人民币外汇券，是以外国人、华侨和港澳台同胞等持有的外币为兑换对象，在国内指定范围内，同人民币等值流通的票券。它不是一种货币，而是一种在一定范围具有计价流通等职能的票据，是一种特殊的银行支付凭证。改革开放初期，随着旅游经商等人员的大量涌入，为了适应对外交流的发展，方便来华的外国人、华侨、港澳台同胞的消费，促进中国对外经济交流，1980年4月1日，经国务院批准，中国人民银行开始发行人民币外汇券。

背　景

在改革开放初期，来华访问的外国人、归国华侨和港澳台同胞日益增多，而中国的市场供应还非常紧张，国内居民的日常用品（如粮油、肉、布等）还实行定量供应。为满足来华的外国人及归侨的需要，中国兴建了一批宾馆和商店。然而，当时国内是禁止外币流通的。为了便于他们在这些场所购买物品和支付费用，同时又使他们区别于国内居民，国务院于1980年4月1日授权中国银行发行外汇兑换券。外籍人士须将所持外币在中国银行或指定的外汇代兑点兑换成外汇券，并在指定范围内与人民币等值使用。离开中国大陆时，他们可以选择将外汇券换回硬通货或留着以备下次来华时使用。很多外国人当时都管外汇券叫“旅游货币”。

特权货币

外汇券有100元、50元、10元、5元、1元、5角、1角7种面值，与人民币等值，背面是具有代表性的中国风景名胜画面，如三峡、长城、天坛等。当时，外汇券是特权货币。正如美国爱荷华大学的新闻学教授肯尼思·斯塔克（Kenneth Starck）在《画龙点睛》一书中描写的那样，“如果钱能说话，外汇券的声音比人民币大 50%”。斯塔克于 1986 年来到中国，在中国社会科学院研究生院讲授英语新闻专业的写作课程。他对外汇券的使用深有体会，有了外汇券，人们在中国就可以买到进口商品，可以在特殊的地方消费，还可以换美元，这些都是人民币所没有的功能。但渐渐地，拥有外汇券就不是外国人的专利了。有一些大陆居民从他们的海外亲戚朋友那里能得到一些外汇券。一旦拥有外汇券，他们立刻成为同事、邻居和朋友眼红的对象，因为外汇券就是出入友谊商店的特殊通行证。

100 元面值外汇券

“黄　　牛”

整个 20 世纪 80 年代和 90 年代初期，外国人在北京或者其他中国主要旅游城市听到的最多的招呼也许是“换钱吗? 换钱吗?”“黄牛”们冒着坐牢的风险在大陆居民对外汇券的渴望和外国人对人民币的需求中找到了商机。有了人民币，外国人就可以在任何商店和餐馆消费；而人民币和外汇券的价差使倒汇成为利润丰厚的职业——尽管这是非法的。

1994 年以前，中国的汇率制度也是双轨的。以 1993 年年底为例，由国家外汇管理局制定的官方汇率大概在 1 美元兑 5.7 元人民币，而外汇市场汇率，当时大概在 1 美元兑

8.7 元人民币。只有大约 20% 的外汇交易是按官方汇率来进行的。1994 年 1 月 1 日，这一双轨制度被废除。

但在双轨制废除以前，个人可以用外汇券按官方汇率换美元等硬通货。如果人们手里只有人民币，那么他们只能到黑市上换美元。通常，黑市的汇率比为企业服务的外汇市场价格还要高，常常是 1 美元约兑 9 元人民币。跟美元的黑市汇率相对应，当时外汇券的黑市价通常是 130 元人民币换 100 元外汇券。

黑市的交易常常是在阴暗的小巷里进行的，要不就是在自由市场的摊位后面。进行交易时，双方都会警觉地看看对方身后是不是有警察的身影。一旦交易完成，“黄牛”们迅速将外汇券换成硬通货再卖给急需美元的大陆居民，而外国人则拿着他们非法得来的人民币享受出入任何餐馆和商店的自由。

兴旺的黑市买卖迅速蔓延到了全国。在北京、上海、广州、杭州、昆明等旅游城市都能看到各式“黄牛”的身影，老的、少的、男的、女的。他们日夜守候在繁华的商业区或旅游宾馆附近，等待商机的到来。而与此同时，在中国银行的分支机构外面也总能看到“黄牛”们拦住任何一个他们认为有可能成为他们顾客的行人。“要外汇券吗?”他们常常会主动地问。

外汇券黑市

甚至在央行宣布 1994 年汇率并轨、停止发行外汇券后，

“黄牛”们也没有销声匿迹。大陆居民仍然没有官方渠道去购买美元，而对美元的需求越来越多，于是“黄牛”们依然能找到生存的空间，只不过他们的问题从“要外汇券吗?”改成了“要美元吗?”

直到1998年中国开始逐渐放开个人购汇，情况才开始有所改变。当年，外管局规定个人因私出境一次可购汇2000美元。2003年9月，这一额度提高到个人因私出境6个月以内为3000美元，6个月以上为5000美元。2005年8月，上述个人购汇额度分别被提升为5000美元和8000美元。

从2006年5月1日开始，中国实施了年度购汇管理制度。居民每年可购买2万美元外汇。这一额度在2007年2月1日提高到5万美元。

随着中国居民购汇额度的提高，一度红火的“黄牛”生意一蹶不振了，“黄牛”们不得不另谋出路来维持生活。

收藏价值

然而，外汇券却成了某些人的新宠——这一次是在收藏品市场上。在北京的邮币市场上，一整套7个面值的外汇券售价可达1万元。在厦门，一张背面是天坛图案的5角面值的外汇券现在能卖到9元，而背面是长城图案、面值为100元的外汇券则标价1000元。专家认为，由于大部分外汇券都被中国银行回收了，现存于居民手中的外汇券数量非常有限，外汇券作为收藏品还存在巨大的升值空间。

外汇券与第一、第二套人民币相比，品种较少，价格较低，很适合中小钱币收藏者投资参与，再加上它的图案均以中国名胜古迹为画面，具有很高的艺术品位和收藏价值。目前，每种外汇券的价格都大幅度上升，少则增值五六倍，多则增值几十倍。低面值的如壹角、伍角和壹元券，由于市场价比较低，具有极大的增值潜力，是外汇券中的强势品种。

【思考题】

1. 中华人民共和国成立以来出现了多少次利率倒挂？其对经济的影响是什么？

2. 全口径统计贸易顺差和目前中国海关总署统计的贸易顺差的标准是什么？你如何理解中国的贸易顺差？是否认同贸易顺差被高估这一说法？

3. 你认为人民币要成为国际化货币还有哪些事情要做？

改革开放之前，在传统的计划经济体制下，中国是典型的财政主导型经济，没有现代意义上的金融体系和金融服务。现代意义上的中国金融体系的初步建立始于1984年，其标志是以中央银行和四大专业银行为代表的“双层银行体系”的形成。20世纪90年代以后，随着包括股票市场、债券市场和货币市场等在内的金融市场的蓬勃发展，中国多元化的融资体系逐步形成。间接融资和直接融资的互补式发展，推动了中国金融机构和金融市场的整体跃升。

第六章 中国金融体系的结构与变革

在人类发展历史上，中国曾经是一个金融大国，对金融业的发展有过杰出的贡献。例如，世界上第一张纸币就诞生于中国北宋时期，中国人称之为“交子”。纸币对解决财政资金短缺和促进经济发展都起过重要作用。从欧洲来到中国经商的马可·波罗就记录过威尼斯商人必须把金币换成纸币，才能到市场上采购的事情。然而，金融的过度扩张也给中国的许多政权带来灾难。最近的例子可以追溯到20世纪40年代国民党政府在中国大陆的失败。由于国民党政府金融改革造成的混乱，不但使自己丧失民心，更使当时的中国经济凋敝，物资匮乏，财力短缺，物价飞涨，民不聊生。

新中国成立后，在计划体系下，金融体系曾经只是计划体系的一部分，高度统筹，谈不上什么金融发展。近30多年金融体系的改革与发展为我们的改革开放事业发挥了巨大作用，奠定了中国经济强盛的基础。未来中国金融体系的继续发展与改革也将决定中国经济发展的命运。

第一节 计划经济时期的中国金融业

1948年中国人民银行成立，统一全国货币发行。从1952年年底开始，中国金融体系开始走向单一化，最终纳入中国人民银行体系：中国银行变为中国人民银行的国际金融业务部门；中国农业银行组建后不久被撤；交通银行趋于萎缩并“非银行化”；中国人民建设银行也“非银行化”；绝大多数外资银行撤离中国；保险业更为集中，外资保险公司被清理出中国；农村信用合作社发展迅速，但官办化色彩浓厚。从理论上说，新中国前30年的金融运行，呈现出比较全面的金融抑制特征。造成这种现象的主要原因是市场机制基本不发挥作用。由于前30年的中国经济事实上是一种高度实物化的计划经济，实行的是由中国人民银行统揽一切金融业务的“大一统”金融体制。中国的金融业不仅具有典型的金融抑制的各种外在表象，而且显示出实物型计划经济的内在特征。

一、金融体制的高度集中统一

改革开放以前，中国是典型的财政主导型经济，没有现代意义上的金融体系和金融服务。新中国成立后，中国人民银行采用四级分行机构，并对国民党政府设在各地的中央银行进行改组，于是就形成了中国人民银行的业务部门。与此同时，新中国银行体系也逐步开始建立：中国银行和交通银行经改组后均采取总管理处、分行、支行三级制；中国人民保险公司随即成立并在各地陆续设立分支机构。但是，这种多种金融机构并存的状况并没有持续很久。1952年，被保留下来的商业银行和保险公司相继被并入中国人民银行系统，中国银行也与中国人民银行的国外业务局合署办公，交通银行和中国人民保险公司则划归财政部领导；农业合作银行被精简撤销，归入全行业公私合营银行总管理处。由此，一个由中国人民银行独揽天下的集中统一的金融体系初步建立起来。在这个时期里银行不划分专业系统，各个银行都作为中国人民银行内部的一个组成部分，中国人民银行成为既办理存款、贷款和汇兑业务的商业银行，又担负着国家宏观调控职能的中央银行。在这一体制下，中国人民银行既是金融行政管理机关，又是经营金融业务的经济实体。

“文化大革命”时期，由于经济建设被列在次要地位，中国的银行体系也被大大削弱，银行的独立性日渐消失。1969 年 9 月中国人民银行甚至被并入财政部，成为财政部所属的二级机构，基本上沦为政府的“大钱库”和“出纳员”。由于当时一些领导人不懂银行工作的重要性，把银行当做一个办理收收付付的“大钱库”，需要钱的时候才想到银行，有的甚至把财政资金和信贷资金混同起来，靠行政手段办事，做了许多违反经济规律的事。1976 年 10 月，“文化大革命”十年动乱结束，中国的银行体系才开始恢复和重建。国务院决定将中国人民银行再次与财政部分设，省、市自治区以下的金融机构亦比照办理。

在新中国成立后的前 30 年的经济和金融发展过程中，金融的本质功能——融通资金——只在极其有限的计划经济的边缘发挥作用，而且这种作用还经常被否定。

二、匮乏的金融产品

中国的金融结构可以被称为银行导向型的金融结构。在这种金融结构下，存款货币银行及类似机构在金融系统中占据统治地位，因此存款和现金几乎成为唯一的金融工具。这一特征在新中国前 30 年金融发展过程中表现得尤为突出。

1949 年 11 月，为抑制当时物价上涨，当局决定凡持有人民币者可按中国人民银行逐日公告的折实单位牌价，折合成折实单位存储，支取时亦按折实单位牌价支付，储户不会因物价上涨而遭受损失。

1950 年 3 月，中国人民银行又开办定活两便储蓄，这种储蓄既有活期之便又有定期之利，存储者十分踊跃。5 月下旬，开办保本保值储蓄，储户存入时照货币数额收存，支付时如折实牌价上升，可按折实保值；如折实牌价持平或下降，则可按原存货币保本，并计利息。

1952 年，中国人民银行确定了定期整存整取、定期零存整取、定期整存零取、定期存本取息、活期储蓄和有奖定额储蓄等多种货币储蓄方式。与此同时，中国人民银行还先后9次调低储蓄存款利率，减少利率档次，以期灵活调整存款。

但是由于1961年和1962年“大跃进”的冲击，全国城乡储蓄存款数量连续下降。1969年采取措施之后，居民储蓄存款方始回升。然而正处于“文化大革命”动乱的这个时期，原来保护和鼓励储蓄的政策已经遭到严重破坏，被审查人员的储蓄存款被冻结、抄走、取走、转移。这一时期设在城镇的储蓄所被压缩到4300个，储蓄所工作人员减少到10300人。直到1972年，被冻结的储蓄存款才予解冻，并且照付利息。

新中国成立后的前30年金融业一直处于不断调整过程中，唯一没有间断的就是吸收居民的储蓄存款活动。那时调节储蓄变量的主要手段是增加储蓄存款种类，对存款利率不断调整，对高信用客户提供优惠，积极吸收外资汇款和存款等。这些举措为新中国成立初期的经济建设提供了宝贵资金。

三、以信贷计划为核心的金融运行框架

新中国成立后的前30年还没有“宏观调控”的概念，综合信贷计划则体现了当时金融宏观调控的内容。

中国政府的综合信贷计划制度建立于1952年，包括资金来源和资金运用两个组成部分。存款计划、现金发行计划和信贷分配计划是新中国成立后的前30年金融调控的基本手段。在那种体制下，虽然商业银行仍在从事存款和贷款活动，但由于所有存款均上存中国人民银行，而所有贷款皆由中国人民银行计划确定，因此当时的全中国只有一张资产负债表。在这种高度集中统一的体制下，中国金融管理的主要工具是“信贷计划”和“现金计划”。如果贷款大于存款，则称存在“贷差”，这是需要有一个现金的净额发行予以补差；与此对应的宏观经济运行，便可能有通货膨胀的压力。反之，如果存款大于贷款，则称存在“存差”，这时便会产生现金的净额回笼；与此相对应的宏观经济运行，便可能陷入衰退。显然，在这种体制下，存贷差是一个衡量全社会金融运行是否松紧、运行是否良好的关键指标。因此，确定各地区存贷款规模并据以在地区间调动资金和分配现金发行计划就成为中国人民银行金融调控的主要任务之一。

新中国成立后的前30年，国民经济是高度实物化的。正是在信贷计划

决定的运行框架中，服从上级指令成为当时银行运作的基本规则，这与世界上大多数国家的商业银行追求利润最大化的运作机制不同。在信贷计划决定贷款投放和现金发行的基础上，中国人民银行总行要将全部贷款分解下达给各个分支行去发放，而所有的存款又是中国人民银行总行估计并要求各分支行组织吸收的。这就决定了各分支行的贷与不贷、贷多贷少、贷给什么对象都只能根据上级行分配的贷款指标来决定，而与它们吸收存款的多少没有直接关系。

那时的资金分配事实上只是完成这种指令性经济计划的一个手段，加之当时资金短缺，金融活动极为简单，中国人民银行运用存贷差来刻画宏观金融运行的状况是比较适合的。然而1984年以来所有有关金融体系发生的变化，都是在改变着那些保证存贷差概念得以适用的条件。如今的中国金融体系已经与发达市场经济国家相差无几了，因此存贷差作为衡量金融机构金融行为之概念的合理性基本消失。

第二节 现代金融体系框架的确立

1978年，金融体制改革与经济体制改革几乎同时被提上议事日程。中共十一届三中全会决定，在新的历史时期，工作重心转移到经济建设上来，银行开始进行金融体制改革，包括机构体制、业务范围、资金管理、贷款制度方面的一系列改革。

一、存款货币银行体系的建立

（一）专业银行的设立和中央银行制职能的初步确立

1979年6月中国农业银行重新成立（原本是中国人民银行农村金融局），原为中国人民银行国际业务部的中国银行分设出来，中国人民建设银行（后更名为中国建设银行）升格为一级银行（原为隶属于财政部的司局级单位），人民银行执行央行职能后，1984年1月中国工商银行成立，经营由人民银行分离出来的工商信贷与储蓄业务，中国人民保险公司亦与人民银行脱钩，独立为经营集体。至此，中国人民银行已一分为六，从一个金融机构分为六个金融机构，新中国成立 30 年来中国人民银行“大一统”的局面就一去不复返了。

位于长安街上的中国人民银行总行办公大楼

（二）股份制银行的设立

在改革开放的推动之下，交通银行于 1986 年 7 月重组成以公有制为主的股份制全国性综合银行。此后，相继成立了中信实业银行、招商银行、深圳发展银行、烟台住房储蓄银行、蚌埠住房储蓄银行、福建兴业银行、广东发展银行、中国光大银行、华夏银行、上海浦东发展银行、海南发展银行、民生银行等 12 家股份制银行。到 1996 年年底，这 13 家股份制银行共有分支机构 3748 个、职工 8.55 万人。

股份制银行的诞生为在“国有独资”的所有制体制下引入竞争机制创造了条件，同时，通过股份制商业银行的建立和发展，也有助于探索国有银行走商业化道路的经验。不过，从股权结构、经营机制和治理结构看，当时的股份制银行与专业银行并无本质区别。

（三）农村信用合作社的恢复

中国农村金融体系发展可分为两个阶段。第一个阶段是 1977—1984 年，这是中国农村金融的恢复时期。1977 年，国务院颁发了《关于整顿和加强银行工作的几项规定》，明确了农村信用合作社（以下简称农信社）由中国人民银行进行管理。到了1979年，国务院在《关于恢复中国农业银行的通知》中规定，中国农业银行集中办理农村信贷，领导农信社，农信社是中国农业银行的基层机构。由于当时中国农业银行的所有存贷业务都根据国家的指令性计划安排，而这种计划经济指令安排显然不符合农村金融发展的需要，以至于此后20年中，中国的农村金融改革问题迟迟不能从根本上解决。

从1985年开始，中国农村金融体系进入一个迅速发展时期，农信社的改革继续推进。1995年底，全国共有独立核算农信社50219个，县联社2409个，所有者权益达632亿元，其中实收资本378亿元，总资产9857亿元；各项存款余额达7173亿元，其中储蓄存款6196亿元，吸收了农村储蓄的60%以上；各项贷款达到5176亿元，占整个农业生产贷款的60%以上，农户贷款的80%以上，乡镇企业贷款的70%以上。

二、信托公司的成立与发展

1979年10月，中国国际信托投资公司（以下简称中信）在北京宣告成立，这标志着中国信托业的正式恢复。同月，中国银行总行也率先成立信托咨询部，后又在此基础上成立中国银行信托咨询公司。中信成立之初的首要目的，一是探索银行之外的引进外资及融通资金的新渠道；二是在高度集中的计划经济、传统的金融体制之外，引入具有一定市场调节功能的新型因素，推动经济体制、金融体制的改革。

然而由于当时国务院在《关于推动经济联合的通知》中并没有明确界定信托业务是什么，也没有阐述如何开展信托业务，使得新中国恢复信托业后的第一家信托公司，一开始就走上了以银行业务为主营业务、金融实业并举的混业经营之路。尽管当时各商业银行的分行纷纷在经济发达的城市试办信托业务，但大多品种却被用作突破信贷计划管理的工具。至1981年年底，全国21个省241个市陆续开办了信托业务。但是信托机构特别是金融信托机构在短期内的迅速发展，产生了分散资金、业务混乱、与银行原有业务抢资金、争地盘等现象。这便造成从1982年到1993年中央对信托公司采取的四次大规模的治理整顿，而每次治理整顿的诱因都是信托公司违规吸收资金。

三、金融市场的初步搭建

（一）货币市场

中国的货币市场在20世纪80年代初期开始兴起。从交易品种上看，中国的货币市场主要包括同业拆借、回购和票据市场。

1982年，中国人民银行倡导推行“三票一卡”（即汇票、本票、支票和信用卡），可谓中国票据市场的发端。同年，上海市率先开展了票据承兑、贴现业务，中国人民银行也开始试办票据的再贴现业务。然而1988—1995年，中国商业票据的承兑和贴现基本停止。这主要是因为信用制度遭到严重破坏，票据当事人担心出现“三角债”之类的问题。加之商业银行在操作和管理上缺乏经验，违规和假票问题也十分严重。因此各商业银行基本上于1988年停办了票据业务。

同业拆借市场是中国最早形成的有组织的货币市场。建立同业拆借市场的最初目的在于在金融机构间进行横向的短期资金调剂。但在金融体制改革初期，用于短期资金交易的货币市场在功能上逐步异化。1984年以前，银行间的资金余缺只能通过行政手段纵向调剂。1984年10月，中国形成了二级银行体制的新的金融网络格局。但是市场初创之时拆借量很小，没有形成规模。直到20世纪90年代，宏观形势趋于好转，同业拆借市场也随之活跃起来。

在同业拆借市场已经发展到一定规模后，回购市场也开始萌芽。最早的国债回购业务于1988年开办，但由于准备不足，市场反应冷淡。为提高国债流通性，经反复论证和周密准备，STAQ系统[①]于1991年7月开始试运行国债回购业务，逐步扭转了国债交易在有组织的市场中一直低迷的局面。

（二）债券市场

新中国成立以来首次发行国债是在1949年年底，这种公债仅发行了6次就于1958年停止了。直到22年后，为弥补财政赤字，财政部于1981年

---

① STAQ系统，全国证券交易自动报价系统。是一个基于计算机网络进行有价证券交易的综合性场外交易市场，系统中心设在北京。

又恢复了国债发行。此后，国债的发行方式从最初的行政分配转变为依靠银行柜台向居民销售，并形成了国债交易的二级市场。

企业债的发行晚于国债。1984 年，一些地方企业出现了自发向社会或企业内部职工集资等类似发行企业债券方式的融资活动。随后，地方企业债券规模迅速上升。为了规范迅速发展的企业债市场，中国政府不断加强行政管制，但并未抑制各地发行企业债的热情。在法律体系、社会信用制度不健全的背景下，规模迅速扩大的企业债出现了一些违约现象，导致监管更为严格。伴随着愈来愈严厉的行政管制，曾经蓬勃发展的企业债品种迅速减少，发行规模大幅下降。

（三）股票市场

1982 年至 1992 年，是股票市场在中国萌芽和自发性发展阶段。在这个阶段，作为一种新兴事物的股票，其发行和交易既没有统一的管理办法和法规，也没有统一的监管主体。在极其宽松的环境下，股票的发行主体涵盖了国有、集体、大型、小型等多种类型的企业；交易的场所既有非正式的民间“集市”，也有较为正式的柜台市场和正式的交易所；交易的股票既有个人股，也有极具中国特色的“法人股”①。

1984 年 11 月 18 日，“飞乐音响”成为中国在改革开放后第一家向社会公开发行股票的公司。此后中国的股票市场发展一直在波折中曲折前行。在以人民币计价的 A 股诞生的同时，被称作 B 股的以外币计价交易的股票也诞生了。第一只 B 股诞生于 1991 年 11 月 30 日，由上海真空电子器件股份有限公司面向海外投资者发行。

对于中国股票市场来说，有两个日子会被反复提及：1990 年 11 月 26 日，上海证券交易所成立；1990 年 12 月 1 日，深圳证券交易所成立。

上海和深圳证券交易所的成立，在中国金融发展史上堪称里程碑式的事件。从这里开始，直接融资成为中国金融体系一个不可或缺的组成部分，大大丰富了中国的金融结构。

---

① 法人股，是指企业法人或具有法人资格的事业单位和社会团体，以其依法可支配的资产，向股份有限公司非上市流通股权部分投资所形成的股份。

上海证券交易所大厅

深圳证券交易所

第三节
中国金融机构与金融市场的深化发展

进入 20 世纪 90 年代以后，以上海和深圳证券交易所成立为标志，银行业“一统天下”局面被打破。尤其是 21 世纪以来，随着包括股票市场、债券市场和货币市场等在内的金融市场的蓬勃发展，中国多元化的融资体系逐步形成。间接融资和直接融资渠道的互补式发展，推动了中国金融机构和金融市场的整体跃升。

一、中国银行业的改革与发展

得益于改革开放和经济持续高速增长的有利时机，中国在世界贸易组织过渡期结束之前及时完成了主要商业银行不良资产的剥离和资本金的补充，重建了银行的资本基础，为后续的股份制改造和公开上市创造了有利条件。根据中国银监会的统计，2003—2010 年，中国银行业金融机构境内本外币资产总额从 27.66 万亿元上升至 95.3 万亿元，7 年间增长了 2.45 倍；负债总额从 26.59 万亿元上升至 89.47 万亿元；所有者权益从 1.06 万亿元上升至 5.83 万亿元。2010 年中国工商银行和中国建设银行市值分别达到 2335 亿美元和 2200 亿美元，在全球银行业市值排名中分列第一和第二位。

（一）国有商业银行的股份制改造

2001 年 12 月 11 日，中国正式加入 WTO。这意味着，从这时候算起，再经过 5 年的过渡期，中资银行将与外资银行在同一环境下开展竞争。加入 WTO，加大了进一步深化国有独资商业银行改革的紧迫性。

2003 年年底，中国政府决定选择中国银行、中国建设银行率先进行股份制改革试点，并于当年 12 月 30 日通过中央汇金公司向两家银行注资 450 亿美元。两家银行首先用资本金、准备金和当年利润核销了全部损失类贷款和非信贷资产损失（4070 亿元），然后将其全部可疑类贷款（2790 亿元）剥离给资产管理公司。在财务重组的基础上，两家银行分别于 2004 年 8 月 26 日和 9 月 21 日由国有独资改组为股份有限公司。

2005 年 6 月 17 日和 7 月 1 日，中国建设银行分别同美国银行和新加坡淡马锡控股（私人）有限公司签署了认购协议。根据协议，这两家战略投资者分别持有建设银行 9% 和 5.1% 的股份。随着两家战略投资者的全部资金到位，中国建设银行上市前的私募引资工作宣告完成。10 月 27 日，中国建设银行股份有限公司的股票在香港联合交易所正式挂牌上市，总集资额约 622 亿港元。

2005 年 8 月 18 日，中国银行与苏格兰皇家银行集团签署战略性投资与合作协议。苏格兰皇家银行与另外两家合作伙伴一起，出资 31 亿美元收购中国银行 10% 股权。其中，苏格兰皇家银行支付 16 亿美元认购中国银行 5.16% 的股份，而美国的投资银行美林证券和李嘉诚共同投资 15 亿美元认购该行4.84%的股份。8月31日，淡马锡通过其下属的全资子公司“亚洲金融控股有限公司”投资中国银行31亿美元，购买10%的股份。9月27日，瑞银集团投资中国银行5亿美元，成为中国银行第三家战略投资者。2006年6月1日和7月5日，中国银行股票先后在香港联合证券交易所和上海证券交易所挂牌交易，募集资金分别达到860亿港元和200亿元人民币。

中国工商银行的股份制改革于2005年4月正式启动，于10月28日正式更名为中国工商银行股份有限公司。2006年1月，工行选定境外战略投资者，由高盛集团、安联集团和美国运通公司出资37.8亿美元购买约为10%的股份，约241.85亿股。2006年6月，工行与全国社会保障基金理事会签署战略投资与合作协议，社保基金理事会向工行投资180.28亿元人民币。2006年10月27日，工行A股和H股分别在上海证交所和香港联交所同步上市，开创了A+H同步上市的先河，分别募集资金266.22亿元人民币和1249.48亿港元。

2008年10月，中国农业银行的股份制改革方案尘埃落定，农业银行的股份制改革正式开始启动。从2008年11月起，农业银行的坏账核销工作全面展开。该年11月6日，中央汇金公司正式向农业银行注资1300亿元人民币，并持有农业银行50%股份，与财政部并列成为农业银行第一大股东。2009年1月15日，中国农业银行股份有限公司正式挂牌成立，注册资本金为2600亿元。2010年4月7日，农行启动IPO（首次公开募股）程序，21家承销商向农行报告初步承销方案。同年7月15日和7月16日，中国农业银行正式在上海和香港两地上市，A股和H股总集资额达221亿美元，打破工行纪录。

（二）股份制商业银行的发展

组建股份制商业银行是中国金融体制改革的必然结果。为促进金融业整体服务水平的提高，引入竞争机制，探索国有银行商业化改革的经验，中国从1986年起陆续成立了一些股份制银行和区域商业银行。

1986年7月24日，根据经济体制改革的需要，国务院批准恢复设立交通银行，交通银行成为中国第一家全国性股份制商业银行，但它的性质属于国有股份制商业银行。第一家真正意义上完全由企业法人持股的全国性股份制商业银行是招商银行，于1987年4月8日在深圳特区成立。同年，中国国际信托投资公司控股的中信实业成立。此后，深圳发展银行、烟台住房储蓄银行、福建兴业银行和广东发展银行等股份制商业银行先后成立并营业。在1992年到1996年，中国又先后成立了中国光大银行、华夏银行、上海浦东发展银行、海南发展银行、中国民生银行等。进入2000年以后，烟台住房储蓄银行改制成为恒丰银行，新建立的浙商银行、渤海银行和徽商银行以及由中信实业更名后的中信银行都先后步入全国性股份制商业银行的行列。

在中国银行业中，股份制银行素来以包袱轻、资产质量好著称。但由于规模较小等原因，股份制银行的市场地位远远无法与四大行相匹敌。20世纪80年代，当时的股份制银行还相当脆弱，只能对四大行的业务起一些拾遗补缺的作用。进入90年代，随着光大、民生等股份制银行相继成立，股份制银行的机构与业务迅速拓展，实力不断壮大。特别是最近十年以来，股份制银行在资产、利润增速上，大大领先四大行。从1998年1月1日起，中国人民银行取消了对国有商业银行贷款增加量的限额控制。因为随着中国经济的发展，金融市场化程度不断提高，多种金融机构和融资渠道的出现，贷款不能反映全社会货币支付能力的变化。“计划管理、自求平衡、比例管理、间接调控”的信贷资金管理体制以对“限额管理”为主要特征的信贷资金管理体制进行了根本性改革。至2013年年底，中国全国性股份制商业银行总共达到了12家，分别为中信银行、中国光大银行、华夏银行、广发银行、招商银行、上海浦东发展银行、兴业银行、中国民生银行、恒丰银行、浙商银行、渤海银行以及平安银行。

虽然改革开放以来，特别是进入21世纪后，中国的商业银行得到了长足发展，但不可否认的是，与国际同业相比仍存在较大差距。

1. 盈利性仍需要提高

从银行盈利的角度讲，存贷比越高越好。因为存款要付息，如果银行的存款多，贷款少，就意味着它成本高，而收入少，银行的盈利能力较差。由于商业银行以盈利为目的，所以它会设法提高存贷比例。中国银行业曾经为了吸收储蓄不惜代价，现在则为不断降低的存贷比苦恼。2001年之后，中国商业银行出现了流动性过剩现象，突出表现为存贷比走势降低。一边是社会资金大量涌入国内银行，存款一路攀升；一边是房贷、车贷、企业贷款滑坡，银行有钱贷不出去。从1998年起每年存款增长率高于贷款增长率（除2009年受金融危机的影响外），而到了2010年，经济复苏，存款再一次回升，流动性过剩现象席卷重来。庞大的存贷款差说明银行有大量可供运用的资金还处于闲置状态，从而导致商业银行盈利水平的降低。此外，和国际大型银行相比，中国商业银行的利润率偏低。

2. 信贷资金导向过于单一

如果经济增长的同时，商业银行贷款集中度很高，贷款主要流向享有特权的国有企业或官方金融机构，本来用于服务多方面经济的信贷资金使用效率便会降低。信贷资金导向过于单一会造成两个问题：一是国有企业由于资金过剩而造成利润率低，易增加信贷风险，形成商业银行的不良资产。中国商业银行的资产主要是贷款，因而银行的不良资产主要为不良贷款。不良贷款主要随着宏观经济周期、宏观调控政策、银行经营模式的变动而变动。信贷资金集中投向国家大型项目为不良资产的形成埋下了种子。二是众多中小企业对资金的渴求望眼欲穿。对绝大多数中国的中小企业来说，银行贷款是它们获得资金的主要融资手段。中国中小企业对资金的需求具有“急、小、频”的特点，而中国商业银行目前的贷款审批机制不利于中小企业融资。此外银行对担保抵押物要求较严，对担保方信用等级要求较高，中小企业能提供符合银行要求的担保抵押物较少。以上三点造成了中小企业融资难的现象。

3. 内部信贷管理水平不高

中国的商业银行正面临着不断增大的市场风险，然而在实践中却往往将风险管理目标简单地归结为安全性管理，在直接监管目标上存在偏差，忽视监管效率，导致银行监管效率低下，监管成本过大。商业银行不能及时采取有效措施化解信贷风险，增加银行不良贷款发生的可能性。从发现风险到对风险做出反应并采取措施再到最后产生效果都存在滞后的现象。另外，缺乏有效的风险分析工具，这在很大程度上限制了人们对潜在风险的预见与预防，从而降低了银行对信贷风险的事前控制和应对能力。

此外，商业银行内部还存在信贷权力分配不合理、奖罚措施不明确、内部人员组织结构不合理、信贷人员整体素质不高、流动性过大、信贷风险信息系统不完善等问题，迫切需要各方面加以重视并逐渐克服。

（三）三大政策性银行

国家开发银行、中国进出口银行和中国农业发展银行并称为中国三大政策性银行。从经营运作来看，它们一般都以贷款利率较低、期限较长的政策性贷款业务为主，并且有特定的客户和业务对象。从成立之初的定位看，政策性银行主要应在一些非营利的领域发挥作用，以促进国家政策的落实。不过，随着我国市场化改革的深入，政策性业务的范围开始不断缩小，各家政策性银行也开始进行商业性业务方面的尝试，业务发展出现了多元化的趋势。其中以国家开发银行的商业化运作最为突出。

2007 年，全国金融工作会议确定了政策性银行向商业化银行转型的改革思路，首先推进国家开发银行改革，全面实行商业化运作，主要从事中长期业务。同时进出口银行和农发行进一步深化内部改革。这意味着，中国政策性银行将逐步与财政分离，根据各自条件，进行商业化改革，最终实现自主经营、自负盈亏、自担风险的目标。

2008 年 2 月，国家开发银行的改革方案终于获得国务院批准。该方案将国家开发银行定位于“商业银行”，其改革的主要路径初步设计为“重组——股份制改造——上市”。同年 12 月 15 日，国家开发银行股份公司正式挂牌成立。由此，国家开发银行正式成为一家商业银行，并将接受政府的监管。截至 2011 年年末，国家开发银行资产总额为 38212 亿元，为中国第四大商业银行机构。

（四）中国银行业的国际化

中国加入世界贸易组织（WTO）十几年以来，始终奉行平等互利、合作共赢的对外开放政策，不断深化银行业对外开放，在全面履行加入世界贸易组织承诺的同时，促进了整个银行业服务水平和竞争力的显著提高。中资银行国际化取得新成效。一是积极推进境外机构布局建设，构建与中国经济全球化相匹配的全球服务网络。截至 2011 年年底，政策性银行及国家开发银行建立六家境外机构，参股两家境外机构；五家大型商业银行设立 105 家海外机构，收购（或）参股十家境外机构；八家中小商业银行设立十四家海外机构，两家中小商业银行收购（或）参股五家境外机构。二是通过海外公开上市，增加资本补充渠道，加快与国际接轨步伐。截至 2011 年年底，五家大型商业银行、三家股份制商业银行、一家农村商业银行在香港公开上市。三是加强业务联动，建立总行、境内外分支机构、海外代理行相互联动、相互支撑的立体交叉服务网络，拓展了服务覆盖范围。外资银行、本土银行总行类机构增加 21 家，分行类机构增加 183 家，支行类机构增加 389 家。设立城市从 20 个扩展到 50 个，在中西部和东北地区设立了 125 个营业网点。四是业务投入持续稳定增加。国际金融危机爆发后，已累计有 40 多家外国银行一方面通过引入适合当地需求的产品和服务，积极为中资企业

“走出去”提供咨询与服务；另一方面通过在经营理念和管理方法方面发挥示范作用，提升当地银行服务整体水平。此外，2011 年年底，外资法人银行存贷比监管宽限期到期，39 家外资法人银行全部达标。至此，在华外资银行各项监管宽限安排已全部结束，中外资银行监管标准实现统一。

二、迅速崛起的中国保险业

（一）中国特色保险业发展道路的探索与初步形成

进入 21 世纪，伴随中国加入 WTO 和推出深化改革、扩大开放的一系列措施，“改革、开放、发展”成为中国保险业的主要特征，中国特色的保险业发展道路初步形成（见图 6.1）。

2000 年以来，中国保险产业链条逐步完善，已初步形成包括保险集团、专业保险公司和保险中介在内的完整产业链。一是促进保险集团综合经营。2000 年，中国平安、中国太平洋保险建立集团化运营架构。2003 年以来，中国人保、中国人寿、中国再保险先后成立保险集团，并先后完成保险业全领域布局。二是发展专业保险公司。相机成立了一批专业保险公司。包括专业健康保险公司、专业车险公司、专业责任险公司、专业农业保险公司、专业养老保险公司等。三是发展保险中介市场。中国首家保险经纪公司——江泰保险经纪保险公司于 2000 年成立。兼业中介的迅速发展特别是银行保险渠道，已经成为中国保险业务发展的主渠道之一。

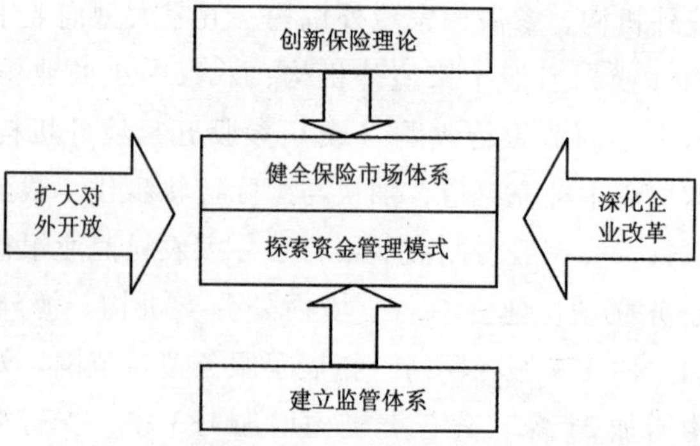

图 6.1　中国保险业发展道路的系统探索

（二）中国保险业发展的前景

平稳快速增长的国民经济是中国保险业保持快速发展的坚实基础。过去30多年，中国国民经济保持了平均9.7%的高速增长，到2020年，中国的人均GDP将跨入中等偏上收入国家行列，城市化水平明显提高，城乡二元经济结构得到显著改善，全面建设小康社会的各项目标基本完成。与此相应，中国保险业将走上以自主创新为主体的内涵式发展路径，实现发展方式的根本性改变。

从保险业资产规模看，随着保险主体和保险产业的发展壮大，中国保险业在集聚社会资金和财富管理领域扮演重要的角色，中国保险业总资产有望呈现爆炸性增长的态势。预计到2020年，保险业总资产将有望突破20万亿元人民币，成为世界三大保险市场之一。

2012年世界500强企业中，中国保险企业占有四席，分别是中国人寿、中国平安、中国人保、中国太平洋保险。未来5—10年，将有更多的中国保险企业走出去，通过参股、并购、新设等方式开拓国际保险市场，相信还将有更多的世界级保险巨头在中国诞生。

三、中国资本市场的崎岖之路

（一）证券业的综合治理与扶优汰劣

2005年，中国资本市场的重大制度突破——股份分置改革启动。股份分置改革之前，国有股不能流通，上市公司股权被人为地割裂为非流通股和流通股两部分，导致上市公司治理结构存在缺陷，同股不同权、国有股一股独大的问题突出。股权分置改革的成功推出，解决了多年来困扰A股市场发展的制度障碍，使中国证券市场进入了一个全新的发展阶段。2005年下半年到2006年上半年证券公司自营、国债回购、上市公司证券发行等重点业务的新规则相继出炉，证券公司风险监管、风险处置、净资本计算等规章条例的制定也加速进行。

随着创新类和规范类证券公司评审的全面推进，创新和重组成为证券行业的两大主题，证券公司的分化竞争格局加剧。创新类证券公司大力推进各种创新业务，而存在大量历史遗留问题、经营困难的证券公司则展开重组工作。央行和证监会成立了建银投资公司和中国证监会投资者保护基金公司，对规模较大的证券公司进行了重组，银河证券、中信建设等大型证券公司完成重组后重新亮相，中信证券、招商证券等创新类证券公司通过托管弱势证券公司扩大自身规模。重组直接导致行业集中度进一步提升，2012 年年底前 10 家证券公司经纪业务的市场份额近 60%，前 10 家证券公司承销业务的市场份额接近 90%，而资产管理业务几乎被前 10 家证券公司包揽。

整个证券行业的资产质量和盈利情况得到了明显改善。从收入结构来看，经纪、承销、自营业务收入仍然是证券公司收入的最主要来源。2012 年经纪业务收入占比为 60%。股权分置改革完成后股票首发、增发、配股等重启，短期融资券的承销逐步开放，承销收入占比逐步提升至 13%。证券公司创新业务快速起航，集合理财产品、资产证券化、短期融资券等新业务都取得了开创性的进展，创新类证券公司在这些业务中取得了先发优势。

（二）资本市场重大政策及改革措施

中国资本市场是伴随着经济体制改革逐步发展起来的“新兴加转轨”市场。由于建立初期的整体环境和市场本身制度设计上的局限，中国资本市场积累了一些深层次问题和结构性矛盾。这些问题与矛盾制约了市场功能的有效发挥，阻碍了市场的进一步发展。近几年，中国证监会推出了一系列旨在完善市场基本制度和恢复市场功能的改革措施，推动中国资本市场发生了深刻的变化。

1. 股权分置改革

股权分置的产生主要是早期对股份制以及资本市场功能与定位的认识不统一，并且处在国有资产管理体制的改革初期，国有资本运营的观念还没有完全建立。解决股权分置问题，本质上是实现机制上的转换，即通过非流通股股东和流通股股东之间的利益平衡协商机制，消除 A 股市场股份转让的制度性差异。在改革中，非流通股股东与流通股股东之间采取对价的方式平衡相互利益。股权分置改革的顺利推进使国有股、法人股、流通股利益分置、价格分置的问题不复存在，各类股东具有一样的上市流通权和相同的股价收益权，各类股票按统一市场机制定价，二级市场价格开始真实反映上市公司价值，并成为各类股东共同的利益基础。股权分置改革为中国资本市场优化资源配置奠定了市场化基础，使中国资本市场与国际资本市场在市场基础层面不再有本质的差别。

2. 全面提高上市公司的质量

近年来，中国证监会开展了旨在进一步促进上市公司规范运作、加强上市公司治理、提高上市公司质量的专项活动。主要包括完善上市公司监管体制、规范公司治理、清欠违规占用上市公司资金、建立股权激励机制等。对于证券公司长期积累的问题，证监会从风险处置、日常监管和推进行业发展三个方面实施综合治理。

3. 发行制度改革

发行审核制度透明化。2004 年，发行上市主承销商推荐制过渡到保荐制度，建立了保荐机构和保荐代表人问责机制。同年取消了发审委委员身份保密的规定，使核准制下市场参与者各负其责、各担风险的原则得到落实，迈出了发行制度市场化改革的第一步。

证券发行的市场约束得到强化。一系列证券发行管理办法和相应配套规则体制先后推出，形成了全流通模式下的新股发行体制，提高了发行效率。

发行定价机制市场化。对股票发行定价取消核准，实行询价制。2006 年进一步重点规范了首次公开发行股票的询价、定价以及股票配售等环节，完善了询价制度，加强了对发行人、证券公司、证券服务机构和投资者参与证券发行行为的监管。

（三）债券市场的发展演变

中国债券流通市场从 1981 年国家恢复发行国债开始起步，历经 30 多年的发展，经历了实物券柜台市场、上海证券交易所为代表的场内债券市场和银行间债券市场为代表的场外债券市场三个主要阶段的发展过程。

1. 实物券柜台市场（1988—1993 年）

中国债券市场的起步是从 1988 年财政部在全国 61 个城市进行国债流通转让的试点开始算起，这是银行柜台现券的场外交易，也是中国国债流通市场的正式起源。

1990 年 12 月，上海证券交易所成立，开始接受实物债券的托管，并在交易所开户后进行记账式债券交易，形成了场内和场外交易并存的市场格局。但当时债券市场的主要特点是不记名的实物券没有统一的托管机构，而是发行后再分散托管在代保管机构，交易只能在代保管机构所在地进行，不能跨地区交易。

1994 年后以代保管单的形式超发和卖空国库券的现象相当普遍，市场风险非常大，无记名实物券国债柜台转让市场因滥发假国债代保管单而被关闭。以武汉证券交易中心等为代表的区域性国债回购市场也由于虚假的国债抵押，且资金违规操作导致被主管部门在1995年下令关闭。

2. 上海证券交易所为代表的场内债券市场（1994—1997年）

1994年交易所开辟了国债期货交易，在其影响之下，交易所债券市场的债券现货交易开始明显放大。这种状况一直维系到1995年5月，之后因国债“327”事件，国债期货市场关闭，交易陡然萎缩。1995年8月，国务院正式停止了一切场外债券市场，证券交易所变成了中国唯一合法的债券市场。

1995年财政部在证券交易所试点发行记账式国债，到了1996年，记账式国债开始在上海、深圳证券交易所大量发行。同时，随着债券回购交易的展开，初步形成了交易所债券市场体系。

1997年上半年，随着股市的大涨，大量银行资金通过交易所债券回购方式流入股票市场造成股市过热。为此，根据国务院的统一部署，中国人民银行决定商业银行全部退出上海和深圳交易所的债券市场，这也标志着以上海证券交易所为代表的场内债券市场的发展受到较大影响，中国债券市场必须探索新的债券组织和交易形式。

3. 银行间债券市场为代表的场外债券市场（1999年至今）

1997年6月以后，商业银行退出交易所债券市场，将其所持有的国债、融资券和政策性金融债统一托管于中央国债登记结算公司，并可进行债券回购和现券买卖。银行间债券市场就此启动。

1999年财政部和国家开发银行等政策性银行在银行间债券市场发行国债和政策性金融债券，共计4426亿元，占当年中国债券发行总量的74%。2000年财政部、国家开发银行等政策性银行又在银行间债券市场发债3904亿元，占当年中国债券发行总量的62%。随着银行间债券市场规模的扩大，场外债券市场已渐渐演变为中国债券市场的主导力量。

2001年以后，中国人民银行、中国证监会和财政部等主管部门加速了交易所债券市场和银行间债券市场的统一、互联工作。首先是两个市场的参与机构的统一，其次是财政部开始尝试发行跨市场国债（跨交易所和银行间债券市场）。

可以说，由中国人民银行于1997年6月组建的全国银行间债券市场是目前中国债券市场的主体，这一点也构成了中国债券市场的基本特征。可以说中国债券市场的建立与发展，充分体现了中国经济市场化改革的特色。银行间债券市场的建立和发展是中国经济体制改革史上少有的政府建设市场的成功案例。

而相较中国银行间债券市场，中国企业债券市场发展历程可谓一波三折。它曾有过20世纪90年代初的辉煌，也出现了1994、1995年的低潮，但总体来看，是从不规范走向逐步规范，发行方式、利率设置等方面也朝市场化方向迈进，其影响和规模逐步扩大。虽然相对国债总量仍处于绝对弱势地位，其价格波动情况基本从属于国债走势，但也有独特的一面。中国企业债券发展历程大致可以概括为以下4个阶段：

1. 萌芽阶段（1984—1986年）

如前文所述，从1984年开始，一些企业出现了自发向社会或内部集资等类似于企业债券方式的融资活动。据粗略估计，到1986年年底，大致发行了100亿元此类债券。这期间，国家对其尚未进行规范管理，也没有制定相应的法律法规。

2. 快速发展阶段（1987—1992年）

1987年3月27日，国务院颁布实施了《企业债券管理暂行条例》，规定中国人民银行和国家计委负责审批企业债券的发行。1989年年底，国家计委和中国人民银行联合下发了《关于发行企业债券实行额度申报审批办法的通知》，规定企业发行债券必须申报额度，并纳入国家年度债券发行计划。从1989年到1992年下达企业债券发行计划分别为75亿元、20亿元、250亿元和350亿元，发行规模快速扩大，其类别有七个券种：国家投资债券、国家投资公司债券、中央企业债券、地方企业债券、地方投资公司债券、住宅建设债券、内部债券。

3. 基本停顿阶段（1993—1995年）

1993年8月2日，国务院修订颁布了《企业债券管理条例》，开始规范债券的发行。1993年12月29日，全国人大颁布了《中华人民共和国公司法》，规范公司债券的发行。1993年企业债券发行计划改为由新增银行贷款解决。企业债券品种整合为中央企业债券和地方企业债券两个品种。1993年年初国家下达的企业债券发行计划为490亿元，实际发行20多亿元，1993至1995年总发行量为185亿元。

4. 规范发展阶段（1996年至今）

1996年到1998年三年企业债券发行总额为930亿元，主要安排了一批国家重点建设项目，如铁道、电力、石化、石油、三峡工程等。1999 年 11 月，国务院批准国家计委统一管理企业债券的发行审批，《企业债券管理条例》开始修改。2000 年 9 月 18 日，修改的《企业债券管理条例》报送国务院。2001 年经正式批准发行的企业债券总额为 244 亿元。

时至今日，中国的债券市场已经包含有国债、企业债、政府机构债券等种类详见图 6.2。

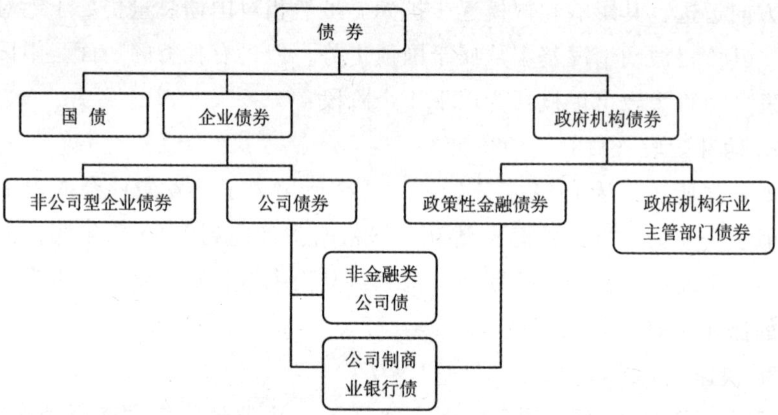

图 6.2　中国债券市场品种构成

（四）货币市场的深化发展

1. 同业拆借市场

中国货币市场的发展是从 20 世纪 80 年代建设同业拆借市场起步的，1992 年清理“乱拆借”，1995 年整顿证券回购市场。1996 年 1 月，人民银行在上海组建了全国银行间同业拆借中心。至此，银行间同业拆借市场就形成了两级网络：一是由各国有商业银行、股份制商业银行、城市商业银行、各省融资中心等机构组成的一级网络；二是以各商业银行分支机构、其他金融机构参加的，以当地融资中心为纽带的二级网络。1996 年，全国银行间同业拆借市场总计成交 5871 亿元，其中一级网成交 2199 亿元，占 37.5%；二级网成交 3671 亿元，占 62.5%。两级网络中，涉及融资中心的交易额占 70%。虽然在形式上建立了统一的货币市场，但其中拆借市场、债券市场的定位和功能仍没有发生实质性转变，拆借交易量较大，但也蕴含巨大风险，债市交易萎缩。

融资中心在当时情况下发挥了重要作用，一方面为所在地的中小金融机构提供资金拆借的信息中介服务；另一方面，作为大银行与中小金融机构之间的联结机制，通过自营资金拆入或拆出，在资金量上化零为整或化整为零。但也存在着一些明显的问题，特别是在房地产泡沫破灭的情况下，出现大量逾期拆借资金，拆借风险问题逐渐突出。针对融资中心暴露出的问题，1997 年第四季度央行决定停止其自营业务，并开始着手清收逾期债权；1998 年 6 月，在清理逾期拆借资金的基础上，撤销了各地融资中心。此后，同业拆借市场出现了信息不畅、资信不明、交易双方供需不匹配等问题，导致银行间同业拆借市场交易量大幅度下降。1998 年，全国银行间同业拆借市场信用拆借额仅为 989 亿元，比上年下降 86%。为应对同业拆借市场出现的新问题，1998 年下半年开始逐步建立了面向所有金融机构、全国统一的市场。信用良好的商业银行成为同业拆借市场的主要参与者，中小金融机构之间及其与商业银行之间的交易则更多地通过代理业务和债券回购等交易形式相连接。

此后，银行同业拆借市场的发展主要体现在以下几个方面：一是扩大全国银行间同业拆借市场的电子交易信息系统；二是鼓励商业银行开展融资代理业务，为中小金融机构融资创造便利条件；三是吸收符合条件的证券公司、证券投资基金加入银行间同业拆借市场。

1998 年，在亚洲金融危机蔓延并继续加深、国际金融市场持续动荡的情况下，中国货币市场健康运行，防范了金融风险，对保障货币政策和财政政策的顺利实施发挥了积极作用。在经历了亚洲金融危机之后，从 2000 年开始，中国银行同业拆借市场开始步入稳定发展阶段。特别是在 2007 年 Shibor① 作为基础利率体系正式推出以来，银行间同业拆借市场在国内货币市场中的地位更是发生了根本性改善。当年的成交金额即发生规模跳跃，达到 10 万亿元以上的水平，此后一直保持了较快的发展速度。2011 年和 2012 年，银行同业拆借市场全年成交规模分别达到 33 万亿元和 46.7 万亿元。

2. 银行间债券市场

前文曾提到，中国银行间债券市场是从国债回购市场转化而来的。中国国债回购交易试点始于 1991 年，由于国债回购交易者参与的初衷是寻找一个可以替代原有违章拆借渠道的融资途径，加之在国债回购市场成立初期监

① Shibor，英文全称 Shanghai Interbank Offered Rate，即上海银行间同业拆借利率，从 2007 年 1 月 4 日开始正式运行，标志着中国货币市场基准利率培育工作全面启动。

管上的滞后和失控（国债回购交易的管理以市场所在地政府为主），在相当长的一个时期内，国债回购市场基本上处于“放任自流”的状态。

1997 年中国人民银行对国债回购市场进行规范，要求各国有独资商业银行、股份制商业银行和城市商业银行等停止在证券交易所的证券回购和现券回购，转为在全国银行间同业拆借市场进行，中国银行间债券市场由此形成，成为专门为银行之间以债券回购和现券买卖方式融通资金而建立的封闭市场。这一市场建立的一个重要目的在于，堵住银行资金违规进入股票市场的渠道，控制股市投机现象，整顿金融秩序，控制金融风险，保证金融稳健运行。1998 年以后，银行间债券市场规模已超过银行间同业拆借市场规模，逐渐成为货币市场的主体部分。2000 年银行间债券市场债券回购成交额 15782 亿元，日均增长 299%。

此后，中国银行间债券市场得到了较快的发展。主要表现在：一是市场参与主体不断增加。根据央行的数据，截至 2012 年年末，银行间债券市场共有参与主体 11287 个，比 2011 年末增加 415 个，包括各类金融机构和非金融机构投资者，形成了以做市商为核心、金融机构为主体、其他机构投资者共同参与的多层次的投资者结构，银行间市场已成为各类市场主体进行投融资活动和风险管理的重要平台。2012 年，银行间市场投资者进一步丰富，非金融企业投资主体增加较多。境外机构投资银行间债券市场试点稳步推进。截至 2012 年年底，已有 100 家包括境外央行、国际金融机构、主权财富基金、港澳清算行、境外参加行、境外保险机构和 RQFII 等境外机构获准进入银行间债券市场。二是市场不断规范，基础建设日趋完善。同时债券托管体系和交易系统等基础设施建设也不断加快，债券结算系统和资金清算系统不断完善。三是交易规模不断扩大。2000 年以来，银行间市场可交易的证券品种和数量迅速增长。根据中央国债登记结算公司的统计，2001 年在该公司托管的证券数量仅有 138 只，且其中 47 只不可流通，全部托管的证券总市值不到 2 万亿元。而截至 2012 年 7 月末，托管证券数量已经达到 3072 只，全部托管证券的总市值达到 22. 3 万亿元。除传统的政府债券、金融债券和企业债券外，还增加了央行票据、中期票据、短期融资票据和资产支持证券等品种，发行人涵盖了中央政府、金融机构、企业和国际组织。四是期限日益向短期集中，市场流动性逐步增强，为金融机构提供流动性管理平台的功能日益得到发挥。在 2011 年的交易中，1 天、7 天和 14 天的短期交易占据回购交易的主体部分，三者合并占比接近 97%。其中，占比最大的 1 天回购交易占比达到 52.19%。这表明回购市场和同业拆借市场一样，其功能都是满足机构的临时性资金短缺。

3. 商业票据市场

在改革开放初期的 1980 年，针对企业之间存在着大量货款拖欠的情况，中国人民银行开始试用商业汇票进行货款清算，并逐步从同城推广到异地。但在随后的 20 多年间，中国商业票据市场发展较为缓慢。

1999 年以来商业票据市场有了一定的发展，主要表现在四个方面：一是一批中小金融机构已获得开办票据贴现业务的资格，并可以向人民银行申办再贴现，打破了票据市场中商业银行一统天下的局面；二是商业银行开始普遍重视拓展票据业务，成立了多种形式的票据业务专营机构或专营窗口；三是票据流通转让增多，有 3 个以上背书人的票据比重明显上升；四是商业汇票已成为一批大型企业主导性的结算工具，在销售收入中所占的比重稳步提高。

另外，一批区域性的商业票据市场正在逐步形成。1999 年以来，央行积极采取政策措施，选择并推动了一部分业务基础好、辐射能力强、金融机构集中的中心城市，加快商业票据市场建设和发展。中心城市的商业汇票业务不仅在全国的占比高、增长平稳，而且操作规范，票据的背书转让比例、信用支付和融资功能大大高于全国其他地区。进入 21 世纪以来，中国金融信息化建设取得显著进展，而票据业务仍停留在传统柜台式纸质票据业务办理阶段。为了提高商业汇票业务的透明度和时效性，克服纸票操作风险大的缺点，节省各方交易成本，促进统一票据市场的形成，中国人民银行决定推行电子票据业务。2003 年 6 月 30 日，中国银行间市场建成“中国票据网”并正式启用，为金融机构间票据转贴现、票据回购等业务提供报价、查询服务，这也标志着中国票据市场电子化开始起步。

目前，票据市场已成为我国银行间市场的重要组成部分，交易品种包括转贴现和回购，以银行承兑汇票交易为主。2012 年，企业累计签发商业汇票金额 17.9 万亿元，同比增长 18.8%，其中电子票据累计承兑金额 9627.5 亿元，占全国商业汇票承兑总额的 5.37%；金融机构累计贴现金额 31.6 万亿元，同比增长 26.4%，其中电子票据累计贴现金额 10402.8 亿元，占全国商业汇票累计贴现总额的 3.29%。

（五）衍生品市场仍处于初级阶段

中国的衍生品市场始于1990年10月12日郑州粮食批发市场的开业，至今已有二十多年的发展。根据市场的性质和运行特征，大体可分为商品期货市场和金融衍生品市场，而从发展阶段上看，不论是商品期货还是金融衍生品又都可以划分成初步尝试——治理整顿——复苏与规范发展等三个阶段。

1. 商品期货市场

以郑州粮食批发市场的开业为标志的商品期货市场，由于行政主管部门不明确，无法可依，人才和技术储备不足等原因，从一开始就出现盲目发展的势头，各地交易所和经纪公司泛滥，场内极度无序，境外不法商人浑水摸鱼，欺诈盛行。1993年11月4日，国务院发出《关于制止期货市场盲目发展的通知》，要求坚决制止期货市场盲目发展，标志着中国商品期货市场第一个发展阶段的结束。

1994年4月6日，商品期货交易市场治理整顿的大幕拉开。国务院先后关停了钢材、食糖、煤炭等大品种的期货交易。至1996年4月23日，经过撤并整顿，全国仅保留了15家试点交易所（而在最疯狂时期，曾出现过50多家商品交易所），上市交易品种35个。1998年8月，国务院确立中国证监会统一负责对全国证券期货业的监管，进一步明确了“继续试点，加强监管，依法规范，防范风险”的原则，将14家交易所（广东联合商品交易所于1996年在清理整顿中被关闭）撤并为上海、郑州、大连3家，仅保留12个商品期货交易品种。2000年12月28日，中国期货业协会成立大会在北京举行，期货业监管和自律体系完全确立，治理整顿阶段全面结束。

2001年3月，“稳步发展期货市场”被写入“十五”规划纲要，标志着中国商品期货市场复苏阶段的开始。2004年1月，“国九条”中明确提出要“逐步推出为大宗商品生产者和消费者提供发现价格和套期保值功能的商品期货品种”。此后，商品期货市场获得长足发展，越来越多的期货品种陆续上市，中国商品期货市场开始走向成熟。目前，在上海、郑州和大连3家期货交易所上市的品种见表6.1。

表 6.1　　中国商品期货上市品种

交易所	上市品种
上海商品交易所	铜、铝、锌、铅、黄金、白银、螺纹钢、线材、热轧卷板、燃料油、石油沥青、天然橡胶
郑州商品交易所	强麦、普麦、棉花、白糖、PTA、菜籽油、早籼稻、甲醇、玻璃、油菜籽、菜籽粕、动力煤、粳稻
大连商品交易所	玉米、黄大豆 1 号、黄大豆 2 号、豆粕、豆油、棕榈油、鸡蛋、胶合板、纤维板、聚乙烯、聚氯乙烯、聚丙烯、焦炭、焦煤、铁矿石

2. 金融衍生品市场

商品期货市场建立后不久，中国就出现了早期的金融期货。在 1992 年到 1993 年短短两年的时间里，外汇期货、国债期货、股票指数期货、权证等金融衍生品陆续登台亮相。然而由于监管缺失、违法经营、严重投机、违规操作等原因，中国金融衍生品市场的初步尝试以全面失败而告终。

2005 年 6 月 15 日，工商银行和兴业银行做成首笔银行间市场债券远期交易。这是中国银行间市场首只真正的衍生产品，也标志着中国金融衍生品市场的恢复。同年 8 月，银行间人民币远期市场建立，并正式引入人民币远期询价交易，随后正式推出银行间远期外汇交易品种，初步形成了有代表性的国内人民币远期汇率。债券远期交易和远期外汇的推出标志着场外金融衍生品市场的大幕拉开。此后，人民币结构性理财产品、人民币利率互换、人民币外汇掉期等交易陆续推出。

2005 年中国证券市场沪深 300 指数发布，次年 4 月，沪深 300 指数被定为首个股指期货标的；2006 年 5 月，具有期权性质的认股权和债券分离交易的可转换公司债券获准推出；2006 年 9 月，以金融期货交易为标的的中国金融期货交易所在上海挂牌成立；最具里程碑意义的是，2010 年 3 月 31 日和同年 4 月 16 日分别推出了融资融券和股指期货；而全球金融市场最为活跃的品种——期权的推出也在紧锣密鼓地进行中；2014 年 3 月 28 日，中国金融期货交易所启动上证 50 股指期权合约仿真交易。

（六）中国证券市场的国际化

在证券投资方面，1991 年底，第一只 B 股——上海电真空 B 股正式发行上市。以 B 股的发行为起点，中国证券市场融资功能第一次突破国界。

1992 年中国允许外国居民在中国境内使用外汇投资 B 股，2001 年 2 月 19 日，中国证监会又做出了允许境内居民用自有外汇投资 B 股市场的决定。

这之后，中国债券市场的国际化进程也在推进当中。中信公司、中国银行、交通银行、建设银行、上海国际信托投资公司等金融机构先后在国际金融市场发行了日元、美元等不同币种的国际债券。

2005 年 2 月 18 日，中国人民银行、财政部、国家发改委和中国证监会共同制定了《国际开发机构人民币债券发行管理暂行办法》。9 月，国际金融公司（IFC）和亚洲开发银行（ADB）成为首批在华发行人民币债券的国际多边金融机构。国际金融机构在中国发行人民币长期债权成为中国债券市场走向国际化的一个重要里程碑。

在证券商及其业务的国际化方面，中国证监会按照 WTO 对证券市场准入原则、国民待遇原则以及透明度原则的相关规定，允许外资少量持股的合资证券公司（外资上限为 33%）和合资基金公司（外资上限起初为 33%，3 年后增加到 49%）在国内开展业务。中国证监会的统计数据显示，截至 2011 年年底，中国已批准设立 9 家中外合资证券公司和 33 家中外合资基金管理公司。其中，合资基金公司更是占到我国基金公司总数的一半以上。与此同时，中国内地的金融机构也开始步入国际市场：共有包括银行和保险系在内的 15 家中资金融机构在香港设立综合证券业务分支机构，在提高中国证券行业国际（境外）竞争力的同时，也加快了资本市场的国内与国际（境外）接轨。

QFII 与 QDII 成为创新性过渡举措。进入 21 世纪，中国证券市场整体功能和效率已经大大提升，并逐渐成为亚太地区最大也是最具活力的证券市场之一，这同时也对证券市场国际化战略提出了新的要求。QFII 和 QDII 制度的建立，在现阶段中国证券市场国际化进程中起到了重要的桥梁作用。

2002 年 11 月 5 日，中国人民银行和中国证监会联合发布了《合格境外机构投资管理暂行办法》，QFII 应运而生。接下来的几年中，中国证监会进一步放宽了对 QFII 的资格要求和资金进出锁定期，逐步提高了投资额度，增加了 QFII 开户和投资等方面的便利，完善了 QFII 投资监管体系特别是信息披露制度。截至 2011 年年底，获得 QFII 资格的境外投资者总数达 116 家，其中已有 103 家 QFII 机构获得中国外汇管理局发放的投资额度，获批总额度 206.9 亿美元。

经国务院批转，中国人民银行于 2006 年 4 月 13 日发布公告调整了六项外汇管理政策，允许符合条件的银行、基金公司、保险机构各自采取方式，按照规定集合境内资金或购汇进行相关境外理财投资。2006 年 7 月 21 日，国家外汇管理局公布了首批获得代客境外理财资格的银行及购汇额度，酝酿已久的 QDII 产品——华安国际配置基金，于 2006 年 9 月 13 日向中国内地投资者发行，此后有 10 只 QDII 基金陆续出海。

【案例 6－1】

平安银行：成功演绎资本市场“1＋1＞2”的并购故事[①]

2012 年 8 月 2 日，深发展大厦 32 楼，一个简单的揭牌仪式，宣告了深发展与平安银行完成了法定合并，有着 25 年历史的深发展银行更名“平安银行”，成为平安集团旗下的控股银行，一场中国银行业历史上空前的银行合并案大功告成。

回顾这场历时两年多的银行业大事件，人们不禁要问：曾经辉煌无比的深发展为什么落后了？而入主深发展的为什么就是平安？他们的联姻又会开出怎样美丽的花朵？事实上，早在 10 年前，在深发展开始寻找战略投资者的时候，平安就是深发展的最佳选择。经过 10 年的风雨考验，两家机构最终还是走到了一起，不能不说这是命运的安排。

- 发展历程

福建亚洲银行创建于 1992 年 12 月，作为响应政府在金融领域进行外商投资试点而成立的合资银行，由中国银行福建信托咨询公司与香港中亚财务有限公司合资创办的福建亚洲银行共同创立，1993 年 6 月 26 日经中国人民银行批准正式开业。

2003 年 12 月 29 日，经中国银监会批准，平安保险集团与香港上海汇丰银行（HSBC）一起正式收购福建亚洲银行 100% 股份。

根据收购协议，汇丰银行将斥资不超过 2000 万美元收购福建亚洲银行 50% 的股权；平安保险集团通过旗下的平

---

① 本案例选自《南方都市报》记者对原平安银行董事长肖遂宁访谈。

安信托投资公司，收购余下的50%股权。其后，平安保险集团向福建亚洲银行再注入2300万美元，从而使注入资金总额增至5000万美元，持有福建亚洲银行73%股份，汇丰银行持有的股权稀释至27%。此次收购，平安信托的成本是4300万美元，按当时汇率计算合计人民币3.56亿元。

2004年2月19日，福建亚洲银行更名为平安银行，总部由福州迁至上海。平安银行成为国内第一家以保险品牌命名的商业银行。此项收购将使平安保险得以绕过政策关卡，将经营触角伸向中国快速发展的银行业。

深圳市商业银行作为中国第一家城市商业银行，成立于1995年6月22日，并于1998年6月更名为深圳市商业银行。

2006年年中，平安保险集团斥资10.08亿元，从深圳市投资控股有限公司、深圳市财政局等11家国有股东手中，以1元/股的价格收购深圳市商业银行10.08亿股股份，占深商行总股本的63%。

2006年年底，深商行向平安集团以1元/股的价格定向增发39.02亿股，深商行总股本增加到55.02亿股，加上收购部分小股东股份，平安集团合计持股达49.17亿股，占深商行总股本的89.36%，平安集团此次交易成本为39.09亿元。平安保险以总计49亿元人民币的价格收购深圳市商业银行89.24%的股权。

2007年6月16日，中国银监会批准深圳市商业银行吸收合并原平安保险集团旗下子公司平安银行并更名为深圳平安银行；原平安银行总行改建为深圳平安银行上海分行，原平安银行福州分行和上海张江支行分别改建为深圳平安银行福州分行和上海张江支行。

2009年1月，深圳平安银行经中国银监会批准更名为平安银行。

2009年，更名后的深圳平安银行斥资45.95亿，以1.58元/股的价格，按每10股配5.79股向全体股东配售31.62亿股。由于整合福建亚洲银行，平安保险集团持有平安银行的股份比例达到90.75%。

深圳发展银行全称是深圳发展银行股份有限公司，由深圳市数家城市信用合作社整合成立。深发展于1987年5月10日以自由认购形式首次向社会公开发售人民币普通股，并于1987年12月22日正式宣告成立，是中国第一家面向社会公众公开发行股票并上市的商业银行。

2010年5月，平安保险集团以向深发展大股东——新桥集团定向发行2.99亿股H股作为对价，受让了新桥持有的深发展5.20亿股的股份，交易成本约合人民币167.95亿元，交易完成后，平安保险集团持有深发展16.76%的股份。

2010年6月，平安寿险斥资69.39亿元，以18.26元/股的价格，认购了深发展非公开发行的3.7958亿股股份，每股价格18.26元，认购完成后，平安保险持有深发展29.99%的股份。

2010年9月，平安保险宣布以持有的深圳平安银行90.75%股份及26.92亿元现金，按17.75元/股的价格，认购深发展非公开发行的16.39亿股的股份，交易完成后，平安保险合计共持有深发展52.38%的股份（26.84亿股），按照2012年8月1日15.16元/股的收盘价计算，对应市值406.89亿元，深发展持有平安银行90.75%的股份。

2011年8月，深发展拟向中国平安定增募资不超过200亿元，交易完成后，平安集团对深发展的持股比例将达到61.36%。

2012年1月19日，深圳发展银行发布公告称，深发展和平安银行董事会审议通过两行合并方案，深发展吸收合并平安银行，并更名“平安银行”。深发展公告称，本次吸收合并完成后，平安银行将被并入深发展，平安银行注销，不再作为法人主体独立存在，深发展应为合并后存续的公司，公司的中文名称由“深圳发展银行股份有限公司”变更为“平安银行股份有限公司”。

2012年7月25日晚间，深发展公告称，收到《中国银监会关于深圳发展银行更名的批复》。中国银行业监督管理委员会同意深圳发展银行股份有限公司更名为“平安银行股份有限公司”,“平安银行”将是从深圳的城市商业银行一跃升级为拥有1.26万亿元资产的全国性股份制银行。

2012年7月27日，该行在深圳市市场监督管理局办理完毕相关变更手续，并取得新的《企业法人营业执照》，并自当日起将中文名称变更为平安银行股份有限公司，英文名称由“Shenzhen Development Bank Co., Ltd.”变更为“Ping An Bank Co., Ltd.”(Ping An Bank)。经申请，该行证券简称自2012年8月2日起正式更名。

至此，时间回到文章一开始的2012年8月2日，深圳市深南中路深发展银行大厦32楼会议室，原深圳发展银行董事长肖遂宁与深圳平安银行行长理查德·杰克逊共同为深发展更名平安银行揭牌，深圳发展银行正式结束了25年的使命，23岁的“000001”将带着“平安银行”的马甲继续其A股K线传奇。

2012年8月15日晚间，平安银行发布合并以来的首份半年报，数据显示，该行实现营业收入196.26亿元，同比增长61.70%；归属于母公司股东的净利润67.61亿元，同比增长42.91%。

- 为何入主深发展的是平安?

2002年，深发展与其他中资银行一样，深陷不良贷款泥潭。在这样的背景下，深圳发展银行被选为中国金融改革的试验标本，监管层下决心把银行的控制权让出来，引进海外战略投资者——新桥集团。

与新桥谈判一波三折。从2002年开始谈判一直到2004年年底才正式签约。当时平安的确一度有意进入，但后来由于种种原因放弃了。与新桥的谈判历时2年，期间按照监管机构规定，深发展资本补充计划被搁置了，深发展机构扩张也停下了。等到2005年新桥正式入主深发展不久，股改又启动了。新桥是一家美国机构，他们对中国的一些事情没能完全理解到位，因此，他们的股改方案在股东大会上因小股东的集体反对而失败。在此期间，银行失掉了大量的时间和机会，因为股改不成，银行资本补充更加谈不上了。

直到2007年第二次股改才取得成功。新桥是一家私募基金，其身份决定了它很难给银行提供持续的补充资本，第二次股改时即使让他们买一部分权证都很困难，最后不得不用很高的利率举债才完成了股改。所以，到了2007年，深发展与同时期成长的其他股份制银行相比，已经明显落后了。

回顾这10年，正是中国经济腾飞的10年，中国金融快速扩张的10年，可以说深发展失去了急速扩张的绝佳机会。

2006年深发展第一次股改失败后，新桥就有了退出深发展的想法，那个时候潜在买家就有平安等多个机构。当时市场各种传闻很多，市场反应也很强烈，两家公司的股票也大涨，只是后来秘而不宣，最后不了了之了。如果那次成功的话，深发展的股票价格只有每股不到10元，机会是很好的。

深发展与平安银行的合并，作为中国最大的金融并购案为以后的并购提供了宝贵的、可借鉴的经验，成功演绎了资本市场上“1+1>2”的并购故事，也为在中国开展综合金融服务进行了有益的探索和尝试。

整个事件中最困难的节点，不在于系统、网点、产品等等硬件的整合，因为这些虽然很冗繁，但都可以一点点地去做；最大的难点在于人的整合，深入一点说是人“心”的整合，人心在面对不确定性的时候是最困难的节点。因此，在整合之初，我们需要尽力去消除这种不确定性，这就需要透明、公正的沟通。深发展首先提出了“三不”（不裁员、不降薪、不降级）原则，其次，把银行未来的发展愿景和方向明明白白地告诉员工，同时，让员工清楚地知道自己的位置和工作内容。让所有的员工有统一的、明确的目标，以消除不确定性。

加入平安，深发展从一家独立运营的股份制商业银行变成平安旗下的控股子公司，不仅获得了资本金的充足来源，更实现了长久以来一直期望的股权稳定和公司长远目标的确定。更重要的是，平安为银行带来了7000万人的个人客户和200多万家的公司客户资源，在未来5—8年的时间里，以高于同业平均的速度增长，成为中国最佳银行之一，成为平安集团未来的利润增长重要引擎。

2012年，在成功完成两行整合的同时，平安银行将在规模、创新产品和服务、业绩几方面提升市场竞争能力。在保持传统对公及资金业务优势的同时，将着力扩大以贸易融资为主打产品的中小企业业务，进一步建立技术壁垒，保持核心竞争优势；我们将建立以小微金融、信用卡业务为主打的零售业务以及综合金融服务的市场领先地位。

【案例6-2】

国债“327”事件：新中国成立以来罕见的“金融地震”

中国国债期货交易始于1992年12月28日。“327”是国债期货合约的代号，对应1992年发行1995年6月到期兑付的3年期国库券，该券发行总量是240亿元人民币。其中多空两大阵营汇聚了当时中国证券市场的风云人物。此次事件中空方以当时号称“上海滩证券教父”的万国证券公司总裁管金生和“辽国发”高原和高岭兄弟2人为首；而多方则是以当时财政部直属的“中经开”为首的上海和江浙一带的私人大户，其中包括安徽的后来创立国元证券的陈树隆和深圳大鹏证券董事长徐卫国及其他江浙个人大户。

1994年10月以后，中国人民银行提高了3年期以上储蓄存款利率和恢复存款保值贴补，国库券利率也同样保值贴补，保值贴补率的不确定性为炒作国债期货提供了空间，国债期货市场日渐火爆，与当时低迷的股票市场形成鲜明对照。

1995年2月，“327”合约的价格一直在147.80元至148.30元徘徊。2月23日，财政部发布公告称，“327”国债将按148.50元兑付。2月23日，中经开公司率领多方借利好掩杀过来，一直攻到151.98元。随后万国的同盟军辽国发突然改做多头，“327”国债在1分钟内涨了2元，10分钟后涨了3.77元！

“327”国债每涨1元，万国证券就要赔进十几亿元！下午4时22分，空方万国证券突然发难，先以50万手把价位从151.30元轰到150元，然后把价位打到148元，最后一个730万手的巨大卖单把价位打到147.40元。这笔730万手卖单面值达到了1460亿元，是该国债发行总量的6倍之多！

夜里11点，上交所正式下令宣布23日16时22分13秒之后的所有“327”品种的交易异常，是无效的，该部分不计入当日结算价、成交量和持仓量的范围，经过此调整当日国债成交额为5400亿元，当日“327”品种的收盘价为违规前最后签订的一笔交易价格151.30元。这意味着万国证券的损失高达60亿元人民币。

鉴于“327”国债违规事件的恶劣影响，5月17日，中国证监会发出《关于暂停中国范围内国债期货交易试点的紧急通知》，开市仅两年零六个月的国债期货结束。至此中国第一个金融期货品种宣告夭折。而当时的英国《金融时报》则把这一天称为“中国大陆证券史上最黑暗的一天”。

人们不禁要问：管金生在最后交易日的临收市前抛出730多万手合约把价格打压下去，但是在收市后所有未平仓的合约都要进行实物交割，他根本交割不了这么多国债。为什么还要这么做？探究此次事件的深层次原因，我们可以从以下几个方面进行分析。

第一，金融背景。当时期货市场管理很乱，国债期货是十分狂热的。1994年，国内面临两位数的高通胀压力，银行储蓄利率达到10%以上，固定利率的国债自然少人问津，当时公布的保值贴补率为8%，而且每月都不断上升，到12月突破两位数，受此刺激，“327”国债期货的价格开始直线上涨。从1994年10月的110多元上涨到1995年初的140多元，上涨了20%多。

当时，国债期货保证金的标准定在2.5%，也就是缴纳250万元保证金可以做1亿元市值的交易，20%以上的上涨幅度意味着在短短的三个月内，买入者已经有了相当于本金十余倍的暴利！投资机构能日进千万，欣喜若狂。当时有这样一个插曲：某机构客户代表上午打电话给公司本部，要求再想办法筹资，趁行情如火如荼再做1000万元进去，但过了一小时后，该客户电话再次打回本部，告诉那边说：你那1000万元不用筹了，我这边刚才已经赚出来了！“327”国债应该在1995年6月到期，它的9.5%的票面利息加保值补贴率，每百元债券到期应兑付132元。与当时的银行存款利息和通货膨胀率相比，“327”的回报太低了。

第二，内部传言对决策的影响。鉴于与当时的银行存款利息和通货膨胀率相比，“327”的回报太低，于是从1995年2月初开始，市场上开始传闻财政部又将提高保值贴补率，“327”国债将会以148元兑付。面对传闻，市场出现了急剧分化，权倾一时的国内证券界“教父”人物，时任万国证券总裁管金生认为，宏观调控三年的三大目标第一条就是治理居高不下的通货膨胀，因此没有可能再提高保值贴补率，而且财政部也没有必要为此多支付10多亿元的利息，使财政更加吃力。管金生的观点代表了当时一批券商的看法，因此，他们把宝都押在做空上。

这个时候，中国经济开发总公司开始进场坚定地做多，当时市场上绝大部分的中小散户和部分机构也做多，他们的看法就是通货膨胀短期内肯定是控制不住的，保值贴补肯定会涨，“327”国债的兑付价也会跟着涨。到当年的2月中旬，“谁是敌人，谁是朋友”，市场界限已经清楚地划出来了：成千上万的散户和中小机构，跟着“多头司令”中经开做多；万国证券和辽国发等一批机构做空。到2月23日，“327”合约每涨跌1元，万国的账面上就将浮动4亿元的盈亏。有知情者后来评论说，其实这个时候，多空都已经没有退路了，由对政策预期的差异变成了市场上的资金博弈。

第三，法律层面上的原因。法律不健全，缺乏约束。1994年11月22日，提高“327”国债利率消息刚面世，上海证券交易所的国债期货就出现了振幅为5元的行情，未引起注意，许多违规行为没有得到及时、公正的处理。在“327”国债的前期交易中，万国证券预期已经形成错误，当出现无法弥补的巨额账面亏损时，干脆以搅乱市场来收拾残局。事发后第二天，上交所发出《关于加强国债期货交易监管工作的紧急通知》，中国证监会、财政部颁布了《国债期货交易管理暂行办法》（以下简称《办法》），中国终于有了第一部具有法律效力的国债期货交易法规。但却太晚了。

保证金规定不合理，炒作成本极低。“327”事件前，上交所规定客户保证金比率是2.5%，深交所规定为1.5%，武汉交易中心规定是1%。保证金水平的设置是期货风险控制的核心，用500元的保证金就能买卖2万元的国债，这无疑是把操纵者潜在的盈利与风险放大了40倍。这样偏低的保证金水平与国际通行标准相距甚远，甚至不如国内当时商品期货的保证金水平，无疑使市场投机成分更为加大，过度炒作难以避免。

缺乏规范管理和适当的预警监控体系。涨跌停板制度是国际期货界通行的制度，而事发前上交所根本就没有采取这种控制价格波动的基本手段，出现上下差价达4元的振幅，交易所没有预警系统。当时中国国债的现券流通量很小，国债期货某一品种的可持仓量应与现货市场流通量之间保持合理的比例关系，并在电脑撮合系统中设置。从“327”合约在2月23日尾市出现大笔抛单的情况看，交易所显然对每笔下单缺少实时监控，导致上千万手空单在几分钟之内通过计算机撮合系统成交，扰乱了市场秩序，钻了市场管理的空子。

第四，管理漏洞，透支交易。中国证券期货交易所以计算机自动撮合为主要交易方式，按“逐日盯市”方法来控制风险，而非“逐笔盯市”的清算制度，故不能杜绝透支交易。交易所无法用静态的保证金和前一日的结算价格控制当日动态的价格波动，使得空方主力违规抛出千万手合约的疯狂行为得以实现。

第五，监管职责不明确。中国的国债期货交易最初是在地方政府的批准下推出的，《办法》颁布前，中国一直没有在法律上明确国债期货的主要主管机构。财政部负责国债的发行并参与制定保值贴补率，中国人民银行负责包括证券公司在内的金融机构的审批和例行管理，并制定和公布保值贴补率，证监会负责交易的监管，而各个交易组织者主要由地方政府直接监管。多头监管导致监管效率的低下，甚至出现监管措施上的真空。

时隔18年之后，因“327”事件而闻名于中国的国债期货，在仿真交易启动超过一年之后，于2013年9月6日正式推出。在业内人士看来，此举不仅将对中国利率市场化产生巨大推动作用，在对冲和杠杆机制作用之下，也将给资金市场带来一场变革。

【案例6-3】

湛江模式：商业保险参与医疗卫生体制①

作为2011年中国保险业十大热点之一，“湛江模式”是国家托付业务运营的典型模式，湛江试行医保改革已经两年多，实现了“国家不多出一分钱、群众不多花一分钱、居民保障大幅提高、覆盖更加广泛”的多方共赢效果。

2009年1月，湛江引入中国人保商业保险参与城乡一体化的基本医疗保险，实现了参保群众保障提高、政府机构

① 本案例选自《解读“湛江模式”》。

负担降低、医疗资源充分利用、保险公司业务发展多方共赢的局面，该模式成为商业保险参与新医改建设的典型样本，被业界称为“湛江模式”。

2000年国务院颁布了《关于城镇医疗卫生体制改革的指导意见》，中国人寿于2001年开始运作湛江市公务员基本医疗统筹补充医疗保险，但由于公司管理不善，对医院做不到现场监督，业务亏损达3000万元之多。于是在2005年，湛江市人民政府将该业务转给太保寿险去管理，太保寿险接手第一年就盈利约500万元，当时的湛江市社保基金也盈利约1500万元。到了2007年，太保寿险由于种种原因开始收缩该业务，在合作协议未到期就终止了合作。尽管此次合作无疾而终，但此时政府已经明显感受到，由政府主导、商业保险公司负责具体运作的模式是一种趋势。

正当太保寿险终结合作之时，人保健康在湛江筹建了支公司，之前在太保寿险负责与政府合作的叶立坚跳槽至人保健康，又承接了该业务。2009年1月，湛江市进一步实现了新农合和城镇居民并轨运行，将农民、城镇居民合并为城乡居民，建立了城乡居民统一参保的全民医保体系。在此期间，人保健康公司又中标承保了城乡居民医保大额医疗补充保险。

如此一来，人保健康与政府的合作范围从30多万公务员补充医保扩展到湛江市600多万城乡居民，自此，“湛江模式”实现了一个巨大跨越。

“城镇+农村”，惠及城乡居民

2007年9月，人保健康充分发挥在精算管理、风险管理和理赔管理等方面的专业优势，在湛江配合当地政府推进城乡居民医保一体化改革。2009年1月实现新农合和城镇居民医疗保险并轨运行，建立城乡居民统一参保的全民医保体系。人保健康同时参与了湛江城镇和农村社会医疗保障体系建设，具体包括“城乡居民基本医疗大额补助保险”、

"城镇职工医疗大病救助保险"、"公务员基本医疗统筹补充医疗保险"等。据了解，截至2009年11月，人保健康经办的医保项目覆盖湛江全市11个县市区，累计承担医疗保障责任2500多亿元，承保人数644万人，占全市人口的85%以上。

"管理+经营"，放大保障效应

首先，将原城乡居民基本医疗保险个人缴费部分的85%继续用于基本医疗保险支出，将其余15%提取用于购买人保健康的大额医疗补助保险服务。在政府财政支出和个人缴费标准不变的情况下，根据缴费档次的不同（城乡居民以户为单位按年度参保缴纳基本医疗保险费，每户可选择每人每年20元或50元两种缴费标准缴纳），湛江城乡居民的保额限额由原来的1.5万元分别提高了3.5万元和6.5万元。

其次，人保健康为"城镇职工基本医疗保险"、"城乡居民基本医疗保险"提供无偿管理服务，为参保人提供建立专业医疗档案、开展医疗保健知识讲座、提供全国性合作医疗服务网络等多元化健康管理服务。

"基本+补充"，降低运行成本

人保健康同时参与基本医疗和补充医疗管理服务，建立起以基本医疗为主、大额补助为辅的全面医疗保障体系。在湛江市各级社保部门的办公大厅，均可看见人保健康设立的服务窗口，由人保健康向参保人员提供基金征缴、凭证审核、费用报销等项服务。由湛江市社保基金管理局设立的12333医保咨询热线，有6名工作人员来自人保健康，负责向保户提供医保政策咨询服务。

另外，人保健康和社保部门共同开发医保管理信息系统，共享费用结算信息，共同完善医疗服务质量评价制度，共同加强定点医院管理，建立"统一政策、统一核算、统一管理”的运作模式，基本医疗和补充医疗业务均可一站完成。

“信息+资金”，提高管理水平

人保健康与定点医院签订合作协议，明确各自权利、义务和处罚规定。在一个社保年度结束前，人保健康会配合当地社保部门共同对定点医院医疗服务质量进行审核评价，通过对定点医院的评价选择机制，强化对医疗服务的约束和监督，确保参保人员得到合理、有效的治疗。

此外，湛江市112家医保定点医院和人保健康医保专员组建医疗巡查队伍，通过信息管理系统，对参保患者从入院到出院进行全程监控服务，确保医疗信息及时传递到保险公司，若发现挂床住院现象，人保健康有权拒绝向医院支付相关费用。

人保健康和社保部门对定点医院采取“总量控制、按月预付、年终结算”的先预付后审核结算方式，每月按实际应付款总额的80%预付给定点医院，10%作为年终结算资金，10%作为审核资金，待赔付案件审核完毕后，根据审核结果多退少补，这样，参保人员在出院结算时，只需向医院支付本人承担的医疗费用即可出院，简化了理赔手续，避免了之前对就医凭证层层审批、多次往返报销的问题，极大便利了参保人员看病就医。

与基本医疗相衔接和配套的健康保险业务，属于专业化程度高、经营成本投入大、社会敏感性强的特殊领域。经营这类业务，需要搭建专业的风险管理平台和服务队伍。由专业健康保险公司专营此类业务，一方面可以克服短期行为，发挥其专业优势，提高服务质量，另一方面也可以防止此类业务成本在不同业务之间转移分摊，实现此类业务的真实核算，从而为政府和公司确定成本、厘定费率等方面提供依据，确保此类业务稳定运行，保护参保人利益。

“政府不多出一分钱、群众不多花一分钱，而居民保障金额大幅提高、覆盖更加广泛”的这种城乡一体化医保改革在广东湛江实现了多方共赢，也充分体现了商业保险对基本医疗保险资金的放大效应。

湛江经验充分证明，由专业健康保险公司配合政府基本医疗保险提供的补充医疗保险和健康管理服务，极大地方便了参保民众的就医治疗，有效控制了不合理的医疗行为，提高了医疗保障体系运行效率，或可为商业保险公司参与医疗保障体系建设提供最好的例证。

【思考题】

1. 为什么中国改革开放前是“大一统”的金融体系？你认为该如何评价呢？

2. 结合你的了解，请谈谈中国银行业面临的问题有哪些？

3. 你认为中国的资本市场和你所在国家的资本市场相比有哪些不同？

4. 保险业应在构建中国社会保障体系方面发挥更大作用，对此你有何建议？

中国的对外贸易活动源远流长，是名副其实的贸易大国。本章主要论述了新中国成立以来对外贸易发展的历程、对外贸易的国际地位、对外贸易体制以及中国对外贸易与经济增长的关系等问题。

第七章 中国对外贸易：历史与发展

第一节 中国对外贸易发展的历程

1949 年 10 月 1 日中华人民共和国正式建立。新中国成立至今，对外贸易发生了翻天覆地的变化。外贸体制由计划体制转向市场开放，外贸政策由实行保护到国际规范，外贸功能由调剂余缺到成为拉动经济增长的三驾马车之一。外贸管理政策与制度严格履行国际承诺，透明度不断提高。2012 年中国的贸易总额首次超过美国，成为世界贸易规模最大的国家。中国已经是名副其实的贸易大国。

对外贸易的快速发展，对国民经济增长和社会发展发挥了巨大作用。对外贸易不仅能够优化资源配置和产业结构，提升产业技术水平，促进国内竞争，拓宽市场空间，增加财政收入，促进就业，改善国际收支，而且更重要的是，通过推动国际交流不断深化，引入新思想、新观念，带动了国内经济与世界经济的接轨与融合，对深化经济改革起到了极大的推动作用。

在国际上，中国从一个被排斥者，一个游离在国际市场边缘、小心翼翼地进行突破和尝试的落后发展中国家，成长为世界的加工制造基地、国际贸易中一支不可忽视的力量、多边贸易体制和区域经济合作的积极参与者，并与其他新兴市场国家（地区）一起，成为世界经济和国际贸易增长的重要驱动力。本节将对新中国成立后的对外贸易发展进行历史回顾和展望，以期使读者对中国的对外贸易发展有个整体了解。

回顾历史，新中国的对外贸易发展大体经历了以下五个阶段：计划经济阶段、探索与实践阶段、转型与发展阶段、全方位和多层次的对外开放阶段、中国开放的新阶段。

一、计划经济阶段（1949—1978 年）

1949 年新中国成立后，党和国家确立了社会主义独立自主的对外经济贸易原则。到改革开放前的 30 年，中国对外贸易在曲折中前进，为国民经济的恢复和发展发挥了重要作用，并为发展社会主义对外贸易积累了正反两方面的经验。1950 年，中国对外贸易总额 11.35 亿美元，其中出口额 5.52 亿美元，进口额 5.83 亿美元。到 1978 年，对外贸易总额扩大到 206.38 亿美元，其中出口额 97.45 亿美元，进口额 108.93 亿美元，分别增长 16.7 倍和 17.7 倍。在世界贸易中居第 32 位。

这一阶段，对外贸易主要被看做社会主义扩大再生产的补充手段，局限于互通有无、调剂余缺。新中国成立初期，中国出口商品以农副产品等初级产品为主，约占出口总额的 80%，反映出中国当时的经济结构和生产力水平。随着工业迅速发展，出口商品结构也发生较大变化，轻纺产品超过农副产品成为主要出口商品，重工业产品出口比重呈上升趋势。直到 1978 年，初级产品出口额占出口总额的比重仍达到 53.5%。在进口商品结构方面，旧中国以进口消费品、奢侈品为主的状况得以改变，生产资料在进口中占主要地位，占总进口的 80% 左右。按照“自力更生为主，争取外援为辅”的建设方针，这一阶段新中国在利用国外资金为本国经济建设服务方面也进行了一些尝试和实践。

国际环境的变化、国家关系变化和国内意识形态的变化左右着中国这一时期的对外贸易发展，经历了由仅对社会主义国家的单边贸易，到“文革”期间的自我封闭，及至 20 世纪 70 年代末重启大门的历程。

新中国成立之初，由于西方资本主义国家对新中国采取敌视、封锁政策，中国主要与苏联、东欧等社会主义国家开展贸易活动，以记账贸易方式居多。在20世纪50年代，中国对社会主义国家的贸易额占全国对外贸易总额的一半以上，1952年至50年代末，更达到70%以上，其中对苏联的贸易额约占50%。

50年代末至60年代前期，亚、非、拉越来越多的国家赢得民族独立，新中国广泛、积极发展同这些国家平等互利、互通有无的贸易关系，签订政府间贸易协定，开展易货贸易、边境贸易、记账贸易、现汇贸易等灵活多样的进出口贸易。同时，向这些国家及东欧社会主义国家提供贷款或无偿援助。此外，中国内地始终坚持对港澳地区长期稳定供货的贸易政策，即使在国民经济困难时期，也保证了对港澳地区的供应。同时经港澳的转口贸易也成为打破西方国家对华封锁的突破口。

为了补足国内必需的生产和生活资料，中国利用各种机会和途径，推动同日本、西欧等西方国家的民间贸易以至官方贸易。特别是在1960年中苏关系破裂后，中国对外贸易的主要对象由苏联等社会主义国家开始转向日本、西欧等资本主义国家和地区。到1965年，中国对西方国家贸易额占全国对外贸易总额的比重上升到50%以上。

“文化大革命”破坏了国民经济的正常发展，也使对外贸易遭受严重干扰而出现较大起伏。70年代初，中国恢复了在联合国的合法席位，对外关系迅速改善。中苏紧张关系逐渐缓和，中国同日本、联邦德国、美国等主要资本主义国家先后建交。对外贸易重新获得恢复和发展，西方国家在中国对外贸易中的地位迅速上升，出口商品结构进一步改善，技术引进取得了重大进展。在有利的国际环境和国内形势下，中国在70年代末进入改革开放的酝酿和准备阶段。1950—1980年中国主要贸易伙伴变化情况见图7.1。

二、探索与实践阶段（1978—1991年）

1978年底，中共十一届三中全会召开，确立了改革开放的战略方针，对外贸易进入新的阶段。这一阶段，外贸体制改革和外商直接投资极大地促进了外贸发展。1978—1991年，进出口总额由206.4亿美元增长到1356.3亿美元，其中出口额由97.5亿美元增长到718.4亿美元，进口额由108.9亿美元增长到637.9亿美元，年均增速分别达到16.6%和14.6%。

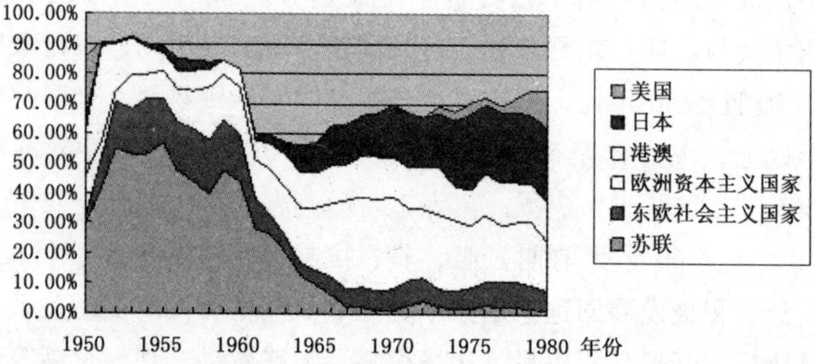

图 7.1 中国主要贸易伙伴变化

为吸引资金、技术、设备，拓展国际市场渠道，创造外汇收入，同时增加就业机会，1979 年经国务院批准，加工贸易开始在沿海地区起步。20 世纪 80 年代中期，国际产业结构出现新一轮调整和转移的有利形势，国家进一步确立了以“两头在外”的加工贸易为重点、扩大劳动密集型产品出口的沿海发展战略，加工贸易得到迅速发展。在当时历史条件下，加工贸易使中国成功地承接了国际劳动密集型产业的转移，带动了国内工业发展，促进了出口商品结构的优化升级，实现了外贸出口由初级产品、资源型产品为主向以工业制成品为主的转变。1986 年，工业制成品取代初级产品成为中国主要出口商品，实现了出口结构的一次根本性转变。1991 年，工业制成品占出口总额的比重上升到 77%。市场日益多元化，日本、香港、美国、欧共体成为中国最主要的出口市场和贸易伙伴，而与俄罗斯和东欧国家的贸易份额则大幅下降。

1979 年开始，中国陆续建立了经济特区、沿海开放城市、开发区等特殊经济区域，在进出口管理与经营政策、外汇政策等方面试点实行更灵活、更优惠的特殊政策，这些特殊区域对全国的外贸发展以至开放型经济的发展起到了平台、示范与辐射作用，是这一时期对外贸易发展最为活跃的区域。1980 年深圳、珠海、厦门、汕头四个经济特区建立的第一年其进出口额占全国进出口总额的 1.1%，到 1991 年这一份额上升到 8.3%。

改革开放前，对外贸易一直沿袭新中国成立初期确立的由国家集中领导、统一管理的经营管理体制，国家先后成立了一批国营专业外贸公司，由这些公司统一经营全部对外贸易，国家对外贸公司实行指令性计划管理，统收统支、统负盈亏。1979 年，国家开始对外贸体制进行了一系列改革，包括调整中央外贸领导机构、成立了一批归属工业部门管理的工贸公司、简化外贸计划内容、实行汇率双轨制以提高出口竞争力、实行进出口许可证制度等。

改革开放初期，国内生产能力和出口创汇能力严重不足，外汇极度缺乏。在此背景下，中国开始招商引资，利用外部资金，扩大出口生产和创汇能力。外商投资企业被直接赋予进出口经营权，1979—1991 年，中国累计实际利用外资 250 亿美元。外商投资企业产品进出口规模不断扩大，在中国外贸中的作用迅速提升，1979—1991 年，占中国外贸总额的比重由 0.1% 提高到 21.3%。外资对外贸发展起到了举足轻重的作用。

三、转型与发展阶段（1992—2001 年）

1992 年邓小平南方谈话和 1993 年 11 月中国共产党十四大确立社会主义市场经济体制改革目标后，中国开始正式吸收西方经济贸易思想，对外贸易从“互通有无、调剂余缺”转为市场经济条件下充分利用国际国内两个市场、两种资源，积极参与国际分工，积极参与国际竞争与国际经济合作，发挥比较优势。中央陆续提出了市场多元化、“大经贸”、“引进来”和“走出去”相结合、以质取胜、科技兴贸、积极参与区域经济合作和多边贸易体系等战略思想。

由此，中国对外贸易进入快速发展阶段，贸易规模持续扩大。其间，1997 年爆发的亚洲金融危机，严重打击了日本、韩国、东盟及港澳等周边国家和地区的经济，中国外贸经受了改革开放以来第一次重大挫折，1998 年进出口出现了负增长。但中国对外贸易很快克服危机的影响，重新恢复活力，1999 年实现 11.3% 的增长，2000 年更是达到了 27.8% 的高速增长，其中出口增长 31.5%。

社会主义市场经济的确立和发展，为进出口商品结构进一步优化提供了国内条件。工业制成品出口所占比重上升至 90% 以上，资本和技术密集型产品逐步替代劳动和资源密集型产品，成为最主要的出口产品。1995 年，机电产品出口超过纺织产品，成为出口最大类产品，实现了出口商品结构的又一次重大转变。机电产品成为中国出口最重要的推动力，带动了对外贸易的迅速发展。同期，中国工业化进程开始加速，固定资产投入大、增长快，带来大量的资本货物需求，使机械及运输设备进口增长十分显著。

在积极吸引外资、承接产业转移、发展加工装配制造业过程中，外商投资企业迅速发展成为中国对外贸易的主力军，加工贸易成为主要贸易方式。2001 年，外商投资企业产品进出口占中国外贸总额的比重首次超过 50%，达到 50.8%。1993 年，加工贸易出口额达到 442.3 亿美元，首次超过一般贸易。1995—2007 年，加工贸易出口所占比重一直在 50% 以上，成为中国货物出口最主要的贸易方式。

外资企业、加工贸易的发展推动了中国制造业的国际化，使相当一部分产业、企业具备了一定的国际竞争力。同时，以外资企业、加工贸易为支撑的进出口格局，也使中国外贸开始呈现顺差逐年快速扩大的趋势。1992—2001 年，中国货物进出口总额由 1655.3 亿美元上升到 5095.6 亿美元，增长 2.1 倍，在国际贸易中的地位上升到第 6 位。同期，外贸顺差由 53.5 亿美元扩大到 224.6 亿美元，增长 4.2 倍。国际储备快速累积，规模不断扩张，1996 年外汇储备迈过千亿美元大关，2001 年达到 2121.6 亿美元。这使实施“走出去”战略具备了一定的基础和条件，同时“走出去”也是当时国民经济结构调整、充分利用国外资源、培育新的出口增长点的现实需要。1999 年，国务院批转国家经贸委、外经贸部、财政部《关于鼓励企业开展境外带料加工装配业务的意见》，拉开了中国实施“走出去”战略的序幕。2000 年，中国非金融类对外直接投资 10 亿美元，此后，开始了几乎平均每年翻一番的高速发展，并带动了中国技术、设备的出口，海外投资也为保障国内资源供应提供了有益补充。

货物贸易快速发展的同时，随着中国申请恢复 GATT 地位谈判的深入，中国对服务市场开放做出初步承诺，由此推动了服务贸易的发展。1992—2001 年，服务贸易进出口总额由 182.4 亿美元扩大到 726.1 亿美元，增长了 3 倍。由于国内服务业发展水平与发达国家差距大、竞争力低，其间除 1994 年有少量顺差外，其余年份服务贸易均为逆差，且逆差呈现逐年扩大的趋势。

四、全方位和多层次的对外开放（2002—2011 年）

以 2001 年 11 月中国加入 WTO 为里程碑，中国对外贸易进入又一个新的阶段。中国加入 WTO 以来，切实履行入世承诺，积极参与多边贸易体制下的经贸合作，大力实施自由贸易区战略，推进贸易自由化和便利化；基本建立起了与市场经济要求相适应的、符合国际惯例与规则的外贸政策与体制，建立和完善贸易救济制度，维护公平贸易；建立和完善对外贸易的促进与服务体系，规范对外贸易秩序。政策体系的完善，促进了对外贸易又好又快地发展。

第110届中国进出口商品交易会

中国进出口商品交易会即广州交易会，简称广交会，英文名为 Canton fair。广交会创办于1957年春季，每年春秋两季在广州举办，迄今已有五十余年历史，是中国目前历史最长、层次最高、规模最大、商品种类最全、到会客商最多、成交效果最好的综合性国际贸易盛会。

2002年以来，贸易规模实现跨越式发展，增长速度明显加快，中国跻身于世界贸易大国之列。2007年，货物贸易总额突破2万亿美元，居世界第3位。2008年，尽管下半年开始受金融危机影响，全年进出口总额仍实现17.8%的增长，达到25616亿美元。2002—2008年，进出口贸易额年均增速达26.7%，其中出口增速27.9%，进口增速25.1%。自2001年开始，中国外贸顺差逐年扩大，至2008年已达到2954.6亿美元。促进进出口平衡发展成为中国外贸发展中一个新的任务。2009年，中国货物贸易出口额和进口额分别居世界第1位和第2位，服务贸易出口额和进口额分别居世界第4位和第3位。2011年，中国外贸进出口总额达36420.6亿美元，比2010年同期增长22.5%，外贸进出口总值刷新年度历史纪录。同时，贸易失衡情况得到进一步扭转，全年贸易顺差1551.4亿美元，比上年净减少263.7亿美元，收窄14.5%

规模扩大的同时，进出口商品结构进一步优化。出口商品国际竞争力显著增强，机电产品和高新技术产品成为出口的主要增长点，工业制成品出口比重达95%，多种商品出口居世界第一，成为世界的加工制造基地。原材料、零部件、先进技术设备成为主要进口产品，受同期国际能源、资源产品市场价格上升影响，石油、铁矿石、有色金属等进口额快速增长，带动初级产品进口份额呈再度上升趋势（见图7.2）。

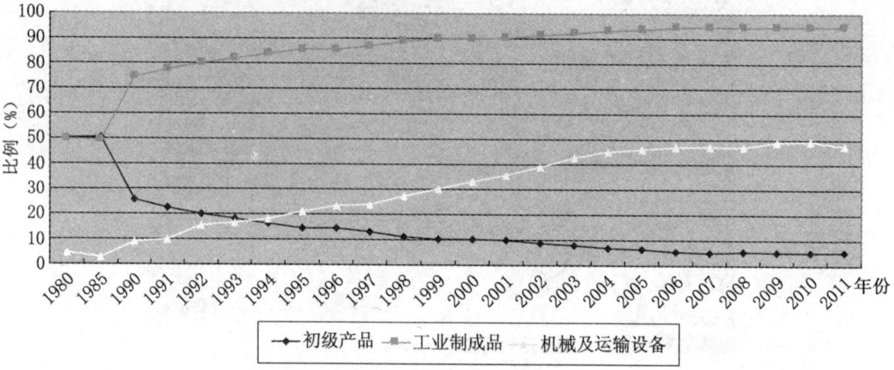

图7.2　中国出口商品结构

经营主体和市场分布亦有新发展。外资企业进出口占据主导地位，国有企业份额下降，其他类型企业迅速崛起。2010年，外资企业、民营企业分别占进出口总额的54.0%和25.1%，国有企业份额下降到20.9%。欧盟成为第一大贸易伙伴，欧、美、日、香港等传统市场仍是主要贸易伙伴，但在总额中比重有所下降，新兴市场份额不断扩大。2010年，受外贸政策调整及金融危机影响，加工贸易进出口增速均显著回落，一般贸易在对外贸易中地位上升，加工贸易在出口总额中所占比重降至43.7%。

在确立货物贸易大国地位的同时，中国服务贸易获得蓬勃发展。加入WTO后，中国服务业对外开放程度进一步加大。与货物贸易一样，服务贸易发展速度超过同期世界平均增速，在世界贸易中的地位不断上升，2010年服务贸易出口额1702亿美元，占世界总服务贸易出口比重为4.62%；服务贸易进口额1922亿美元，占世界服务贸易进口总额的5.47%。出口额和进口额分别居世界第4位和第3位。但总体而言，中国服务贸易与货物贸易的国际地位还不相称，服务贸易出口仍以运输、旅游、商业等传统劳动密集型行业为主，技术和知识密集型的新兴服务业仍处初级发展阶段，服务贸易有待进一步发展。

中国对外经济贸易已形成内容丰富、形式多样、各种对外经济交往互相融合、互相促进的格局。不仅对外贸易总额迅速增加，市场不断扩大，经营方式日趋灵活多样，同时利用外资、对外承包工程与劳务合作、对外投资等从无到有、从小到大不断发展，与对外贸易相互促进，共同发展。

五、中国开放的新阶段（2012 年至今）

2009 年，中国的货物出口额和进口额双双超越德国，成为当年世界第一大出口国和第二大进口国。2010 年与 2011 年，中国、美国分别保持出口第一、进口第二和出口第二、进口第一的位置，而美国则保持着进出口总额第一的“桂冠”。2012 年，中国已基本确定在货物进出口总额上超越美国，成为全球最大货物贸易国。这是继 2009 年中国成为世界第一大出口国和第二大进口国之后，中国对外贸易发展的又一个象征性节点。

2012 年，在伴随着欧债危机深化、世界经济复苏乏力的情况下，国际市场的需求持续低迷，我国的经济也面临着较大的下行压力。在党中央、国务院的正确领导下，各地区、各部门和广大外贸企业，坚持稳中求进的总基调，认真贯彻落实中央关于促进对外贸易稳定增长一系列政策措施，使得稳定进出口增长的正能量逐步释放。我国的对外贸易继续保持了稳定增长，同时在提升质量、提高效益、优化结构等方面取得了进一步的进展。2012 年，我国外贸进出口总额 38667.6 亿美元，比上年增长 6.2%。其中出口额 20498.3 亿美元，增长 7.9%；进口额 18178.3 亿美元，增长 4.3%；贸易顺差 2311 亿美元，扩大 48.1%。

本书将 2012 年定义为中国对外贸易开放的新阶段。在这个阶段，中国对外贸易战略将发生较大调整。调整主要是从三个方面展开：一是中国将从以 WTO 多边开放、融入已有世界经济体系的小国开放战略，转变到以区域经济合作为主、建立以中国为主导的东亚经济体系的大国开放战略。二是将建立以中国企业、中国产品、中国标准、中国技术为主导的开放竞争的中国市场。三是将建立以县域经济为中心的开放竞争的区域市场。通过参与重建世界经济新体系、主导中国市场、打破国内区域封锁与降低区域市场交易成本三个层次来调整我国对外、对内的全面开放战略，寻找新的经济增长路径。

第二节 中国对外贸易的国际地位

一、中国货物贸易的国际地位

货物贸易，又称有形贸易，是指各国之间商品的交换活动，也就是人们常说的狭义国际贸易的概念。近年来，国际贸易不断发展，不可否认，货物贸易仍是国际贸易的主导。随着中国改革开放的深入和市场经济的发展，中国货物贸易每年都保持高速增长，2012 年中国的贸易总额首次超过美国，成为世界贸易规模最大的国家。中国已经是名副其实的贸易大国，在世界贸易中扮演着重要的角色。但是，与世界其他对外经济贸易大国相比，中国还存在着很大的差距。实现贸易大国向贸易强国的转变将是中国今后一段时期的战略目标。

1978 年，中国实行“对内搞活、对外开放”的政策之前，对外贸易规模只有 206.4 亿美元，而当年世界贸易的规模已经达到 26573 亿美元，中国对外贸易额占世界贸易额的比重仅为 0.78%，还不到 1 个百分点，名列世界第 34 位。不仅远远落后于美国、日本和欧洲等发达国家和地区，而且也落后于亚洲的“四小龙”，甚至中国的台湾地区（第 19 位）和香港地区（第 25 位）也排列在中国大陆之前。

2008 年，中国在世界贸易中的排名位列前三甲，仅次于美国和德国。美国当年进出口总额为 34670 亿美元，德国为 26710 亿美元，中国为 25610 亿美元，德国仅比中国多了 1100 亿美元。在出口方面，中国出口额仅次于德国位居第二，占世界出口份额的 8.9%；在进口方面中国进口额位居第三，占世界进口份额的 6.9%。

受 2008 年美国次贷危机及其所引发的世界经济危机的影响，整个世界贸易进入衰退期。世界各国的进出口都有所下降，但对中国的进出口影响相对较小。2009 年，中国进出口额双双首次超过德国，当年出口额 12020 亿美元，超过德国出口额（11210 亿美元），第一次成为世界最大出口国。进口方面，当年进口额 10060 亿美元，超过德国进口额（9310 亿美元），低于美国进口额16040亿美元，排名世界第二。从总量上看，2009年美国进出口总额为26610亿美元，排名世界第一；中国进出口总额为22080亿美元，仅低于美国4530亿美元，排名世界第二（见表7.1）。

表7.1　　2009年世界货物贸易前十大出口国和进口国

名次	出口国	金额（10亿美元）	份额（%）	增长率（%）	名次	进口国	金额（10亿美元）	份额（%）	增长率（%）
1	中国	1202	9.6	-16	1	美国	1604	12.7	-26
2	德国	1121	9.0	-22	2	中国	1006	8.0	-11
3	美国	1057	8.5	-18	3	德国	931	7.4	-21
4	日本	581	4.7	-26	4	法国	551	4.4	-22
5	荷兰	499	4.0	-22	5	日本	551	4.4	-28
6	法国	475	3.8	-21	6	英国	480	3.8	-24
7	意大利	405	3.2	-25	7	荷兰	446	3.5	-23
8	比利时	370	3.0	-22	8	意大利	410	3.2	-26
9	韩国	364	2.9	-14	9	中国香港	353	2.8	-10
10	英国	351	2.8	-24	10	比利时	351	2.8	-25
前十大国家		6425	51.5	—	前十大国家		6683	53	—
世界		12461	100.0	-23	世界		12647	100.0	-23

资料来源：WTO："World Trade Report 2010"。

2011年，随着世界经济危机的阴影淡去，世界各国进出口贸易也开始复苏。从总量上看，2011年中国进出口的世界排名依然没有发生变化。中国以进出口总额36420亿美元居于第二位（见表7.2）。

表7.2　　2011年世界货物贸易前十大出口国和进口国

名次	出口国	金额（10亿美元）	份额（%）	增长率（%）	名次	进口国	金额（10亿美元）	份额（%）	增长率（%）
1	中国	1899	10.4	20	1	美国	2265	12.3	15
2	美国	1481	8.1	16	2	中国	1743	9.5	25
3	德国	1474	8.1	17	3	德国	1254	6.8	19
4	日本	823	4.5	7	4	日本	854	4.6	23
5	荷兰	660	3.6	15	5	法国	715	3.9	17
6	法国	597	3.3	14	6	英国	636	3.5	13

续表

名次	出口国	金额（10亿美元）	份额（%）	增长率（%）	名次	进口国	金额（10亿美元）	份额（%）	增长率（%）
7	意大利	555	3.0	19	7	荷兰	597	3.2	16
8	比利时	523	2.9	17	8	意大利	557	3.0	14
9	俄罗斯	522	2.9	30	9	韩国	524	2.9	23
10	英国	476	2.6	17	10	中国香港	511	2.8	16
前十大国家		9010	49.4	—	前十大国家		9656	52.5	—
世界		18215	100.0	19	世界		18380	100.0	19

资料来源：WTO：“World Trade Report 2012”。

2012年底，中国的贸易伙伴多达220多个，遍及世界上几乎每一个角落，全年货物进出口总额38667.6亿美元，比上年增长6.2%。其中出口额20498.3亿美元，增长7.9%；进口额18178.3亿美元，增长4.3%；贸易顺差2311亿美元，扩大48.1%。2012年中国的贸易总额首次超过美国，成为世界贸易规模最大的国家。

二、中国服务贸易的国际地位

20世纪80年代以来，随着国际分工的深入发展，国际服务贸易异军突起，发展速度呈现超过国际货物贸易的趋势，并成为衡量一国国际竞争力的一项重要标准，在世界各国经济发展中所起的作用明显加大，越来越受到各国的重视。根据世界贸易组织（WTO）的统计，2011年世界服务贸易总额为80150亿美元，其中出口额41500为亿美元，进口额为38650亿美元。国际服务贸易已经成为当今国际贸易的一项重要内容。可以预见，服务贸易也将成为中国参与国际经济与合作的重要领域。

在确立货物贸易大国地位的同时，中国服务贸易获得蓬勃发展。加入WTO后，中国服务业对外开放程度进一步加大。与货物贸易一样，服务贸易发展速度超过同期世界平均增速，在世界贸易中的地位不断上升。

2008年，美国服务贸易出口额为5220亿美元，同2007年相比增长10%，居世界第一位，占世界服务贸易总额的比重为14%。英国服务贸易出口额为2830亿美元，占比7.6%，居世界第二位。2008年分列第三到五位的是德国、法国和日本，其中德国服务贸易出口总额为2350亿美元，占比6.3%；法国出口总额为1530亿美元，占比4.1%；日本则以1440亿美元的服务贸易出口额取代了西班牙，居世界第五位，占比3.9%。中国服务贸易出口额1370亿美元，居世界第七位，占世界服务贸易出口总额的比重为3.7%。印度则以1060亿美元的服务贸易出口额居世界第九位，占比2.8%。此外，荷兰取代爱尔兰居世界第十位。在进口方面，美国仍保持着世界第一大服务贸易进口国的地位，进口额为3640亿美元，同2007年相比增长7%，占全球服务贸易进口总额的比重为10.5%。德国位居第二，进口额为2850亿美元，占比8.2%。居第三到五位的服务贸易进口大国分别为英国、日本和中国，其中英国服务贸易进口额为1990亿美元，占比5.7%；日本进口额1660亿美元，占比4.8%；中国进口额1520亿美元，占比4.4%。2008年世界十大服务贸易进口国排列唯一的变化是韩国取代了荷兰，居第十位，荷兰则屈居第十一位。

2011年，美国服务贸易出口额为5780亿美元，同2010年相比增长11%，居世界第一位，占世界服务贸易总额的比重为13.9%。英国服务贸易出口额为2740亿美元，占比6.6%，居世界第二位。2011年分列第三到五位的是德国、中国和法国，其中德国出口总额为2530亿美元，占比6.1%；法国出口总额为1610亿美元，占比3.9%；中国则以1820亿美元的出口额取代了法国，居世界第四位，占比4.4%。在进口方面，美国仍保持着世界第一大服务贸易进口国的地位，进口额为3910亿美元，同2010年相比增长6%，占全球服务贸易进口总额的比重为10.1%。德国居第二位，进口额为2840亿美元，占比7.3%。居第三到五位的服务贸易进口大国分别为中国和英国、日本，其中中国进口额2360亿美元，占比6.1%，超过英国和日本，排名第三；英国服务贸易进口额为1710亿美元，占比4.47%；日本进口额为1650亿美元，占比4.3%。参见表7.3。

表7.3　　2011年世界服务贸易前十大出口国和进口国

名次	出口国	金额（10亿美元）	份额（%）	增长率（%）	名次	进口国	金额（10亿美元）	份额（%）	增长率（%）
1	美国	578	13.9	11	1	美国	391	10.1	6
2	英国	274	6.6	11	2	德国	284	7.3	8
3	德国	253	6.1	9	3	中国	236	6.1	23

续表

名次	出口国	金额（10亿美元）	份额（%）	增长率（%）	名次	进口国	金额（10亿美元）	份额（%）	增长率（%）
4	中国	182	4.4	7	4	英国	171	4.4	7
5	法国	161	3.9	11	5	日本	165	4.3	6
6	印度	148	3.6	20	6	法国	141	3.6	7
7	日本	143	3.4	3	7	印度	130	3.4	12
8	西班牙	141	3.4	14	8	荷兰	118	3.1	12
9	荷兰	128	3.1	11	9	意大利	115	3.0	5
10	新加坡	125	3.0	12	10	爱尔兰	113	2.9	6
前十大国家		2133	51.4	—	前十大国家		1864	48.2	—
世界		4150	100.0	11	世界		3865	100.0	10

资料来源：WTO：“World Trade Report 2012”。

2012年，在世界经济低迷、市场需求不旺的情况下，中国的服务贸易以“稳中求进”为目标，以管理、服务和促进为核心，采取积极措施推动服务贸易发展，取得显著成效。一是服务贸易规模稳步扩大，外贸占比进一步提高。据国家外汇管理局的最新统计，2012年中国服务贸易进出口总额比上年增长12%，达到4715亿美元。服务贸易占中国对外贸易总额的比重达到10.86%，较上年提高约1.1个百分点。二是服务进口增长快于出口，贸易逆差继续扩大。2012年中国服务贸易出口额为1910亿美元，比上年同期增长4.5%；进口额达到2805亿美元，增长17.8%。贸易逆差额高达896亿美元，比上年增长62.3%，创历史新高。三是高附加值服务出口增长较快，服务贸易结构逐步优化。2012年，金融、计算机和信息服务、咨询和广告等的出口增长迅速，四项服务贸易的出口额分别较上年增长75%、18.8%、18%和17.5%。贸易顺差有逐年增长的趋势，四项服务贸易的顺差额分别为2亿美元、107亿美元、134亿美元和20亿美元，分别比2011年增长了100%、28.9%、36.7%和66.7%。保险服务、专有权利使用费和特许费占比虽小，但出口增幅显著。四是承接服务外包持续较快增长，吸纳就业作用明显。据商务部统计，1—11月中国共签订服务外包合同12.5万份，合同金额517.9亿美元，同比增长38.2%。截至2012年11月底，中国共有服务外包企业2万多家，从业人员418万，其中拥有大学（含大专）以上学历者284.7万人，占总数的68.1%。五是“走出去”步伐加快，出口增幅提高。2012 年，中国对外承包工程业务完成营业额 1166 亿美元，同比增长 12.7%；新签合同额 1565.3 亿美元，同比增长 10%。2012 年 1—10 月，中国核心文化产品出口额 212.62 亿美元，同比增长 42.9%。

2002—2012 年的 11 年间，中国服务贸易年均增长率为 20%。特别是 2005 年以后的增长速度更快。2005 年和 2008 年服务贸易的增长速度超过 30%，2007 年、2009 年和 2011 年的增长率也均超过 20%。但总体而言，中国服务贸易与货物贸易的国际地位还不相称，中国服务贸易起点低、底子薄，服务贸易出口仍以运输、旅游、商业等传统劳动密集型行业为主，技术和知识密集型的新兴服务业仍处初级发展阶段，总体水平与发达国家相比差距较大，国际竞争力仍然较弱，服务贸易有待进一步发展。

第三节 中国的对外贸易体制

对外贸易体制是对外贸易经营管理体制的简称。外贸体制是国民经济体制的组成部分，与其他经济体制有着密切的联系，如与国家的计划体制，与外汇、财政、物价、税务、海关、金融、商检等经济体制是密不可分的。具体说来，外贸体制是指对外贸易的组织形式、机构设置、管理权限、经营分工和利益分配等方面的制度。外贸体制和其他经济体制一样，属于上层建筑的范畴，是由经济基础决定并为其服务的。外贸体制包括国家外贸行政管理体制和外贸企业经营体制两个方面，是根据经济基础的要求建立起来的，在经济条件发生变化后，它就要进行相应的调整和改革。

一、改革开放前的对外贸易体制

（一）中国对外贸易体制的建立

中国外贸体制是在从新民主主义经济制度过渡到社会主义经济制度的发展过程中逐步建立起来的，同时也是在产品经济和单一计划经济的基础上建立和发展起来的。即新中国一成立，人民政权立即废除帝国主义在华的各种特权，没收国民党政府和官僚资本的外贸企业，建立国营外贸企业，并逐步改造民族资本的外贸企业，从而建立了单一全民所有制的外贸企业。同时，在中央人民政府设立了对外贸易部，领导和管理全国对外贸易的一切活动。

1956 年，在对包括私营进出口企业在内的私营工商业改造基本完成后，国民经济转入产品经济和单一的计划经济轨道，根据国家经济体制特点，实行单一指令性计划管理和统负盈亏，从而形成由对外贸易部统一领导、统一管理、统一经营的高度集中的外贸体制。

（二）中国对外贸易体制的变动

改革开放前这种高度集中的外贸体制实际上演变成了一个唯一拥有外贸权的大企业，即占有外贸企业的所有权和经营权，又掌握全国对外贸易的行政管理权。针对这样的问题，中国的外贸体制曾进行了一些相应调整，下放了一些权利。例如，1958 年“大跃进”期间，中国进行了以下放企业管理权为中心的经济体制的调整。与此相适应，国家也下放了外贸经营管理的部分权限，但后来外贸方面出现了“混乱”，中央政府又重新强化了全国的外贸国家统治。20 世纪 60 年代初，中国对国民经济体制进行了以克服分散主义、强化中央集权领导为中心的调整。在 20 世纪 70 年代，中国又进行了以下放企业管理权为主的经济体制调整。与此同时，由于 60 年代中苏关系的急剧恶化，中国同西方国家的贸易关系得到了一定的恢复和发展，高度集中的外贸体制的弊端愈益显露出来。1975 年，外贸部对当时的外贸体制作了些调整，除原有的上海、广州、大连、青岛、天津五大外贸口岸，又在江苏等地设立有进出口业务经营权的外贸口岸；授权云南等省份可以直接开展边贸和对港澳的出口等等。这些调整措施对恢复和发展对外贸易起到了一定的作用，但并未触动传统的高度集中的外贸体制。

（三）中国对外贸易体制的基本内容和特点

在党的十一届三中全会以前，中国高度集中的外贸体制的主要内容和特点是：

1. 实行对外贸易国家统制

国家对外贸易统制的主要手段是：实行外贸企业管理制度，进出口许可制度，外汇管理制度，商品检验制度，保护关税制度，货运监管制度和查禁走私制度。

2. 实行对外贸易指令性计划

国家外贸计划是外贸体制的核心内容，是国家对对外贸易进行直接控制的具体体现。外贸计划管理以商品流转计划为中心，包括收购计划、调拨计划、出口计划、进口计划、内销计划、"以进养出"计划、外汇收支计划及其他有关计划，都是单一的指令性计划，必须严格贯彻执行。

3. 实行对外贸易统一经营

进出口业务全部授权各类国有外贸专业总公司经营，总公司及其所属分公司、支公司，根据经营分工，按国家计划统一负责进出口业务活动，其他任何机构、部门、地方均无权经营进出口业务。出口商品实行外贸统一收购制，即出口商品生产企业或供货单位按国家计划进行生产，全部产品卖给外贸企业组织出口。进口商品实行外贸统一调拨制，即外贸企业按国家进口计划组织进口后，又按国家分配计划拨交给用货单位。

4. 对外贸易实行国家统负盈亏

外贸企业实行统收统支的财务制度，企业盈利全部上缴国库，企业亏损一律由国家补贴。外贸企业的大部分固定资金和小部分流动资金均由国家预算拨给，无偿占用。小部分固定资金和大部分流动资金由银行贷款，支付利息，有偿使用。

5. 对外贸易实行国家统一价格

采取国内外市场价格割断的办法，按照内外有别、分别作价的原则。出口商品收购价，一律按国内规定价格；进口商品内销，原则上也按国内规定价格；出口商品外销，进口商品在国外购进，则一律按国际市场价格。国内价格是由国家规定的、统一的、基本不变的计划价格，不受国外市场价格的影响，具有计划性、稳定性的特点。

总之，改革开放前的中国外贸体制的特点是：高度集中、国家统制、国家专营、统负盈亏、政企合一。

（四）高度集中的中国对外贸易体制的利弊

传统外贸体制是受新中国成立初期的国内、国际环境的影响，在借鉴苏联等社会主义国家的经验的基础上建立起来的。传统外贸体制的建立主要是受四种理论观点的影响：一是社会主义国家对外贸易原则是对外贸易企业实行国有化和对外贸实行国家垄断的理论观点；二是对外贸易必须为高速发展的重工业服务的理论观点；三是对外贸易在社会主义国家的发展中起补充作用的理论观点；四是外贸体制是协调社会主义再生产各种比例关系、实现国民经济有计划、按比例协调发展必要的辅助环节的理论观点。在这些理论观点的影响下建立的对外贸易体制具有以下特点：一是对外贸易实行国家统一管理；二是对外贸易公司都是国有制企业；三是有权从事对外经济业务的机构和组织由国家指定；四是国家制定对外贸易的指令性计划，一切外贸活动必须按照指令性计划进行。

高度集中垄断的外贸体制是与新中国成立初期国家的经济发展战略、计划经济体制相适应的，并符合当时的以进口替代为主的外贸发展战略，它对我国经济发展起过一定的作用。但随着国内、国际形势的变化显出诸多不足：一是无法从我国的资源禀性出发，采用比较优势来发展对外贸易；二是外贸存在“隔层”，国内外贸企业大大落后于国际先进水平，经济效益低下；三是长期为进口而出口，国内产业发展严重扭曲，进出口结构不合理，国民经济的发展难以为继，人民生活水平长期得不到提高。随着我国计划经济体制的松动、经济发展战略的转变，传统的外贸体制必须适应国际、国内形势的变化而进行改革。

二、改革开放后的对外贸易体制

（一）中国对外贸易体制改革的进程与内容

随着我国的国际交往、国际联系不断扩大，借鉴当时世界上一些采取市场经济体制和发展出口导向的新兴工业化国家，尤其是日本、“四小龙”经济飞速发展的经验，并总结国内经济发展滞缓的教训，我国外贸体制开始有了一定的转变，人们逐渐认识到单一的外贸企业国有制不利于调动员工的积极性，不利于企业讲求经济效益，外贸企业应向专业化、社会化方向发展；为弥补为进口而出口的进口替代的内向型外贸经济发展战略的缺点及局限性，应发展外向型的外贸发展战略；转变过去认为外贸只是互通有无、调剂余缺的工具为外贸是国际分工和国际交换的发展需要；把对外贸易和自力更生的对立关系转变为认为发展对外贸易、利用外资可以增强我国的自力更生能力，促进国民经济的发展。总体而言，与中国整体经济体制改革相伴随，与中国改革开放目标的动态演进相适应。对外贸易体制改革的推进具有明显的阶段性，每个阶段均有着各自不同的特征。

1. 初步改革的探索阶段：1979—1987 年

此阶段以外贸权下放和鼓励出口政策实施为主要特征。1979 年春天，国务院组织 7 个部委的领导同志南下广州，同广东、福建两省的领导同志开会研究对两省实行特殊政策、灵活措施的问题，揭开了外贸体制改革的序幕。相继又扩大了北京、天津、上海三市的对外贸易自主权。1979 年 10 月，国务院召开全国进出口工作会议，外贸体制改革在全国普遍展开。此后，不断探索，在总结经验中前进，直至 1987 年。这段时间的改革内容主要包括：

（1）增设对外贸易口岸，下放外贸经营权，广开贸易渠道，改革高度集中的经营体制。改革以前，对外贸易口岸主要是广州、大连、上海、青岛、天律等几个港口城市，有对外贸易成交权的主要是外贸部直属的几个进出口总公司及沿海主要口岸的一些分公司，其他地区的外贸分公司主要承担收购和向口岸调拨货源的任务，没有对外成交权。经这段改革后，各省、自治区、计划单列市和经济特区都开了对外贸易口岸；各外贸总公司在地方的分公司都拥有一些商品对外成交权，同时还批准一些工业部门成立工贸公司，组建中信、光大公司兼营对外贸易，成立了一些经营地方进出口业务的贸易公司，批准一些有条件的生产企业自营对外贸易业务。到 1987 年年底有对外贸易经营权的企业达 3000 家左右。此外，所有外商投资企业都有进出口自营权。除一般贸易外，其他各种贸易也蓬勃发展起来。

（2）改革单一的指令性计划管理，实行指令性计划、指导性计划和市场调节相结合。国家统一计划下给生产企业和外贸企业以更大的经营自主权，以便灵活经营，适应国际市场变化。它们仍要承担国家的出口收汇和其他进出口计划任务。计划列名商品由 3000 多种缩减到 112 种，取消了全国的收购计划和调拨计划。

（3）建立和完善外贸宏观管理，重新实行进出口许可证，完善出口配额管理，建立外贸经营权审批制度。

（4）探索促进工贸、技贸、农贸结合的途径。开始时，提倡外贸公司和生产单位实行“四联合、两公开”，即联合考察国际市场、联合对外谈判、联合安排出口生产、联合办公；外贸单位向生产单位公开换汇成本，生产单位向外贸单位公开生产成本。虽然在公有制的条件下，外贸单位和生产单位的根本利益是一致的，但是，单位之间没有用共同利益联系起来，甚至存在某些矛盾。外贸单位公开换汇成本怕生产单位提高收购价，生产单位公开生产成本又怕外贸单位压低收购价。这种结合仍然是“同床异梦”。后来，在一些工业部门成立外贸公司，试图解决外贸同生产“两张皮”的问题。实践证明，这只是外贸公司隶属关系的改变，并没有使外贸企业同生产企业在共同利益的基础上联系起来，工贸结合的问题仍未解决。此后，又探索外贸企业向生产企业投资参股，或实行其他形式的联营，利益共享，风险共担；批准一些有条件的生产企业自营进出口业务。这样，才较好地解决了工贸（技贸、农贸）结合的问题。所以，只有外贸企业与生产企业之间在共同利益基础上实现结合，才能从根本上解决问题。

（5）试办经济特区，扩大经济特区的外贸权限，实行特殊优惠政策，鼓励出口。这些政策措施的实行，初步调动了各方面的积极性，外贸渠道不断拓展。以往外贸企业和地方政府以及有关部门承担出口创汇任务，而收汇全部上缴，由国家统负盈亏，责权利分离，不利于调动企业出口积极性和提高经济效益。为此，改革初期，开始实行外贸减亏增盈分成的制度。后又根据各地的不同情况，实行地区差别的外汇分成制度，比如规定广东、福建两省外贸出口收汇地方可留成 30%，民族自治区和少数民族较多的省份外贸出口收汇地方留成 50%，经济特区外贸出口收汇留成 100%，其他地区外贸出口收汇地方留成 25%。此外，还针对不同行业、出口商品的不同来源等，规定了一些留成比例。随着出口的发展，国内外市场价格的变化特别是逐步放开一些制成品价格后，原实行的出口商品同内销商品一样层层征税留利的办法，明显削弱了我国商品在国际市场上的竞争能力，制约出口商品结构的优化。1985 年以后，我国采用国际通行的做法，对出口商品实行退税政策，商品出口后退还国内征收的产品税、增值税和营业税。

此外，与上述改革相适应，在外贸管理上实行在中央统一领导、统一政策、统一规划下，中央和省两级管理。

总之，初期的外贸体制改革与政策调整，初步突破了传统中央指令性计划经济体制。在外贸经营机制方面，突破了中央计划垄断，以国营外贸公司集中经营的体制，下放、分散和扩大了外贸经营权，一方面下放给地方政府，另一方面下放给产业部门及企业。多头经营，发挥了外贸潜力。同时，推行工贸联营，使产销联系更密切，国外市场与国内生产开始建立直接关系，有利于出口；在外贸计划方面，减少了指定性外贸计划，增加指导性外贸计划。进口代理制推行顺利；出口虽仍以直接收购为主，但开始实行间接的代理制；在外贸政策方面，利用价格机制和财税杠杆而鼓励出口，如减免国内税和外汇留成等，从而提高了企业扩大出口的积极性；在外贸企业自主权方面，包括政企分开和企业自负盈亏推行得不到位，主要是因为配套政策还不具备，如价格改革、合理财税和适当汇率等。

但是，由于改革尚在初期，有些外贸改革措施因不能配套而无法实施，甚至带来了新的问题。外贸体制中一些带根本性的问题尚未解决，改革还未取得突破性进展。这些问题主要是统负盈亏、"吃大锅饭"的财务体制基本上没有触动；经营进出口的企业基本上未按企业化进行经营管理，政企职责不分；在外贸宏观管理和微观搞活方面，还缺乏有效的措施和自我约束机制，有些该实行统一政策的未能实行，助长了各类外贸企业在不平等条件下的盲目竞争；宏观管理仍以直接控制为主，没有建立起符合我国国情的、有效的外贸经济调节体系；工贸（技贸、农贸）结合的问题还没有真正解决。

2. 深化改革阶段：1988—1990 年

此阶段以实行外贸承包经营责任制为主要特征，具体来看，为解决外贸体制上存在的一些明显弊端从而推动对外贸易的发展，1988—1990 年实行外贸承包经营责任制。主要是按照自负盈亏、放开经营、工贸结合、推行代理制、联合对外的改革方向，核定各类外贸企业的出口收汇、上缴外汇和出口盈亏指标，一定三年不变；完成承包指标内的外汇按原来的留成比例分成，超过部分 80% 留给承包单位，20% 上缴中央；超亏自负，减亏增盈部分全部留承包单位自用；原有绝大多数专业外贸进出口总公司与所属的地方外贸专业分公司也相应脱钩，下放地方管理；注意运用价格、汇率税收、关税、利率、出口信贷等经济手段调控对外贸易，完善出口退税制度，建立健全外汇调剂市场等。同时，在轻工、工艺、服装行业进行自负盈亏的试点改革。值得一提的是为鼓励出口和实现外贸企业的自负盈亏，对出口商品全部实行退还各流通环节的产品税、增值税和营业税。而且还采取措施鼓励进料加工、来料加工和来料装配，以及扩大出口信贷。

实行外贸承包经营责任制，是外贸体制改革的一个重要阶段。这是在我国农业、工业、国内商业都实行承包经营并取得成功，财政实行中央和地方"分灶吃饭"的条件下实行的。外贸虽有其面对瞬息万变的国际市场的特殊性，但它终究是国民经济的重要组成部分，外贸发展必须遵循国内经济发展的一些普遍规律，同整个国民经济的发展和改革相互协调配套。显然，在当时的情况下，各行各业都实行承包经营责任制，而外贸仍实行由国家统负盈亏、地方与中央外汇分成的办法是难以为继的。长此下去，将不利于外贸企业加强经营管理，国家财力也难于承受，外贸发展就会走进“死胡同”。所以，实行外贸承包经营是客观需要。实行承包后中央和地方在外汇的收入和使用上“分灶吃饭”，出口盈亏切块包干给各地方自主使用，适应了先期形成的中央和地方“分灶吃饭”的财政制度。从一定意义上讲，改变了过去地方只对扩大出口有积极性而对盈亏不承担责任的状况，权责利开始趋于统一，中央出口补贴总额得到控制。实践证明，这一改革总的说来是成功的，进一步调动了各地方、各部门、各类外贸企业和生产企业扩大出口的积极性，对于改善企业内部经营机制，提高经济效益，扩大进出口贸易，促进对外贸易的发展，起到了重要作用。“六五”计划期间，出口额五年累计增长36.4%；“七五”计划期间，五年累计增长76.5%，而1988—1990年的3年承包期间，出口额累计增长44%。在国内物价连续明显上涨和汇率基本冻结的情况下，中央对外贸的出口补贴得到了控制。在相当大的程度上消化了国内物价大幅度上涨对外贸出口的压力。虽然出现了部分亏损，后来国家采取了调整汇率的措施而外贸出口成本上升幅度大大低于物价上涨水平。外贸企业实力普遍增强，外贸总公司国际化经营取得显著成效。

但是，1988—1990年实行的承包体制正像在制定和推行方案时所预料的那样，由于其从属于财政体制所受的束缚，由于整个经济体制改革所处的环境，它只能是一种利弊权衡后的选择，只能是一种过渡性和探索性的改革。因此，它不可能避免和解决以下问题，甚至还助长了一些问题的发展，主要表现在：

(1)“分灶吃饭”的财政体制本身带来的地区封锁、市场分割等问题，不可避免地反映到外贸领域中来。

(2)各类外贸企业财务条件、竞争条件不平等，地区之间、外贸企业之间享受的政策待遇不统一，即由于汇率不合理而实行的出口补贴制度和地区差别外汇留成制度在承包体制中仍被原封不动地保留，外贸企业的自负盈亏机制基本没有建立。

(3)1988年3月之后，设立经营地方生产商品的外贸公司审批权下放到各省、自治区、直辖市、计划单列市，一些地方批准的外贸公司增加过多、过滥（约2000家），超过国内出口货源和人才的供应能力，加剧了经营秩序的混乱。

(4)由于上述不平等竞争条件在1988年改革中没有消除，导致外贸领域长期存在的抬价抢购、低价竞销、肥水外流等问题未能得到根本解决。产生这些问题，正像上面分析的那样，大部分并不是外贸承包本身或首先引起的，承包的问题在于并没有彻底消除产生这些问题的根源，并没有触动旧体制中最不合理的部分。

3. 改革完善阶段：1991—1993 年

此阶段主要以取消外贸出口补贴、减少进口限制和统一汇率为主要特征。经贸部为在 1993 年外贸承包经营期满后把外贸体制改革再向前推进一大步，从 1989 年下半年就开始准备，组织有关部门和单位到各地调查研究，先后召开各种不同类型的研讨会 100 多次，在认真总结 10 多年特别是实行承包经营责任制和 3 个行业自负盈亏试点经验的基础上，提出几个方案，反复权衡，并向国务院及时作了汇报。1990 年 12 月 9 日，国务院作出《关于进一步改革和完善对外贸易体制若干问题的决定》。该《决定》提出，从 1991 年 1 月 1 日起，取消国家对外贸的出口补贴，建立自负盈亏机制。这是中国外贸经营机制的一个重大转变，甚至可以称为一次历史性的突破，它改变了长期以来外贸靠国家财政补贴、“吃大锅饭”的局面。这个阶段改革的原则是：统一政策，平等竞争，自主经营，自负盈亏，推行代理制。为此，采取了如下主要改革和完善措施：

（1）取消国家对外贸出口的财政补贴，相应调整汇率，增加外汇留成比例，由外贸企业自负盈亏。

（2）改变按地区实行不同外汇留成比例办法，实行按不同商品大类全国统一的留成制度。一类是特殊商品如原油、成品油等，仅留给企业少量的经营所需外汇额度；一类是机电产品，由于生产出口产品所需进口原材料、零配件多，出口所收外汇额度，除留生产企业 10%、地方政府 5% 外，其余全部留给外贸企业；一类是一般商品，按外汇牌价上缴国家 20%，地方政府按收汇全额留成 10%，生产企业留成 10%，其余留给经营出口的企业。为保证国家的用汇，国家以全国外汇调剂市场平均价向外贸企业和生产企业分别收购机电产品、一般商品出口收汇全额的 20% 和 10%。其余留给外贸企业的外汇主要用于外汇调剂和自营进口。

（3）继续按照国务院的要求完成清理整顿公司的任务。保留下来的外贸公司，要严格按核定的经营范围经营。对于产品技术比较复杂、出口量较大、符合自营出口条件的大中型国营生产企业和紧密型生产企业集团，自营出口本企业产品，继续给予支持，其进出口经营权由经贸部审批。继续鼓励和扶持外商投资企业发展出口。为建立良好的经营秩序，要加强各专业总公司和各进出口商会对进出口商品的协调管理。

(4) 各省、自治区、直辖市及计划单列市人民政府和各外贸、工贸专业进出口总公司及其他外贸企业等向国家承包出口总额、出口收汇和上缴中央外汇（包括收购）额度任务。承包任务根据“八五”计划对外贸发展的要求和全国外贸出口的实际情况，逐年核定。

(5) 完善进口贸易体制改革。随着价格改革的深化和人民收入的提高，逐步取消进口产品的补贴；进一步减少指令性计划进口；减少许可证进口范围；降低关税总水平。1992 年 1 月 1 日，海关以较大的幅度调低 225 种进口商品的关税。从 1992 年 4 月 1 日起又取消了进口调节税，使 16 种商品关税税率又进一步降低。

这次改革特点明显，成果突出：第一，取消出口补贴，打破了“吃大锅饭”的体制，减轻了国家的财政负担，又使外贸出口发展脱离国家财政状况的制约，有了长期稳定发展的条件；外贸企业按照国际通行做法，实行自负盈亏，既使外贸企业感到加强经营管理的压力，又增强了自我发展的动力和能力。第二，改变了地区差别外汇留成比例，创造了企业平等竞争的条件，有利于改善外贸经营秩序，促进企业改善经营管理。第三，进一步完善了外贸的宏观管理，开始重视运用汇率、关税、税收、信贷等经济手段调节对外贸易。第四，增加了企业支配使用的外汇数额，为外国产品进入中国市场提供了更多的机会。第五，保持了鼓励出口政策和外贸管理措施的相对稳定性和连续性。

与此同时，重视理顺地（市）县外贸体制。地县基层外贸是国家对外贸易的有机组成部分，在组织出口生产、出口货源中发挥着重要作用，必须高度重视。为更好地适应外贸自负盈亏的新体制，基层外贸企业的管理体制必须进行相应的改革。

从实践看，改革是成功的。出口保持了较高的增长速度，进口迅速回升，与出口基本保持同步增长。出口经济效益提高，出口费用水平下降，流动资金周转次数加快。出口商品结构进一步优化，制成品出口所占比重比上年同期提高。出口商品质量、经营秩序都有好转。贸易收支平衡状况良好，国际支付能力增强。但是，也还有一些需要进一步研究解决的问题，主要是：(1) 出口退税不足、不及时，需要进一步规范化、制度化，避免随意性，同时防止和严厉打击少数企业骗取退税的不法行为；(2) 进口管理体制不适应进一步发展对外贸易的要求和国际规范；(3) 各类外贸企业的经营管理体制还不完善；(4) 外贸宏观管理和协调服务机制需要进一步健全。

位于长安街上的中国商贸活动的主管部门——国家商务部

4. 贸易逐步自由化阶段：1994—2001 年

此阶段主要以实施汇改和大幅削减关税及非关税壁垒为主要特征。对外贸易体制全面改革的重要标志是 1994 年实行的汇率并轨。1994 年 1 月 11 日，国务院颁布《关于进一步深化对外贸易体制改革的决定》，提出我国对外贸易体制改革的目标是：统一政策、开放经营、平等竞争、自负盈亏、工贸结合、推行代理制，建立适应国际经济通行规则的运行机制。其主要内容包括：

(1) 改革汇率制度，强化外贸企业自负盈亏机制。1994 年 1 月 1 日起，我国实现汇率并轨，实行以市场供求为基础的、单一的、有管理的人民币浮动汇率制度，建立银行间外汇市场，改进汇率形成机制，保持合理的、相对稳定的人民币汇率；实行外汇收入结汇制，取消各类外汇留成，取消出口企业外汇上交和额度管理制度；实行银行售汇制，实现人民币在经常项目下的有条件可兑换。汇率并轨，既是外贸体制改革的一个重大举措，也是十几年来外贸体制改革促成的一个重要成果。单一的合理的汇率有利于外贸企业自主经营、自负盈亏和改善经营效益，方便外贸实行代理制，减小外贸企业的风险。汇率并轨后，国家对外贸出口取消外汇留成，实行统一的结汇制。单一和可浮动的汇率体制的建立是外贸体制改革至关重要的成功因素，是从计划外贸体制转换到以市场为主的外贸体制过程中的一个重要里程碑。

(2) 进一步降低进口关税总水平，调整进口商品减免税政策。随着改革开放的不断深入和社会主义市场经济体制的逐步建立，名义关税水平较高与实际征税水平很低的矛盾，不同企业、不同地区实行不同进口税收政策的矛盾，进口税收政策与国际经济通行规则和市场经济公平竞争原则的矛盾和问题日益突出。为解决在深化改革、扩大开放中出现的矛盾和问题，我国政府决定改革和调整进口税收政策，在较大幅度降低进口关税总水平的前提下，取消过多的、不平等的进口税收减免优惠，按照社会主义市场经济体制要求和国际经济通行规则，实行统一、平等、规范、公平、合理的进口税收政策，以更加开放的姿态参与国际竞争和国际经济合作，促进国民经济的发展。从 1996 年 4 月 1 日起，我国将进口关税总水平由 35.9% 降至 23%。今后将继续逐步降到一般发展中国家的平均水平。

（3）降低出口商品退税率。为解决出口商品退税多、而国家实际收税少的问题，防止某些外资企业骗取出口退税，避免国家税收流失，促使外资企业提高经济效益。国家决定从 1995 年 7 月 1 日起降低出口商品的退税率，1996 年 1 月 1 日开始再进一步降低退税率。

（4）对加工贸易实行银行保证金台账制度。为防止某些企业利用加工贸易走私，造成国家税收流失，冲击国内生产，同时又便于企业开展加工贸易业务，国务院决定从 1996 年 7 月 1 日起，正式在全国对加工贸易（包括来料加工、进料加工以及外商投资企业从事的加工贸易进口料件实行银行保证金台账制度，即经营加工贸易单位（包括经批准可以从事来料加工业务的生产企业）凭海关核准的手续，按合同备案料件金额向指定银行申请设立加工贸易进口料件保证金台账，加工成品在规定期限内全部出口，经海关核销后，由银行核销保证金台账。对在保税区和驻有海关监管人员的保税工厂内进行的加工贸易进口料件不实行银行保证金台账制度。

通过一系列改革，我国的外贸体制发生了根本性变化，逐步符合国际贸易规范。一是关税和非关税壁垒持续下降；二是外贸经营主体多元化，自负盈亏机制日趋完善；三是外汇管理走向市场化，提高了外贸自由度；四是外贸中介服务体系开始形成；五是外贸经营领域拓宽。这些变化有力地促进了我国对外贸易以及多种经济合作的发展。

第四节 中国的对外贸易与经济增长

在以开放为基本趋势和特征的当今经济社会中，对于对外贸易与经济增长之间相互关系越来越成为经济学领域中一个重要的研究课题。改革开放以来，中国的经济和贸易都得到了迅速发展，特别是在20世纪90年代之后，中国国民经济保持了持续较高速度的增长，对外贸易在其中的作用非常重要。

一、中国对外贸易与经济增长概况

新中国成立60多年来，中国的经济实力已经有了很大的提高。1952年，我国的国内生产总值仅为679亿元，到2012年，我国国内生产总值已达519322亿元，是1952年的764.8倍，实际年平均增长速度为13%，在这样较长的时期内保持如此之高的经济增长率，令世界各国感到震惊。随着国家经济实力的不断提升，我国居民的收入水平也随之提高，2012年我国人均国内生产总值为38354元，比1952年的118元提高了325倍，实际年均增速为9.2%。与此同时，我国参与国际分工的程度也明显加深。2012年，我国外贸进出口总值38667.6亿美元，比上年增长6.2%。其中出口20498.3亿美元，增长7.9%；进口18178.3亿美元，增长4.3%；贸易顺差2311亿美元，比上年增长48.1%。2012年中国的贸易总额首次超过美国，成为世界贸易规模最大的国家。经济和对外贸易增长的具体情况参见表7.4。

表7.4　　1990—2012年中国对外贸易和GDP的增长

年份	进出口总额（亿美元）	增长率（%）	GDP总额（亿元）	GDP增长率（%）	人均GDP（元）
1990	1154.4	3.40	18667.8	9.86	1644
1991	1357.0	17.55	21781.5	16.68	1893

续表

年份	进出口总额（亿美元）	增长率（%）	GDP 总额（亿元）	GDP 增长率（%）	人均 GDP（元）
1992	1655.3	21.98	26923.5	23.61	2311
1993	1957.0	18.23	35333.9	31.24	2998
1994	2366.2	20.91	48197.9	36.41	4044
1995	2808.6	18.70	60793.7	26.13	5046
1996	2898.8	3.21	71176.6	17.08	5846
1997	3251.6	12.17	78973.0	10.95	6420
1998	3239.5	-0.37	84402.3	6.87	6796
1999	3606.3	11.32	89677.1	6.25	7159
2000	4742.9	31.52	99214.6	10.64	7858
2001	5096.5	7.46	109655.2	10.52	8622
2002	6207.7	21.80	120332.7	9.74	9398
2003	8509.9	37.09	135822.8	12.87	10542
2004	11545.5	35.67	159878.3	17.71	12336
2005	14219.1	23.16	183217.4	10.40	14053
2006	17604.0	23.81	211923.5	11.60	16165
2007	21737.3	23.48	249529.9	13.00	18934
2008	25616.0	17.80	300670.0	9.00	22640
2009	22072.0	-13.90	335353.0	8.70	25575
2010	29728.0	34.70	397983.0	10.30	29524
2011	36418.0	22.50	472115.0	7.70	35181
2012	38667.0	6.20	519322.0	7.80	38354

资料来源：根据《中国统计年鉴 2012》及国家统计局官方网站相关数据计算整理。

二、中国对外贸易与经济增长的相互关系

改革开放以来，中国在经济增长、对外贸易发展等方面都取得了举世瞩目的成就，二者呈相互促进、相辅相成的关系，在总量变动和结构变动方面，都可得到印证。

（一）从总量上来看，对外贸易是拉动经济增长的重要因素

改革开放以来，我国的对外贸易发展取得了举世瞩目的成就，对外贸易以高于国内生产总值的速度增长，成为拉动国民经济增长的主要因素之一。1990—2012年的相关统计数据（见表7.4）可验证对外贸易对经济增长的这种拉动作用。

中国对外贸易发展与经济增长运行轨迹的趋势基本一致。即当经济发生波动时，对外贸易也随之发生波动。经济高速增长的同时，往往伴随着对外贸易的快速发展，而当经济增长速度放缓时，对外贸易的发展也往往不景气。这一点在GDP与进出口总额及进口运行轨迹中表现得尤为显著。在1978—2012年间，国民经济与对外贸易的总体发展趋势在逐年上升，呈现出较为密切的依存关系。这与学术界对战后经济发展较快的韩国、新加坡、马来西亚等国经济发展的观察是一致的，在一国经济发展的低级阶段或经济发展的“起飞阶段”，对外贸易与国民经济依存关系的曲线是上扬的。

总之，在开放经济条件下，一国经济总量的增长离不开对外贸易。我国自改革开放以来，通过发展对外贸易，在充分利用国内、国外两种资源、改善国内资源配置，推进经济发展等方面，已取得了举世瞩目的成就，我国国内生产总值和对外贸易增长具有高度的相关性，对外贸易作为经济增长的动力机的作用明显。

（二）从结构上来看，对外贸易结构变化极大地促进了我国经济增长总量的扩张和质量的提高

改革开放以来，我国的对外贸易结构发生了巨大的变化，我国由一个改革开放之初初级产品出口国逐步发展到以工业制成品为主，且高新技术产品比重迅速上升的贸易大国，对外贸易产品结构得到了明显的优化和提升，并对提高经济增长的质量和效益发挥了显著作用。

1. 出口商品结构变化对我国经济增长的影响

工业制成品在出口商品中所占的比重，是衡量一个国家工业化发展程度和出口商品结构优化程度的重要指标之一。我国自改革开放以来，工业制成品在出口商品中所占的比重日益提高。出口产品由以粗加工的初级产品为主逐渐转为以深加工的机电产品为主，产品的附加值明显提高（见表7.5）。

表 7.5　　1980—2011 年中国出口商品结构　　单位:%

年份	初级产品占比	工业制成品占比	其中：机械及运输设备占工业制成品比重
1980	50.3	49.7	4.7
1985	50.6	49.4	2.8
1990	25.6	74.4	9.0
1991	22.5	77.5	9.9
1992	20.0	80.0	15.6
1993	18.2	81.8	16.7
1994	16.3	83.7	18.1
1995	14.4	85.6	21.1
1996	14.5	85.5	23.4
1997	13.1	86.9	23.9
1998	11.2	88.8	27.3
1999	10.2	89.8	30.2
2000	10.2	89.8	33.1
2001	9.9	90.1	35.7
2002	8.8	91.2	39.0
2003	7.9	92.1	42.8
2004	6.8	93.2	45.2
2005	6.4	93.6	46.2
2006	5.5	94.5	47.1
2007	5.1	94.9	47.4
2008	5.4	94.6	47.1
2009	5.3	94.7	49.1
2010	5.2	94.8	49.5
2011	5.3	94.7	47.5

资料来源：根据历年《中国统计年鉴》及国家统计局网站相关数据计算。

从表 7.5 可以看出，在 1980—2011 年，我国出口商品中工业制成品所占比重由 49.7% 上升到 94.7%，上升了 45 个百分点。初级产品出口所占比重由 50.3% 下降到 5.3%，我国已由一个改革开放初期初级产品出口与工业制成品出口并重的贸易小国发展成为一个工业制成品出口占到 90% 以上的贸易大国。与此同时，工业制成品的内部结构也发生了很大的变化，日益呈高级化发展趋势。这可由技术密集的机械及运输设备类产品出口占对外出口总额的比重大幅上升来说明。从表中数据可以看出，我国机械及运输设备出口占工业制成品出口的比重由1980年的4.7%上升到2011年的47.5%，上升了近43个百分点。

由以上分析可知，改革开放30多年来，我国的出口商品结构发生了巨大的变化，得到了不断的升级和优化，经历了从以出口初级产品为主逐渐向以出口工业制成品为主的结构转变，从以出口资源密集型产品为主逐渐向以出口劳动密集型产品为主的转化。出口结构升级通过作用于生产结构以及作用于出口总量两方面，实现对经济增长的贡献。

第一，出口结构转换提升生产结构。出口结构的转换一方面是生产结构转换的结果，它同时又是生产结构转换的外部刺激，会反过来带动生产结构的优化和调整。以我国工业为例，1980—2010年纺织品在生产结构和贸易结构中的比重都有所下降，并且纺织品在出口结构中的比重下降快于其在生产结构中的比重下降；而钢及一般金属品、机械和运输设备等在生产结构和出口结构中的比重都呈现上升趋势，并且在出口结构中的比重上升快于在生产结构中的比重上升。这说明在经济中地位变化较剧烈的产业，无论是迅速增长、比重提高的产业，还是退化的“夕阳”产业，出口结构转换都比生产结构转换得快，可见出口结构对于生产结构的牵引作用，而生产结构的转换升级可为经济增长提供更广阔的发展空间。

第二，出口结构转换扩大出口总量规模。出口商品结构的优化，有利于出口总额的增加，而出口本身就是国内生产总值的组成部分，因此出口结构优化可促进经济增长。同时出口结构优化对出口总量的扩张作用，可使出口创汇增加。1978年我国的外汇总额累计只有1.67亿美元，出口的快速增长，使我国外汇储备规模急剧扩大，2012年年末，国家外汇储备余额为33116亿美元，成为世界第一大外汇储备国。出口创汇有效解决了我国经济建设中资金不足的问题，弥补了资金缺口，增强了进口能力，这对解除制约我国经济增长的资源和技术瓶颈发挥着不可估量的作用，极大地促进了我国经济总量的扩张。

2. 进口商品结构变化对我国经济增长的影响

从中国进口商品结构来看，改革开放以前，在中国进口总额中，初级产品比重比较高，粮食等基本食品的进口占有很大的比重，最高时达26%的水平。改革开放以后，进口商品结构中初级产品比重不断下降，其中食品及主要供食用的活动物占进口总额的比重显著下降，非食用原料占进口总额的比重近年来保持稳定；工业制成品进口的比重不断提高，其中机械及运输设备进口的比重得到了明显提高，资本品的进口已经占有较大的比重，参见表7.6。

表 7.6　　1980—2011 年中国进口商品结构　　单位:%

年份	初级产品占比	其中食品及主要供食用的活动物占比	非食用原料占比	工业制成品占比	其中机械及运输设备占比
1980	34.8	14.6	17.8	65.2	25.6
1985	12.5	3.7	7.7	87.5	38.4
1990	18.5	6.3	7.7	81.5	31.6
1991	17.0	4.4	7.8	83.0	30.7
1992	16.4	3.9	7.2	83.6	38.9
1993	13.7	2.1	5.2	86.3	43.3
1994	14.3	2.7	6.4	85.7	44.5
1995	18.5	4.6	7.7	81.5	39.9
1996	18.3	4.1	7.7	81.7	39.4
1997	20.1	3.0	8.4	79.9	37.1
1998	16.4	2.7	7.6	83.6	40.5
1999	16.2	2.2	7.7	83.8	41.9
2000	20.8	2.1	8.9	79.2	40.8
2001	18.8	2.0	9.1	81.2	43.9
2002	16.7	1.8	7.7	83.3	46.4
2003	17.6	1.4	8.3	82.4	46.7
2004	20.9	1.6	9.9	79.1	45.0
2005	22.4	1.4	10.6	77.6	44.0
2006	23.6	1.3	10.5	76.4	45.1
2007	25.4	1.2	12.3	74.6	43.1
2008	32.0	1.2	14.7	68.0	39.0
2009	28.8	1.5	14.1	71.2	40.5
2010	31.1	1.5	15.2	68.9	39.3
2011	34.7	1.7	16.3	65.3	36.2

资料来源：根据历年《中国统计年鉴》及国家统计局网站相关数据计算整理。

从表 7.6 可以看出，改革开放初期，进口在很大程度上是作为弥补国内生活资料不足的一种手段，从而限制了对生产方面的作用，对经济增长的拉动作用因而也受到制约。1980 年，我国初级产品进口额为 69.59 亿美元，占进口总额的 34.8%，其中食品及主要供食用的活动物进口额为 29.27 亿美元，占进口总额的 14.6%；非食用原料进口额为 35.54 亿美元，占进口总额的 17.8%。同年我国工业制成品进口额为 130.58 亿美元，占进口总额的 65.2%，其中机械及运输设备进口额为 51.19 亿美元，占进口总额的 25.6%。

20 世纪 80 年代以来，对外贸易的地位和作用被重新认识和定位，对外贸易作为拉动我国经济增长的一支生力军，不再仅仅是调节余缺的手段。在经济高速增长过程中，资本品的进口越来越多。到 2011 年，我国工业制成品进口额为 11392.15 亿美元，占进口总额的 65.3%，其中机械及运输设备进口额为 6305.7 亿美元，占进口总额的 36.2%，进口额相当于 1980 年机械及运输设备进口额的 123.2 倍；同年我国初级产品进口额为 6042.69 亿美元，仅占进口总额的 34.7%，其中食品及主要供食用的活动物进口为 287.74 亿美元，仅占进口总额的 1.7%，非食用原料进口额为 2849.23 亿美元，占进口总额的 16.3%。资本品的进口极大地改善了我国国内的生产条件，使得生产效率大幅提高。与此同时，大量机械设备的进口不仅促进了我国工业部门的发展，也实现了对农业及其他一些传统产业的改造，促进了我国产业结构的升级换代。技术的进步和产业结构的升级换代都提高了我国经济增长的质量和效益，增加了经济增长的潜力。

另据海关统计，从 1991 年开始，我国高新技术产品进口在外贸进口中的比重不断上升。2012 年，我国高新技术产品进口总额达 5067.5 亿美元，同比增长 9.5%。且高新技术产品进口集中在电子技术、计算机与通信技术和计算机集成制造技术领域。这些高新技术产品的进口对于改变粗放型经济增长方式，提高经济增长的质量和效益，保证经济的可持续发展，具有重要的意义。

总之，对外贸易对经济增长的影响不仅仅体现在贸易规模的扩大对经济增长的影响上，更体现在贸易结构的优化对经济增长总量的扩张以及质量和效益的提高上。而且，从一个长期可持续发展的角度看，后者的意义和影响更为深远。因此，促进对外贸易结构进一步的优化和升级，并在此基础上实现贸易规模的进一步扩大，是使对外贸易真正成为开放经济条件下促进中国经济增长的"动力机"和"催化剂"的主要方面。

三、中国的外贸依存度

中国对外贸易与经济增长运行轨迹的趋势基本一致，或者说是平行的。但是，日本经济学家小岛清认为，从更长时期的经济增长过程来看，如果贸易量的增加同国民经济的增长是平行的，这并不能说明贸易的扩大带动了经济增长，经济增长不一定是贸易的特殊贡献。要揭示贸易对经济增长所起的作用，把贸易量的扩大同国民经济的增长加以对比更为合适。因此，对外贸易依存度的变化趋势可以进一步揭示对外贸易与经济增长的相互关系。

（一）外贸依存度的含义

外贸依存度是指一定时期内（通常为一年）一国对外贸易总额与国内生产总值（GDP）的比值，用于衡量该国经济对国际市场依赖性的高低。外贸依存度可以分为出口依存度和进口依存度。出口依存度即外贸出口额占国内生产总值的比值。进口依存度即外贸进口额占国内生产总值的比值。

（二）外贸依存度的影响因素

一国的外贸依存度水平与以下几个因素有关：

1. 经济发展规模

一国的外贸依存度与其经济发展规模存在相反关系。小国经济发展主要受外部市场和外部资金流动的影响，其外贸依存度通常较高。大国经济发展的主要动力来源于国内市场，和小国相比，其外贸依存度也较小。

2. 经济发展所处的阶段

根据一国经济发展所处的工业化程度和经济的产业结构，目前世界各国所处的经济发展阶段可以分为三种：低级阶段、中级阶段和高级阶段。经济发展处于低级阶段的国家对外经济联系较少，出口依存度较低。经济发展到中级阶段的国家，一般是重工业处于整个经济的中心地位，经济发展所需的原料、燃料需要大部分从国外进口，为了平衡进口，这些国家的出口规模相应也会增大，其出口依存度一般较高。到了经济发展的高级阶段，国家的高科技将处于中心地位，产业结构以技术密集型为主，通过资本、技术和管理的输出来获取利益，因此，这些国家的出口依存度较低。

3. 外贸政策及外贸体制

主张贸易自由化的国家或地区强调最大限度地减少政府对外贸活动的干预，保持国际贸易的充分自由化。对于小国而言，实行自由贸易政策必将导致较高的外贸依存度；大国实行自由贸易政策时，其外贸依存度主要依赖于其他因素。实行保护贸易政策的国家，经济实力一般比较弱，同时国内市场不完善，外贸依存度就较小。对于发展中国家而言，如果经济增长更多的是依靠出口推动，而不是依靠国内消费和投资的增长，外贸依存度就高，一旦世界市场发生动荡，特别是在国内出口商品的价格下降幅度较大的情况下，国内的经济将会受到严重的影响。然而，如果发展中国家的经济增长过多地依靠国内投资和消费增长，而忽视了出口对经济的促进作用，则对该国的经济发展相对缺少国外竞争的推动力，也会产生严重的危害，所以，外贸依存度应当控制在合理的范围内。

（三）中国外贸依存度的实证分析

1978 年，我国的外贸依存度为 9.74%，其中，出口依存度为 4.60%，进口依存度为 5.14%。而到了 2007 年，外贸依存度为 66.82%，其中，出口依存度为 37.45%，进口依存度为 29.37%。2007 年的外贸依存度为 1978 年的 7 倍，出口依存度为 9 倍，进口依存度为 7 倍。出口依存度的增长速度高于进口依存度的增长速度，说明在外贸中我国出口的作用越来越显著。

自 2008 年以来，我国外贸依存度逐年下降，2012 年在 2011 年基础上再度回落 3.1 个百分点，回到 50% 以下，为 47%；其中出口依存度为 24.9%，进口依存度为 22.1%，都有所回落（见图 7.3）。这表明我国加快转变经济发展增长方式成效显著，我国经济增长正由外需拉动向内需驱动转变。

值得注意的是，当前我国仍处于国际产业分工体系的中低端，比较优势仍主要集中在劳动密集型产品和高新技术产品的劳动密集型环节，这说明我国转变经济发展方式依然有较大的潜力空间。可以预见的是，随着我国大力推动落实科学发展观，加快调整经济结构、转变经济发展方式的步伐，我国经济将更多地依靠内需拉动，外贸依存度或将进一步降低。

与其他国家相比，总体来讲，我国外贸依存度较高。但这只是表面现象，实际上我国的外贸依存度存在一定程度的夸大成分。主要因为：

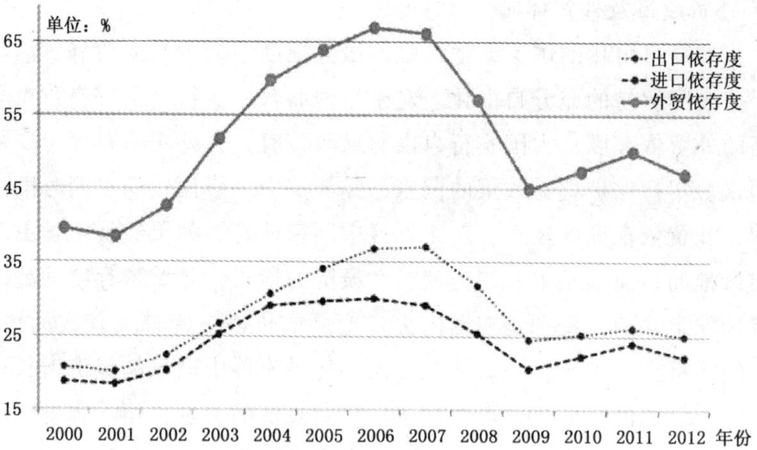

图 7.3　2000—2012 年中国外贸依存度

1. 人民币汇率低估

中国人民币汇率低估是造成外贸依存度高估的重要因素。20 世纪 90 年代中期汇率改革之后，中国人民币汇率长期处于非均衡的状态，实际被低估的人民币汇率造成中国长期的贸易顺差，而低估的汇率也造成外贸依存度的高估。简单来看，一方面，如果人民币汇率均衡水平以购买力平价为参照调整，按采用较多的、国际货币基金组织（IMF）使用的人民币购买力平价 1 美元约等于 2 元人民币计算，以美元计算的中国 GDP（即外贸依存度的分母）将大幅度增加，中国贸易依存度将下降 3 倍。另一方面，如果中国人民币向升值方向调整，会对进出口产生影响，在人民币升值后，中国产品在国际上的竞争力将下降，贸易规模、尤其是出口也将有所减少，从而使外贸依存度的分子减少。因此，当人民币汇率调整到购买力平价水平时，中国外贸依存度下降幅度将超过 3 倍。值得注意的是，发展中国家普遍存在汇率按购买力平价低估的问题，而发达国家按购买力平价计算的汇率与名义汇率基本相当，因此大多数发展中国家外贸依存度存在高估的情况。考虑到以上因素，按比较保守的估计，中国外贸依存度受汇率低估影响而高估 1 倍。

2. 加工贸易快速发展

研究我国的外贸依存度不能忽略加工贸易这个因素，加工贸易的快速发展对我国外贸依存度具有重要的影响。加工贸易已经成为我国第一大贸易方式。尽管近年加工贸易的国内采购率和增值率有所上升，但与国内经济运行的联系不很密切。因此，运用包含加工贸易在内的外贸依存度指标，会在相当程度上夸大我国经济对国际市场的依赖程度。

3. GDP 的构成差异

对一国的外贸依存度进行国际比较还要考虑各国 GDP 构成的差异。一般而言，第三产业的可贸易程度较低，因此，GDP 中第三产业的比重越高，外贸依存度可能越低。反之，GDP 中第三产业的比重越低，外贸依存度可能越高。各国 GDP 结构差异明显，例如，美国第三产业占 GDP 的比重高达 80% 左右，日本为 70% 左右，而我国第三产业占 GDP 的比重仅 33% 左右。如果不考虑各国 GDP 构成的差异，直接比较各国的外贸依存度，就会影响结论的正确性。

【案例 7－1】

海尔集团的国际化战略

基本案情：海尔集团的国际化经营之路大致可以划分为四个阶段，即 1984—1990 年的国内创牌蓄势阶段、1990—1996 年的以贸易为先导开拓国际市场阶段、1996—1998 年的探索性海外投资阶段和 1999 年至今的全球化发展阶段。与此同时，经过近十几年的探索，海尔正式形成了成熟的国际市场战略，也就是“三个 1/3”的战略：即在全球销售额中国内生产国内销售占 1/3，国内生产国外销售占 1/3，国外生产国外销售占 1/3。

公司概况：1984 年 12 月，海尔集团的前身青岛电冰箱总厂正式成立，经过近 30 年的发展，海尔集团已从当年员工不足 800 名，销售收入仅 380 万元，亏损却高达 147 万元的集体小厂，一跃成为一家集科研、生产、贸易和金融于一体的大型国际化企业集团，并且正朝着“世界 500 强”的目标不断奋进。现任董事局主席、首席执行官张瑞敏是海尔的主要创始人。

目前，海尔在全球建立了 21 个工业园，5 大研发中心，19 个海外贸易公司，全球员工超过 8 万人。2011 年，海尔集团全球营业额达到 1509 亿元，品牌价值 962.8 亿元，连续 11 年蝉联中国最有价值品牌榜首。海尔积极履行社会责任，援建了 164 所希望小学和 1 所希望中学，制作 212 集科教动画片《海尔兄弟》，是2008年北京奥运会全球唯一白电赞助商。

海尔集团在首席执行官张瑞敏的领导下，先后实施名牌战略、多元化战略和国际化战略。2005年年底，海尔进入第四个战略阶段——全球化品牌战略阶段。2011年，海尔集团全球营业额实现1509亿元，品牌价值962.8亿元，连续11年蝉联中国最有价值品牌榜首。海尔品牌旗下冰箱、空调、洗衣机、电视机、热水器、电脑、手机、家居集成等19个产品被评为中国名牌，其中海尔冰箱、洗衣机还被国家质检总局评为首批中国世界名牌。2008年3月，海尔第二次进入英国《金融时报》评选的"中国十大世界级品牌"。2008年6月，在《福布斯》"全球最具声望大企业600强"评选中，海尔排名第13位，是排名最靠前的中国企业。2008年7月，在《亚洲华尔街日报》组织评选的"亚洲企业200强"中，海尔集团连续五年荣登"中国内地企业综合领导力"排行榜榜首。海尔已跻身世界级品牌行列，其影响力正随着全球市场的扩张而快速上升。

截至2011年6月份，海尔专利累计申请量达到11315项，其中发明专利3666项，稳居中国家电企业榜首。海尔已参与23项国际标准的制定，其中无粉洗涤技术、防电墙技术等7项国际标准已经发布实施，这表明海尔自主创新技术在国际标准领域得到了认可；海尔主导并参与了283项国家标准的编制、修订，其中267项已经发布，并有10项获得了国家标准创新贡献奖；参与制定行业及其他标准447项。海尔是参与国际标准、国家标准、行业标准最多的家电企业。海尔是唯一一个进入国际电工委员会（IEC）管理决策层的发展中国家企业代表，2009年6月，IEC选择海尔作为全球首个"标准创新实践基地"。2011年入选首批"国家技术创新示范企业"。

在创新实践中，海尔探索实施的"日事日毕，日清日高"的"OEC"（Overall Every Control and Clear）管理模式、

"市场链"管理及"人单合一"发展模式引起国际管理界高度关注。目前，已有美国哈佛大学、南加州大学、瑞士 IMD 国际管理学院、法国的欧洲管理学院、日本神户大学等商学院专门对此进行案例研究。海尔的 30 余个管理案例被世界 12 所大学写入案例库，其中，"海尔文化激活休克鱼"管理案例被纳入哈佛大学商学院案例库，海尔"市场链"管理被纳入欧盟案例库。

海尔集团海外直接投资的本地化战略，概括起来可以归纳为"三位一体"和"三融一创"战略。所谓"三位一体"，指的是在国外实现当地设计、当地生产和当地销售；所谓"三融一创"，指的是海尔集团在投资东道国当地融资、当地融智、当地融文化和创本地化名牌。

海尔集团的国际化战略中还有一个全球十大经济区投资战略，指的是将全球市场划分为十个有较大国际影响力的经济共同体，在每一个共同体内选点建设工厂，以便在这些工厂的当地化率达到 60% 以后，将产品输送到共同体的其他成员国，争取获得关税等方面的优惠待遇，取得更快的发展。

海尔在海外投资建厂一直遵循着"先有市场，再建工厂"以及"盈亏平衡点"的海外投资策略，也就是说，海尔进行对外直接投资的程序是：发展出口→建立营销网络→树立品牌→达到盈亏平衡点→投资建厂。在这一程序中，海尔是否在当地投资建厂取决于市场是否已经接纳海尔的品牌，是否有市场。

海尔在国际化过程中还提出了"先难后易"的思想，其中比较有代表性的是其"先难后易"的出口战略。一般来说，企业进行国际化经营都是采取"先易后难"的战略，一点一点地积累经验，发展壮大。然而，海尔产品出口的战略却是"先难后易"，即首先以发达国家为目标市场，将产品出口到发达国家，争取创出名牌，然后以高屋建瓴之势打开发展中国家市场，从而实现既创品牌又占领市场的目的。

这表明海尔集团并不单纯走渐进式道路，而是根据海尔的名牌战略以及自身优势，适当地进行跨越式发展。

海尔集团的国际化战略大致可以归结为以上论及的三大战略：即“三个1/3”战略、本地化战略和全球十大经济区战略。贯彻和实施本地化战略是海尔集团海外直接投资成功的关键因素之一，也是海尔集团从“国际化海尔”发展到“海尔国际”的必由之路。

【案例7－2】

中国远洋运输（集团）公司：助推中国对外贸易发展

基本案情：中远集团是以航运和物流为主业的跨国企业集团。在致力于为全球客户提供航运、物流服务的同时，还能够在船舶及海洋工程的建造和修理、码头、贸易、金融和信息技术等多个领域为客户提供优质服务。中远集团以人为本，以市场为导向，以科技为手段，以效益为中心，践行企业公民职责，坚持生产经营和资本经营双轮驱动，做强国际航运业，拓展物流码头业，发展修造船业，开发资源能源业，推进中远集团从全球航运承运人向以航运为依托的全球物流经营人和国际航运物流产业集群的领导者转变，从跨国经营向跨国公司和全球公司转变，助推中国对外贸易大发展，打造百年中远，实现又好又快和可持续发展。

公司概况：中远集团（英文缩写COSCO）是中华人民共和国中央人民政府直管的特大型国有企业之一。中国远洋运输集团成立于1961年4月27日，成立之初是一个仅有4艘船舶、2.26万载重吨的小型船运公司。发展至2012年，中远集团已经成为以航运、物流码头、修造船为主业的跨国

企业集团，已经确立起在国际航运、物流码头和修造船领域的领先地位，稳居《财富》世界500强。2012年在《财富》世界500强企业中排名第384位。

截至2011年，中远集团拥有和控制各类现代化商船近800艘，5600多万载重吨，年货运量超4亿吨，远洋航线覆盖全球160多个国家和地区的1600多个港口，船队规模稳居中国第一、世界第二。其中集装箱船队规模在中国排名第一、世界排名第六；干散货船队世界排名第一；专业杂货、多用途和特种运输船队综合实力居世界前列；油轮船队是世界超级油轮船队之一。中远集团在全球范围内投资经营着32个码头，总泊位达157个，根据Drewry 2009年7月发布的最新统计，2008年中远集团所属中远太平洋的集装箱码头吞吐量继续保持全球第五。

中远集团拥有丰富的物流设施资源，控制各种物流车辆超过4000台，包括具有289个轴线、最大承载能力达8000吨的大件运输车，堆场249万平方米，拥有和控制仓库297万平方米，在家电、化工、电力、融资等领域为客户提供高附加值服务，为青藏铁路、天津空客、印度电站等中外多个重大项目提供物流服务，创造多项业界记录。

据中远集团官网2012年资料显示，该集团在中国的多家船舶修造基地拥有含30万吨级、50万吨级的各类型船坞16座，业务涉及大型船舶和海洋工程建造、改装及修理，生产设备装配水平、生产管理水平中国领先，技术能力、生产效率及生产成本等指标居世界前列。年修理改造大型船舶500余艘，年造船能力840万吨，是中国最大的修船企业及技术最先进的造船企业。

截至2012年，中远集团已形成以北京为中心，以香港、美洲、欧洲、新加坡、日本、澳洲、韩国、西亚、非洲等九大区域公司为辐射点的全球架构，在50多个国家和地区拥有千余家企业和分支机构，员工总数约13万人，其中驻外人员400多人，外籍员工4000多人，资产总额超过3000亿元人民币，海外资产和收入已超过总量的半数以上，正在形成完整的航运、物流、码头、船舶修造的全球业务链。

中远集团的徽标是由中国远洋运输（集团）公司的英文缩写COSCO组成的抽象船形图案。该标志是中远集团在开展业务活动中广泛使用的视觉形象，在造型上突出反映了中远集团的行业特点和经营理念：基本色为蓝色，象征着中远集团与大海的不解之缘；全幅图案构思精巧，立意深刻，象征着中远集团这艘巨轮乘风破浪、锐意进取、走向世界的企业精神。

中远集团的徽标

案例详解：中远集团是最早进入国际资本市场的中国企业之一，早在1993年中远投资就在新加坡借壳上市，目前在境内外控股和参股中国远洋、中远太平洋、中远国际、中远投资、中远航运、中集集团、招商银行等上市公司。2010年5月30日，中国远洋成功入选英国著名财经媒体《金融时报》发布的全球500强企业排行榜（FT Global 500），名列第450位，这是中国远洋自2008年以来连续第三年蝉联该榜单。

全球化，已成为中远集团在新时期发展的一个最显著最鲜明的特征。进入21世纪以来，中远集团全球化进程进一步提速，经营服务、资本运作、文化管理、合作竞争、社会责任、外交资源全球化成为重要特征。

作为一家中国的跨国公司，中远集团很早就注重承担广泛的“企业公民”责任。中远集团明确提出自身的使命为“逐步发展和确立在航运、物流和修造船领域的领先地位，保持与客户、员工和合作伙伴诚实互信的关系，最大程度地回报股东、社会和环境”。2001年，中远集团建立起了包括国际环境管理体系、职业安全卫生管理体系在内的综合管理体系，成为中国首家获得三大管理体系认证的企业。2004年，中远正式加入联合国“全球契约”计划，更加自觉和积极地践行“全球契约”十项基本原则并努力实现可持续发展。中远集团可持续发展报告连续四年被联合国“全球契约”评为典范报告，成为唯一连续四年登上“全球契约”典范报告榜的亚洲企业。

【案例7-3】

江苏阳光集团的国际化成长

基本案情：江苏阳光集团运用产业内贸易理论与规模经济理论，发挥中国在原材料质地、人力资源及其本身在技术、管理上的优势，致力于品牌建设，不断培育新的经济增长点，把阳光集团建设成为主业突出、品牌卓越、研发力强，具有跨行业经营能力的、多产业的国际品牌集团，立足于世界纺织品市场。目前总资产达到36.5亿元。

公司概况：江苏阳光集团创建于1986年，是国家重点企业集团和国家重点扶持的33家行业排头兵之一，是中国毛纺行业内生产规模最大、花色品种最多、产品品质最优、科技含量最高、技术装备最好的企业，拥有员工15000人，由毛纺、服装、生物医药、热电等产业构成了集团的多元化格局。江苏阳光集团是中国最大的精毛纺生产企业及高支薄型精纺生产企业及高支薄型精纺面料生产基地。集团占地80万平方米，现有总资产40亿元；公司先后投资12亿元，从德国、法国、意大利、瑞士、比利时等数十个国家引进了目前世界最先进的纺、织、染、检测及服装制作全套设备，现有精纺纱锭11.5万锭，织机600台，高档服装生产线2条；形成了年产阳光牌高档精纺呢绒及羊绒2200万米、高档服装60万套的生产能力。集团通过ISO9002及ISO14001双体系认证，是国内生产规模最大、技术装备最好、花色品种最多、工艺品质最优、产品档次最高的精毛纺面料、服装生产基地，生产规模居世界第三名。

案情详解：按照“十五”传统产业“高新化，高新产业规模化”的产业发展目标，江苏阳光集团提出科学管理、建设成为适应全球经济竞争需要、“科技化、国际化”经营宗旨，开发出两个组合产品：产品组合1—面料：呢类系列、绒面产品系列、天丝系列（TEN—CEL）、亚麻保健系列、生态蛋白丝系列、新合纤、羊绒系列等20个大类6000多个品种，其中包括国家级或省级高新技术产品、重点新产品等60余个。产品组合2—服装：集团服装生产以高级白领为对象，现拥有“VENETIA”（威尼帝西服）、“GEZE-LIA”（佳思丽）女装与“POMPEI”（庞贝）职业装等品牌。

阳光集团重视研究与开发，集团拥有一个国家级技术中心、一个毛纺研究所和中国毛纺企业中唯一一家企业博士后科研工作站，在美国、意大利、澳大利亚等国家和我国的香港、北京、上海等地区设立了信息机构，同时和多所高校紧密联合，形成了“国内领先，国际同步”的新产品开发机制和产、学、研一体化的技术创新体系。目前集团拥有日开发7—10个新产品的开发规模。

根据产业内贸易理论，同一产业部门内部的差异产品的交换及其中间产品的交换是可能的。阳光集团之所以能成功，首先，是因为其抓住了中国与其他国家在要素禀赋上的差异性。要素禀赋差异必然导致比较成本的差异，而比较成本的差异则是产业内贸易的基础和原因。世界各地纺织品生产厂商的产品是不一样的，阳光集团运用中国在原材料方面的禀赋优势，抓住了产品差异性这一点，一举成为世界几大品牌的面料供应商。

其次，阳光集团利用了集团的规模效益与不完全竞争。由于企业内规模效益的发展，导致了不完全竞争。阳光集团一方面生产高档面料，另一方面引进国际先进生产技术生产成衣，并达到相当的规模，在国际市场上处于垄断竞争的优势地位。纺织品是劳动密集型产品，阳光集团利用了中国人力资源禀赋优势，获得与国际同行竞争的优势。根据 Paul Krugman 的规模收益递增理论，当某一产品的生产发生规模报酬递增时，随着生产规模的扩大，单位产品成本递减而取得成本优势，专业化生产、出口该产品的状况必然形成。阳光集团把产品定位于高档面料和高档服装，确定 2200 万米和 60 万套的生产规模，当生产规模上来以后，各种生产要素的效能得到充分利用，专业化分工加强，仅服装这一个类别，阳光集团就分成了“VENETIA”、“GEZE—LIA”和“POMPEI”几个主打品牌，运用各自不同的生产技术和管理方式，在国际上处于先进水平。无疑，如果把这些品牌混合生产，就会产生劣势。规模经济也使阳光集团能够更好地利用交通运输、通讯设施、金融机构、自然资源等良好的企业环境，获得外部规模经济效益。

【案例 7－4】

杭州巨星科技：从 ODM 逐步向 OBM

基本案情：杭州巨星科技股份有限公司（证券代码：002444，证券简称“巨星科技”）是一家专门从事中高档手工具、电动工具等工具五金产品开发、生产和销售的企业。是国内工具五金行业规模最大、技术最高和渠道优势最强的龙头企业之一，是亚洲最大、世界排名前六的手工具企业。比较国内大部分工具五金企业仍采用 OEM 经营模式，公司的经营模式已经处于从 ODM 逐步向 OBM 过渡的阶段。

公司概况：立足于这样一个与我们日常生活息息相关、激动人心的行业，杭州巨星科技股份有限公司从 1993 年诞生以来，就专注于手工具、手持式电动工具领域，不断以锐意进取的创新精神，持续开发出上万种工具产品，产品远销全球，深获消费者的喜爱。

公司自成立以来，就非常重视自主创新，拥有强大的研发队伍，每年自主研发数百种新产品，是 2008 年度中国企业自主创新 100 强、浙江省专利示范企业和省级企业技术中心。公司秉承“细节决定成败”的核心理念，立足诚信，不断创新，不断追求，以提高中国工具五金行业国际竞争力为己任，成就百年企业，铸造百年品牌。

巨星科技自1993年创立以来一直保持高速增长，2009年年末公司的总资产已经增长到91881万元；净利润从2007年的7227万元增至2009年的21933万元，增长了203.48%；每股收益从2007年的0.68元增至2009年的1.13元；此外最近两年的全面摊薄后净资产收益率分别高达57.09%和46.21%。

案情详解：受益于中国经济的高速发展和我国制造产业在全球中的明显优势，加上公司自身出色的核心竞争能力，具备天时地利人和的巨星科技将最有可能成为我国百年的品牌工具企业。

工具五金行业是一个规模庞大、需求广阔，但竞争也相对激烈的行业。要想在行业竞争中脱颖而出，企业自身就必须具备竞争能力。巨星科技正是凭借渠道、研发、品牌和产品等核心竞争优势，迅速成长为亚洲最大、全球第六的手工具公司。巨星科技目前已经形成了覆盖全球的销售渠道，每天都有上万个品种的产品在全球两万家以上的大型五金、建材和汽配等连锁超市销售。巨星科技具有强大的研发能力，公司拥有国内外专利235项，每年有400项左右的新产品研发成功并投入市场销售，新产品销售收入占主营业务收入的70%左右。新产品的持续推出直接拉动了公司近几年销售和利润持续高增长。巨星科技拥有世界级的工具品牌“Sheffield”，该品牌产品已在全球最大的五金连锁和百货店中广泛销售。公司的自有品牌产品毛利率较高，且最近三年不断提升，2009年达到了33%。未来随着公司品牌战略的实施，毛利率的进一步上升将大幅提升公司的盈利空间。

比较国内大部分工具五金企业仍采用OEM（简称委托代工，Original Equipment Manufacture）经营模式，公司的经营模式已经处于从ODM（Original Design Manufacture，原始设计制造商）逐步向 OBM（Original Brand Manufacture，原始品牌制造商）过渡的阶段。公司现有的经营模式主要是 ODM：公司进行研究开发，为客户提供产品设计，产成品以客户的品牌出售；而公司又对产业链上游的供应商的生产技术、工艺流程、产品规格进行严格的监督指导。由于公司提供的产品包含自己的设计和创新元素，因此能够获得比 OEM 模式更高的利润。

近年来，公司 ODM 模式产生的销售额均占公司主营业务收入的 80% 以上。公司 2007 年、2008 年和 2009 年 ODM 和 OBM 合计销售比重分别为 96.86%、98.61% 和 98.97%，说明公司的自主研发设计和生产工艺技术水平逐步提升。

【思考题】

1. 新中国成立后的对外贸易发展历程是怎样的？

2. 当前中国货物贸易和服务贸易的国际地位是怎样的？

3. 中国对外贸易体制改革经历了哪些阶段？

4. 中国对外贸易体制改革的特征是什么？

5. 为什么说中国的经济增长与对外贸易发展二者相互促进、相辅相成？

6. 什么是外贸依存度？结合实际，你认为中国外贸依存度是偏高还是偏低？

随着中国经济发展并步入中等收入国家行列，中国不仅已成为世界上吸引与利用外资大国，而且对外投资在加速增长，已经临近对外直接投资与吸收外国直接投资均等的拐点。本章将对中国利用外资和对外直接投资的实践与管理进行详细阐述。

第八章 国际直接投资：来自中国的实践

第一节 中国利用外商直接投资的实践

一、中国利用外商直接投资的历程

1978 年，在党的十一届三中全会之后，中国开始走上了改革开放的伟大征程。与此同时，利用外资也随着改革开放的路程逐渐被重视起来，因为利用外资不仅仅是中国对外开放的一项基本国策，更是获取比较利益的重要途径。所以从改革开放之后，对外资的重视一直促进着中国经济的发展，至今已有 30 多年的历史。30 多年以来，中国审时度势，以国际化的眼光适应全球经济格局之变化，在利用外资方面取得了巨大的成就（见表 8.1）。

表 8.1　　1979—2012 年中国利用外商直接投资概况

年　份	项目（个）	合同利用外资金额（亿美元）	实际使用外资金额（亿美元）
1979—1984	3724	97.50	41.04
1985	3073	63.33	19.56
1986	1498	33.30	22.44
1987	2233	37.09	23.14
1988	5945	52.97	31.94
1989	5779	56.00	33.92
1990	7273	65.96	34.87
1991	12978	119.77	43.66
1992	48764	581.24	110.08
1993	83437	1114.36	275.15
1994	47549	826.80	337.67
1995	37011	912.82	375.21
1996	24556	732.76	417.26
1997	21001	510.03	452.57
1998	19799	521.02	454.63
1999	16918	412.23	403.19
2000	22347	623.80	407.15
2001	26140	691.95	468.78
2002	34171	827.68	527.43
2003	41081	1150.69	535.05
2004	43664	1534.79	606.30
2005	44001	1890.65	603.25
2006	41473	1937.27	630.21
2007	37871	—	747.68
2008	27514	—	923.95
2009	23435	—	900.33
2010	27406	—	1057.35
2011	27712	—	1160.11
2012	24925	—	1117.16
1979—2012	763278	—	11761.08

数据来源：根据《中国统计年鉴 2012》和商务部官方网站相关数据整理。

从表 8.1 中我们可以看出，在 1979—1984 年，中国利用外商直接投资的项目数只有 3724 个，合同利用外资额和实际利用外资额也分别只有 97.5 亿美元和 41.04 亿美元，这说明在当时的情况下中国利用外商直接投资的规模很小。但是我们也可以从表中看出，在 1992 年时中国利用外资出现了一个井喷式的高潮，利用外商直接投资项目数达到了 48764 个，是上年的 4 倍，而合同利用外资额和实际利用外资额也分别达到了 581.24 亿美元和 110.08 亿美元，是上年的 5 倍和 2 倍。此时正值邓小平发表南方讲话之时，在理论上清除了利用外资的障碍。在此之后，由于国际和国内形势的变化，中国利用外资呈现出间断性的增长态势。2001 年年末，中国加入了世界贸易组织之后，改革开放的步伐也进一步加快了，而中国利用外商直接投资金额也相应的进一步增长。2003 年，中国实际使用外资金额为 535.05 亿美元，2006 年达到了 630.21 亿美元，2010 年达到了 1057.35 亿美元，比 2006 年增长 67.8%。受世界经济大环境的影响，2012 年，全国新批设立外商投资企业 24925 家，同比下降 10.06%；实际使用外资金额 1117.16 亿美元，同比下降 3.7%。应该说外商直接投资促进了中国改革开放的进程，对促进中国经济的发展发挥了不小的作用。据国家统计局发布的数字，截至 2012 年年底，全国共有外商投资企业 763278 户，外商直接投资对中国 GDP 的贡献率也超过了 40%。可以说，外商直接投资给中国带来了不小的好处，包括经济增长、就业、技术、自主创新等等都有了很大的提升。

（一）起步阶段（1979—1984 年）

1978 年年底召开的党的十一届三中全会及时总结了历史经验教训，在综合国际和国内形势的基础上，提出了对外开放的基本国策，要充分利用经济全球化的有利条件，吸引国际资金到中国的建设中来。为此，中国在吸引外资方面出台了一些新的法规、政策和措施，逐步改善了投资环境，调动了外商在华投资的积极性，中国利用外资在此时也得了初步发展。1979 年 7 月 1 日，全国人大第二次全体会议通过并颁布了《中华人民共和国中外合资经营企业法》，标志着外商直接投资历史性地走进了中国。1979—1980 年又先后在深圳、珠海、汕头、厦门四个城市设立经济特区，外商在经济特区内进行直接投资实行特殊优惠政策。

在这个起步阶段，邓小平首先把华人、华侨的资金和技术作为中国吸引外资的突破口。他指出："现在搞建设，门路要多一点，可以利用外国的资金和技术，华侨、华裔也可以回来办工厂。”邓小平提出的引进华人华侨的人才与智力，引进华侨华人和港澳台同胞的资金等方针策略使得中国在利用外资的初始有了突破性的进展。但是，由于引资工作刚开始，不仅立法和经验上缺乏，外商此时顾虑也较多，因此引资的数量并不是太多。1983 年，第一次外资工作会议及时总结经验，在完善立法、放宽政策等方面作了部署，并开放了上海、广州、天津、大连、青岛等 14 个沿海城市，这些举措使得吸引外资的步伐逐渐加快。

1979—1984 年，中国利用外资合同金额达到 97.5 亿美元，实际吸收 41.04 亿美元，年均 6.84 亿美元，引进外资的局面在这段时期内初步打开。但是在这一阶段中国吸收的外资主要以港澳为主，在区域分布上主要以广东、福建两省以及其他沿海省市为主，在行业分布上主要以劳动密集型产业项目居多。但是无论如何，这一阶段的外资对于弥补中国建设资金不足，引进先进生产技术、推动科技进步和就业等方面发挥了积极作用。

（二）持续发展阶段（1985—1991 年）

1986 年 10 月，国务院颁布了《关于鼓励外商投资的规定》及若干实施办法，这一法案对于改善外资企业的经营条件起了极大的作用。该法案还对外企举办产品出口企业和先进技术企业两类企业给予了更多的优惠待遇。1987 年 12 月，国家有关部门出台了指导吸引外商投资方向的有关规定。1988 年，党中央、国务院把辽东半岛、山东半岛以及其他沿海地区的市、县扩展为沿海经济开放区，并批准建立海南省和设立海南经济特区。1990 年 4 月，《中华人民共和国中外合资经营企业法》经全国人大的修改后，更加完善了对合资企业的规定。同月，又批准上海浦东新区享受经济开发区和经济特区的某些政策。这一系列政策的实施使得外商投资的环境大为改善，中国利用外资在这个阶段也有了较快的发展，引资工作也在此阶段不断扩大。

1985—1991 年中国吸引外资合同金额 525.92 亿美元，年均 75.13 亿美元；实际吸引外资金额 250.57 亿美元，年均 35.8 亿美元。这两项数据均比 20 世纪 80 年代上半期水平有很大的提升。在这一阶段，中国吸收外资除了港澳地区之外，台资企业成了主力军。外商投资的行业上也扩大到了生产性项目以及出口型企业，为中国扩大市场打下了坚实的基础。

（三）高速发展阶段（1992—1995年）

1992年初，邓小平同志视察南方并发表了重要讲话，肯定了市场也是社会主义经济的资源配置手段。同年10月，党的十四大明确提出“建立社会主义市场经济体制”，从理论上扫清了利用外资的障碍。这对中国的对外开放和利用外资都是利好的消息。同时，在政策开放和外资引进上，由沿海地区逐步向内陆地区推进，中国政府进一步开放了6个沿江港口城市、13个内陆边境城市和18个内陆省会城市，建立了52个高新技术产业开发区、11个旅游度假区等。1994年，中国实现了人民币汇率并轨，开始实行统一的市场汇率。1995年6月，国务院颁布了《指导外商投资方向暂行规定》和《外商投资产业指导目录》，将产业目录分为鼓励、允许、限制、禁止四大类，提高了政策的透明度。这些政策使得中国的对外开放在这个阶段出现了新的局面，更使得中国的引资工作在广度和深度上都迈了很大一步。

1992—1995年这四年期间，中国吸引外商直接投资的合同使用外资金额达到3435.22亿美元，年均858.8亿美元；实际吸引外资金额达到1098.11亿美元，年均274.53亿美元。比20世纪80年代初期的水平有了质的提升。值得注意的是，这一阶段外商投资的来源、区域、行业都发生了很大的变化，在外商投资的来源上，越来越多的欧美发达国家的跨国公司开始进入中国，设立分支机构，外商投资的区域不仅仅再局限于沿海经济特区和沿海开放城市，外商也开始进入到中国的中西部地区，在外商投资的行业上，由劳动密集型行业转向资金、技术密集的大型化工、电子、服务、基础设施等项目。

（四）提高调整阶段（1996—2001年）

1992年邓小平南方谈话之后，外资大量涌入中国，在推动了中国经济快速发展的同时也暴露出了许多新问题，比如投资区域和行业严重失衡。因此，中国政府在1995年以后作出了战略性调整，有选择性地引进外资，由追求数量转变为追求质量，使外资服从于中国经济结构调整的目标。1997年，东南亚金融危机爆发，中国在利用外资方面也遇到了前所未有的压力，面临着许多复杂的难题。1997年年底，党中央、国务院召开了全国利用外资工作会议，在总结中国20多年来利用外资经验的基础上，提出了要进一步扩大对外开放、提高利用外资水平的要求，在继续保持利用外资规模水平的前提下，将引资工作与中国当前国民经济的发展结合起来，在吸引外资时更加注重外商投资的区域、行业，力争使得外资对中国的经济结构调整发挥作用。1999 年 10 月，中央经济工作会议进一步强调“西部大开发”的方针，积极鼓励外商到中西部去投资建厂，政府将对到中西部投资的外商给予更多的优惠政策。在此阶段，中国正向着多层次、全方位、重点突出的利用外资新格局转变。

在 1996—2001 年，中国吸引外商直接投资的合同利用外资金额达到 3491.79 亿美元，年均 581.97 亿美元；实际使用外资金额达到 2603.58 亿美元，年均 433.93 亿美元。我们可以看出这一阶段的外资利用数量与上个阶段相差无几，尤其是合同使用外资金额比上个阶段出现了负增长。但是，在中央政府政策的指导下，这个阶段中国利用外资出现了质量上的提高，包括外资来源、投资区域以及行业都得到了优化。

（五）稳定增长阶段（2002—2008 年）

2001 年，中国正式成为世贸组织成员，这就意味着中国的改革开放走上了与国际接轨的道路，因而对中国引资工作有着巨大影响。一是外商在进入中国市场时透明度已经提高，因为加入 WTO 的中国必须为这些外商资本提供符合世贸规则和国际惯例的运营环境；二是扩大了市场准入范围，商业、银行及其他服务贸易领域逐步开放，吸引了越来越多的外资进入中国；三是给予了外商国民待遇，取消了各种不符合国民待遇的做法。与此同时，这个阶段的外商已经进入中国投资十几年，在熟悉中国法律法规、风俗习惯、市场规则等方面已经具备了足够的经验，这也使得外商对于中国市场的发展潜力有了极为深刻的认识。

自 2002 年，外商对中国的直接投资保持了相对稳定的增长速度。2002 年实际利用外资金额达到 527.43 亿美元，首次突破 500 亿美元大关，2004 年达到了 606.3 亿美元，首次突破 600 亿美元大关，2008 年达到 747.68 亿美元，突破了 700 亿美元大关，2008 年达到 923.95 亿美元，突破了 900 亿美元大关。

（六）深入调整阶段（2009 年至今）

受 2008 年全球性金融危机的影响，在中国的一些外商企业撤资，外资在中国出现了短暂的下滑。2009 年全国新批设立外商投资企业 23435 家，同比下降 14.83%；实际使用外资金额 900.33 亿美元，同比下降 2.56%。但是由于中国政府处理得当，实行了一系列的政策使得中国的宏观经济依然保持良好的态势，这也使得众多的外商企业把中国看做最佳的”避风港”，纷纷到中国进行直接投资以躲避金融危机对他们的冲击，这也是 2010 年实际利用外资金额出现一个小高潮的原因。2010 年全国新批设立外商投资企业 27406 家，同比增长 16.94%；实际使用外资金额 1057.35 亿美元，同比增长 17.44%。2011 年中国利用外商直接投资继续保持上升势头，全国新批设立外商投资企业 27712 家，同比增长 1.12%；实际使用外资金额 1160.11 亿美元，同比增长 9.72%。2012 年，全国新批设立外商投资企业 24925 家，同比下降 10.06%；实际使用外资金额 1117.16 亿美元，同比下降 3.7%。

这一时期，外商直接投资主要以大型跨国公司为主体，投资主要分布在汽车、钢铁、机械、石化等领域，投资的区域仍以沿海开放城市为主，中西部地区也有大量的外商企业进行投资。总体来说，中国利用外资仍然呈现上升的趋势。

二、中国利用外商直接投资的特点

（一）外资企业返销比例较高

外商投资企业工业产值和出口额，两者相除可得到外资企业的返销比例，在华外商投资企业的返销比例较高，一直在 40% 左右。虽然缺乏 20 世纪 80 年代的数据，但是我们完全可以推测到，在改革开放初期，由于外国直接投资中，“加工贸易”、“补偿贸易”和“三来一补”的形式较多，这一比例会更高。

（二）外国直接投资以新设投资为主

在中国利用的 FDI 中，一直以新设投资为主。虽然最近几年，由于政策的放宽，跨国公司在中国的并购有所发展，但比例仍然很小。根据联合国贸发会议《世界投资报告》统计，2000—2008 年跨国公司在中国的并购额由 0.08 亿美元增长到 137.21 亿美元，比例仍然很小。值得注意的是，自 2008 年金融危机以来，中国企业不断加快并购步伐，2011 年中国大陆企业海外并购交易数量和金额均创纪录，交易数量 207 宗，金额达 429 亿美元。事实上，并购已经成为中国企业扩张最快的方式。据汤森路透数据显示，2012年以来中国企业参与的并购总金额已达617亿美元，共计689宗跨国并购，较2011年上升43.8%；其中国内并购占所有中国并购市场金额的60%，共1803宗交易，总交易额925亿美元。

（三）外商独资型FDI比例逐渐增加

在中国的外国投资分为中外合资企业、中外合作企业、外商独资企业。1995年到1998年间，随着人民币汇率的窄幅升值，外商独资和中外合作型企业呈不断增加之势，而中外合资型企业则不断减少；1998年到2002年人民币汇率钉住美元期间，中外合资和中外合作型企业则在不断减少，而且趋势特别明显，只有外商独资型企业在不断地加速增长，并于2002年超过其他类型企业而占企业投资总额的一半左右。自2002年以后，外商独资型FDI占FDI总额比例逐年增加，截至2011年这一比例高达78.6%。

（四）产业分布不平衡

产业分布上，中国利用外商直接投资的投向存在明显的不平衡性。外商投资主要集中在第二产业，尤其是工业部门，对第一、第三产业的投资比例偏低。2011年，中国制造业实际利用外商直接投资金额为521亿美元，占总额的44.9%；农、林、牧、渔业、采矿业实际利用外商直接投资金额为26.2亿美元，占总额的2.3%；第三产业实际利用外商直接投资金额为612.8亿美元，占总额的52.8%；绝大部分外商直接投资集中于一般性的加工业和劳动密集型产业，不利于中国产业结构调整和优化升级，易使中国被锁定在国际分工价值链的底端。

（五）区域投资差异大

改革开发以来，东部地区一直是外商直接投资的主要地区。这种状况的形成主要是受历史和自然因素、地理区位、对外开放等多方面因素的影响。中国在改革开放之初，率先开发了基础设施和经济基础较好的东部地区。由于投资的聚集效应，使得东部地区在很长的时间内都成为了吸引外商直接投资的热点，这种极不平衡的外商直接投资区域分布，扩大了东部与西部地区的经济增长率差异，进而导致地区经济发展的不平衡和居民收入差距拉大，不利于地区协调发展。

第二节 中国利用外商直接投资的政策

一、中国利用外资的政策演变

外商直接投资政策属于典型的公共政策，它是“政治系统的产出，通常以条例、规章、法律、法令、法庭裁决、行政决议以及其他形式出现”①。外商直接投资政策（以下简称外资政策），有广义与狭义两种解释。广义的外资政策指与外商投资相关的所有政策，狭义的外资政策通常被定义为东道国政府依据国家目标制定的管理外商直接投资的原则和措施，是一国经济政策的重要组成部分。这里所要分析的有关我国利用外资的政策和法律也主要是利用外商直接投资的政策和法律，包括全国性法律和地方行政法规。我国外资政策既服从于国家改革开放和经济发展的总体方针，又具有自身政策领域的特殊性。我国外资政策自 1978 年以来，政策制定理念以及政策安排伴随国家经济发展战略的调整发生过明显的变化，归纳起来，我国外资政策经历了三个阶段。

（一）谨慎开放阶段（1978—1985 年）

改革开放初期，我国经济发展水平较为落后，人民生活水平普遍较低。从新中国成立之初就居于主导地位的计划经济体制决定了我国在改革开放之前一直实行“进口替代”的贸易发展战略。我国也一再表态拒绝外资进入。直到党的十一届三中全会召开才确立了以经济建设为中心、坚持四项基本原则和改革开放的基本路线，首次肯定了吸引外资对发展我国经济的重要作用。党和国家领导人从战略高度把人们的认识从过去过分看重外资的性质中解放出来，摆脱了所谓姓“资”姓“社”的困扰，使得国内上下对吸收外资的认识达到了一个新的高度。总体来看，这一阶段国家的外资政策取得了

① （美）E. R. 克鲁斯克、B. M. 杰克逊著，唐理斌等译：《公共政策辞典》，上海远东出版社 1992 年版，第 32 页。

一定成绩，但由于当时我国经济底子薄、缺乏吸引力，招商引资工作显得十分被动。

（二）政策优惠阶段（1985—1992 年）

20 世纪 80 年代后期，市场经济在我国逐步发展壮大，企业基本上能根据市场信号自主安排生产活动，改变了一直以来听从政府计划安排的被动局面。与此同时，我国周边国家，特别是东南亚和南亚国家，也纷纷制定了本国吸引外商投资的政策措施，并且不断调整利用外商投资的政策法规，鼓励外商进入。这样，周边国家和地区外资流入增加，就分流了我国利用外商投资，与我国形成了明显的竞争关系。

1986 年 10 月，国务院颁布了《关于鼓励外商投资的规定》，对外商投资企业，特别是拥有先进技术的企业，给予税收、劳务费、利润分配、土地使用费等方面的特殊优惠，并保障外资企业享受独立的经营自主权。随后，各地方政府也竞相出台各种优惠政策，全国甚至出现了“外资优惠政策竞争”的局面。为阻止非理性的恶意竞争，1987—1992 年，中央政府对外资政策进行了两次重大调整，其重点就是明确引进和利用外资的原则、目的和方式。与此同时，中央政府还制定了一系列利用外资的法律法规，用以规范各地方招商引资的不良行为。该阶段的外资政策旨在调整之前引资过程中的一哄而上、不求经济效益的短期政策行为，在指导思想上确立了积极利用外资的观念，为我国后来的引资工作奠定了良好的基础。

（三）互利双赢阶段（1992—2001 年）

自 1992 年我国确立建立社会主义市场经济体制改革目标以后，政府不断调整外资政策。一方面，积极向国际规范靠拢，增加外资政策的透明度；另一方面，减少国家的行政干预，放开大量商品的经营权。在市场机制的作用不断增强的背景下，国外大型跨国公司大量进驻中国投资建厂。1999 年，提出了“走出去”的发展战略，我国开始实施积极的财政政策，深化体制改革，进一步拓宽了利用外资的政策空间。

在“走出去”战略思想的指导下，20 世纪 90 年代末期，我国的外资政策出现了新的变化：一是大胆引进和积极引导跨国公司来华投资，二是开始利用国际证券市场引进外资，三是强调要对外商投资企业实行国民待遇。该阶段我国政府在制定外资政策时更加趋于理性，不再单纯追求数量上的绝对增长，而是着眼于提高国民经济的质量和效益，注重国内经济与外资经济的互利双赢。

（四）科学发展阶段（2001 年至今）

2001 年年底，随着我国加入 WTO，对外开放进入一个新的历史时期，引进和利用外资的目的变为借助外商独特的资金、技术和管理优势来提升国内的产业结构，国家外资政策也随之进行了调整，由原来的弥补资金缺口转变为引进高新技术，同时把“走出去”与“引进来”看做引进和利用外资两个不可分割的组成部分，从引进外资的单向流动转变为推动内资到境外投资的双向流动。在这个阶段，我国政府能够兼顾社会建设与发展经济，不断提高利用外资的质量和水平，各项外资政策更加成熟与完善，实现了从量到质的飞跃。

二、中国外资政策展望

吸引外资是我国在改革开放进程中面临的重大课题。为适应吸引外资工作，我国的外资政策从无到有，从谨慎开放到科学发展，外资政策在不断完善，体现了我国政府在科学利用外资方面的探索和努力。但从政策效果来看，引资质量不容乐观，国内技术和产业升级工作仍面临较大压力。这一方面是由于我国经济基础薄弱，核心技术匮乏；另一方面通过比较四个阶段可以发现，我国外资政策安排仍存在问题，如外资政策的演进重政策理念更新和政策转变，轻政策工具执行和政策效果评估，导致外资政策的优化升级囿于形式。而这在很大程度上又是由于外资政策受国际环境变化影响较大。因此，政府在制定外资政策时尤其需要注重政策工具的整体安排和科学组合，加强外资政策法规的执行力，充分挖掘外资政策的市场潜力，并不断推动公众参与。

第三节 中国对外直接投资的实践

对外直接投资是中国对外开放战略的一个重要组成部分，是“走出去”战略的重要内容之一，它与利用外商直接投资一起构成了中国资本要素国际移动方面有进有出的格局。这些年来，越来越多的中国企业开始跨出国门，到海外投资开办企业。海外投资企业的建立不仅对国内主办企业的发展而且也对国内经济的发展起到了积极的推动作用。国家为保障对外投资的安全和健康发展，通过各种手段对其进行科学的宏观管理和调控。本节将全面论述中国对外直接投资的特点与可能性、对外直接投资的管理等问题。

一、中国对外直接投资的发展历程

新中国成立后的60多年来，中国对外直接投资大体上经历了以下几个发展阶段：

（一）初步发展阶段（1949—1978年）

从新中国成立到实行改革开放政策以前的30年间，中国企业在海外开展了一些直接投资活动。这期间，为了开拓国际市场，发展与世界各国的贸易往来，各专业外贸总公司先后在巴黎、伦敦、汉堡、东京、纽约、香港、新加坡等国际大都市设立了海外分支机构，建立了一批贸易企业。与此同时，中国的一些与贸易相关的企业也在海外投资开办了一些远洋运输和金融等方面的企业。这是继新中国政府接管在香港的一批中资企业后，新中国国内企业自己到海外投资开办的首批企业。这批海外企业的投资规模普遍较小，多分布在世界上的一些著名港口和大城市，主要从事贸易活动，基本属于贸易性的海外投资。这批海外企业的设立为新中国对外贸易事业的发展发挥了积极作用。

（二）进一步发展阶段（1979—1985 年）

自从 1979 年中国实行改革开放政策以后，国内企业到海外投资办企业得到了较迅速的发展。1979 年 11 月，北京市友谊商业服务总公司与日本东京丸一商事株式会社在东京合资开办了“京和股份有限公司”。这是中国实行改革开放政策后在海外开办的第一家合资经营企业。该企业的主要经营范围是为北京市食品工业企业的更新改造引进技术和设备，在日本开办北京风味餐馆提供厨师服务等。1980 年 3 月，中国船舶工业总公司、中国租船公司与香港环球航运集团等共同投资 5000 万美元，合资成立了“国际联合船舶投资有限公司”，总部设在百慕大，在香港设立“国际联合船舶代理公司”，从事代理中国船舶及船用设备的进出口和经营国际航运业务，中方占投资的 45%。这是当时中方投资额最大的海外合资企业。这一阶段，中国在海外投资开办的企业还有：在香港开办的从事金融业务的企业——中芝兴业财务有限公司，在日本开办的从事经济技术咨询服务的企业——京达股份有限公司，在阿拉伯也门开办的从事承包工程的企业——也中建筑工程有限公司，在荷兰开办的分别从事轮船代理业务和船舶物料供应业务的企业——跨洋公司与远通海运服务公司，在澳大利亚开办的从事航运代理业务的企业——五星航运代理股份有限公司。

（三）加快发展阶段（1986—1992 年）

在这一阶段，中国对外直接投资有了较快的发展，主要表现在：参与海外投资的国内企业类型增加，不仅外经外贸企业而且工业企业、商贸物资企业、科技企业及金融保险企业等也参与到了海外投资之中；海外投资的领域进一步拓宽，在服务业、工农业生产加工、资源开发等几大产业内的若干行业中都有海外企业设立；海外企业的数量增加，截至 1992 年年底，海外非贸易性企业达 1360 家，海外贸易性企业达 2600 家左右，海外贸易性企业和非贸易性企业的中方投资总额达 40 多亿美元；海外企业分布的国家和地区更加广泛，到 1992 年年底，中国企业已经在世界上 120 多个国家和地区设立了海外企业。

（四）调整发展阶段（1993—1998 年）

由于整个国民经济存在着发展过热、投资结构不合理、物价上涨过快等现象，从1993年中开始，国家决定实行经济结构调整，紧缩银根，让过热的经济软着陆。与此相应，海外投资业务也进入清理和整顿时期，国家主管部门对新的海外投资严格审批，并对各部门和各地方已开办的海外企业进行重新登记，海外投资的发展速度开始放慢。在这6年间，中国对外直接投资为12.78亿美元，批准设立海外企业1500家左右。通过对以往海外投资经验教训的总结和对中国企业国际竞争力现实状况的分析，在这一阶段的后期，中国政府提出了发展海外投资的新的战略方针：鼓励发展能够发挥我国比较优势的对外投资，更好地利用两个市场、两种资源；组建跨行业、跨部门、跨地区的跨国经营企业集团；在积极扩大出口的同时，要有领导有步骤地组织和支持一批有实力有优势的国有企业走出去，到国外，主要是到非洲、中亚、中东、东欧、南美等地投资办厂。新的海外投资战略方针的提出预示着海外投资将出现新一轮快速发展时期。

（五）新的较快发展阶段（1999—2008年）

从1999年开始，为了推动出口贸易的发展，为了加快产业结构的调整，为了向海外转移国内成熟的技术和产业，中国政府提出鼓励有实力的国内企业到海外投资，通过开展境外加工装配，就地生产、就地销售或向周边国家销售，带动国产设备、技术、材料和半成品的出口，扩大对外贸易。上述新的政策措施被系统地概括成为“走出去”战略。为了加快实施“走出去”战略，商务部先后向200多家企业颁发了“境外加工贸易企业批准证书”。由境外加工贸易而引发的海外投资成为这一时期中国海外投资一个新的增长点，这种类型海外投资的加快发展还将导致海外投资主体、方式和行业结构出现新的变化。另外，中国加入世界贸易组织后，在外国企业和产品大举进入中国市场的同时，中国企业也应当大步走向世界，只有走向国外，才能充分抓住入世后的机遇和充分利用我们享有的权利。在这一阶段，海外投资行为更趋合理，盲目投资减少，以市场为导向，以效益为中心，成为中国企业海外投资遵循的基本原则。随着海外投资规模的扩大和海外投资企业数量的增加，中国的跨国公司也应运而生了，按照跨国公司的定义来推算，在这一阶段中国已经拥有了一批自己的跨国公司。

根据商务部和国家外汇管理局统计，2008年中国对外直接投资额达521.5亿美元，其中，非金融类直接投资406.5亿美元，占78%；金融类115亿美元，占22%。2008年中国对外直接投资额排在世界第10名左右。

截至2008年年底，中国5000多家境内投资主体设立对外直接投资企业约1.1万家，共分布在全球173个国家或地区，对外直接投资累计余额（存量）1694亿美元。

（六）金融危机后的深入调整阶段（2008年至今）

2008年由美国次贷危机引发的国际金融经济危机蔓延到全球，对各国经济产生了巨大影响，同时也标志着自2003年开始的国际投资热潮的终结。全球对外直接投资进入深刻的调整时期。

2007年，美国的次贷危机开始浮现，在经济全球化的背景下，次贷危机迅速转换为全球性的经济危机。金融危机导致私募股权基金的大量减少，使得与其相关的全球跨国并购投资也大幅下降。另外，由于金融危机导致大量金融机构倒闭，资本市场上流动性不足，从而使得跨国公司的融资成本上升和企业利润下降，造成跨国公司投融资比较紧张，抑制了他们到海外进行大规模的跨国投资。同时，各国的投资者对发达国家的经济遭遇严重的衰退产生担忧，投资意愿大大降低，金融危机给跨国公司的投融资带来信心不足的问题，经济状况的不稳定和全球范围内需求的低迷，导致跨国公司到东道国进行跨国投资变得没有信心，即使资金比较充足的跨国公司担心投资风险加大，也会审慎地进行跨国投资。联合国贸发会议（UNCTAD）《2012年世界投资报告》显示，2011年全球外国直接投资流量1.69万亿美元，年末存量21.17万亿美元，以此为基期进行计算，2011年中国对外直接投资分别占全球当年流量、存量的4.4%和2%，2011年中国对外直接投资流量名列按全球国家（地区）排名的第6位，存量位居第13位。

2012年中国对外直接投资ODI流量与存量均创下历史新高，中国境内投资者共对全球141个国家和地区的4425家境外企业进行了直接投资，累计实现非金融类直接投资772.2亿美元，同比增长28.6%。其中股本投资和其他投资628.2亿美元，占81.4%，利润再投资144亿美元，占18.6%。近年来中国ODI规模的快速上升，既与中国企业对外直接投资的动机增强有关，又与全球金融危机爆发后其他国家对外部融资的需求有关，同时也与中国政府积极推动实施“走出去”战略密切相关（见图8.1）。

尽管在2012年年底中国对外直接投资存量占全球对外直接投资存量仍不足2%，但中国对外直接投资流量占全球对外直接投资流量的比重近年来迅速上升，由2003年的0.5%上升至2012年的6.0%。2011年中国对外直

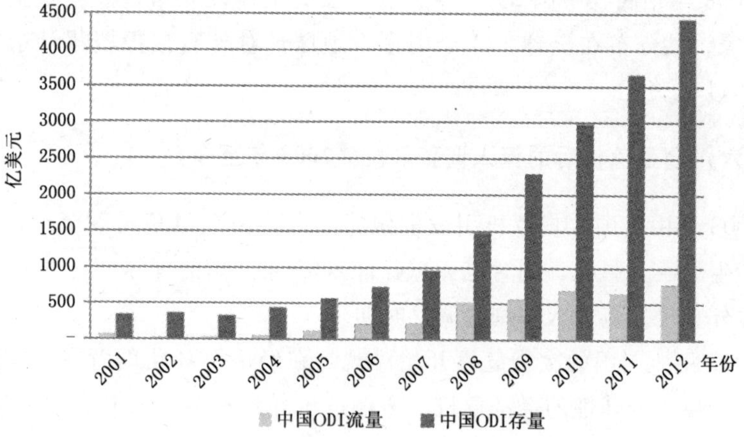

图 8.1　2001—2012 年中国对外直接投资的流量和存量

资料来源：UNCTAD、商务部。

接投资流量的全球占比约为 3.8%，2012 年上升至 6.0%。2012 年中国对外直接投资流量全球占比的快速上升，一方面是由于中国企业对外直接投资增长强劲，另一方面则是由于受全球金融危机影响，全球对外直接投资流量增长较为缓慢。

二、中国对外直接投资的特点

（一）从发展规模和投资主体看，海外投资发展速度比较快，平均投资规模逐步扩大，投资主体不断优化

自从实行改革开放政策以来，中国对外直接投资在原来较低的基础上获得了迅速的发展，并已形成一定规模，海外投资企业数量和对外直接投资金额的年均增长率都较高。近年来，国内一些规模较大的行业排头兵企业、技术较先进的企业以及具有名牌商品的优秀企业加入到海外投资的行列中来。2012 年，中国对外直接投资主体继续保持多元化格局，占据前三位的是：有限责任公司占整个境内投资主体的比重为 43.3%，国有企业所占比重为 19.7%，私营企业所占比重为 11%。在投资主体不断优化的同时，海外投资企业的中方平均投资规模也在不断扩大，据商务部统计，目前平均投资规模超过 1000 万美元。

（二）从地区分布看，海外投资企业分布广泛，越来越呈现出多元化趋势

截至2012年年底，中国的近万家对外直接投资企业（简称境外企业）分布在全球141个国家和地区，投资覆盖率为71.2%，其中在亚洲和非洲的投资覆盖率分别达90%和81%。从境外企业的国家和地区分布来看，亚洲地区集中了境外企业数量的50%，欧洲地区为16.8%；从具体国家和地区来看，中国香港、美国、俄罗斯、越南、日本、阿拉伯联合酋长国、德国、澳大利亚、新加坡的聚集程度较高，集中了境外企业的50.2%，其中在香港的境外企业占16.7%，美国占9.6%，俄罗斯占5.3%，越南占3.9%，日本占3.4%，阿拉伯联合酋长国与德国各占3.1%，澳大利亚占2.8%，新加坡占2.1%。总体来看，中国海外企业的分布格局与中国对外贸易的市场结构有着一定的联系。

（三）从行业分布看，第一、第二和第三产业都有分布

制造业占境外企业总数的31.8%，批发和零售业占19.4%，商务服务业占15.1%，建筑业占7%，采矿业占5.4%，农、林、牧、渔业为4.7%，交通运输、仓储和邮政业为4.1%，居民服务和其他服务业为3.1%，科学研究、技术服务和地质勘查业为2.7%。近些年，境外加工贸易和资源开发因受到国家政策鼓励而成为中国海外投资的重要领域，发展较快。从对外直接投资存量分布的行业来看，商业服务业、批发零售业、金融业、采矿业、交通运输、仓储和邮政业等行业合计占80%左右，其中商业服务业占25.9%，批发零售业占17.2%，金融业占14.2%，采矿业占12.7%，在投资存量中另外几个所占比重较多的行业是：交通运输、仓储和邮政业占10.2%，制造业占8.1%，房地产业占3.8%，信息传输、计算机和软件业1.6%，建筑业占1.4%。

（四）从出资方式、企业所有权结构和设立方式看，出资方式多种多样，海外企业以合资合作居多，设立方式新建与并购并举

中国企业对外直接投资的出资方式（或称投资方式）越来越多样化，有的以现汇出资（含企业自有资金和国内贷款），有的以从国外获得的贷款出资，有的以国内机械设备等实物出资，还有的以国内的技术专利或专有技术（含劳务）出资。从中国海外投资企业所有权结构来看，海外独资企业

约占30%，与东道国或第三国共同举办的合资与合作企业约占70%。这些海外投资企业分别采用了股份有限公司和有限责任公司的组织形式。中国海外投资企业的设立多采用新建方式（含新增股本投资、当期利润再投资和其他投资），采用国际上较流行的收购与兼并（含股权置换）方式设立的原来较少，但近年来不断扩大，以2012年为例，通过收购与兼并方式实现的对外投资占到当年对外直接投资流量的23.8%。

（五）从与国内母公司的关系看，境外企业与国内母（总）公司的联系比较密切

境外企业总数的95%为子公司或分支机构，5%属于联营公司。就目前的状况而言，中国部分境外企业各方面业务多由国内直接控制，没有在海外当地形成属于本企业自己的营销网络和信息渠道。另外，还有一些境外企业只是与母公司进行双向联系，不同境外企业之间以及境外企业与当地企业之间的横向联系较少，还没有树立在海外独立作战的意识，没有自己独立的品牌，没有把整个世界市场作为经营与赚钱的舞台，没有在全球范围内进行资源优化配置和布局的战略。

三、中国开展对外直接投资的可能性和条件

现阶段，中国企业到海外投资创办企业的可能性和条件主要有：

（一）中国已经拥有一批具有一定实力且在国际上享有信誉的企业

美国《财富》杂志发布2012年年度全球最大的500家公司排行榜中，中国公司在世界500强榜单上的数量已连升9年，2012年中国（包括内地、香港和台湾地区）共有79家公司入榜，入榜数量首次超过日本（日本有68家企业上榜），仅次于美国（美国132家企业上榜）[①]，参加表8.2。

大约20年前，中国仅有中国银行、中国化工进出口公司和中国粮油进出口公司三家企业上榜。2001年加入世界贸易组织以来，中国企业在该全球大企业排行榜的地位不断攀升。2001年当年，中国内地有11家企业上

① 《财富》世界500强排行榜一直是衡量全球大型公司的最著名、最权威的榜单，由美国《财富》杂志每年发布一次，“世界500强”则是国内对其排行榜的一种约定俗成的叫法。

榜，当年美国197家和日本88家企业上榜。2006年入世5年后中国内地企业已经有22家上榜，当年美国162家、日本67企业上榜。值得关注的是，国际金融危机以来，中国经济一枝独秀，中国企业在该榜单上的地位则急剧攀升。2009年中国内地42家企业进《财富世界》500强排行榜，美国139家、日本71家；2010年中国内地57家企业上榜，美国和日本分别为133家和68家。2011年中国内地企业上榜数量69家。

上述事实说明，中国已有一批在国际上具有一定实力和影响力的企业。这些企业管理科学，经营机制先进，信誉较好，有一定的跨国经营和海外投资办厂经验，比较优势明显。它们可用自有资金进行海外投资，也可以利用在国际金融市场上筹集的资金进行海外投资。另外，中国的大多数大型企业或企业集团都已制定了国际化经营战略，这也将有力地促进和推动中国海外投资事业的发展。

表8.2　　2012年世界500强中国公司名单

2012 排名	2011 排名	公司名称（中英文）	营业收入（百万美元）
5	5	中国石油化工集团公司	375214
6	6	中国石油天然气集团公司	352338
7	7	国家电网公司	259141.8
43	60	鸿海精密工业股份有限公司	117514.4
54	77	中国工商银行	109039.6
77	108	中国建设银行	89648.2
81	87	中国移动通信集团公司	87543.7
84	127	中国农业银行	84802.7
91	139	来宝集团	80732.1
93	132	中国银行	80230.4
100	—	中国建筑工程总公司	76023.6
101	162	中国海洋石油总公司	75513.8
111	—	中国铁道建筑总公司	71443.4
112	95	中国中铁股份有限公司	71263.4
113	168	中国中化集团公司	70990.1
129	113	中国人寿保险（集团）公司	67274
130	—	上海汽车集团股份有限公司	67254.8
142	145	东风汽车集团	62910.8

续表

2012 排名	2011 排名	公司名称（中英文）	营业收入（百万美元）
152	149	中国南方电网有限责任公司	60538.3
165	197	中国第一汽车集团公司	57002.9
169	229	中国五矿集团公司	54509.1
194	221	中国中信集团有限公司	49338.7
197	212	宝钢集团有限公司	48916.3
205	250	中国兵器工业集团公司	48153.9
216	211	中国交通建设股份有限公司	45958.7
221	222	中国电信集团公司	45169.8
233	346	中国华润总公司	43439.5
234	293	神华集团	43355.9
238	227	中国南方工业集团公司	43159.5
242	328	中国平安保险（集团）股份有限公司	42110.3
246	276	中国华能集团公司	41480.6
250	311	中国航空工业集团公司	40834.9
258	343	中国邮政集团公司	40023.3
269	279	河北钢铁集团	38722.4
275	320	怡和集团	37967
279	247	广达电脑	37770.3
280	297	中国冶金科工集团有限公司	37612.6
292	289	中国人民保险集团股份有限公司	36549.1
295	326	首钢集团	36117.1
298	331	中国铝业公司	35839.2
318	431	中国航空油料集团公司	34352.4
321	341	武汉钢铁（集团）公司	34259.5
326	398	交通银行	33871.6
330	458	冀中能源集团	33660.8
333	371	中国联合网络通信股份有限公司	33336.1
337	350	台湾中油股份有限公司	32768.9
341	405	中国国电集团公司	32580
346	367	江苏沙钢集团	32096.8
349	430	中国铁路物资股份有限公司	31991.1

续表

2012 排名	2011 排名	公司名称（中英文）	营业收入（百万美元）
351	352	华为投资控股有限公司	31543.4
362	362	和记黄埔有限公司	30022.9
365	485	中国建筑材料集团有限公司	30021.9
367	435	中国机械工业集团有限公司	29846.3
369	375	中国大唐集团公司	29603.2
370	450	联想集团	29574.4
384	399	中国远洋运输（集团）总公司	28796.5
390	—	中国电力建设集团有限公司	28288.6
393	366	中粮集团有限公司	28189.7
397	446	河南煤业化工集团有限责任公司	27919.2
402	475	中国化工集团公司	27706.7
408	410	台塑石化股份有限公司	27178.6
416	508	天津市物资集团总公司	26410.9

（二）中国已经具有一定的资金实力

2012 年，中国外贸出口额达 20498.3 亿美元，年底国家外汇储备达 33116 亿美元，当年中国的人均 GDP 为 38354 元人民币。这些数字说明中国每年拿出一部分资金进行海外投资和创办海外投资企业是有条件的。应当说，中国国际资本流动格局中流入大于流出的状况还会存在若干年，但这种格局正在逐步发生变化，流出与流入之间的差额正在逐步缩小。中国正在由贸易大国向投资大国转变，正在由对外直接投资的潜在大国向现实大国转变。中国已经发展到应适当加快海外投资的新阶段，资金方面的有来有往是当今国际经济发展的潮流，两者之间是可以相互促进的。

（三）中国在技术和设备方面具有比较优势

进行海外投资在技术和设备方面具有比较优势是完全可以的，不一定具有绝对优势，只要相对于东道国来讲具有比较优势就可以进行投资。中国在一些技术领域是拥有国际先进水平的，而且还具有大量的适用技术、特色技术和传统技术，技术商品的价格相对便宜，这些技术在广大发展中国家是受欢迎的。同样，在单项设备和成套设备方面中国也具有相对优势。特别是近年来中国国内许多产品变成长线产品，许多企业的生产能力闲置，因此也迫切需要借助海外投资向海外转移具有一定竞争力的设备和技术。

（四）中国在管理和人才方面也具有一定的优势

尽管中国企业的总体管理水平同发达国家相比还有差距，但是，在一些地区和行业以及一些企业中管理水平还是比较先进的。例如，近年来中国青岛海尔集团公司以其卓有成效的管理而在国际上扬名，其管理经验和案例已经进入国外著名商学院的课堂和教科书。在改革开放的过程中，中国一些企业已经培养和锻炼了一批熟悉国际惯例和市场环境，有能力在海外从事生产、经营和管理的人才。

总之，无论是从客观条件还是从主观条件来看，中国企业进行海外投资和跨国经营都是具有可能性的。我们应当以更加积极的姿态推动这项大有希望的事业的发展，促进更多的中国企业走出去，使它们在国际经济舞台上扮演更加重要的角色。

第四节 中国对外直接投资的管理

一、中国对外直接投资的宏观管理

对外直接投资的宏观管理主要是指国家政府各级主管部门依据中国法律和现行的相关政策，通过行政、经济和法律等手段，对中国公司、企业和其他经济组织在境外投资设立的合资与合作企业的中方和独资企业进行的管理。上述政府主管部门包括：商务部、国家发展和改革委员会（以下简称发改委）、国有资产监督管理委员会、财政部、国家外汇管理局、人力资源和社会保障部、海关总署等国务院直属职能部门，以及各省、市、自治区、计划单列市的外经贸管理部门等。宏观管理是多方面多层次的，主要有对海外投资的促进、扶持、核准、保护、奖励、限制、监督、检查、惩罚和撤销等。现阶段，对海外投资的宏观管理分为综合性归口管理、专业性管理、地方政府的管理和中国驻外使领馆的管理四个方面。

商务部与国家发展和改革委员会是国务院授权的海外投资业务的归口管理部门，其主要管理职能有：制定海外投资的有关管理办法；根据有关制度对海外投资进行统计并发布公报；对海外投资企业进行年检；制定海外投资的国别产业导向目录；制定鼓励和扶持海外投资的措施等。商务部的归口管理是宏观管理的一个重要方面。这些年来，商务部先后制定了一系列有关对外投资管理的规定和办法，如境外投资开办企业核准事项的规定、对外直接投资统计制度等。到目前为止，有关境外投资的管理体系、法规体系、促进体系、服务体系和保障体系等有的已经建立，有的正在构建之中。

对境外投资的专业性管理包括外汇管理、国有资产管理和劳动工资管理。国家外汇管理局、中国人民银行、国有资产监督管理委员会、人力资源和社会保障部等是中国境外投资业务的协助管理部门，主要负责与境外投资有关的外汇汇出汇入、资金投放、劳动工资和境外国有资产管理等方面政策的制定、执行和监督。近年来，《境外投资管理办法》、《关于鼓励和规范我国企业对外投资合作的意见》、《境外投资外汇管理办法》、《境外国有资产产权登记管理暂行办法》等专项法规的颁布实行，使这些方面的管理做到了有法可依，发挥了积极作用。

各省、市、自治区、计划单列市政府和国务院有关部委依照国家的有关法规，对本地区和本部门的企业开展的海外投资业务的管理也属于政策性的宏观管理和调控。地方政府和有关部委的职能主要是根据本地区、本行业的综合优势与特点，在国家统一规划的范围内，确定本地区、本行业的重点投资方向和领域，制定有关境外投资的各种具体管理办法和措施。

中国驻外使（领）馆经济商务参赞处（室）也负责对设在所在国（地区）的中国海外投资企业进行指导和管理。这方面管理的具体内容包括：维护中国独资企业和合营企业中方的正当权益；监督检查中国在当地投资的独资企业与合营企业中方贯彻执行国家的方针政策、遵守所在国（地区）法律法规的情况；协调中国境外企业与当地政府的关系，使其生产经营活动有利于推动两国经济的健康发展。

总体而言，国家对海外投资宏观管理的内容主要有五个：一是对海外投资的规模与总量进行调控；二是调整和优化海外投资的地区、国别、行业（领域）、主体、方式结构；三是提高海外投资的经济与社会效益；四是确保海外国有资产的保值和增值；五是为海外投资活动和海外投资企业提供各方面的服务。

二、中国对外直接投资的行业导向

考虑到目前中国进行海外投资的可能性和世界直接投资发展的新特点，以及中国国内产业结构调整和优化的目标，现阶段中国海外投资的重点行业是：

（一）加工装配型的制造业

设立这种类型的企业可以突破东道国所实行的贸易保护主义政策，带动和扩大国内的技术、设备、半成品、零部件和原料的出口，实现就地生产、就地销售和向第三国销售；与此同时，还可以充分利用中国企业在设备、技术和人力等方面的比较优势，取得比较利益。目前，国家对这一行业的海外投资给予重点支持，为此制定了一系列的鼓励和优惠政策。加工装配型的制造业主要涉及机械、电子、轻工、服装、建材、电信设备制造等行业。

（二）资源开发行业

资源开发性项目一般建设周期长，投资额较大。过去的十几年，资源开发型项目成为中国对外直接投资的一个重点，今后仍应是中国海外投资的重点。这是因为中国人均占有资源不多，在海外对中国短缺资源项目进行投资，对打破资源垄断有利，具有重要的战略意义。

（三）科技开发行业

科技开发企业分为三类：一类是通过对中国目前技术上仍属空白或落后的东道国技术密集型企业的投资和参加管理，从中学习和吸取对方的先进技术，将技术带回国内应用；另一类是在国外发达国家组建高科技新产品开发公司，将开发的新产品交给国内企业生产，然后再将产品销往国外；还有一类是指鼓励国内的高科技企业走向国际市场，进行海外投资，扩大高科技产品的出口，实现科技产品的国际化。国家鼓励和支持技术含量较高的海外投资项目的发展。

（四）工程承包与劳务合作业

中国具有丰富的劳动力资源，中国承包劳务企业在国际市场已具有较强的竞争力，因此，国家支持承包劳务企业在海外创办一些相关企业，以扩大中国的海外工程承包和劳务合作业务。

（五）服务贸易行业

这类企业包括金融保险、进出口贸易、商业批发、信息咨询、运输通讯、医疗卫生、旅游、广告、维修服务等行业的服务性企业。通过创办独资或合资的服务行业企业，可以直接扩大中国的服务出口，并可间接促进中国有形商品的出口。

【案例 8－1】

万向 2.56 亿美元“迎娶”A123

基本案情：在经历了 5 个多月的努力后，好事多磨的万向集团收购美国锂电池公司这场跨国收购案终于接近尾声。从万向集团总部获悉，美国当地时间 2013 年 1 月 28 日晚，美国外国投资委员会（CIFUS）正式宣布，同意万向集团收购美国 A123 系统公司（A123 Systems）。

万向集团将与 A123 就该项收购进行交割，预计近期完成。这再次成为中国民营企业成功收购美国知名公司的标志性事件，而万向也表示将在传统制造业基础上加快向清洁能源产业发展。

案例背景与过程：美国 A123 系统公司到底是一家什么公司？为什么会吸引民企大佬万向的目光？

据介绍，A123 于 2001 年在麻省理工学院成立，被《财富》杂志评为“15 家即将改变世界的公司”之一。2009 年其在美国纳斯达克交易所上市，曾被称为美国规模最大、技术最先进的锂电池制造商。A123 的吸金能力很是惊人。上市前，A123 两次调高发行价，并扩大发行规模。即使如此，上市情况也好于预期。上市两天，公司股价即大幅上涨了 54%。受资本市场追捧的 A123 最终筹集到 3.8 亿美元，同时，它还获得美国政府 2.49 亿美元的资助。

在对电动汽车有着远大梦想的万向看来，他们看中的是 A123 的锂电池技术。A123 提供的锂离子电池以高功率和高能量密度、寿命长和卓越的安全性能领先于锂离子电池市场，其技术面向的产品领域为下一代交通运输、电网储能和消费应用产品。而增加A123砝码的，还因为其拥有通用、宝马、菲斯克和上汽等客户，业务版图覆盖中美两大市场。

可就是这样一家明星公司，三年时间就陷入了困境。美国市场对电池及混合动力汽车的需求疲软，给像A123这样的电池供应商带来了很大的经济压力。2012年3月，A123公司又因电池召回事件，经营陷入危机。就在此时，万向集团提出了投资动议，之后经多次协商，双方于2012年8月16日签订了战略投资协议。

虽然万向与A123你情我愿，可这一件好事并非一帆风顺。A123公司因无法满足协议规定的相应条件取得后续投资，当年10月向美国破产法院提交了破产申请，美国江森自控、德国西门子、日本NEC等企业先后参与竞标。

12月8日，万向集团在A123公司破产拍卖中以2.566亿美元价格击败美国江森自控和日本NEC的联合竞标，成功拍下该公司除政府及军工业务外的所有资产。万向集团相关负责人昨天透露，根据收购交易内容，万向将收购A123公司汽车、电网储能和商业业务资产，不仅包括其所有的技术、产品、客户合同以及其在美国密歇根州、马萨诸塞州、密苏里州的所有工厂设施，同时也包括A123在中国的阴极粉制造工厂以及与上汽合资的上海捷新动力电池系统有限公司股权等。

作为中国最大的汽车零部件企业，1999年以来，万向就开始了清洁能源产业研发，并已在大功率、高能量聚合物锂离子动力电池、一体化电机及其驱动控制系统、整车电子控制系统、汽车工程集成技术等方面取得了显著成果，拥有1.2亿安时锂离子动力电池、2000台套电动力总成的产业能力。此次收购将进一步确立万向集团在全球清洁能源产业的领先优势。控股A123是万向进入国际主机厂配套、打开美国电动车市场并增加在中国市场话语权的捷径。

【案例 8 – 2】

吉利并购沃尔沃案

基本案情：2010 年 3 月 28 日 21 时，浙江吉利控股集团有限公司与美国福特汽车公司在瑞典哥德堡正式签署最终股权收购协议。经过一年多的艰苦谈判，中国民营企业吉利终于以 18 亿美元的代价，获得了拥有 80 多年历史的豪华汽车品牌沃尔沃轿车公司（简称沃尔沃轿车）100% 的股权以及相关资产（包括知识产权）。

此股权收购协议还有待国内监管部门的审批。在对退休金缺口、负债、现金和运营资金核算的基础上对收购价格进行常规性的调整后，吉利和福特 2010 年第三季度完成交割。吉利集团将保留沃尔沃轿车在瑞典和比利时现有的工厂，同时也将适时在中国建设新的工厂，使得生产更贴近中国市场。

案例详解：吉利并购沃尔沃意义重大。首先，吉利并购沃尔沃对吉利控股集团本身发展具有重要意义。一是吉利将 100% 拥有沃尔沃轿车品牌，同时拥有沃尔沃轿车的 9 个系列产品、3 个最新平台的知识产权，接近 60 万辆产能、自动化程度较高的生产线，以及 2000 多个全球网络及相关的人才和重要的供应商体系。二是有利于迅速做大吉利的产销规模。2009 年，吉利总营业收入为 42.89 亿元，而沃尔沃轿车的总收入约合人民币 1000 亿元，总收入超过吉利 20 倍。其次，吉利作为中国发展最快的汽车制造商之一，也是中国汽车行业领先的民营企业。此次成功签订并购沃尔沃轿车协议，是中国汽车产业实现技术跨越的一个捷径，有利于提高中国汽车产业的软实力。同时可以帮助改变中国汽车在国际市场上的形象，有利于扩大本土汽车品牌的影响力，尽快走向国际市场。再次，对中国民营企业开展海外并购有积极的示范效应。在国际金融危机冲击下，许多国外企业的资产价值被低估，是中国企业出手的好时机。通过海外并购，可以用较低的成本获取到具有核心竞争力的国际品牌、核心技术和国际营销渠道。吉利成功签订并购协议，将激励中国民营企业开展海外并购的积极性。

值得注意的是，吉利仍将面临诸多挑战。吉利并购沃尔沃协议的签订只是一个开始，以后的路还很长很艰巨。海外并购交易的完成只是第一步，而交易完成后的整合则非常漫长而且非常艰苦。衡量海外并购是否成功，并不是看并购交易是否能够完成，而是看完成交易之后的数年内是否能够实现有效整合、平稳运行并实现赢利、提升价值。在运营方面，吉利将面临艰难的挑战。吉利承诺沃尔沃研发总部、生产基地仍留在瑞典，沃尔沃品牌保持独立之后，工会的对立情绪才明显缓解。在具体运营中，吉利基本没有海外销售汽车的经验，更不用说在瑞典这样一个相隔万里、与中国迥然不同的国家运营重要的生产业务。吉利全球地位的缺乏，及其过去生产低端车的名声，对于运营沃尔沃这样一个高端汽车产品和品牌，要保持其在质量和性能方面的良好声誉存在不少挑战。中国的管理文化与西方企业文化不容易衔接，普遍缺乏国际管理的经验。在资金方面，吉利公司还需大规模融资。沃尔沃轿车需要吉利公司能在并购后保证充足的研发投入，从而延续其世界顶级安全汽车制造商的业界地位。此次并购协议签订，并购资金为18亿美元，依据洛希尔公司的估值结果，预计海外运营部分还需资金10亿美元。福特在1999年斥资64.5亿美元收购沃尔沃轿车，当时制造卡车的沃尔沃集团正要剥离轿车业务。当时这块业务处于盈利状态，但自那以来一直亏损。目前，吉利并未说明它准备如何为这宗交易融资，但据内部消息称，吉利将通过公司自有资金、国有企业和国有机构以及银行这三方面进行融资。在市场方面，吉利公司还面临不确定性。美国、瑞典、德国、英国、俄罗斯为沃尔沃轿车的主要市场。2009年，沃尔沃全球销量33.48万辆，同比下降10.6%；中国销量2.24万辆，同比增长88%。正常年景，沃尔沃的全球销量都在40万辆左右，最高时曾达47万辆，其重点市场历来是欧美而非中国。

根据相关统计，被并购方产品在并购后主要销售到中国市场，那么中国并购方就能够凭借自己对中国市场的熟悉和对中国市场的掌控能力来防止销售下滑，甚至可能进一步扩大销售，从而弥补海外损失。吉利成功签订并购协议，很大程度上是因为沃尔沃看到中国市场的增长潜力。中国汽车市场能否在今后为沃尔沃轿车的发展提供足够大的空间而成为其重点市场还有诸多不确定因素。

在技术方面，吉利公司将有较长的吸收消化过程。吉利本次收购是对福特公司拥有的沃尔沃轿车的全部股权进行收购，包括沃尔沃轿车分布在全球的两间工厂和全部产品的知识产权，研发机构、全国销售中心、仓储中心等。但是，据福特首席财务长布思说，知识产权协议是福特与沃尔沃之间签署的，其他公司使用相关技术将会受到限制（显然他说的其他公司是指吉利公司）。此外，福特和吉利另外签署了覆盖知识产权的协议，这样做是为了帮助沃尔沃当前业务规划的展开。其实这主要是为了缓和一种担忧：福特与沃尔沃联合开发的技术，将很快落入一家中国公司手中，而这家中国公司预计又将在欧洲、北美市场对福特构成直接竞争。

【案例 8－3】

中海油收购尼克森：助推中国企业走出去

基本案情：加拿大政府 2012 年 12 月 7 日宣布，决定批准中国海洋石油有限公司以 151 亿美元收购加拿大尼克森公司的申请。至此，中海油完成了中国企业在海外的最大一宗收购。

案例背景与过程：中海油计划收购海外石油公司由来已久，2005 年中海油计划收购美国优尼科公司，却因强大政治阻力而失败。7 年后，中海油终于在加拿大成功并购。根据收购协议，中海油支付 151 亿美元现金收购尼克森 100% 流通的普通股和优先股，同时还要接过尼克森高达 43 亿美元的债务。在此之前，很多人为中海油的这项新收购捏了把汗，因为该笔交易的达成需要得到加拿大、美国及欧洲国家政府的审批。从2012年7月23日中海油宣布与尼克森公司达成最终协议至今，这起收购案在政府审批过程中持续了近五个月的时间。加拿大政府两次宣布延长审批时间，在美国资本市场中曝出的内幕交易问题更一度为这起收购蒙上阴影。纵然如此，中海油并未因此动摇收购尼克森的信心。中海油下决心收购尼克森是长期决定的结果，并不会为此而改变收购计划。中海油对这项收购充满信心，非常看好尼克森的团队。

案例详解：收购尼克森之后，中海油将进一步拓展其海外业务及资源储备，以实现长期、可持续的发展。尼克森分布在加拿大西部、英国北海、墨西哥湾和尼日利亚海上等全球最主要产区的资产中包含了常规油气、油砂以及页岩气资源。该公司的优秀资产组合不仅是对中海油的良好补充，同时也使中海油的全球化布局得以增强。中海油是我国最大的海上油气生产商，此次收购完成之后，中海油在陆地石油资源比例将得到大幅提升。尼克森2012年第二季度的平均日产量为20.7万桶油当量，2011年中海油全年平均日产量为90.9万桶油当量。倘若这起收购案完成之后，中海油日均油气产量有望提升近23%。

不仅如此，尼克森丰厚的资源储备也将成为中海油的囊中之物。截至2011年底，尼克森拥有9亿桶油当量的证实储量及11.22亿桶油当量的概算储量，还拥有以加拿大油砂为主的56亿桶油当量的潜在资源量。此外，随着上游油气资源的拓展，也为中海油进军中下游炼化、销售市场提供了坚固的基础。上游油气资源不断扩充，有助于中海油进一步拓展下游炼化和成品油销售渠道。目前中海油在山东已经收购了多家地方炼厂，并在山东设立了成品油销售分公司，以扩大销售网络。

加快走出去步伐，增强企业国际化经营能力，培育一批世界水平的跨国公司已成为中国经济界的共识。同时，随着中东局势的不稳定性，美国、欧盟等国家和国际组织对伊朗和叙利亚的石油禁运，致使中国不得不考虑拓展其他石油市场，而北美很有可能成为中国海外能源收购的新热土。走出国门意味着机遇，也同样会遇到危险。在能源领域的收购不仅仅是资金的问题，政治风险以及之后的运营风险也是应慎重考虑的因素。中国社会科学院亚太研究所所长李向阳提醒道，由于目前发达国家资产价格有所缩水，对外资进入政策也更为宽松。但看准了低点后成功抄底只是第一步，日后管理经营的难度会很大。我国企业走出国门之后，国际化理念和组织管理方面的能力需要进一步提升。

【思考题】

1. 中国利用外商直接投资的特征是什么？
2. 中国利用外资的政策演变是怎样的？
3. 中国企业开展对外直接投资的可能性与条件是什么？
4. 中国对外直接投资的行业导向是什么？

2001 年 12 月 11 日，历经 15 年的努力和不懈谈判，中国正式成为了世界贸易组织的第 143 个成员。中国加入世界贸易组织，一方面，对整个世界贸易体系和国际经济体系产生了巨大影响，另一方面入世也对中国经济社会发展产生了全面而且深刻的改变。入世是中国改革开放进程中的一件大事，甚至被许多中国的学者视为中国的“第二次”改革开放。因此，要全面了解当今中国经济，中国的入世是无论如何都不可能绕开的一个话题。

第九章 世界贸易组织与中国

第一节 中国入世的历史回顾

一、世界贸易组织的历史渊源

在近代世界经济的发展中，自由贸易和贸易保护主义的思潮不断交替，占据一国经济政策决策的主导位置。自由贸易的理论依据最早可以追溯到亚当·斯密和大卫·李嘉图的理论。随着经济学和经济的发展已经有许多理论与实践支持自由贸易理论。虽然许多国家也已经认识到了自由贸易的价值，但是没有一个国家愿意单方面降低贸易壁垒，因为他们担心其他国家不会相应地跟随。这个问题的核心是缺乏信任：所有国家都认识到，所有国家的经济都会从更低的贸易壁垒中受益，但是由于担心其他国家不会相应对等降低贸易壁垒而不愿意降低本国的贸易壁垒。如何打破这样一个僵局呢？一个答案就是在国家（地区）之间就跨国贸易制定一系列的规则以解决贸易壁垒的问题。但是又有谁来监督以确保它们在贸易规则之下进行游戏的呢？而谁有能力对违约的国家施以制裁呢？国家间是否可以建立一个独立的机构，监督国际贸易，确保没有违约，或者对违约者施以制裁？虽然各国政府都不会在损害国家主权的基础上服从这一安排，但是自第二次世界大战以来，一个确实具有这些性质的国际贸易框架已经开始发展了起来。

（一）关税贸易总协定（GATT）

1929 年的美国股市崩溃引爆了全球性的经济大萧条。为了保护本国产业和就业岗位，美国国会在 1930 年通过了《斯姆特—霍利法案》（Smoot—Hawley Act），该法案将美国的进口关税水平进行了大幅度的提高，达到 30%—50%，该法案涉及的税则几乎覆盖了美国国内的所有行业。不难想象，为了应对美国的这个法案，其他国家也相应地提高了本国的关税，接着美国又仓促还击，世界经济进一步朝着大萧条的深渊下滑。

由《斯姆特—霍利法案》开始的这种损人利己的贸易政策所引发的经济损失对第二次世界大战之后的经济结构与意识形态产生了深远的影响。在经济大萧条结束以后，美国国会原来摇摆不定的意见猛然倾向了自由贸易。1944 年，44 个同盟国代表在美国北部布雷顿森林（Bretton Woods）开会，其目的是为了建立三个国际经济组织：国际货币基金组织（IMF），国际复兴开发银行（IBRD），国际贸易组织（ITO）。经过一段时间的努力和工作，前两个组织终于如愿地得以建立。但是，由于旨在建立 ITO 的《哈瓦那宪章》按照国际法规则提交各国批准时，在美国被其国会否决了，因而 ITO 最终夭折。在这种背景下，各国只得采用变通办法，以宪章中有关关税与贸易政策为主要内容，联合各国已达成的 123 项有关关税减让之协议，起草一项单独协定，这项协定就是《关税与贸易总协定》（GATT）。

从产生的背景可以看出，GATT 是一个多边谈判的协定，其目标是通过消除关税、补贴、进口配额以及类似的贸易障碍来实行自由贸易。GATT 的规则是通过相互监督机制来得到增强的。如果一国认为它的一个贸易伙伴违反了 GATT 的规则，它就可以要求 GATT 的相关管理机构进行调查，如果 GATT 的调查机构发现该投诉是有根据的，就会要求各成员国对违反的一方施加压力以令其改变其政策。一般来说，这种压力足以使当事国改变政策。如果不改变，当事国就可能会被开除出 GATT。从多方面来衡量，GATT 无疑是成功的。例如，在 GATT 下完成的八轮回合谈判中，平均关税大幅度下降，仅就美国来说，从 1947 年的日内瓦回合到 1979 年的东京回合，美国的平均关税就下降了 92%，同期世界贸易的快速增长，极大地促进了世界经济发展。

（二）世界贸易组织（WTO）

1986 年，在贸易保护主义抬头的背景下，GATT 成员国又开始了第八轮回合的谈判，即乌拉圭回合谈判。乌拉圭回合谈判的成果之一就是世界贸易组织（以下简称世贸组织）的创立。世界贸易组织（WTO）的创立，使得 GATT 的各项规则和原则的执行得到了更为有效的监督，此外，WTO 也监管和执行乌拉圭回合达成的《服务贸易总协定》（GATS）和与知识产权相关的贸易协定（TRIP）。WTO 拥有了一些 GATT 从未有过的强制实施和手段，例如，在解决贸易争端方面，成员不再能够阻碍仲裁报告的采用，如果违反规则的成员方未能按照仲裁陪审员的裁决去做的话，作为最后的手段，贸易伙伴就有权惩罚它，对其实施贸易制裁措施。

到 2013 年 2 月，WTO 已经有包括中国在内的 159 个成员。作为自由贸易的倡导者和监督者，WTO 的监管和执行机制正在取得积极的效果。以争端解决机制为例，从 1995 年 1 月 2013 年 2 月已有 456 件成员方之间的争端被提交到 WTO 的争端解决机构解决。同这一记录相比，GATT 在差不多半个世纪里只处理了 196 件争端。这反映出，各个成员都寻求积极地利用 WTO 这个组织，表明 WTO 在争端解决方面获得了成员方的信心。

（三）世界贸易组织运行的基本原则

世界贸易组织和关税贸易总协定的基础可以归结以下几项基本原则：非歧视性原则、贸易自由化原则、可预测性原则、公平贸易原则和鼓励发展和经济改革原则。其中，非歧视性原则包括国民待遇原则和最惠国待遇原则，国民待遇原则是要求外国商品一旦进入本国市场，应该受到和本国商品相似的待遇；最惠国待遇要求所有的世贸组织成员对待其他成员要像对待自己的最优惠的贸易伙伴一样；贸易自由化原则指的是不断通过推动成员之间的谈判，以达到降低贸易壁垒（贸易壁垒不仅仅包括关税，还包括进口禁止和配额等数量限制措施，甚至现在已经扩展到对行政手续和汇率政策问题的讨论上）的目的。可预测性原则指的是，通过对各成员国的约束和增加其透明度，达到全球多边贸易体制商业环境的稳定和预测性，进而提高和促进贸易；公平贸易的原则，指的是世贸组织并不完全排除贸易"保护"，更准确的来说，在一些情形中，世贸组织允许贸易保护，世贸组织提倡的是开放、公平和非扭曲的竞争；鼓励发展和经济改革的原则，这个原则主要涉及发展中成员的问题，世贸组织继承的 GATT 的原则，允许对发展中成员给予特殊的帮助和贸易减让，旨在鼓励这些成员经济发展。

二、中国入世动机及收益成本分析

（一）中国入世动机

一国的政府或者政策的制定者选择加入 WTO 这样的贸易组织或者协定有许多经济和政治方面的原因。归结起来，学者们对中国入世的动机的研究，可以被归结为两个：首先是为出口产品谋求更大程度的市场准入，即国际贸易政策环境的改善，其次是通过自由贸易的承诺和来自于贸易伙伴的压力进一步促进开放，近而"倒逼"体制改革。

迫于计划经济政策对中国经济发展的束缚和压制，中国从 20 世纪 70 年代末期开始致力于改革经济政策并实行开放（这被称为是改革开放政策）。改革开放政策极大地解放了生产力，开启了中国经济的崛起和迅速增长。早在 1986 年中国就提出了"复关"要求，当时的中国处于改革开放的初期，仍然是以计划经济为主，复关的意图非常明显，就是要扩大出口发展对外贸易。到 20 世纪 90 年代，中国通过实施出口导向型的贸易发展政策来解决贸易不足的问题，旨在进一步快速推动经济增长。复关或者入世很好地迎合了这种政策，可以这样说，入世使得出口导向型的贸易政策的作用可以发挥到极致。一个有趣的比喻就是，正当中国雄心勃勃地准备用出口"征服"世界的时候，却发现自己被排除在一个全球最大的国际贸易经济组织之外（这个组织已经有了 142 个成员，中国是 WTO 的第 143 个正式成员）。此外，一个有趣的细节是，中国最为重要的贸易伙伴美国，每年美国国会对于是否给予中国最惠国待遇问题都要进行激烈的辩论，这从 1989 年开始，就成为了困扰中美关系的一个重要问题。[①] 如果中国成为了 WTO 的成员，这些阻碍中国出口的不利因素势必很自然地被解决。以这些作为背景就不难理解中国对于复关或者入世的锲而不舍的追求和决心。谋求改善中国出口产品的国际贸易政策环境成为加入 WTO 的最主要的驱动力。

现在我们来考察第二个动机，即以承诺自由贸易的开放来倒逼改革的政治方面的动机。从本质上来说，世界贸易组织（WTO）约束的是政府的行为而不是企业的行为，所以，入世的一个政治方面的动机就是，政府对自由贸易的承诺会减少政府对于经济的干预，世贸组织所奉行的市场化原则，对于推动中国市场化的进程、减少政府的行政垄断等方面会起到积极的作用。这个政治方面的动机不仅仅是中国谋求深化改革开放会进行的考量，同时也成为其他国家尤其是美国决意将中国纳入以世贸组织为核心制度的国际贸易体系中重要的考量因素之一。例如 2000 年，时任美国总统克林顿在试图说服国会同意中国加入世贸组织的演讲中就提到了“中国的入世势必将会对其政治体制产生深刻的影响”，这成为了美国总统克林顿成功消除怀疑、得到支持的有力依据。总之，不论中国的入世最终是否发挥了其在政治方面的影响力，通过入世来深化改革都是最初的一个主要愿景，也是另外一个重要的驱动因素。

（二）中国加入世贸组织的收益和成本

从中国决定重新恢复关税贸易总协定（GATT）的缔约国地位开始，到今天中国入世已有十余年的时间里，对于中国加入这样一个国际性组织的收益和成本的讨论一直都是中国国内的热门话题。下面我们从经济收益、制度收益和成本三个角度来对围绕中国入世“得与失”的各种观点进行总结阐述。

1. 中国入世的经济收益分析

（1）自由贸易的收益。世贸组织的核心和运行机制是通过多边贸易谈判促使各成员国逐渐取消贸易壁垒，使国际贸易更加自由地运行。中国入世

---

① 这个问题在 2000 年中国加入 WTO 之前就已经被解决。经过激烈的辩论，美国国会最终审议通过了给予中国永久性正常贸易关系法案，2002 年 1 月 1 日，美国对华永久性正常贸易关系法案正式生效，免除了美国国会每年一度对中国贸易地位的审议，保证中国商品进入美国市场时能享受与其他国家相同的低关税待遇。

不仅仅意味着中国可以从其贸易伙伴那里得到更大程度的市场准入，也意味着中国自己对外国进口更大程度的市场准入，这就是更为自由的贸易。对于自由贸易的收益是经济学中一个最古老的话题，亚当·斯密早在1776年的《国富论》中就明确提出“自由贸易的状态对国家有最大的利益”。经济学经过200多年的发展，几乎所有的经济学家都支持开放市场和增加贸易。自由贸易给一国带来的收益可以分为两种，一种是静态的收益，即通过比较优势所确立的使资源得到了更有效的使用和配置，另外一方面的收益是动态收益，更多的贸易意味着更大程度的分工，由此会有更多创新和技术提高的可能，由此，生产效率可以得到进一步提高。自由贸易的收益被视为是中国入世的“红利”。这个红利对于中国的出口导向型的发展战略来说尤为重要。

（2）有助于提高经济效率。资源配置和使用的效率的提高不仅仅来自于自由贸易，还可能来自于世贸组织的各种规则所营造出来的机制。世贸组织的一些基本原则可以在各成员国之间创造一个较为公平、公正、客观和透明的贸易环境，这样可以使得成员国的企业避免因各国贸易法规、政策的巨大差异而造成的高成本和高风险。这样一来，企业可以有更多的资源向生产技术上转移，进而提高了经济效率和生产率。此外，更大的市场准入也意味着本国市场上更多的竞争，更多的竞争意味着更低的生产成本和更低的价格。

（3）有利于增加就业。国际贸易使得一国经济中的大多数人获利，例如，出口的增加会直接增加就业岗位，但是并不总是使得社会中的每一个人都受益，那些无法参与竞争的企业的工人可能被迫寻找新的工作或者接受更低的工资。然而，世贸组织通过贸易自由化和贸易扩大，可以促进技术进步和劳动生产率的提高，进而通过产业结构调整和就业间的替代来提供更多的就业岗位。考虑到中国的比较优势，从长期来看，出口的增加势必会抵消进口增加对就业岗位的消极影响。

（4）有利于解决中国二元经济结构的问题。中国在经历经济飞速发展之后，地区间的差距逐渐拉大，绝对和相对的贫困在增加，很多人被排斥在就业机会之外，没有参与社会经济活动的动力。经济结构的二元化造成中国总体发展不够，东部沿海地区先进的工业化城市经济和中西部落后的农村经济同时并存，差距很大，这是造成当前社会不稳定的根源所在。农村的贫困不是农业问题而是农民就业问题，解决农村问题根本就是要把农村人口转变为工业化城市人口，这是极其艰巨的发展任务。加入世贸组织为中国实现产业结构转变提供了良好的发展前景，也为实现农村人口转变为城市工业化人口提供了另外一个重要的契机。

2. 中国入世的制度收益分析

（1）促进中国的市场化改革。正如我们前面对中国入世动机问题中讨论过的一样，入世可以从外部促进中国深化其市场化改革。从本质上来说，世贸组织所奉行的市场化原则，对于推动中国市场化的进程，减少政府的行政垄断等方面会起到积极的作用。此外，政府对于自由贸易的承诺也会减少其对于经济的干预。

（2）贸易争端的解决。世界各国之间的贸易往来难免会发生一些摩擦和争端，解决国家（地区）之间的贸易争端的途径可以概括为两个：多边和双边。多边是通过国际性的经济制度和组织来解决，而双边就是通过双方的磋商和妥协来解决。很显然，如果是发展中国家与发达国家的贸易争端，双边的解决方式使得发展中国家自然处于劣势地位，因为双边谈判磋商奉行的是实力主义，较之于发展中国家，发达国家的经济实力和贸易制裁报复能力都更强，双边磋商的结果显然更有利于发达国家。而目前的多边国际经济制度——世贸组织的争端解决机制——则为发展中国家有效化解国际贸易摩擦提供了较为有利的途径。随着中国经济的发展以及中国所奉行的出口导向型战略所导致的对出口的追求，必然会导致中国与其他国家的贸易摩擦的增加。中国加入世贸组织也为合理公正地解决这些贸易摩擦提供了一种非常重要的途径。

3. 中国入世的成本分析

（1）幼稚产业保护问题。幼稚产业保护理论认为，当某个国家的某个新兴产业处于起步阶段时，通常无法与外国相同产业进行竞争，如果通过对该产业采取适当的保护政策，就可以提高其竞争能力，将来可以具有比较优势，对这些产业就应采取过渡性的保护和扶植政策。入世后，中国提高某些行业的市场准入程度，就会对这些行业中的一些处于发展初期的企业带来致命的打击。然而，幼稚产业理论本身就存在很多争议的地方，例如，如何判断一个产业是否一定就有发展“前途”？保护期应该有多长？事实上，从世贸组织的实践上来看，至今还没有一个国家或者地区因为加入世贸组织开放市场而导致自身经济崩溃。从一项对于日本企业的研究来看，那些保护程度高的行业中的企业存在生产成本高和创新能力差的问题，而开放程度高、竞争激烈的行业中的企业却普遍生产效率高、创新能力强。

（2）国家主权问题。一国的主权指的是一国不受外国对其国内事务进行不必要干涉的权利。对于国际经济组织最大的担心和抱怨来自于国际经济组织有可能通过强迫执行不必要的一些政策而亵渎了本国的主权。在世界贸易组织的谈判中，发展中国家缺少美国和欧盟这样的发达国家成员方召集律师、行业专家以及说客经济实力，这实际上使得发展中国家成员方处于非常不利的地位。中国加入世贸组织被视为会让渡一部分国家主权。

三、中国与世界贸易组织及关税贸易总协定的渊源：从“复关”到“入世”

正如中国全部入世法律文件的起草者杰夫瑞·盖特勒所说：“从来没有一个国家加入世贸组织的过程像中国这样独特，期间的曲曲折折足可以写一本书。”的确如此，从1980年中国恢复在国际货币基金组织和世界银行的席位后，中国就决定恢复在GATT的合法席位，从那一刻起到2001年11月10日正式成为世贸组织成员，整整花了21年的时间。

（一）中国的“复关”历程

早在1947年中国就作为GATT的23个创始缔约国之一，签署了GATT的相关协定，其中由于种种历史原因，中国与GATT中断了30多年的联系，然后中国又开始了复关和入世的艰难历程。从1986年开始，中国正式开始寻求恢复关贸总协定的缔约国地位，谈判主要是一场外交斗争，目的是使中国重返最后一个重要的国际经济组织。

中国复关最初的一个困难在于关贸总协定把市场经济奉为国际经济贸易规则的最高准则，而当时的中国对于市场经济则讳莫如深。由于在市场经济这个根本问题上无法突破，谈判只能局限于研究策略的变化，推敲措词的应用，这就注定了谈判僵持局面的持续。直到最后中国明确确立了以市场经济为主导的改革方向之后，关贸总协定为了认定中国的复关资格而在1987年11月成立的旨在审议中国经济贸易体制的“中国工作组”才进入了实质性的工作阶段。1992年开始进入了实质性谈判后，美国和欧共体相继对中国几千个税号的商品提出降税的要求，中国与主要的关贸总协定的缔约方开始了讨价还价的漫长过程。在中国与主要缔约方双边谈判艰难进行之时，关贸总协定第八轮多边回合谈判——乌拉圭回合谈判已接近尾声。中国获准以观察员的身份参加这轮谈判。1993 年 12 月历时七年之久的乌拉圭回合谈判终于画上句号。关贸总协定（GATT）也将由世界贸易组织（WTO）所取代。这给中国“复关”谈判带来了紧迫感，因为根据世贸组织的协议，中国若要成为世贸组织的创始方，必须签署乌拉圭回合所有协议，提出自己的关税减让表和服务贸易减让表，并最晚必须在乌拉圭回合协议生效前，即在 1995 年 1 月 1 日前复关。中国为了复关，随后与各主要缔约方进行了“冲刺式”的谈判，结果令人遗憾的是，未能与之达成实质性的结果，这也使得中国复关的希望化为泡影。

（二）中国的入世谈判

1995 年 1 月，WTO 成立，取代了 GATT。同年，中方决定申请入世，并根据要求，与 WTO 的 37 个成员开始了拉锯式的双边谈判。从 1997 年 5 月与匈牙利最先达成协议，到 2001 年 9 月 13 日与最末一个谈判对手墨西哥达成协议，又到 2001 年 9 月 17 日 WTO 中国工作组第十八次会议通过中国入世法律文件，这期间起伏跌宕，山重水复。而最为困难和漫长的谈判，莫过于中美和中欧谈判，其中，中美谈判进行了 25 轮，中欧谈判进行了 15 轮。

在中国入世谈判中，中国的发展中国家身份问题是中国和西方发达国家分歧的一个焦点。对于中国来说，加入世贸组织必须以发展中国家的身份加入，这是因为世贸组织所代表的多边贸易体制赋予了发展中国家特殊的地位和特殊待遇，直接影响到中国承担义务和获得权益的多少。但是西方发达国家反对中国以发展中国家身份入世有很多的理由，代表性的观点有这样两个：其一，如果赋予中国发展中国家的特权，就会使得中国开放市场的承诺失去意义；其二，中国入世前在投资措施、知识产权保护和服务贸易领域的政策没有达到发达国家的一半要求，如果承认中国的发展中国家身份，中国就会在入世后保留原有做法。

世贸组织的相关协议中虽然经常提到发展中国家，但是对发展中国家并没有提出一个界定的标准，从人均国民生产总值（GDP）来看，中国无疑是发展中国家，但是以美国为代表的发达国家也提出了提供对外援助等这样一些标准来反对中国的发展中国家身份。经过艰苦的谈判，双方最终妥协，中国同意不在法律文件中明确写出中国享受发展中国家待遇，而发达国家成员同意“以灵活务实的态度解决中国的发展中国家地位问题”，实际上的谈判结果，就是中国承诺遵守规则、履行义务，享受发展中国家的大部分过渡期和相应的权利。

四、中国的入世承诺：履行与争议

在享受世贸组织成员国权利的同时，中国也要承担相应的责任。中国入世的法律文件定义了中国入世后的责任和义务。入世法律文件包括《关于中华人民共和国加入的决定》、《中华人民共和国加入议定书》及其9个附件、《中国加入工作组报告书》，其核心内容是中国在世贸组织规则的基础上对与贸易有关的法律、政策的制定和实施所做出的一系列承诺。中国的入世承诺需要区分两种情况：一种是非常具体实际的承诺，例如关税的减让等等，另外一种是原则性的条款，例如经济政策方面的承诺。

（一）中国入世承诺的争议

在中国的入世议定书中，在中国国内引起广泛争议的主要有两方面的内容，一是中国“非市场经济国家”地位的问题，另外一个是“特保条款”。中国为了加入世贸组织在这两个问题上与其他国家尤其是美国和欧盟所做出的利益交换被中国国内有些人视为是“过度”让步而备受诟病。

（1）“非市场经济国家”地位问题。长期以来，以美国为代表的欧美国家在贸易实践中一直将中国作为非市场经济国家来对待，世贸组织的相关条款允许在对于中国出口产品进行反倾销调查和认定时使用“替代国”制度，这一直被视为是不公正、不平等的贸易待遇。然而，在中国的入世议定书中，相关的条款允许这种状况可以继续存在，并保持15年。入世后，中国仍然保持着反倾销措施最大的“受害国”的地位，而且按照相关文献研究，入世后针对中国产品的反倾销措施的歧视性的确有所加强。中国入世议定书的这个“让步”在中国国内受到了严重非议和猛烈抨击。事实上，“非市场经济国家”地位问题的严重性可能被中国国内的一些学者过分高估。首先，中国在入世后出口产品遭遇反倾销调查的增多与入世后随着贸易伙伴国市场准入程度的提高，中国出口量激增有着很强的正相关的关系。实际上，有实证研究的结果显示，中国出口遭受反倾销措施的强度（反倾销措施的实施数与总的出口量的比率）在入世后并没有加强。“非市场经济国家”地位的问题对贸易的影响并没有人们想象中的那么严重。其次，即使 2016 年期满后，中国被所有的成员承认为“市场经济国家”，可以预计到的是中国出口遭受反倾销调查中不公平的待遇依然会继续存在，这和欧美国家法律体系与运作相关。另外，即使反倾销措施不再那么好用，处于贸易保护主义的需要，也会有新的措施来取代，例如，反补贴措施，这一趋势已经显现。

（2）“特保条款”问题。在中国的入世谈判中，一些世贸组织成员担心，中国入世后的出口快速增长会对其国内市场和国内产业造成冲击和损害，作为交换，中国在入世议定书中承诺，中国的产品在出口时，如果数量增加幅度过大，以至于对这些成员的相关产业造成“严重损害”或构成“严重损害威胁”时，那么这些 WTO 成员可单独针对中国产品采取保障措施。这一条入世承诺也在中国国内引起了轩然大波，因为这一条意味着，其他国家可以单方面地、武断地动用此条款对中国出口实施“特殊保障”措施，很显然，这会极大地打击中国相关产业的产品出口。

（二）中国入世承诺的履行

2011 年公布的《中国的对外贸易》白皮书显示，中国入世十年，其入世承诺已经被基本履行完毕。从关税的减让上来说，中国的进口商品关税总水平从 2001 年的 15.3% 逐步降低到 2005 年的 9.9%。到 2005 年 1 月，中国绝大多数的削减承诺已经执行完毕。从其他非关税措施的取消和降低上来说，根据承诺，中国自 2005 年 1 月起全部取消对 424 个税号产品的进口配额、进口许可证和特定招标等非关税措施，仅仅保留了依据国际公约以及在世界贸易组织规则下为保证生命安全、保护环境实施进口管制产品的许可证管理。从更为深层次的市场准入来说，中国全面开放了外贸经营权、扩大了服务业市场的开放，并且在一定程度上营造了更为公平的市场贸易环境。然而，中国对于入世承诺的履行在一些方面也存在不够的情况，例如一些法律的执行方面，距离欧美等发达国家的要求还有一定的差距，中国在这些方面受到了这些世贸组织成员的指责。

第二节
入世十年对中国的影响

从2001年年底到现在，中国正式成为世贸组织的成员已有十余年的时间。在中国入世十周年前后，中国国内学者撰写出大量的著述总结和讨论中国入世十周年的“得与失”。这些著述的基本结论是，入世对中国社会及其发展的影响是全面而深刻的。在本节中我们将着重从经济和政治方面讨论入世对中国的影响力。在经济影响力方面的讨论中，我们从宏观和微观两个方面来进行，宏观方面我们将从经济增长、国际贸易、产业国际竞争力以及跨国投资等几个角度进行分析，而微观方面我们主要侧重中国和其他贸易伙伴国贸易摩擦的考察。

一、经济方面的影响

（一）宏观方面

1. 经济增长

加入世贸组织后的十年是中国经济增长最快的十年，同时这种快速的增长也更为稳定。按照世界银行数据库GDP数据进行计算，加入世贸组织前的1978—2001年，中国年均增长率为9.6%，加入世贸组织后的十年，即使是遭遇了二战之后最为严重的全球性金融危机，中国的经济年均增长率仍然达到了10.45%，这在世界各国的经济发展史上是极为罕见的。此外，经济增长不仅仅是速度更快了，而且还表现出了稳定性更强的特点，经济波动的幅度大大地降低了。例如，即使是受到全球经济危机冲击最为严重的2009年，中国的经济增长率仍为9.1%，比本期最快的2007年只低5.1%个百分点，相比之下，在20世纪80年代和90年代，年度最高速度和最低速度的差距分别是11.1%和10.4%。入世后中国经济表现出更加平稳的快速增长，其最主要的原因是入世后中国大幅度地提升了全球分工的程度，可以在全球范围内更好地配置资源，不仅仅提高了资源的使用效率，同时也增大了回旋空间，这是最为根本的一个原因。当然，一直以来，都有一种观点认为，一国参与全球分工程度加深，会受到更多的外部冲击，从而降低本国的经济稳定程度。但是，另外一方面，国内和国外两个市场比仅仅是国内市场的空间更大，更有利于降低经济的波动性。系统理论证明，大系统比小系统更为稳定，开放系统比封闭系统也更为稳定。中国入世十年的经济增长表现也充分证明了这一点，参与全球性的分工程度越深，经济的波动性就会降低，稳定性就会更高（见图 9.1）。

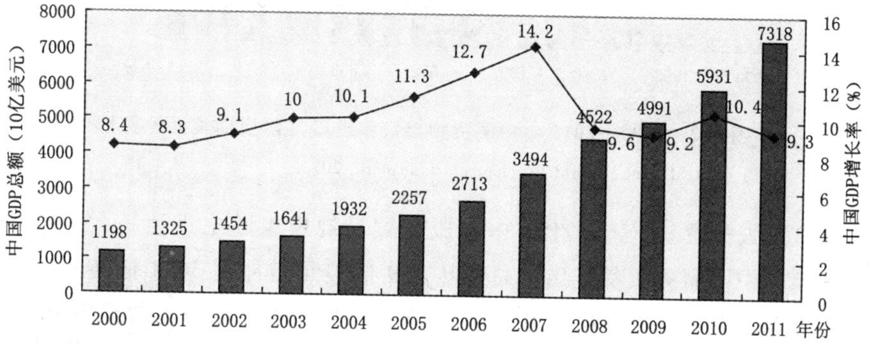

图 9.1 2000—2011 年中国 GDP 和 GDP 增长率

数据来源：World Bank，World Development Indicators，2013.

2. 国际贸易

中国入世十年，在不断深化参与全球产业分工的基础上，充分发挥比较优势，包括货物贸易和服务贸易在内的国际贸易得到了迅猛的发展，对外贸易的规模不断扩大，贸易质量不断提高，外贸依存度从 2001 年的 44% 增加到 2010 年年末的 57%。

（1）货物贸易：入世十年是中国货物贸易增长的黄金时期。2001 年中国入世之际，中国的国际贸易总额为 5100 亿美元，其中出口 2661 亿美元、进口 2436 亿美元，占 GDP 的比重分别为 20% 和 18%，占全球总贸易额的 4.4%，是全球第六大出口大国。在入世后的十年间，中国的出口和进口分别以年均 18.3% 和 17.6% 的速度增长，远远高于同期全球的 8.9% 和 9.0% 的年平均增长速度，也远高于同期中国的经济增长速度。2012 年中国货物的出口额和进口额分别是入世之前 2001 年的 4.9 倍和 4.7 倍，是改革开放以来增长的最快时期，出口对国内经济增长的贡献率年均超过 20%。如今，2012 年中国跃居全球 GDP 第二大国，全球出口第一大国，进口第二大国，贸易额占全球总贸易额的9%（见图9.2）。

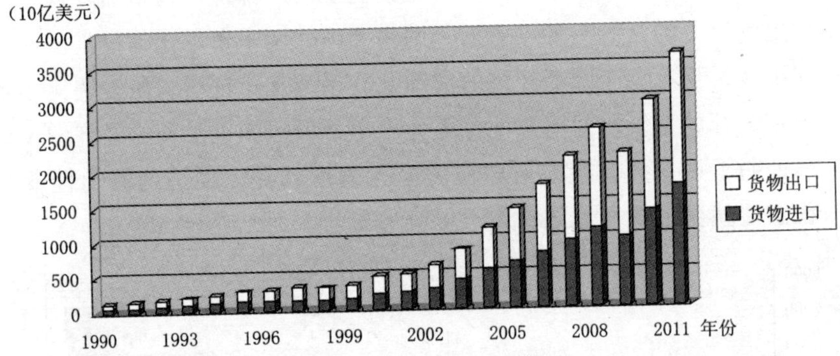

图9.2　1990—2012年中国货物出口和进口（以当期美元计算）

数据来源：World Bank, World Development Indicators, 2013.

（2）服务贸易：入世十年中国服务贸易规模也随之迅速扩大。2001—2010年，中国服务贸易进出口总额从719亿美元增加到3624亿美元，增加了4倍多。其中，服务贸易出口额从2001年的333.4亿美元增至2010年的1933亿美元，年均增长率为18.38%；服务贸易进口额从2001年的392.7亿美元增至2010年的1712亿美元，年均增长19%。中国服务贸易出口及进口从2001年的第12位及第9位，快速提升至2010年的第4位和第3位。从静态效应来看，服务贸易的发展降低了服务价格，提高了福利水平，从动态效应来看，服务贸易的同时伴随着技术溢出，可以提高生产要素的使用效率，增加财富。入世带来的中国服务贸易的快速发展对中国的经济增长起着巨大的推动作用。

（3）贸易结构：中国在入世后的十年中，其商品的贸易结构也得到了相应的优化。初级产品占货物出口比重从2001年的10%下降到了2010年的5.2%，中国政府通过一些结构转型和转变外贸增长方式的政策使得中国在汽车、船舶、飞机、铁路装备、通讯产品等大型机电产品和成套设备的出口方面都有所突破。值得关注的是，入世十年来高技术产品出口显现出较快的增长势头，其出口占货物总出口的比重由2001年的17.5%，增长为2010年的31.2%。从进口方面看，先进技术、设备和关键零部件的进口增长和大宗资源产品进口规模也不断扩大。

3. 外商直接投资

外商直接投资（FDI）与经济增长的关系一直深受经济学者的关注。

学者们对于外商直接投资得到的共识性的结论是，FDI 通过资本的积累效应、技术扩散效应以及制度变迁效应对一国的经济增长存在着积极正向影响。按照中国商务部的统计数据，2001 年中国入世当年，FDI 的流入量是 470 亿美元，2010 年是 1057 亿美元，年均增长 9.5%。根据联合国统计，2000 年中国吸收外商直接投资存量为 1933 亿美元，到 2010 年为 5788 亿美元。中国在入世后的这一段时间，外商直接投资保持稳定的增长，并没有出现入世前很多学者预测的那样，入世后随着中国向外放开更多的投资领域而导致大量的直接投资涌入。实际上，用联合国贸发会议的数据来计算，2010 年中国吸收的 FDI 存量仅占全球存量的 3%，这一比率仅比 2000 年高 0.4 个百分点，2010 年中国的 FDI 存量仅占发展中国家 FDI 存量的 9.7%，这一比重甚至低于 2000 年入世前。因此可以看出入世对于中国吸收外商直接投资的影响不大。事实上，在《中华人民共和国加入议定书》中涉及外商直接投资的承诺多为原则性的，并没有实质性的开放和规制。

总之，入世十年以来，中国的商品和服务贸易取得了惊人的发展，利用外资的规模和质量有所提升，对外贸易的快速发展对中国的经济增长和社会发展发挥了巨大作用。同时，中国的经济增长也为世界经济复苏发挥了重大作用。但与此同时，中国的对外贸易仍然受到发展模式粗放、出口产品附加值低、贸易条件未得到根本性改善、国际收支持续失衡等问题的困扰。

（二）微观贸易摩擦

正如前文所述，中国加入 WTO 的主要动机之一是改善国际贸易政策环境，对于中国来说，加入 WTO 的一个潜在的收益就是可以使用 WTO 的某些机制例如争端解决机制或者磋商机制来减少与贸易伙伴之间的贸易摩擦以及减少贸易伙伴可能实施的贸易保护。下面我们从中国与其贸易伙伴国微观层面上的贸易摩擦来分析入世对于中国的影响，在这部分的分析中，我们主要考察两个方面的贸易摩擦：反倾销措施和特定保障机制。这两方面的摩擦在中国与其他成员国的贸易关系中影响力最大，也是中国国内关注和讨论最多的两个问题。

1. 反倾销措施

一直以来，中国都是遭受反倾销调查和反倾销措施①实施最多的国家。举一个简单的例子来说，根据世贸组织网站数据库，从1995年到2012年上半年，中国出口遭受反倾销措施的为643起，占全球总案件的24.2%，中国出口遭受反倾销调查的为884起，占全球总数的21.4%。通过对比中国入世前后两个时期遭受的反倾销调查和措施的数据发现，从绝对量上来说，中国入世后这两个数据都没有下降，反而有了大幅度的增加。根据世贸组织网站数据库的数据，针对中国出口产品的反倾销实施案件数在2001为32起，入世后到2009年大幅度上升为56起，增加了75%，从比例上来看，针对中国的反倾销调查数占全球调查总数在2001年为14.75，在入世后的2010年这一比例大幅度地上升为43%。这个比例的上升从另外一个角度说明，入世后针对中国出口产品动用反倾销措施的歧视性不仅没有降低，反而得到了进一步加强。出现这样结果并不难以理解，在中国入世前，如果外国政府感受到中国进口所造成的政治压力，它完全可以通过单边直接提高关税的方法来歧视性地对待中国的出口，然而，中国入世后，在快速增长的中国出口面前，这些国家只能选择世贸组织规则所允许的政策工具，很明显，反倾销措施正是这样一种“合法的”好用的政策工具。此外，这种歧视性的加强也反应出这种贸易保护的工具对于中国来说尤其“好用”。在入世前的双边谈判中，中国一直将“是否给予中国市场经济地位”这一问题作为重要的议题进行谈判，其背后重要的原因之一就是由于中国没有被相应地认定为“市场经济国家”，导致了很多国家尤其是美国在判断中国出口是否存在倾销时使用了“替代国”制度，这种制度将中国的出口企业置于非常不利的地位，使得中国的出口极易被认定为存在倾销并被实施反倾销措施。《中华人民共和国加入议定书》规定，不论世贸组织成员方如何认定，中国的市场经济国家地位将在入世后的15年后自动被认定。然而，在2016年之前，反倾销措施对于要针对中国的出口产品进行贸易保护者来说，仍不失为一种操作简单成功率高的工具。

2. 特保条款

在中国加入WTO的谈判中，为换取其他成员在一些问题上做出让步，

---

① 倾销是指在世界市场上以低于正常价值的价格向某一国进行出口。由于倾销被世贸组织认定为是“不公平”的，因此，世贸组织允许遭受倾销的成员国采取反倾销的措施将价格“纠正”到正常价格。由于反倾销措施的合法性，反倾销措施被过度滥用，充当各成员方贸易保护的工具。

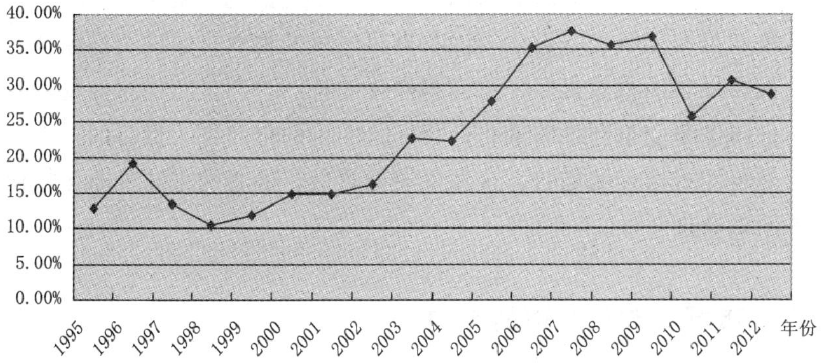

图 9.3 针对中国发起的反倾销调查占全球总数的比重（%）

数据来源：WTO 网站反倾销数据库。

并最终实现加入世贸组织的目标，中方在一些问题上也做出了让步，接受“特定产品过渡性保障条款”（以下简称“特保条款”）就是其中之一。该条款规定中国产品①在出口有关 WTO 成员方时，如果数量增加幅度过大，以至于对这些成员的相关产业造成严重损害”或构成“严重损害威胁”时，那么这些 WTO 成员可单独针对中国产品采取保障措施。“特保”实施的期限为 2001 年 12 月 11 日至 2013 年 12 月 11 日。由于特保条款使用上比反倾销措施的“门槛”更低，对中国出口动用特保条款在一定程度上可以替代反倾销措施。中国入世 10 年（从 2012 年到 2011 年）世贸组织成员方动用特保条款对中国出口发起 28 起调查。其中，由发达国家或组织（美国、欧盟和加拿大）发起的有 9 次、发展中国家或者地区发起的有 19 次。从最终施加措施的案件来看，发达国家美国只在 1 件案件中施加了措施，其余 14 个案件均由发展中国家施加了措施。美国发起的针对中国出口的特保件数量最多，在 6 起未施加措施的案件中，有 5 起是相关机构确认了“市场扰乱”而总统决定不施加贸易限制措施，体现出美国总统在贸易政策决策中的重要作用。而发生在 2009 年的“轮胎特保案”是奥巴马总统上任后发生的第一起“中国特保”案件。在相关利益集团的压力下，奥巴马批准对中国轮胎征收 3 年的进口附加税，致使中美贸易战一触即发。尽管只有这一起最终施

① 这里的产品并不包括纺织品和服装产品。中国同美国以及欧盟的纺织品和服装贸易争端即使是在入世后也没有完全纳入 WTO 多边贸易体系内解决，从根本上来说，纺织品和服装贸易争端基本通过双边谈判方式来解决。

加了措施，但影响重大，其意义已经超越了限制措施本身。

从微观层面来看，入世后中国与世贸组织其他成员国的贸易摩擦并没有减少，反而呈现出数量更多，更为多样化的特点。但是贸易摩擦的增加并不意味着中国贸易政策环境的恶化，相反，中国的出口在入世后的这个阶段表现出的是爆炸式增长的趋势，这种发展的背后，势必带来与其他贸易伙伴国摩擦的不断增加。

二、市场化改革方面的影响

正如我们在前文所讨论的那样，中国加入世界贸易组织的一个重要动机就是希望通过世贸组织所奉行的市场化的原则，推动国内市场化的进程，减少政府对于市场的干预，打破政府的行政垄断，也就是说通过入世来倒逼中国的体制改革。然而，与入世以来中国对外开放和经济增长的成就相比，中国市场化改革取得的进展引发的争议似乎更多。虽然，在中国入世十年以来，中国已经建立了符合世贸组织要求的法律体系，清理了3000多部法律、法规和规章，对贸易体制和政策也进行了较为全面的调整，增加了透明度，并且规范了政府行为。一些学者通过实证分析发现，入世以来，中国国有企业从一些领域有序退出，民营和外资企业在国民经济中所占的比重稳步提高，竞争程度明显增强，市场机制在多数部门和行业的资源配置中起到基础性作用。然而，在另一方面，国有企业在公用事业、金融以及其他关系国计民生的产业内仍然居于主导地位。许多研究认为，这些部门的垄断程度表现出与自由化市场改革要求相反的提高趋势。入世后国有企业的垄断性确实趋于增强，表明中国在入世以后形成了竞争性部门的市场化程度提高与基础性部门垄断并存的“二元市场”格局，这种格局意味着，中国在入世后的经济市场化程度并不尽如人意，或者说，通过入世倒逼市场化改革的目标尚没有充分实现。

第三节 中国在世界贸易组织中的角色：转换与展望

一、中国在世界贸易组织的利益诉求

入世后，经过10年的发展，中国贸易大国的地位已经确立（其贸易额占全球总贸易额的比例超过10%）。然而，当前的世界经济的发展存在着更多的不确定性，全球金融危机的余威尚存，贸易保护主义的抬头对现存的国际贸易体系构成了一定的威胁。除此之外，人民币汇率问题以及贸易摩擦问题也使得中国的国际贸易环境更为复杂，不确定性更强。为了配合中国在“十二五”规划纲要明确提出的互利共赢的开放战略，进一步发挥一直以来赖以实现高经济增长的“出口导向”战略，中国需要一个更为稳定、开放和公平的国际经济贸易环境，成为世贸组织成员的中国在当前的国际贸易体系中，致力于追求以下几个目标：

（一）更多成员方更大程度的市场准入

入世后，中国自动享受了“最惠国”待遇和更大程度的市场准入。然而，中国在入世议定书中所放弃的“筹码”（主要包括“市场经济国家”地位以及特保条款等问题），在一定时期内，对中国追求更大程度的市场准入构成了不利影响。当然，在入世议定书也规定了这些条款的时限①。但是，我们也应该看到，即使在这些条款过期后，这些条款对市场准入程度所产生的影响力也不会很快消失，其他成员方还有可能通过具有替代性的条款或者WTO所允许的措施来填补这些条款到期留下的“空白”。要取得更多世贸组织成员方更大程度的市场准入，一方面要以自身市场更大的市场准入程度作为交换，另一个重要的方面也需要在世贸组织的框架下，积极寻求与其他成员方的沟通、政策协调和合作，通过世贸组织规则要求其他成员国在针对

① 非市场经济国家以加入后15年为限，特保条款的使用期限是12年。

中国的特保、反倾销、反补贴的歧视性措施方面加强纪律约束。

（二）反对贸易保护主义，维持全球贸易秩序

金融危机过后，各国的贸易保护主义又有了活动的空间。当今全球贸易保护主义泛滥再加上世贸组织的“多哈回合”谈判迟迟不能取得实质性的突破，以世贸组织为代表制度的世界贸易体系也受到一定的威胁。作为世界第一大出口国，世贸组织为中国提供一个解决与其他成员方贸易争端的较为有效的机制和方法，中国要极力维护世贸组织的稳定和各项规则有效运行。

（三）为产业政策争取更大的空间

加入世贸组织限制了中国对贸易政策的使用，为了实现产业结构调整和产业升级，使得中国企业由劳动密集型向资本密集型和知识密集型转型，中国转而使用更多的是相关的产业政策。中国对于产业政策的使用受制于两个方面：一方面是世贸组织的一些相关规则，例如非歧视性的原则限制政府的支持性的政策；另外一方面来自于发达国家尤其是美国对中国一些相关产业政策进行比较激烈的批评，认为中国的某些产业政策违反了入世承诺。可以预期，中国在某些产业政策的使用方面势必与其他世贸组织成员方产生冲突。中国不仅需要为产业结构的调整和升级创造更为宽松的环境，还需要寻找除了产业政策之外的其他的方法。

二、中国在世界贸易组织中面对的焦点问题

在中国的入世承诺中，中国同意承担 WTO 多边协议的 20 多项义务，涉及贸易的各个领域。在入世后，中国全面履行加入世贸组织的承诺，逐步扩大农业、制造业、服务业市场准入，放开外贸经营权，并且进一步简化进口管理，进一步完善进口促进体系，大幅度降低关税，关税总水平由 2001 年的 15.3% 降至 2010 年的 9.6%，农产品平均税率由 18.8% 调整至目前的 15.6%，工业品平均税率调整到 8.7%。在 2010 年降低鲜草莓等 6 个税目商品的进口关税后，中国加入世贸组织承诺的关税减让义务全部履行完毕。入世十年，中国政府还先后主动取消了 424 个税号产品的进口配额、进口许可证等，分批取消了 800 多个税务商品的管理，贸易投资自由化、便利化程度显著提高。尽管中国在履行入世承诺方面做得较好，但是仍然在知识产权、

产业政策、贸易权和分销服务、透明度和服务等领域与世贸组织成员方存在分歧。

（一）反倾销

正如我们在前文中所提到的那样，中国目前仍为遭遇反倾销措施和调查最多的国家，其歧视性和强度并没有因为中国的入世而有所减弱，甚至在一定程度上还出现加强的趋势。中国的“非市场经济国家”地位被视为中国入世后反倾销没有被得到有效遏制的根本原因。为了应对这种不利的情形，中国已经开始着手应对，包括在到期日前积极寻求各国对中国市场经济国家地位的承认，甚至自己动用反倾销这种贸易工具对其他反倾销措施的使用者形成震慑，中国目前已经成为反倾销措施使用最多的成员之一。中国的出口势必在长期受到反倾销措施的影响，即使中国的市场经济国家地位被完全承认，这个问题也不大可能得到彻底解决。

（二）知识产权

保护知识产权日益成为世贸组织一个越来越为重要的问题。1995 年“乌拉圭回合”一揽子协议中也包括了保护知识产权的协议即“TRIPS 条例”。“TRIPS 条例”要求成员方同意并坚持专利权至少 20 年和版权 50 年的保护期。加入世贸组织以来，虽然中国按照相关协议要求，采取了一些步骤来保护知识产权，建立了基本符合要求的法律框架。但是这些法律法规的执行效果仍然面临挑战，其中突出的问题是假冒和盗版现象屡禁不止，仍然高发。知识产权的保护一直是中国和欧美国家争执的焦点，美国认为中国在知识产权保护方面缺乏进展，在其年度特别 301 报告中，数次将中国列入首要观察名单中。因此，可以预期的是，欧美未来将会采取更为严厉的措施，促使中国提高对知识产权保护法律的执行力度。

（三）产业政策

目前中国的产业政策仍然是欧美在贸易政策审议过程中关注的领域，欧美等国指责中国的产业政策违反了世贸组织的规则，直接或者间接影响了某些产业的竞争力。欧美国家在产业政策上针对中国提出的质疑主要集中在国民待遇、市场准入、出口限制、技术转让和补贴等问题。产业政策已经成为中美、中欧贸易摩擦的主要焦点问题。

（四）透明度问题

欧美发达国家认为中国政府对农业实行了选择性干预，是世界上主要农产品市场中透明度最低、最难以预测的国家。此外，欧美国家也在不断指责中国的海关和检验检疫机构不透明的管理制度以及中国在反倾销调查中任意征税的问题。

（五）服务业的市场准入

在服务领域，中国加入世贸组织后，积极有序地扩大服务业的对外开放，中国已经根据承诺，在包括商务、通讯、建筑、分销、金融、旅游、交通服务等在内的许多服务部门履行了加入 WTO 的承诺。此外，中国政府对一些重要的服务贸易领域均颁布了新的关于外资市场准入的法规和规章，中国在服务业对外开放的法律体系不断完善，政策透明度进一步提高，开放领域继续扩大，吸收外资直接投资规模不断扩大。然而，这些还没有完全达到欧美成员国的要求。例如，美国就经常抱怨中国的许可和操作要求过于繁琐，使得外国银行、保险、快递、建筑和工程等行业的服务提供者很难在中国市场上实现其潜力。中国在许多服务领域的市场准入方面都面临着压力。

三、中国在世界贸易组织中的角色：重要的参与者与积极的建设者

正如世贸组织总干事帕斯卡尔·拉米所说的："中国加入世贸组织无论对于中国自身，还是对世界贸易组织以及该组织所属 150 多个其他成员，都是一件了不起的大事，意义特别重大。"中国加入世贸组织以来，一直是 WTO 组织框架内涉及的所有贸易活动最为积极的参与者和最有建设性成就的成员。这主要体现在以下几个方面：首先不断向其他成员方出口提供更为开放的市场和更大程度的市场准入，从 2001 年到 2010 年 10 年间，中国的进口以年均 20% 的速度增长；其次是按照入世承诺大幅度削减关税，使得目前中国所实施的关税幅度普遍低于 WTO 其他发展中国家成员的标准，进而使得与中国有贸易关系的世贸成员都明确认识到，与中国的贸易往来不仅可依据 WTO 贸易规则预期，而且变得完全透明化；最后，中国的成功案例被世贸组织众多成员所仿效。中国加入世贸组织的成功经验对于世贸组织其他

发展中国家成员是个典范，特别是对于地处亚太、非洲、拉美的发展中国家。

入世之初，中国基本上是一个“规则的接受者”，入世后，随着中国经济总量和贸易规模的快速增长，中国在世贸组织的地位和影响力也在发生着变化。中国已经成为了世贸组织中少数的重要成员之一，世贸组织期待中国发挥出与其经济实力相对应的作用，发达国家成员希望中国进一步开放市场，而发展中国家成员也期望中国的加入能增加发展中国家成员同发达国家成员之间的议价能力，领导推动世贸组织的变革。中国未来在世贸组织将发挥更大的影响力：首先，是“多哈回合”谈判，目前，在“多哈回合”谈判进程中，没有中国的参与就不会有实质性的进展。因此，为推动“多哈回合”谈判取得进展，中国应该更多地参与谈判，更主动地向外开放市场，在其中发挥主要领导作用，特别在制定21世纪全球多边贸易新法规方面发挥更积极的作用。当今的经济挑战需要新的全球性解决方案，中国在整个进程中的主导角色至关重要。其次，加强深层次的开放和改革。入世时，中国的改革多集中在降低关税和非关税壁垒，这些改革集中在“边境政策”，属于浅层次开放的范畴，入世后，中国应该不断推动深层次的开放和改革，例如产业政策、透明度和服务贸易准入等等。中国自身的改革开放能为世贸组织成员间形成一体化程度更深的世界市场奠定基础。最后，在一些新的议题上，中国应该充分参与与研究，争取在世贸组织中起到领导作用，例如中国目前正在谈判的《政府采购协议》（GPA）以及国际贸易气候变化交叉问题，等等。

中国的崛起给全球贸易体制带来了深刻的影响，中国最终将成为领导全球贸易体制进步的中坚力量。

【案例9－1】

中美轮胎特保案

中国轮胎特保案被视作奥巴马政府中美贸易摩擦第一案。2009年年初，美国钢铁工人联合工会依据美国1974年贸易法第421条款向美国国际贸易委员会提出对中国输美商用轮胎的动用特殊保障措施的申请，要求美政府对中国出口的用于客车、轻型卡车、迷你面包车和运动型汽车轮胎实施进口限制。同年6月，美国国际贸易委员会提出建议对中国出口到美国的乘用车与轻型卡车轮胎连续3年分别加征55%、

45%和35%的特别关税。对于这起轮胎特保案，中国政府曾希望通过双边磋商予以解决，不仅相关企业出面应诉，而且中国的相关行业协会多次赴美游说，甚至相关政府部门都出面对话。然而，2009年9月奥巴马最终批准该提案，决定对中国轮胎进口实施限制关税，为期三年，第一年对从中国进口的轮胎加征35%关税，第二年加征30%，第三年加征25%。同年中国政府向世界贸易组织提出上诉。2010年12月，世贸组织争端解决机制公布了专家组报告，该报告认为美国做法与世贸规则没有冲突。对于这一结论，中方表示不满，并于2011年6月向世贸组织相关机构提起上诉，要求对专家组报告进行审议。2011年9月5日，世贸组织上诉机构公布了一份123页的裁决报告，该报告的核心内容依然支持了专家组的结论，认为美国对中国输美轮胎采取的特别保护措施符合世贸规则，认为中国轮胎确实对美国相关产业造成了损害。最终，中国放弃了再次上诉。

世贸组织裁决的主要依据是《中华人民共和国加入议定书》第16条，该条款规定，中国产品在出口有关世贸组织成员国时，如果数量增加幅度过大，以至于对这些成员的相关产业造成“严重损害”或构成“严重损害威胁”时，那么这些世贸组织成员可单独针对中国产品采取保障措施。

中美之间就轮胎的贸易争端之所以引起广泛的关注是因为这期案件是至2001年美国支持中国加入世贸组织以来，第一次运用中国入世承诺中的“特保条款”对中国产品征收惩罚性关税（虽然在布什政府时期也出现过4次动用该条款进行调查的情况，但是所有的这些调查都终于双边磋商，最终没有达到“征收惩罚性”关税措施的阶段）。而根据世贸组织的相关规则，相关国家可以直接援引美国的制裁方案对中国轮胎实施制裁。

奥巴马政府对于该提案的批准可以被视为美国国内贸易保护主义压力的结果，对中国轮胎动用特保条款措施的依据并不充分。首先，2007年以来中国轮胎产品对美出口增长并不明显，2008年比2007年仅增加了2.2%，2009年上半年比2008年上半年同期还下降了16%，不存在“短时间大量进口的情况”；其二，中国涉案产品主要供应美国的维修市场，而美国自产轮胎主要供应原配市场和替换市场，两者并不存在直接竞争关系；其三，美国内轮胎产业的经营状况在中国产品进入美国市场前后并无明显变化，即使在中国产品出口增幅最大的2007年，其盈利情况也表现良好，也就是不存在事实上的损害；其四，美国内产业关停部分工厂和生产设备的行为是出于选择高端市场而主动进行的结构调整，与中国产品的进口无关。即使美国停止进口中国产轮胎，此类轮胎仍要从其他国家大量进口以替代中国进口。

实际上，三年过去了，可以看到的是，对中国轮胎出口征收惩罚性的特别关税并没有为美国增加一个相关的就业岗位，相反，对美国经济的负面影响逐渐凸显。首先，美国在中国有4家轮胎生产企业，占中国对美国轮胎出口的三分之二以上，惩罚性的关税直接影响这些美国企业的利益，例如一些美国企业为了保住其产品在美国市场上的份额，完全承担了这些税收。其次，对中国轮胎产品采取特保措施，不但不能解决美申请人提出的所谓2万名轮胎产业制造工人的失业问题，反而会严重影响依赖中国产品的10万名从事轮胎进口和销售人员的就业问题，美轮胎产业协会和美轮胎贸易自由联盟等美国业界组织明确表示反对此案就是最好的例证；三是限制中国产品进口不会削弱美国内产业面临的竞争，解决美产业面临的真正问题，美市场只会转而寻找第三国替代进口产品，实际上，对中国轮胎的进口虽然有所减少但是从韩国、马来西亚等地的进口相应增加；四是限制措施大大提高了美国内消费者的购车成本，削弱美国政府力图振兴汽车产业相关措施的效果。轮胎价格上涨，甚至可能会导致部分消费者基于价格考虑推迟更新轮胎，给美国行车安全带来潜在威胁。

反过来再看惩罚性关税对中国企业的影响，冲击远远小于之前的预想。首先，对于中国企业来说，惩罚性关税的征收虽然使得对美国的出口有所下降，但也没有直接下降到0，实际上最初第一年的惩罚性关税的确使得对美国的出口有所下降，下降了20%多，但是以后又开始逐年恢复。其次，中国的企业借此机会开始走“高端”化的路线，中国企业出口轮胎的价格在这几年中不降反升。

2012年9月，针对中国轮胎出口征收的特别从价关税在三年期满后，戛然而止。美国国内失去了贸易保护的压力和其他的政治压力，这个特保措施也就失去了存在的意义。在这场中美的贸易争端中，没有赢家！

【案例9-2】

江苏金坛：一个江南小城的入世红利和隐忧

中国江苏省常州市下辖的金坛县，这个在地理上不起眼的江南小城却是“中国出口服装制造名城”。按照金坛服装2011年的产量，全球60多亿人口，每20个人中就有一个人穿“金坛制造”的服装。金坛的服装业起步于20世纪60年代，成长于90年代，在中国入世后更是出现了爆炸式的增长。到2012年，这个江南小城就有纺织企业800多家，其中服装企业500多家，总资产超过10亿元，从业人数超过5万人。金坛纺织业的发展可以被视为是充分享受了中国的入世红利。

一直以来，纺织品的贸易就一直游离于GATT的管辖之外。自1974年起，纺织品的国际贸易就受到《国际纺织品贸易协定》（又称《多种纤维协定》，英文简称MFA）这样的配额体系的制约，该协定旨在保护发达国家的纺织品免受外国竞争的冲击，而且该协定明确了配额在各国的分配。配额限制了一些国家，如中国的纺织品出口，但是另外一方面在一些国家创造了原先没有的纺织业，例如孟加拉国、斯里兰卡和柬埔寨就利用了优惠的划拨配额建立了大规模的纺织企业，进行了出口。中国在纺织业方面虽然具有比较优势但是极大地受制于这种配额体系。在 MFA 的制约下，中国的纺织服装企业要做欧美订单，首先必须拿到配额，这样做不仅麻烦，而且成本很高。例如金坛的龙头企业晨风集团，向省外经贸厅申请配额是一年一度的头等大事，有时候还不得不申请两次，劳神费力。有时候还可能会碰到配额的品种和出口产品不尽相同的情况，处理起来就更加麻烦。

1995 年，这一局面出现了很大改变。作为乌拉圭回合谈判的一揽子成果，世贸组织成员国同意于 2004 年 12 月 31 日废除《多种纤维协定》。许多发展中国家的纺织品出口商希望从配额体系的消除上获得利益。2001 年中国加入了世贸组织，中国的纺织品出口得到了大幅度的增长。中国的纺织品出口在国际上的竞争优势非常明显。中国在纺织品出口方面的比较优势不仅仅来源于工资低且生产率高的劳动力，而且在中国大规模生产也使得出口商能够获得其他纺织品生产的发展中国家难以想象的规模经济。另外，中国工厂有着良好的基础设施，这就使得快速运输和及时转运成为可能。在服装业界，这一点至关重要，时尚要求产品快速变化，中国的出口商能够大大缩短出口的周期，远远超过其他发展中国家的生产厂商所能提供的周期。另外，从信守承诺的角度来说，中国的纺织品生产厂商的声誉也远远好于其他发展中国家的生产厂商，而不像孟加拉国的有些生产厂商，背负着“质量差，到货晚”的名声，这些都抵消了低价格所带来的优势。《多种纤维协定》的废止，被视为会大大地提升中国纺织品出口的国际市场份额，因为中国的生产厂商会利用配额的取消扩大对美国和欧盟的出口，进而取代其他的纺织品出口发展中国家。正因为具备这些典型的中国纺织服装企业的竞争优势，金坛县的服装和纺织业从 2002 年到 2006 年，不仅销量节节突破，利润也达到史上最高的水平。当时金坛县服装厂的产品涵盖了各种面料的正装、时装、童装、休闲装、内衣、羽绒服等几乎所有的服装品类。

2006 年以后，金坛的服装纺织品出口就像中国整体的服装纺织行业的增长一样，受到了一定的限制。背景情况是这样的，对发达国家而言，中国纺织品进口的激增引发了不安。中国在入世议定书中承诺，如果中国的出口在短期内激增且具有“破坏性”的话可以对中国的出口产品动用“特殊保障条款”。2004 年 12 月，为了部分抵消《多种纤维协定》废止后，中国纺织品出口可能的剧增带来的贸易保护主义的压力，中国宣布对纺织品征收出口关税，这个出口关税的目的就是通过提高中国纺织品的出口成本，降低海外的需求，但是关税比率很低，为 4%—6%，且大部分按低值征收。2005 年上半年，中国对美国和欧盟的纺织品出口量激增，但是可以注意到的是，同期美国和欧盟的纺织品进口量与之前持平，说明，猛增是由进口生产厂商从其他国家转移到了中国，而绝非绝对进口量的增加。面对大量涌入的中国纺织品，美国和欧盟等国重新要求对中国的纺织品实行配额制。为了处理这些情况，美国、欧盟和中国的政府官员举行了一系列的磋商，最后达成了类似的协议：即中国对纺织品的出口实行限制，每年的增长率控制在 15% 左右，2008 年，限制彻底取消。

历经一系列的波折和起伏，中国的纺织品出口从 2001 年的 532.8 美元，增加到了 2011 年的 2478.9 亿美元，翻了两番还多。同期，金坛的服装纺织产值也由 2001 年的几亿元上升到 2012 年超过 110 亿元，成为当地经济的主要支柱之一。正如中国整个的纺织服装业一样，金坛的纺织服装业在入世后经历的或快或慢的上涨，比较优势得到了充分发挥。

然而，在入世红利充分释放之后，金坛的服装纺织业也出现了增长的“隐忧”。首先，金坛的服装主要是贴牌，代工，虽然合作的品牌经常为大品牌，但是金坛工厂的附加值是非常低的，例如，在欧洲售价为 50 欧元的服装，厂家也许只能赚到一两个欧元，其次是长期的贴牌生产，几乎使企业丧失了创建自主品牌的主动性，经常陷入“为她人做嫁衣”的困境。

在入世红利逐渐消失后，金坛服装企业的隐忧和困境正是整个中国纺织服装业发展的困境，同时也反映出在出口导向战略引导下的整个中国制造的困境。

【案例 9-3】

中国奥康皮鞋反倾销案：鸡蛋和石头的较量

一直以来，中国都是遭受反倾销调查和反倾销措施实施最多的国家，这种情况在中国入世后并没有得到改善。欧洲制鞋业一直都是贸易保护主义庇佑的传统行业，制鞋业因此在欧洲被称为“敏感产业”。在中国与欧盟的入世双边谈判中，欧盟将鞋类产品列入中国入世后继续实行三年配额的四类产品之一，也就是说到 2005 年 1 月 1 日，随着三年期满，欧盟按照与中国达成的协议需取消配额。

欧洲消费者对手工业制鞋的迷恋使得大多数的欧洲制鞋企业是小规模的作坊式的生产模式，由此也造成了其制鞋的高昂的生产成本。与之相反的是中国低成本的大规模的机器生产。面对如此压力的竞争，失去配额保护对于欧洲制鞋企业来说是不可想象的。

2005 年年初，作为中国制鞋出口最大的市场之一，欧盟配额的取消极大地刺激了中国的制鞋业，在这一年，中国的皮鞋的总产量历史性地达到了 25.3 亿双，比两年前几乎增长了 40%。其中，仅对欧盟市场的出口量就达到了 1.96 亿双，这相当于欧洲皮鞋生产大国西班牙当年皮鞋出口总量的两倍。中国出口欧洲的皮鞋主要价格区间在 50—60 欧元，而作为欧洲皮鞋大国的西班牙和意大利，其同款类型产品的价格区间为 80—100 欧元。物美价廉的中国皮鞋的冲击力相当恐怖。就在这一年，西班牙国内倒闭的制鞋企业超过 200 家，几乎占到西班牙鞋企总数的 1/10。由此失业的制鞋工人超过了 40 万人。与之形成鲜明对比的是，这一年西班牙进口鞋量同比增加了 30.5%，仅仅中国出口西班牙的皮鞋就超过了2159万双。类似的情况也在意大利、法国、德国等国上演。

同年5月，为了应对大量涌入的中国制鞋，欧洲鞋业联合会（CEC）向欧盟委员会提出了投诉，欧委会随后启动了对原产于中国和越南的进口皮鞋进行反倾销调查。从立案到调查再到宣判，欧盟表现出了罕见的高效率。2006年10月16日，欧盟委员会宣布对原产中国和越南的进口皮鞋征收为期2年的16.5%反倾销税。当反倾销征税期满后，欧盟再次发起“落日复审”，将反倾销措施再延长15个月，直到2011年3月31日。

很显然，反倾销税的征收，对中国制鞋整个行业的打击是巨大的。2006年当年，中国出口欧盟的鞋子下降了15%，从20.8亿双降到17.8亿双，波及中国鞋企1200多家，200多万就业人口，反倾销税的征收直接导致了中国东南沿海一批主要面向在欧盟出口的鞋企的倒闭。当时的奥康为多家欧盟企业代工，欧洲市场出口量一度占其出口总量的70%、总销售额的20%以上。征收反倾销税后，奥康与多家欧盟的合作伙伴终止了合同，向欧盟的出口量急剧萎缩。

在中国皮革协会的协调下，在受波及的1200多家中国企业中，有154家鞋企参与了对欧盟这一决议的抗辩和应诉，但随后被欧盟委员会驳回。2006年10月，包括奥康在内的5家中国鞋企聘请了律师团队向欧盟普通法院提起诉讼，状告欧盟委员会征收反倾销税的规定违法。

奥康的律师团队将突破口放在了欧盟对中国鞋企发起的反倾销调查中存在的程序性的错误中。由于欧盟不承认中国的市场经济地位，中国企业在反倾销调查中不享受市场经济待遇（MET），这使得中国企业的产品成本和内销价格不能用来比较计算“倾销幅度”（是否构成倾销的标准）。因此，欧盟会取第三方参照国价格作为被调查商品的“正常价值”来计算倾销幅度。这在技术上对中国企业极为不利。此类反倾销调查中，中国企业应向欧盟提出单独审核其MET，即单独市场经济待遇（IT）的申请，而欧盟也有义务对申请做出回应。但在此案中，尽管奥康等企业向欧盟提交了MET核准申请，欧委会却未予回应。2006年1月13日，他们的代理律师进一步敦促欧委会对申请做出回应，四天后欧委会声明说，由于调查正在进行中，无法发表评论。因此，奥康等企业认为上述反倾销调查程序存在瑕疵并起诉至欧盟普通法院。不过，欧盟委员会认为，这并不违背《反倾销法》，根据该法第17条，抽样方法也适用于申请MET的企业。在此案中，它无法一一回应大量企业的MET申请，“那将给调查增加不必要的负担且导致无法按时完成调查，也会导致反倾销调查的数据不具备代表性从而无效”。2010年3月，普通法院支持了欧委会的主张，驳回奥康等5家鞋企的诉讼请求。

2010年5月，原来提出抗辩的五家鞋企只剩下奥康一家继续上诉至欧盟高等法院。二审中，奥康的辩护律师把突破口放在欧盟委员会对中国企业的抽样调查缺乏代表性这一点上。此前，欧盟在未对中方企业认真审核的情况下，用统一反倾销税率来取代分别税率。2005年5月欧委会发起反倾销调查后，共有154家中国鞋企应诉，由于被调查企业众多，欧委会依法采用抽样调查的方法来确定倾销幅度。根据事后法院的判决书，欧委会最后选择了其中的13家企业作抽样调查（奥康未在其中）。抽样调查的含义是，欧委会对这13家企业的调查结果适用于其他被调查企业，反倾销税的计算依据为抽样企业的倾销幅度的加权平均值。后来，这13家抽样企业未被给予MET，欧委会选择了第三方参照国巴西的三家企业的数据作为“正常价值”。奥康在上诉书中称，普通法院错误地混淆了欧盟《反倾销法》中的“单独倾销幅度”，与未被抽样的市场经济待遇（MET/IT）企业的倾销幅度这两个概念，并以抽样组企业的数据作为该倾销幅度的计算依据。而“单独倾销幅度”的计算过程与评估MET是完全不同的，采样技术清楚地显示了这些差异。这一次，高等法院支持了奥康的主张。其主要依据有两点，一是根据欧盟《反倾销法》相关条款的规定，在反倾销调查中，如果商品是从中国进口，“正常价值”的确定要根据被调查企业的实质性主张，按照市场经济条件下同类产品的生产和销售来设置调查的标准和程序。在这方面，欧盟委员会有义务评估出口商提交的证据是否足以使其享有 MET，并且有义务去复查上述评估。高等法院认为，《反倾销法》第 27 条只是一条关于“正常价值”如何确定的法律，而《反倾销法》第 17 条是一条关于使用抽样方法确定倾销幅度的法律，两条法律在内容和目的上均不同。此案中，显然欧盟委员会没有回复来自个别企业的单独 MET 申请，而是直接根据相关法条采用了抽样方法。另外一个根据，来自欧盟普通法院对一个同类案件作出的不同判决。2012 年 2 月 2 日，在中国香港一家鞋企与欧盟的一桩诉讼案中，普通法院在其判决书中写道：根据相关法条，欧盟委员会有义务对一位贸易商的 MET 申请进行审核。“该义务与倾销幅度以何种方法进行计算无关”，且必须在调查启动的 3 个月内执行。

基于上述理由，2012 年 11 月 15 日，高等法院判决普通法院 2010 年 3 月的一审判决是错误的，须驳回；欧盟委员会赔偿奥康上诉欧盟普通和高等法院的诉讼费折合人民币 500 余万元。与奥康有贸易关系的进出口商可从欧盟有关方面退回 6 年来被征收的反倾销税。

奥康胜诉在中国国内产生了巨大的反响，其意义并不在于这一裁决带来的经济利益，更多是象征性的意义。自中国加入 WTO 以来，所遭受的反倾销、反补贴措施案件十余起，无一起胜诉。在此次奥康公司对于欧盟委员会的胜诉中，解决了相关的法律问题，为中国企业的未来面对反倾销等国际贸易争端问题找到了相关法律依据，对中国企业的国际化提供了更强有力的法律保障。此外，对中国国内企业也有一定的示范作用，面对国际贸易纠纷，中国企业可以使用法律工具来维护自身的权益，有时候鸡蛋也可以碰赢石头！

【思考题】

1. GATT 和 WTO 的主要原则有哪些?
2. 中国入世的动机主要有哪些?
3. 中国入世的收益主要体现在哪些方面?
4. 中国入世是否为中国赢得了更好的国际贸易环境?
5. 入世对中国与其他国家的贸易摩擦产生了什么样的影响?
6. 为什么反倾销问题在中国国内会引起如此大的争议?
7. 入世对中国经济的影响主要体现在哪些方面?

参考文献

[1] 安格斯·麦迪森. 世界经济千年史 [M]. 北京: 北京大学出版社, 2003.

[2] 林毅夫, 蔡昉, 李周. 中国的奇迹: 发展战略与经济改革 [M]. 上海: 上海人民出版社, 1994.

[3] 马洪, 孙尚清. 中国经济结构问题研究 [M]. 北京: 人民出版社, 1981.

[4] 毛泽东. 毛泽东选集 (第 4 卷) [M]. 北京: 人民出版社, 1991.

[5] 萧国亮, 隋福民. 中华人民共和国经济史 (1949—2010) [M]. 北京: 北京大学出版社, 2011.

[6] 宋新中. 当代中国财政史 [M]. 北京: 中国财政经济出版社, 1997.

[7] 郝侠君, 等. 中西 500 年比较 [M]. 北京: 中国工人出版社, 1996.

[8] 董辅礽. 中华人民共和国经济史 (上卷) [M]. 北京: 经济科学出版社, 1999.

[9] 中共中央文献研究室. 十三大以来重要文献选编 (上) [M]. 北京: 人民出版社, 1991.

[10] 中国共产党历史第二卷 (1949—1978) (上册) [M]. 北京: 中央党史出版社, 2011.

[11] 柳随年, 吴群敢. 中国社会主义经济简史 (1949—1983) [M]. 哈尔滨: 黑龙江人民出版社, 1985.

[12] 林毅夫. 中国经济专题 [M]. 北京: 北京大学出版社, 2012.

[13] 赵德馨. 中国近现代经济史：1949—1991 [M]. 郑州：河南人民出版社，2003.

[14] 安格斯·麦迪森. 世界经济二百年回顾 [M]. 北京：改革出版社，1997.

[15] 邹至庄. 中国经济转型 [M]. 北京：人民大学出版社，2006.

[16] 谭穗枫. "珠三角"产业结构转型升级与技术教育的发展 [J]. 学术月刊，2012 (7).

[17] 韩辉，刘慧博. 从产权改革历程看联想集团的发展 [J]. 中国审计，2000 (12).

[18] 姜达洋. 次贷危机格局下，我国生产者服务业战略定位再思考 [J]. 哈尔滨商业大学学报，2011 (3).

[19] 韩申山，邢娟. 我国农村城市化的现状、问题及对策 [J]. 农业经济，2007 (12)：42-43.

[20] 王勇. 中国城乡二元结构成因探析 [J]. 社科纵横，2012 (04)：42-44.

[21] 杨世松. 农村城市化特点及其发展研究 [J]. 河南社会科学，2008 (04)：230-231.

[22] 杨德林. 联想集团的成长与国际化经营 [J]. 中国工业经济，1996 (3).

[23] 张强. 农民市民化过程中的问题及对策 [J]. 人民论坛，2012 (26)：46-47.

[24] 管鑫. 城市化与二元经济转化 [J]. 前线，2006 (02)：62.

[25] 李宾，张象枢. 我国城乡二元结构的成因及化解对策研究 [J]. 生态经济，2012 (09)：76-79.

[26] 程开明，夏青. 城市化与房地产价格关联性的实证分析 [J]. 价格理论与实践，2008 (09)：44-45.

[27] 李勃，张忠平. 房地产市场价格形成中的地方政府行为分析及对策研究 [J]. 现代城市研究，2009 (06)：50-55.

[28] 杨向前. 民生视域下我国特大型城市交通拥堵问题研究 [J]. 城市规划，2012 (01)：27-31.

[29] 遇华仁，梁钰，夏青. 基于循环经济的城市化发展策略 [J]. 中国国土资源经济，2005 (10)：20-21.

［30］蒋作君. 发展城市社区卫生服务事业　努力解决“看病难”“看病贵”问题［J］. 求是，2005（05）：55－57.

［31］林赛花. 新生代农民工就业及参与城市化过程研究［J］. 中国城市经济，2011（11）：25－27.

［32］杨圆圆. 失地农民市民化相关问题研究——基于发达地区的考察［J］. 农业技术经济，2011（11）：24－33.

［33］宋仁登. 城市化进程中农民市民化问题研究［J］. 山东大学学报（哲学社会科学版），2012（01）：27－31.

［34］巴曙松，邢毓静，杨现领. 城市化与经济增长的动力：一种长期观点［J］. 改革与战略，2010（02）：16－19.

［35］刘洪玉. 房地产市场价格的影响因素及其变动［J］. 求是，2009（03）：37－38.

［36］孙文凯. 城市化与经济增长关系分析——兼评中国特色［J］. 经济理论与经济管理，2011（04）：33－40.

［37］赵立新. 从社会资本视角透视城市农民工就业［J］. 兰州学刊，2005（05）：258－260.

［38］王海燕. 城市发展循环经济的模式及途径［J］. 软科学，2006（01）：87－89.

［39］张健. 农民工的城市认同与就业困境实证研究［J］. 山东省农业管理干部学院学报，2010（01）：6－9.

［40］李强，唐壮. 城市农民工与城市中的非正规就业［J］. 社会学研究，2002（06）：13－25.

［41］陈秋时. 我国人口老龄化背景下的养老问题思考［J］. 理论界，2012（12）：159－160.

［42］康传坤. 人口老龄化会阻碍城市化进程吗？——基于中国省级面板数据的实证研究［J］. 世界经济文汇，2012（01）：91－105.

［43］聂学锋. 剖析当今房地产市场价格问题及其对策［J］. 价格月刊，2005（11）：41－42.

［44］廖茂林. 宏观调控与我国住宅房地产市场价格波动［J］. 中国金融，2008（11）：52－54.

［45］陈丽丽. 迈向贸易强国的战略研究［M］. 四川：西南财经大学出版社，2006.

[46] 崔凡．现代国际直接投资理论与我国外资管理体制转型［J］．经济理论与经济管理，2006（12）．

[47] 黄福寿．“复关”与中国外贸体制改革［J］．上海师范大学学报（哲学社会科学版），1993（10）．

[48] 刘辉群．中国对外贸易概论［M］．厦门：厦门大学出版社，2012.

[49] 刘向东．中国对外经济贸易的回顾与展望［J］．国际贸易，1991（4）．

[50] 潘宏，陈戈．论中国对外贸易体制改革的60年历程［J］．管理学刊，2009（12）．

[51] 邱立成，刘文军．人民币汇率水平的高低与波动对外国直接投资的影响［J］．经济科学，2006（2）．

[52] 许兴镐．中国企业海外直接投资的现状与特征［J］．经济体制改革，2004（1）．

[53] 杨兴斌．我国外贸体制的改革［J］．中国人民大学学报，1992（12）．

[54] 王洛林．加入WTO十年后的中国［M］．北京：中国发展出版社，2012.

[55] 朱民，蔡金青，艾梅霞．中国金融业的崛起［M］．北京：中信出版社，2010.

[56] 李扬，殷剑锋，彭兴韵等．新中国金融60年［M］．北京：中国财政经济出版社，2009.

[57] 陈雨露，马勇．国金融体系大趋势［M］．北京：中国金融出版社，2011.

[58] 康燕．见证中国金融［M］．北京：中国金融出版社，2006.

[59] 张杰．中国金融制度的结构与变迁［M］．北京：中国人民大学出版社，2011.

[60] 忻尚．“证券业教父”阚治东：“327”国债事件的历史不会重演［N］．东方早报，2010（4）．

[61] 汤仁荣．国债期货“327”品种风波引起的反思［J］．上海金融，1995（3）．

[62] 季六祥．新医改区域模式与实施路径设计——以广东湛江为例

[J]．中国软科学，2012（9）：56－72.

［63］张建军，刘铠维．于人保健康“湛江模式”的健康保险多方博弈研究［J］．保险研究，2011（3）：102－107.

［64］傅子恒．医疗保障城乡“一体化”制度创新探索——“湛江模式”的成功与不足［J］．保险研究，2011（7）：42－47.

［65］朱荣．当代中国的农业［M］．北京：当代中国出版社，1992.

［66］中华人民共和国国家统计局．中国统计年鉴：2012［M］．北京：中国统计出版社，2012.

［67］国家统计局．我国的国民经济建设和人民生活［M］．北京：中国统计出版社，1958.

［68］国家统计局．1950—1985 中国固定资产投资统计资料［M］．北京：中国统计出版社，1987.

［69］国家统计局．“六五”期间国民经济和社会发展概况［M］．北京：中国统计出版社，1986.

［70］聂蓉，解读“湛江模式”［J］中外企业文化：保险文化，2010（5）：38－39.

［71］中国社会科学院金融研究所课题组王国刚，中国货币市场的未来发展之路［J］科学发展，2013（4）：32－44.

［72］肖小和，邹江，汪办兴，中国电子票据业务创新发展的问题与对策研究［EB/OL］http：//money.163.com/13/1108/10/9D5EI0VQ0025335L.html，2014－3－10.

［73］刘伟琳，赵文荣，我国衍生品市场发展的历程回顾、现状分析与前景展望［J］理论界，2010（9）：41－44.

后记

本书的编写以及关于中国经济学课程建设的工作，是根据天津商业大学校长刘书瀚教授提出的向国外输出具有中国特色课程的国际化办学思路进行的，由国际教育学院、国际交流处和经济学院合作承担该课程建设。

本书的章节与写作安排如下，第一章：梁辰；第二章：姜达洋；第三章：过晓颖；第四章：邵永同；第五章：常殊昱；第六章：王文静；第七章和第八章：刘辉群；第九章：汪小雯；本书的统稿、校对由王玉婧、姜达洋负责。

借此机会感谢国际交流处处长张金霞女士、天津商业大学经济学院院长刘小军教授的支持与协作，感谢天津商业大学国际教育学院原院长田海龙教授的支持。

本书在编写过程中，作者力求广泛吸收和反应国内外最新的研究成果，做到视角新、资料新、易理解，但由于能力有限，难免有所疏漏谬误，敬请读者批评指正。同时，对于所引用部分，我们在书中尽可能标注参考文献，遗漏疏忽之处，敬请原谅，在此，亦向有关作者表示诚挚谢意。

研究中国经济政策的演变、经济理论经济学与实践、成绩与问题，是一个充满活力并且值得探索的经济学新领域，本书作者会将此书的面世为开端，继续努力，探究有关中国经济与世界经济发展的有价值有意义的问题，贡献于经济学界。

作者

2014 年 8 月